An Italian Review Grammar

SECOND EDITION

GRAZIANA LAZZARINO

University of Colorado at Boulder

English Language Consultant:
Richard T. Dillon

University of Colorado at Denver

Holt, Rinehart and Winston, Inc.
New York   Chicago   San Francisco
Philadelphia   Montreal   Toronto
London   Sydney   Tokyo

Publisher   Nedah Abbott
Executive Editor   Marilyn Pérez-Abreu
Project Editor   Paula Kmetz
Production Manager   Lula Als
Art Director   Renée Davis
Picture Research   Rona Tuccillo
Composition and camera work   Waldman Graphics, Inc.

Permissions and credits appear on page 403.

Cover Art: Giacomo Balla, Street Light, 1909. Oil on Canvas, (68¾ × 45¼). Collection, The Museum of Modern Art, New York, Hillman Periodicals Fund.

Library of Congress Cataloging-in-Publication Data

Lazzarino, Graziana.
    De capo: a review grammar.

    Includes index.
    1. Italian language—Grammar—1950–
2. Italian language—Textbooks for foreign speakers—
English.   I. Title.
PC1112.L36   1987   458.2'421   86–14927

ISBN 0-03-063629-9

Requests for permission to make copies of any part of the work should be mailed to: Permissions, Holt, Rinehart and Winston, Inc., 111 Fifth Avenue, New York, New York 10003
Printed in the United States of America
7 8 9 0 1   016   9 8 7 6 5 4

Holt, Rinehart and Winston, Inc.
The Dryden Press
Saunders College Publishing

A Mamma Isa

PREFAZIONE

Da capo, Second Edition is a comprehensive Italian grammar designed primarily for intermediate students. It reviews and expands upon all aspects of grammar covered in beginning courses, provides reading and oral practice, and offers an entirely integrated exercise program. Because *Da capo* includes all of the fundamental points of Italian grammar, it can also serve as a basic text for experienced language learners who want to acquire Italian at an accelerated pace and as a reference grammar for advanced and lifelong students.

The basic organization of this second edition is essentially the same as that of the first edition. Each of the fourteen chapters covers from two to six points of grammar and culminates with a reading from contemporary Italian literature carefully chosen to illustrate the grammar. Each reading is preceded by a list of the more useful words found in the reading and is followed by a *studio di parole*. This section focuses on words and expressions which pose special problems to speakers of English. The exercises in *Da capo* are abundant and varied. Following directly each point of grammar, they provide immediate check for mastery. They range from simple substitution drills and translations to the more complex transformation drills and open-ended questions. The exercises following the readings contain questions on the text as well as topics for discussion and composition. All exercises can be used for both oral and written work.

There are several important changes in the second edition. The presentation of the grammar has been resequenced so that the future comes before the subjunctive and the imperative no longer interrupts the treatment of the subjunctive. Within each chapter the grammar explanations have been streamlined and occasionally rearranged. Excessively advanced points of grammar have been eliminated. The exercises have been expanded throughout and a new set of exercises follows each *studio di parole*. There are twelve new reading selections which replace readings considered too gloomy or not sufficiently coordinated with the grammar of the chapter.

A complete Appendix appears in *Da capo*. It lists verbs requiring *essere* in compound tenses, verbs requiring prepositions, adjectives requiring prepositions, verbs and expressions requiring the subjunctive, exclamations, fillers, and onomatopeic words. Verb charts give both regular and irregular verb conjugations, and there is a complete Italian-English end vocabulary. An Index is included for easy reference.

I wish to thank the many users of *Da capo* (first edition), both teachers and students, who have given me their comments and criticisms over the past several years. In particular, I wish to thank the following reviewers chosen by Holt, Rinehart and Winston to examine both the first edition and the manuscript of the second edition: Giuseppe Faustini, Skidmore College; Edoardo A. Lebano, Indiana University; William Leparulo, Florida State University; David Marsh, University of Michigan at Ann Arbor; Mario Mignone, State University of New York at Stony Brook; Joy H. Potter, University of Texas at Austin; Babette Smith, Georgia State University; Zina Tillona, University of Massachusetts at Amherst. Their thoughtful suggestions have helped me considerably.

Finally, my thanks to the editorial staff of Holt, Rinehart and Winston, especially Ines Greenberger and Paula Kmetz, for their assistance and support throughout the project.

G.L.

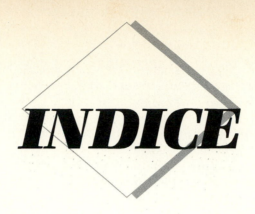

INDICE

CAPITOLO

UNO

I / *Indicativo presente*
II / *Pronomi personali soggetto*
III / *Nomi*
IV / *Letture:* Le storie che piacciono alla gente; D'accordo!

I / Indicativo presente · · · · · · · · · · · · · · · ·

Verbi regolari

A. Italian verbs are divided into three conjugations according to their infinitive endings:

First conj.: verbs ending in **-are** (characteristic vowel **-a-**) **amare** (*to love*).

Second conj.: verbs ending in **-ere** (characteristic vowel **-e-**) **credere** (*to believe*).

Third conj.: verbs ending in **-ire** (characteristic vowel **-i-**) **finire** (*to finish*).

To form the **indicativo presente** (*present indicative*), drop the infinitive endings **-are, -ere, -ire** and add the appropriate endings to the stems (**am-, cred-, fin-**).

	amare	credere	finire	partire
Singular				
1st person	am**o**	cred**o**	fin**isco**	part**o**
2d person	am**i**	cred**i**	fin**isci**	part**i**
3d person	am**a**	cred**e**	fin**isce**	part**e**
Plural				
1st person	am**iamo**	cred**iamo**	fin**iamo**	part**iamo**
2d person	am**ate**	cred**ete**	fin**ite**	part**ite**
3d person	ạm**ano**	crẹd**ono**	fin**ịscono**	pạrt**ono**

1. In the present tense **-ire** verbs fall into two groups:

a. Verbs requiring that **-isc-** be inserted between the stem and the endings, except in the first and second persons plural. (See the conjugation of **finire,** p. 1.) These are the majority of **-ire** verbs.

b. Verbs not requiring the insertion of **-isc-.** (See the conjugation of **partire,** p. 1.)

2. Following is a list of the most common verbs conjugated without **-isc-:**

aprire *to open*	apr**o**	partire *to leave, depart*	part**o**
avvertire *to inform, warn*	avvert**o**	scoprire *to discover*	scopr**o**
coprire *to cover*	copr**o**	seguire *to follow*	segu**o**
divertire *to amuse*	divert**o**	sentire *to hear, feel*	sent**o**
dormire *to sleep*	dorm**o**	servire *to serve*	serv**o**
fuggire *to flee*	fugg**o**	soffrire *to suffer*	soffr**o**
offrire *to offer*	offr**o**	vestire *to dress*	vest**o**

B. Certain verbs require spelling changes in the present indicative.

1. Verbs ending in **-care** and **-gare,** such as **cercare** (*to look for*) and **pagare** (*to pay*), add **-h-** between the stem and those endings that begin with **-i-** (second person singular and first person plural) in order to retain the original sound of the stem (hard **c** or **g**).

cerc-o, cerc-**h**-i, cerc-**h**-iamo
pag-o, pag-**h**-i, pag-**h**-iamo

2. Verbs ending in **-ciare, -giare,** and **-sciare,** such as **incominciare** (*to begin*), **mangiare** (*to eat*), and **lasciare** (*to leave*), drop the **-i-** of the stem when the verb ending begins with **-i-** (second person singular and first person plural).

incominci-o, incominc-**i**, incominc-**iamo**
mangi-o, mang-**i**, mang-**iamo**
lasci-o, lasc-**i**, lasc-**iamo**

3. Verbs ending in **-gliare,** such as **sbagliare** (*to be mistaken*), also drop the **-i-** of the stem in the same two cases.

sbagli-o, sbagl-**i**, sbagl-**iamo**

4. Verbs ending in **-iare,** such as **studiare** (*to study*) and **inviare** (*to send*), drop the **-i-** of the stem in the second person singular only if the **-i-** is not stressed in the first person singular.

studio, stud-**i**
invio, invi-**i**

Uso dell'indicativo presente

A. The **indicativo presente** corresponds to three forms in English:

lavoro $\left\{\begin{array}{l} \text{\emph{I work}} \\ \text{\emph{I am working}} \\ \text{\emph{I do work}} \end{array}\right.$

The **indicativo presente** is also used to express an action in the future that is considered certain. There are usually other words in the sentence that indicate a future time.

Arrivano **fra un'ora.**
They'll arrive in an hour.

Quest'estate studio in Inghilterra.
This summer I'll be studying in England.

B. The **indicativo presente** accompanied by **da** + *a time expression* indicates an action or state that began in the past and continues in the present, that is, it indicates for how long or since when something has been going on. **Da** expresses both *for* and *since.* English uses the present perfect tense (*I have worked, I have been working*) to express this idea.

> da quanto tempo **+** presente
> presente **+** da **+** *time expression*

Da quanto tempo lavori? — Lavoro da due mesi.
How long have you been working? — I have been working two months.

Conosco Laura da un anno.
I've known Laura for a year.

Non mangiamo carne da giugno.
We haven't eaten meat since June.

Alternative ways of expressing the same idea are:

> quanto tempo è che **+** presente
>
> è   + *time expression in the singular* ⎫
> sono + *time expression in the plural*   ⎬ **+** che **+** presente
>
> or
>
> è **+** da **+** *time expression (singular or plural)* **+** che **+** presente

Quanto tempo è che lavori? — Sono due mesi che lavoro.
                                                    — È da due mesi che lavoro.
How long have you been working? — I have been working two months.

È un anno che conosco Laura.
È da un anno che conosco Laura.
I've known Laura for a year.

È da giugno che non mangiamo carne.
We haven't eaten meat since June.

• • • *Esercizi*

a. *Trasformare le seguenti frasi sostituendo al soggetto in corsivo i nuovi soggetti indicati fra parentesi.*

1. *Io* leggo ma non capisco. (tu/noi/voi/lui)
2. *Loro* non ricordano perchè soffrono di amnesia. (voi/Lei/io/tu)
3. *Tu* non studi e perdi tempo. (voi/Lei/loro/io)
4. *Noi* apriamo la porta ed entriamo. (tu/Lei/voi/loro)

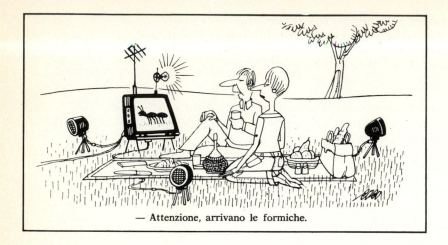

— Attenzione, arrivano le formiche.

5. Se *lui* incomincia una cosa, la finisce. (voi/io/noi/loro)
6. *Voi* inviate cartoline a tutti quando viaggiate? (tu/Lei/Loro/io)

b. *Completare con la forma corretta del verbo fra parentesi.*

1. È vero che Lei_____ (avvertire) la polizia quando _____ (sentire) rumori strani?
2. Quando tu _____ (giocare) a tennis, _____ (vincere) sempre?
3. Perchè Mario non _____ (offrire) mai vino?
4. Loro _____ (mangiare) alle sei; tu, a che ora _____ (mangiare)?
5. Noi _____ (pagare) oggi; chi _____ (pagare) alla fine del mese?
6. Io _____ (lasciare) la porta aperta e loro _____ (lasciare) la luce accesa.

c. *Esprimere le seguenti frasi in un altro modo.*

Esempio: Vive in America da molti anni.
             Sono molti anni che vive in America.

1. Conosciamo quella ragazza da molti mesi.
2. È molto tempo che non fumano una sigaretta.
3. Da quanto tempo aspettate l'autobus?
4. Sono tre settimane che non mangiamo pasta.
5. Non scrivo alle mie amiche da Natale.
6. Parli già da mezz'ora.

d. *Tradurre.*

1. Do you watch television when you eat?
2. Do you write letters or do you prefer to phone?

3. Do you remember when they are leaving?
4. We haven't read a novel or seen a movie for a long time.
5. Are they sleeping? How long have they been sleeping?
6. Roberto has been working since September. He teaches languages in a private school.

e. *Conversazione*

1. Quanto tempo è che frequenta l'università?
2. Quanti corsi segue questo semestre (questo trimestre)?
3. Da quanto tempo studia l'italiano?
4. Quanti libri d'italiano usa?
5. È la prima volta che studia una lingua straniera o conosce altre lingue?
6. Cosa considera più importante: capire, parlare, leggere o scrivere una lingua straniera?

Verbi irregolari

A. Two of the most important irregular verbs in the Italian language are **avere** (*to have*) and **essere** (*to be*).

avere	essere
ho	sono
hai	sei
ha	è
abbiamo	siamo
avete	siete
hanno	sono

For a list of idiomatic expressions using the verb **avere,** see p. 21.

B. There are only four irregular verbs in the first conjugation: **andare** (*to go*), **dare** (*to give*), **fare**[1] (*to do, to make*), and **stare** (*to stay*).

andare	dare	fare	stare
vado	do	faccio	sto
vai	dai	fai	stai
va	dà	fa	sta
andiamo	diamo	facciamo	stiamo
andate	date	fate	state
vanno	danno	fanno	stanno

[1]*Fare appears as a verb of the first conjugation, but in many tenses it has characteristics of the second conjugation. It is listed under "second conjugation" in the Appendix.*

C. Most irregular verbs belong to either the second or third conjugation. There is no easy way to learn irregular verbs: they must be memorized. Common patterns appear for some of them.

rimanere to stay, remain	salire to go up	tenere to keep	venire to come
rimango	salgo	tengo	vengo
rimani	sali	tieni	vieni
rimane	sale	tiene	viene
rimaniamo	saliamo	teniamo	veniamo
rimanete	salite	tenete	venite
rimangono	salgono	tengono	vengono

Note that the first person singular and third person plural add **-g-** to the stem.

bere to drink	tradurre to translate	dire to say, tell
bevo	traduco	dico
bevi	traduci	dici
beve	traduce	dice
beviamo	traduciamo	diciamo
bevete	traducete	dite
bevono	traducono	dicono

These verbs use the Latin stems **bev-, dic-,** and **traduc-** plus the regular endings of the second and third conjugations. The one exception is **dite.**

sapere to know	morire to die	uscire to go out
so	muoio	esco
sai	muori	esci
sa	muore	esce
sappiamo	moriamo	usciamo
sapete	morite	uscite
sanno	muoiono	escono

These verbs do not follow any predictable pattern. Note, however, that **sapere** follows the general pattern of first-conjugation irregular verbs.

D. Three frequently used verbs of the second conjugation are **dovere, potere,** and **volere.** Usually these verbs are followed by an infinitive.

dovere	potere	volere
to have to, must	*to be able, can, may*	*to want*
devo/debbo	posso	voglio
devi	puoi	vuoi
deve	può	vuole
dobbiamo	possiamo	vogliamo
dovete	potete	volete
devono/debbono	possono	vogliono

Non devi ridere quando sbaglio.
You mustn't laugh when I make a mistake.

Sono infelici perchè non possono discutere.
They're unhappy because they cannot argue.

Luigino non vuole studiare. Vuole divertirsi!
Luigino doesn't want to study. He wants to have a good time.

. . . *Esercizi*

f. *Completare le seguenti frasi scegliendo una forma di* **avere** *o* **essere.**

1. Cinzia e Donatella _____ molto giovani; _____ solo diciassette anni.
2. Tu _____ paura quando _____ sola in casa?

— Allora, come va?

— Carlo, dove andiamo a mangiare questa sera?

3. Noi _____ intenzione di andare a studiare a Firenze.
4. Roberto non _____ innamorato di (*in love with*) Carla; _____ solo una grande simpatia (*liking*) per lei.
5. I miei genitori non _____ ricchi; però _____ una casa in campagna.
6. Mio zio non _____ sposato e non _____ nessuna voglia (*desire*) di sposarsi!
7. Voi _____ così occupati; non _____ tempo per divertirvi!
8. Il bambino _____ sonno; per questo _____ nervoso.

g. *Cambiare i verbi dal* **tu** *al* **voi.**

1. Cosa dici quando vedi un amico?
2. Balli ma non sai ballare.
3. Se traduci così, sbagli.
4. Puoi venire domani se hai tempo.
5. Vuoi un caffè o preferisci una birra?
6. Quando fai la spesa, vai al supermercato?
7. Sai perchè stai male?
8. Mangi bene quando vieni a casa mia.

h. *Mettere i verbi al singolare.*

1. Non escono la domenica: stanno a casa.
2. Non promettiamo niente. Veniamo se possiamo.
3. Non salgono, scendono!
4. Sanno perchè bevono?
5. Non partiamo più. Rimaniamo in Italia.
6. Diamo del tu alle persone che conosciamo bene.
7. Non dovete dare una risposta se non siete pronti.
8. Non ricordate dove tenete i bicchieri di cristallo?

i. *Storie italiane . . . Completare le seguenti frasi con la forma corretta del presente indicativo dell'infinito fra parentesi.*

1. Io e Silvia _____ (abitare) insieme. _____ (dividere) un appartamento di tre stanze e _____ (andare) molto d'accordo. Io _____ (lavorare) part-time; lei _____ (studiare): _____ (fare) il primo anno di Lettere. La sera, quando lei _____ (finire) di studiare, noi _____ (giocare) a carte, _____ (chiacchierare), _____ (sentire) dischi. Poi _____ (andare) a dormire. La mattina, mentre Silvia ancora _____ (dormire), io _____ (uscire) a fare la spesa, _____ (mettere) in ordine la casa, poi _____ (andare) in ufficio. Quasi sempre _____ (mangiare) insieme. _____ (essere) buone amiche.

2. Il protagonista del romanzo, Silvestro, _____ (avere) trent'anni, _____ (vivere) e _____ (lavorare) a Milano e da quindici anni non _____ (vedere) la

Sicilia, dove è nato e dove _____ (vivere) ancora sua madre. _____ (essere) gli anni del fascismo e della guerra. Un giorno Silvestro _____ (ricevere) una lettera del padre, da Venezia, che gli _____ (chiedere) di andare in Sicilia, a trovare la madre, per l'onomastico di lei (*her saint's day*). Silvestro non _____ (prendere) subito la decisione di partire, ma _____ (essere) quasi costretto a farlo: _____ (andare) alla stazione per impostare una cartolina di auguri alla madre, ma qui _____ (vedere) un cartellone che _____ (invitare) a visitare la Sicilia e _____ (offrire) uno sconto sul biglietto di andata e ritorno. Ma soprattutto _____ (sentire) una specie di richiamo magico per la sua terra natale. Silvestro _____ (seguire) quel richiamo e _____ (salire) sul treno diretto in Sicilia.

j. *Conversazione*

1. Di solito che cosa fa la sera quando sta a casa?
2. Quali cose non fa da molto tempo?
3. Quando esce con gli amici, dove va?
4. Sa giocare a carte (a bridge, a poker, a canasta), a scacchi (*chess*), a dama (*checkers*)? Con chi gioca? Quando gioca?
5. In quali occasioni dà una festa?
6. Che cosa non può fare oggi?

II / Pronomi personali soggetto . . . .

A. The subject pronouns in Italian are:

Singular		Plural	
io	*I*	**noi**	*we*
tu	*you (informal)*	**voi**	*you (informal)*
Lei[1]	*you (formal)*	**Loro**[1]	*you (formal)*
lui/egli	*he*	**loro**	*they (m., f.)*
lei/ella	*she*		
esso	*it (m.)*	**essi**	*they (m.)*
essa	*it (f.)*	**esse**	*they (f.)*

Egli and **ella** refer to people and are used instead of **lui** and **lei** in literary or formal style. **Esso** and **essa** refer to animals and things. The plural forms **essi/esse** can refer to people, animals, or things.

---

[1]*Lei and Loro, meaning* you, *are not to be confused with* lei (*she*) *and* loro (*they*). *The capitalization is a visual clue indicating the difference. Although capitalization is optional, we use it in this text.*

Subject pronouns are normally omitted because the verb ending indicates the person and number of the subject.

Quando andate a Roma?
When are you going to Rome?

Partiamo domani.
We're leaving tomorrow.

B. Subject pronouns, however, are used in the following cases:

1. After verbs, particularly after the verb **essere**, to emphasize the subject.

Lo dice lei.
She's the one who says it.

Pagano loro.
They're going to pay.

Siamo noi che lo vogliamo.
We're the ones who want it.

Sei tu, Maria? — Sì, sono io.
Is it you, Mary? — Yes, it's me.

Note that with **essere** the corresponding English construction often uses the impersonal *it*.

2. To emphasize the subject with such words as:

solo, solamente, soltanto   *only*
anche, pure, perfino   *also, too, even*
neanche, nemmeno, neppure   *not even, neither, not . . . either*

Solo tu non vieni!
You're the only one who isn't coming!

Neanche noi rispondiamo.
We don't answer either.

Anche lei parte oggi?
Is she leaving today, too?

3. To contrast one subject with another subject.

Tu dici la verità; lei dice bugie.
You tell the truth; she tells lies.

Lei può andare; noi restiamo.
You may go; we'll stay.

• • • *Esercizi*

k. *Completare con la forma corretta del pronome.*

1. Anche _____ sei stanco?
2. Non dobbiamo pagare _____; pagano _____!
3. _____, Signora, dove abita?
4. _____, Professore, preferisce parlare italiano o francese?
5. _____ domando e _____ rispondi, va bene?
6. _____ prendiamo un gelato e _____, Mamma, cosa prendi?
7. Signori, _____ *Loro* _____ non entrano?
8. Signorine, _____ bevono Coca-Cola?

— Non dobbiamo più vederci: io
non sono il tipo che lei crede...

    9.   Ragazzi, _____ avete voglia di camminare?

   10. _____ non sono sposata e nemmeno _____ è sposato.

l. *Rispondere affermativamente alle seguenti domande.*

    Esempi: Viene anche Lei? — Sì, vengo anch'io.
                  Fumate soltanto voi? — Sì, fumiamo soltanto noi.

    1. Traducete anche voi?   *4.* Dite questo pure voi?
    2. Fai sciopero anche tu?   *5.* È in ritardo solo Lei?
    3. Rimane anche Lei?   *6.* Sbagliate anche voi?

m. *Tradurre.*

    1. Only you can understand why I prefer to live in this house.
    2. We eat at twelve noon; what time do they eat?
    3. She can go out. It is he who can't!
    4. They don't know where to keep the money. — Neither do we!
    5. Mary speaks many languages. — So do I!
    6. It's too easy. Even I know how to answer!

III / *Nomi* . . . .

Genere

All nouns are either masculine or feminine. Most end in a vowel. As a general rule, nouns ending in **-o** are masculine, and nouns ending in **-a** are feminine. Nouns ending in **-e** can be either masculine or feminine. Although there is no systematic way of determining the gender of nouns, especially those designating objects, abstract ideas, and concepts, there are some practical rules. Below are a few of the most helpful rules.

1. Nouns ending in **-ore** are masculine.

autore   colore   fiore   pittore

2. Nouns ending in **-tà**, **-trice**, and **-zione** are feminine.

qualità   città   autrice   complicazione

3. Most nouns ending in **-i**, **-ie**, **-ione**, and **-ù** are feminine.

crisi   serie   opinione   gioventù

Formazione del femminile

A. Many nouns referring to people or animals are changed to the feminine form by replacing the masculine ending with a feminine ending. Below is a chart of the most common changes.

Ending	Masculine	Feminine
-o to **-a**	amic**o**	amic**a**
-e to **-a**	signor**e**	signor**a**
-o to **-essa**	avvocat**o**	avvocat**essa**
-a to **-essa**	poet**a**	poet**essa**
-e to **-essa**	student**e**	student**essa**
-tore to **-trice**	let**tore**	let**trice**

NOTE: **dottore** (*m.*), **dottoressa** (*f.*) is an exception.

B. Some nouns ending in **-e**, **-ga**, and **-ista** are masculine or feminine depending on the person referred to, and do not change endings in the singular.

un cantante	*a singer* (*m.*)	una cantante	*a singer* (*f.*)
un collega	*a colleague* (*m.*)	una collega	*a colleague* (*f.*)
un pianista	*a pianist* (*m.*)	una pianista	*a pianist* (*f.*)

C. ATTENZIONE! Note the differences in meaning between the following nouns, which appear to be related.

Masculine		Feminine	
busto	*bust*	busta	*envelope*
caso	*case*	casa	*house*
collo	*neck*	colla	*glue*
foglio	*sheet*	foglia	*leaf*
pasto	*meal*	pasta	*noodles*
porto	*port*	porta	*door*
torto	*wrong*	torta	*cake*

Formazione del plurale

A. Most nouns become plural by changing the endings. Below is a chart of the most common changes.

Change	Singular	Plural
-o to **-i**	bambin**o**	bambin**i**
-a to **-e**	ragazz**a**	ragazz**e**
-e to **-i**	padr**e**/madr**e**	padr**i**/madr**i**

B. Some masculine nouns change gender when they become plural; thus the singular is masculine and the plural is feminine.

Singular	*Plural*
braccio *arm*	braccia
ciglio *eyelash*	ciglia
dito *finger, toe*	dita
labbro *lip*	labbra
miglio *mile*	miglia
osso *bone*	ossa
paio *pair, couple*	paia
sopracciglio *eyebrow*	sopracciglia
uovo *egg*	uova

C. The plural of certain nouns depends on whether they are masculine or feminine.

1. Masculine nouns ending in **-a**:

Change	Singular	Plural
-a to **-i**	poet**a**	poet**i**
-ista to **-isti**	pian**ista**	pian**isti**
-ca to **-chi**	du**ca**	du**chi**
-ga to **-ghi**	colle**ga**	colle**ghi**

2. Feminine nouns:

Change	Singular	Plural
-ista to **-iste**	pian**ista**	pian**iste**
-ca to **-che**	ban**ca**	ban**che**
-ga to **-ghe**	colle**ga**	colle**ghe**

D. The plural of certain nouns depends on where the stress falls in the word.

1. Masculine nouns:

Stress	Change	Singular	Plural
the **-i** is not stressed	**-io** to **-i**	negoz**io**	negoz**i**
the **-i** is stressed	**-io** to **-ii**	z**io**	z**ii**
stress is on syllable preceding **-co**	**-co** to **-chi**[1]	tedę**sco**	tedę**schi**
stress is on second syllable preceding **-co**	**-co** to **-ci**	mę**dico**	mę**dici**

2. Feminine nouns:

Stress	Change	Singular	Plural
the **-i** is not stressed	**-cia** to **-ce**	doc**cia**	doc**ce**
the **-i** is stressed	**-cia** to **-cie**	farma**cia**	farma**cie**
the **-i** is not stressed	**-gia** to **-ge**	piog**gia**	piog**ge**
the **-i** is stressed	**-gia** to **-gie**	aller**gia**	aller**gie**

E. Masculine nouns ending in **-go** have the following changes:

Change	Singular	Plural
-go to **-ghi**	la**go**	la**ghi**
-ologo to **-ologi**	fil**ologo**	fil**ologi**

F. Invariable nouns:

The following types of nouns have the same form in both the singular and the plural.

1. Nouns ending in a consonant; most of these are foreign words:

un film   **due film**   un camion   **due camion**

2. Nouns ending in an accented vowel:

un caffè   **due caffè**   una città   **due città**

---

[1]*Exceptions:* amico/amici; nemico/nemici; greco/greci; porco/porci.

3. Nouns ending in **-i**:

una crisi **due crisi**   una tesi **due tesi**

4. Nouns ending in **-ie**:

una serie **due serie**

Exception: una moglie **due mogli**

5. Family names:

i Costa *the Costas*

6. One-syllable nouns:

un re **due re**

7. Abbreviations:

una radio	**due radio** (*from* radiotelefonia)	un frigo	**due frigo** (*from* frigorifero)
un cinema	**due cinema** (*from* cinematografo)	una moto	**due moto** (*from* motocicletta)
una bici	**due bici** (*from* bicicletta)	un'auto	**due auto** (*from* automobile)
una foto	**due foto** (*from* fotografia)	un prof/una prof	**due prof** (*from* professore/ professoressa)

NOTE: Abbreviations keep the gender of the words from which they are derived.

• • • *Esercizi*

n. *Mettere al plurale.*

1. pensione e albergo
2. parco e giardino
3. fiume e lago
4. forchetta e cucchiaio
5. giacca e cravatta
6. bagno e doccia
7. pesca e arancia
8. bacio e abbraccio
9. ufficio e banca
10. virtù e difetto

o. *Fare i cambiamenti necessari secondo l'esempio dato.*

Esempio: Vedete *un* uomo?   Vedete due uomini?

1. Voglio *una* bici.
2. Ecco *una* farmacia.
3. Ho conosciuto *un* meccanico e *un* pianista.
4. Avete bisogno di *un* foglio e di *una* busta.
5. Vuoi comprare *una* radio?
6. Aspettiamo *una* collega.

— Sei troppo sensibile a questi film sui disastri.

p. *Mettere al plurale.*

1. padre e figlio
2. madre e figlia
3. moglie e marito
4. uomo e donna
5. zio e zia

6. amica e collega
7. medico e cardiologo
8. ricco e povero
9. cuoco e cuoca
10. amico e nemico

q. *Giovanni non dice mai una cosa giusta. Correggetelo!*

Esempio: Moravia è una scrittrice.
Ma no! È uno scrittore.

1. Sophia Loren è un attore.
2. Petrarca è una poetessa.
3. Andrea è la sorella di Enrico.
4. Hemingway è un'autrice famosa.
5. Joyce Brothers è un dottore americano.
6. Alberto e Franca sono buone colleghe.

IV / Letture . . . .

Vocabolario utile

arrabbiarsi *to get angry*
discutere *to discuss, to argue;* **la discussione** *discussion, argument;* **fare (avere) una discussione** *to have an argument*

divertire *to amuse;* **divertirsi** *to have a good time*
fingere (di + inf.) *to pretend (to do something)*
innamorarsi (di) *to fall in love (with);* **essere innamorato (di)** *to be in love (with)*

insegnare *to teach*
istruire *to instruct, to educate*
sostenere *to maintain*
succ̣edere *to happen*
ṿivere *to live*

felice *happy;* **infelice** *unhappy*
la f̣ine *end;* **l'inizio** *beginning*
la gente[1] *people*
  tutti e due (tutt'e due) *both*
il tipo *type (of person or thing)*

Le storie che piacciono alla gente

Alla gente piacciono le storie nelle quali lui incontra lei, e poi lei
incontra lui, e poi tutt'e due si incontrano, ma lui si innamora di
lei mentre lei se ne infischia di° lui perchè ama un altro il quale   *doesn't care about*
altro, a sua volta°, finge di amare lei mentre in realtà ama un'altra,   *in turn*
5 che, a sua volta, ama Giacomino Persighetti di anni trentasette,
coniugato° con prole° eccetera. Dopo di che° succedono tanti di   *sposato / figli / After*
quei guai° e di quelle complicazioni che, alla fine, lui sposa lei, lei   *which / troubles*
sposa lui e vivono felici e contenti fino alla bella età di anni cen-
tottantasei: vale a dire° novantatrè lui e novantatrè lei.   *cioè*
10 Queste sono le storie che piacciono alla gente. E la gente non
ha neanche torto°: anch'io, quando vado al cinematografo esigo°   *can't be blamed /*
che, alla fine del film, i due si sposino e vivano felici: e mi arrabbio   *I expect*
se invece muoiono o si dicono addio°, per sempre addio.   *farewell*
Però queste simpatiche storie di gente che alla fine si mette
15 d'accordo° per vivere felice e contenta non insegnano un bel niente°.   *come together / a darn*
Divertono, ma non istruiscono.   *thing*

Giovanni Guareschi, *Lo Zibaldino*

---

[1]Gente *is always singular. For example,* Molta gente parla. *Many people talk. The plural* persone *is a synonym
for* gente: Molte persone parlano. Persone *must be used instead of* gente *when a number is specified:* tre persone.

D'accordo!

Il seguente brano presenta un dialogo fra marito e moglie.

EDMONDO   Per me ci sono tipi che stanno meglio° sbarbati° e tipi   *look better / shaven*
no.

PIERA   Certo.

EDMONDO   Trovo che un mingherlino° sta meglio sbarbato.   *slender man*

5 PIERA   Anch'io.

EDMONDO   Ma insomma con te è impossibile fare una discussione.
Sei sempre del mio parere°. E sostieni un punto di vista contrario   *opinione* (f.)
almeno una volta, santo cielo. Se sosteniamo tutti e due la
stessa cosa è inutile discutere.

10 PIERA   D'accordo.

EDMONDO   D'accordo! Ma se sto dicendo che non dobbiamo essere
d'accordo?

PIERA   Dico; sono d'accordo con te nel fatto che, se siamo d'accordo, non possiamo discutere. Ma che vuoi farci se anch'io

15 sono convinta che un mingherlino sta meglio sbarbato?

EDMONDO   Che donna impossibile! Da dieci anni che siamo sposati,
ci fosse stata° una volta che avesse manifestato un parere op-   *if only there had been*
posto al mio. Io dico bianco, lei dice bianco; io dico nero e lei
nero.

20 PIERA   Caro Edmondo, tu non te ne accorgi, ma anche tu la pensi[1]
come me, sempre, su tutto, in un modo esasperante. Potrei
citarti° migliaia di casi.   *cite (to) you*

EDMONDO   Senti, Piera, o sono io che la penso come te, o sei tu che
la pensi come me, il fatto è che la pensiamo allo stesso modo

25 e questo mi rende° infelice.   *makes*

PIERA   Rende infelice me, caro.

EDMONDO   Lo vedi? C'è una cosa che mi rende infelice? Rende
infelice anche te.

PIERA   Ma per forza.° Sto dicendo che sono infelice proprio perchè   *of course*

30 andiamo d'accordo. Non posso discutere, non posso pole-
mizzare,° non posso sfogarmi.°   *dispute / unburden myself*

EDMONDO   È quello che dico anch'io.

PIERA   Lo vedi? Adesso sei tu che la pensi come me.

EDMONDO   Ma se io lo sto dicendo da mezz'ora!

35 PIERA   Io lo penso da anni. Non ne posso più°. È una vita insop-   *I can't take it anymore.*
portabile.

EDMONDO   Sicuro. Così non si va avanti°.   *We can't go on like this.*

PIERA   D'accordo.

[1]**La pensi** *is the same as* **pensi.** **La** *is a feminine pronoun referring to an unex-*
pressed feminine noun like **cosa** *or* **opinione.**

EDMONDO   Sono stanco di sentirmi dire « d'accordo ».
40 PIERA   D'accordo.
EDMONDO   Sono stanco di sentirmi dire « anch'io ».
PIERA   Anch'io.

Achille Campanile, Il viaggio di Celestino

• • • *Domande sulle letture*

1.   Nelle storie che piacciono alla gente cosa succede alla fine?
2.   Cosa succede, invece, nelle storie che non piacciono?
3.   Perchè sono infelici Edmondo e Piera? Descrivere il loro matrimonio.
4.   Lei preferisce le storie che finiscono bene o le storie che finiscono male? Perchè?

• • • *Studio di parole*

to marry

sposare, sposarsi con
to marry someone

Elena vuole sposare (sposarsi con) un
   ucmo intelligente.
Helen wants to marry an intelligent man.

sposarsi
to get married

Quando si sposa? A maggio?
When are you getting married? In May?

Related words and expressions:

essere sposato *to be married*

Sei sposato? Da quanto tempo sei sposato?
Are you married? How long have you been married?

la sposa *bride*   **lo sposo** *bridegroom*   **gli sposi** *newlyweds*

Ecco la sposa! Viva gli sposi!
Here comes the bride! Long live the newlyweds!

to agree

essere d'accordo
to agree

Il professore è d'accordo con gli
   studenti che l'esame è troppo lungo.
*The professor agrees with the students
   that the exam is too long.*

mettersi d'accordo
to come to an agreement, to agree

Ci mettiamo d'accordo dopo molte
   discussioni.
*We come to an agreement after much
   discussion.*

to agree (cont.)

andare d'accordo
to get along

Anna va molto d'accordo con Maria.
Anne gets along well with Maria.

Related expression: **d'accordo** (*or* **va bene**) *agreed, OK*

Allora, ci vediamo alle cinque — D'accordo!
Then we'll meet at five. —Agreed!

to be wrong

essere sbagliato
to be incorrect
Used when the subject is a thing or an
  idea.

avere torto; sbagliare; sbagliarsi
to be wrong
Used when the subject is a person.

Mia madre ha torto (si sbaglia).
My mother is wrong.

Questo verbo è sbagliato.
This verb is wrong.

Related words: **sbagliato** *wrong* (adj.); **sbaglio** *mistake*

Il giallo è il colore sbagliato per me.
Yellow is the wrong color for me.

Fai molti sbagli quando parli.
*You make many mistakes when you
  speak.*

to be right

essere giusto (corretto)
to be right (correct)
Used when the subject is a thing or an
  idea.

avere ragione
to be right
Used when the subject is a person.

Tu vuoi sempre avere ragione!
You always want to be right!

È giusto dire così?
Is it correct to say it this way?

Related word: **giusto** *right* (adj.)

Ecco la parola giusta!
Here's the right word!

As in the case of **avere ragione** and **avere torto,** many Italian idioms use the verb **avere** to describe a state of being, whereas the corresponding English expression generally uses the verb *to be.*

avere... anni	*to be ... years old*	**avere fretta**	*to be in a hurry*
avere bisogno di	*to need*	**avere paura**	*to be afraid*
avere caldo	*to be warm*	**avere sete**	*to be thirsty*
avere fame	*to be hungry*	**avere sonno**	*to be sleepy*
avere freddo	*to be cold*	**avere voglia di**	*to feel like*

• • • *Pratica*

A. *Scegliere le parole che completano meglio la frase.*

1. Se dici questo (sei sbagliato/hai torto).
2. Da quanto tempo (sono sposati/si sposano) i tuoi genitori?
3. (È giusto/Ha ragione) dire « Ciao! » a un professore?
4. Perchè volete sempre (avere ragione/essere giusti)?
5. (Non siamo/Non andiamo) ancora d'accordo sul prezzo.

B. *Tradurre.*

1. — Antonella's parents have been married forty years. Antonella is thirty and isn't married. She says she doesn't want to get married now. She prefers to wait!
    — I agree with Antonella. It is better to wait.
    — Is Claudio the right person for Antonella?
    — Claudio is the wrong person! They don't get along. When they're together, they argue all the time. They fight like cats and dogs (**essere come cani e gatti**)!

2. — What happens at the end of the movie? Do they both die?
    — No, he dies, and she falls in love with another man.
    — Do they get married?
    — No, they can't marry because he's already married.

C. *Domande per Lei*

1. Con chi trova più facile andare d'accordo: con le persone della Sua età o con le persone di un'altra generazione? Perchè?
2. Quando ha torto, lo ammette o insiste che ha ragione?
3. È bene sposarsi giovani? Perchè sì o perchè no?

4. È facile vivere « felici e contenti »? Che cosa è necessario fare?
5. *Legge molto Lei? Che cosa preferisce leggere?*

i giornali *newspapers*	i romanzi (d'amore, d'avventure, di fantascienza) *novels*
le riviste *magazines*	*(romance, adventure, science fiction)*
i fumetti *comic strips*	i gialli *detective stories, thrillers*
i racconti *short stories*	i fotoromanzi *romance magazines that use photos* (see p. 17)

• • • *Temi per componimento o discussione*

1. Raccontare una storia che finisce bene (con i verbi al presente).
2. Raccontare la trama (*plot*) di un film o di un romanzo.
3. Per andare d'accordo, è bene non essere sempre d'accordo: verità o paradosso?

DUE

I / *Imperfetto* . . . .

Verbi regolari

The **imperfetto** (*imperfect* or *past descriptive*) is formed by adding the characteristic vowel and the appropriate endings to the stem. The endings are the same for all three verb conjugations: **-vo, -vi, -va, -vamo, -vate, -vano.**

amare	credere	finire
ama**vo**	crede**vo**	fini**vo**
ama**vi**	crede**vi**	fini**vi**
ama**va**	crede**va**	fini**va**
ama**vamo**	crede**vamo**	fini**vamo**
ama**vate**	crede**vate**	fini**vate**
ama**vano**	crede**vano**	fini**vano**

Verbi irregolari

Very few verbs are irregular in the **imperfetto.** The most common are shown below.

essere	bere[1]	dire[1]	fare[1]	tradurre[1]
ero	bevevo	dicevo	facevo	traducevo
eri	bevevi	dicevi	facevi	traducevi
era	beveva	diceva	faceva	traduceva
eravamo	bevevamo	dicevamo	facevamo	traducevamo
eravate	bevevate	dicevate	facevate	traducevate
erano	bevevano	dicevano	facevano	traducevano

C'era and **c'erano** correspond to the English *there was, there were.*

C'era un pacco per noi.
There was a package for us.

Non c'erano molte lettere.
There weren't many letters.

Uso dell'imperfetto

A. The **imperfetto** is used:

1. To express an habitual action in the past (equivalent to the past tense, or to *used to* or *would* + verb in English).

Andavamo in campagna ogni week-end.
We went to the country every weekend.

2. To express an action in progress in the past (equivalent to *was* + *-ing* verb in English).

I bambini **dormivano** mentre io **lavavo** i piatti.
The children were sleeping while I was doing the dishes.

3. To describe conditions and states of being (physical, mental, and emotional) in the past, including time, weather, and age in the past.

Quand'**ero** bambina, **avevo** i capelli ricci.
When I was a child, I had curly hair.

Pioveva e **faceva** freddo; nessuno **aveva** voglia d'uscire.
It was raining and it was cold; nobody felt like going out.

Tutti **sapevano** che Piera **era** innamorata di Edmondo.
Everybody knew that Piera was in love with Edmondo.

B. The **imperfetto** accompanied by **da** + *a time expression* indicates an action or state that began in the past and was still going on at the time talked about, that is, it

---

[1]*In the* imperfetto, *as in the* presente, *the verbs* bere, dire, fare, *and* tradurre *use the Latin stems* bev-, dic-, fac-, *and* traduc-.

tells for how long or since when something had been going on. English uses the pluperfect (*I had been working*) to express this idea.

---

da quanto tempo + imperfetto
imperfetto + da + *time expression*

Da quanto tempo lavoravi? — Lavoravo da due mesi.
How long had you been working? — I had been working two months.

Conoscevo Laura da un anno.   Non mangiavamo carne da giugno.
I had known Laura for a year.   *We hadn't eaten meat since June.*

To express the same meaning, the following constructions can also be used:

---

quanto tempo era che + imperfetto

era + *time expression in the singular* ⎫
erano + *time expression in the plural* ⎬ **+ che + imperfetto**

or

era + da + *time expression (singular or plural)* **+ che + imperfetto**

Quanto tempo era che lavoravi? — Erano due mesi che lavoravo.
                              — Era da due mesi che lavoravo.
How long had you been working? — I had been working two months.

Era un anno che conoscevo Laura.   Era da giugno che non mangiavamo carne.
I had known Laura for a year.   *We hadn't eaten meat since June.*

• • • *Esercizi*

a. *Adesso e prima... Scrivere le frasi alla forma affermativa usando le parole suggerite e mettendo il verbo all'imperfetto.*

Esempio: Adesso non viaggiamo più. (Prima... sempre)
            Prima viaggiavamo sempre.

1. Adesso non telefoniamo più. (Prima... sempre)
2. Ora non escono più. (Una volta... sempre)
3. Ora non viene più. (Prima... sempre)
4. Adesso non leggete più. (Una volta... sempre)
5. Ora non cucino più. (Prima... sempre)
6. Ora non bevono più latte. (Prima... sempre)
7. Ora non porti più le calze di seta (*silk stockings*). (Una volta... sempre)
8. Ora non discutiamo più. (Prima... sempre)

— **Non volevi le tue lettere indietro?**

b. *Completare con la forma corretta dell'imperfetto di **essere** o **avere**.*

Esempio: Non è uscita perchè **era** stanca.

1. Sei andato a dormire perchè _____ sonno.
2. Ora è magra ma l'anno scorso _____ grassa.
3. È già chiuso il museo? Mezz'ora fa _____ ancora aperto.
4. Oggi sono quasi poveri ma un tempo _____ milioni!
5. Non trovo più il biglietto, eppure l'_____ in tasca pochi minuti fa!
6. Abbiamo ordinato del tè caldo perchè _____ molta sete.
7. Non si sono fermati perchè _____ fretta.
8. _____ torto ma non volevate ammetterlo.
9. Luigi _____ così occupato che non _____ tempo per uscire con gli amici.
10. Tutti _____ stanchi dopo sei ore di viaggio.

c. *Ai tempi miei* (In the good old days)... *Completare con la forma corretta dell'imperfetto.*

—Ai tempi miei la gente non _____ (andare) in automobile, _____ (andare) a piedi! Per divertirci, non _____ (avere) bisogno di spendere tanti soldi: _____ (bastare) fare una passeggiata, ascoltare la radio, leggere un buon libro. I giovani _____ (essere) seri, _____ (studiare) e _____ (prepararsi) alla vita. Non _____ (avere) tante storie per la testa! Gli operai _____ (lavorare) e non _____ (fare) scioperi; le poste _____ (funzionare); i treni _____ (arrivare) e _____ (partire) in orario... Quelli, sì, che _____ (essere) bei tempi!

d. *Riscrivere sostituendo l'imperfetto al presente.*

1. Mia sorella abita a Roma ma non viene spesso a trovarci. Di solito andiamo noi da lei e stiamo a casa sua.
2. Non so mai che cosa fare nei pomeriggi della domenica. I miei amici vanno a vedere la partita ma a me il calcio non interessa, così sto a casa e mi annoio.

3. Anna lavora come interprete in un'agenzia di turismo. È una ragazza molto carina e simpatica. Un collega, un certo Alvaro, la guarda sempre. Tutti dicono che lui è innamorato di lei ma che non ha il coraggio di parlarle perchè è timido e ha paura di un rifiuto (*refusal*).

e. *Esprimere in un altro modo le seguenti frasi.*

> *Esempio:*   Laura era amica di Luisa da sei mesi.
> **Erano sei mesi che Laura era amica di Luisa.**

1. Fausto era innamorato di Anna da più di un anno.
2. Aspettavate una lettera da quasi due mesi.
3. Lo sciopero durava già da una settimana.
4. Erano tre anni che non la vedevo.
5. Il telefono era guasto (*out of order*) da diversi giorni.
6. Non andavamo d'accordo da molto tempo.
7. Era da Natale che non scrivevi.
8. Vivevano a Torino da quindici anni.

f. *Tradurre.*

I knew he was lazy (**pigro**) and that he didn't write letters (he preferred to call), but this time he was exaggerating! He hadn't written or phoned for two years! I was curious (**di**) to know why.

g. *Confronti (comparisons)... Arturo era scapolo (bachelor) fino a due anni fa; ora è sposato e padre di una bambina, e la sua vita è cambiata.*
Come passa le serate ora?
Come passava le serate prima?

II / *Aggettivi* . . . .

A. Italian adjectives agree in gender and number with the nouns they modify. They can be divided into three classes, depending on the ending of the adjective in the masculine singular: **-o, -e,** or **-a.**

		Singular		Plural	
		Masculine	Feminine	Masculine	Feminine
First class	(4 endings)	**-o**	**-a**	**-i**	**-e**
Second class	(2 endings)	**-e**		**-i**	
Third class[1]	(3 endings)	**-a**		**-i**	**-e**

nuov**o**	nuov**a**	nuov**i**	nuov**e**
intelligent**e**		intelligent**i**	
ottimist**a**		ottimist**i**	ottimist**e**

[1]*There are only a few adjectives in this class, but they are frequently used. The most common are:* comunista, fascista, socialista, femminista, ottimista, pessimista, *and* egoista.

Studiamo parole nuov**e**.
We are studying new words.

Fabio ha due figlie intelligent**i**.
Fabio has two intelligent daughters.

È un ragazzo ottimist**a**.
He is an optimistic young man.

1. A few adjectives like **ogni** (*every*), **qualsiasi** (*any*), and **qualche** (*some*) have only one form and are used only with singular nouns.

ogni ragazzo e ogni ragazza
every boy and girl

qualsiasi richiesta
any request

qualche uomo e qualche donna
some men and women

2. The adjective **blu** (*blue*) and other adjectives of color that were originally nouns (**rosa, viola, marrone,** etc.) are invariable.

un vestito rosa e un vestito rosso
a pink dress and a red dress

scarpe nere e guanti marrone
black shoes and brown gloves

3. If an adjective modifies two or more nouns of different genders, it must be used in the masculine plural form.

Il vino e la birra sono cari.
Wine and beer are expensive.

4. Certain adjectives change their spelling in the plural. These changes follow the same pattern that nouns do (see page 13.) Other spelling changes in adjectives depend on where the stress falls in the word.

	Change	Singular	Plural
stress on syllable preceding **-co**	**-co** to **-chi**	stan**co**	stan**chi**
	-ca to **-che**	stan**ca**	stan**che**
stress on second syllable preceding **-co**	**-co** to **-ci**	antipạti**co**	antipạti**ci**
	-ca to **-che**	antipati**ca**	antipati**che**
	-go to **-ghi**	lun**go**	lun**ghi**
	-ga to **-ghe**	lun**ga**	lun**ghe**
the **-i-** is not stressed	**-io** to **-i**	vecch**io**	vecch**i**
	(**-ia** to **-ie**	vecch**ia**	vecch**ie**)
the **-i-** is stressed	**-io** to **-ii**	rest**io**	rest**ii**
	(**-ia** to **-ie**	rest**ia**	rest**ie**)
	-cio to **-ci**	ric**cio**	ric**ci**
	-cia to **-ce**	ric**cia**	ric**ce**
	-gio to **-gi**	greg**gio**	greg**gi**
	-gia to **-ge**	greg**gia**	greg**ge**

B. The position of adjectives is governed by the following rules:

1. Descriptive adjectives generally follow the noun they modify.

una ragazza simpatica   un vino rosso   due vestiti eleganti
a pleasant girl   *a red wine*   *two elegant dresses*

They *always* follow the noun when modified by **molto** (*very*) or another adverb.

un palazzo **molto** bello   una signora **abbastanza** giovane
a very beautiful palace   *a fairly young lady*

2. Numerals and demonstrative, possessive, interrogative, and indefinite adjectives generally precede the noun they modify.

le prime cinque lezioni   i nostri zii   un'altra strada
the first five lessons   *our uncles*   *another road*

3. A few common descriptive adjectives usually precede the noun.

bello	buono	grande	giovane	lungo
brutto	cattivo	piccolo	vecchio	

Facevamo lunghe passeggiate.   C'era sempre un cattivo odore in cucina.
We used to take long walks.   *There was always a bad smell in the kitchen.*

— Ha due stanze singole?

• • • *Esercizi*

h. *Mettere al femminile e poi cambiare dal singolare al plurale.*

> *Esempio:* simpatico e gentile
> **simpatica e gentile**
> **simpatiche e gentili**

1. povero ma onesto
2. bello ma egoista
3. stanco morto
4. sano e salvo (*safe and sound*)
5. lungo e difficile
6. utile e necessario
7. stretto o largo? (*narrow or wide*)
8. dolce o amaro? (*sweet or bitter*)
9. grande e grosso
10. studioso e intelligente
11. felice e contento
12. brutto e antipatico
13. vecchio e malato
14. bianco, rosso e verde

i. *Completare le frasi con la forma corretta dell'aggettivo fra parentesi. Mettere l'aggettivo al posto giusto.*

> *Esempio:* (straniero) Studiamo due lingue. Studiamo due lingue straniere.

1. (italiano) Conosci questo pittore?
2. (giallo) Mi piacciono le rose.
3. (antico) Voglio comprare dei mobili.
4. (pubblico) I giardini erano magnifici.
5. (vecchio) Sono quadri.
6. (insopportabile) Hanno due bambini.
7. (brutto) Che odore!
8. (altro) Abbiamo un professore di fisica.
9. (barocco) Capite la musica?
10. (riccio) Mi piacciono i tuoi capelli.

j. *Mettere al plurale.*

> *Esempio:* occhio nero occhi neri

1. persona ricca
2. uovo fresco
3. giacca blu
4. moglie giovane
5. braccio lungo
6. catalogo artistico
7. albergo centrale
8. figlio unico
9. commedia magnifica
10. crisi inutile
11. parco famoso
12. esempio giusto
13. partito fascista
14. dito sporco
15. caffè caldo
16. film idiota
17. rivista comunista
18. ingegnere tedesco
19. specie rara
20. esercizio noioso

k. *Com'era Lei quando era bambino/bambina? Usare le seguenti parole in frasi complete.*

> *Esempio:* Quando ero bambino ero studioso.

1. biondo/bionda; bruno/bruna
2. grasso/grassa; magro/magra
3. miope (*nearsighted*)
4. timido/timida
5. nervoso/nervosa
6. disordinato/disordinata
7. ribelle
8. ubbidiente

Grande *e* santo

In addition to their regular forms, **grande** and **santo** may have shortened forms, but only when they precede the noun they modify.

1. **Grande** (*great, big*) can be shortened to **gran** before singular or plural nouns beginning with a consonant other than **s** + consonant, **z**, or **ps**.

un gran poeta (*but* un grande scrittore)   una gran fame   gran signori

Grande can become **grand'** in front of singular or plural words beginning with a vowel.

un grand'amore   una grand'attrice   grand'insulti

The invariable form **gran** can be used as an adverb before an adjective to express the meaning of *quite.*

una gran bella casa
quite a beautiful home

un gran bell'uomo
quite a handsome man

2. **Santo** (*Saint*) is shortened to **San** before masculine names beginning with a consonant other than **s** + consonant, and to **Sant'** before masculine and feminine names beginning with a vowel.

San Pietro (*but* Santo Stefano)   Santa Teresa   Sant'Antonio   Sant'Elena

Santo (meaning *holy* or *blessed*) follows the regular pattern **santo, santa, santi, sante** and may precede or follow a noun.

la Terra Santa
the Holy Land

il Santo Padre
the Holy Father

tutto il santo giorno
the whole blessed day

• • • *Esercizi*

I.   *Inserire la forma corretta di* **grande** *o* **santo.** *Usare la forma abbreviata quando è possibile.*

   Esempio: Il tempo è una gran medicina.

   1. Mi fate un _____ piacere se venite a trovarmi.
   2. La festa di _____ Giovanni è il 24 giugno; quand'è la festa di _____ Anna?
   3. Conosci la vita di _____ Caterina?
   4. C'era una _____ folla in piazza quel giorno.
   5. Il signor Agnelli è un _____ industriale.
   6. Il palazzo non sembrava _____.
   7. È vero che studiate tutto il _____ giorno?
   8. Elena è una _____ bella donna.
   9. Il santo protettore di Bari è _____ Nicola.
   10. Le due _____ passioni di Marco sono il cinema e la televisione.

III / Articolo indeterminativo . . . .

The forms of the **articolo indeterminativo** (*indefinite article*) are shown below. The form used depends on the gender of the noun it modifies as well as on the first letter of the word that follows it.

	Masculine	Feminine
before a consonant	**un**	**una**
before **s** + consonant, **z**, or **ps**	**uno**	**una**
before a vowel	**un**	**un'**

un romanzo e una commedia
uno zio e una zia
un amico e un'amica

The word immediately following the article determines the form used (as in English, *an egg, a rotten egg*).

uno studente   **un** altro studente   **un'**edizione   **una** nuova edizione

1. **Un, uno, una,** and **un'** not only correspond to the English article *a, an;* they are also the forms of the numeral **uno** (*one*).

Un caffè e una Coca-Cola, per favore!
One coffee and one Coca-Cola, please!

2. The indefinite article is omitted after the verbs **essere** and **diventare** (*to become*) before unmodified nouns indicating profession, nationality, religion, political affiliation, titles, and marital status.

Giancarlo vuole diventare medico.
Giancarlo wants to become a doctor.

Enrico era avvocato; era un bravo avvocato.
Henry was a lawyer; he was a good lawyer.

Lei era cattolica e lui era protestante.
She was a Catholic and he was a Protestant.

È sposato o è scapolo?
Is he married or is he a bachelor?

NOTE: **Fare** + *definite article* is an alternative to **essere** + *profession.*

Enrico era avvocato.   Enrico faceva l'avvocato.

3. The article is also omitted after **che** (*what a*) in exclamations.

Che bella ragazza!
What a beautiful girl!

Che peccato!
What a pity!

— Sì, sono inventore: perché?

. . . *Esercizi*

m. *Inserire la forma corretta dell'articolo indeterminativo.*

1. È vero che avete aspettato _____ ora e _____ quarto?
2. Ho _____ dubbio: mi hai detto di portare _____ amico o _____ amica?
3. Perchè non fai _____ sforzo?
4. Dobbiamo comprare _____ nuovo frigo.
5. Non è _____ buon'idea.
6. « Bel Paese » è il nome di _____ formaggio italiano.
7. Ho bisogno di _____ zaino (*knapsack*).
8. Dovete invitare _____ altra ragazza.

n. *Cambiare dal plurale al singolare.*

Esempio: due giornali e due riviste
            un giornale e una rivista

1. due alberghi e due pensioni
2. due mani e due piedi
3. due pere e due fichi
4. due italiani e due tedeschi
5. due signori e due signore
6. due automobili e due biciclette
7. due città e due paesi
8. due mogli e due mariti

o. *Tradurre.*

Antonio was a waiter. He was Italian but he wanted to become an American. He worked in a French restaurant in a small American town. It was a good job, and he was happy because he could make a lot of money. He was hoping to become rich quickly. He wanted to be a lawyer, a big lawyer . . . in a big city. . . .

Buono *e* nessuno

Buono (*good*) and **nessuno** (*no, not . . . any*) have parallel forms when they directly precede the noun they modify. Note the similarity with the forms of the indefinite article **un.**

	Singular	
	Masculine	Feminine
before a consonant	**un/buon/nessun**	**una/buona/nessuna**
before **s** + consonant, **z**, or **ps**	**uno/buono/nessuno**	**una/buona/nessuna**
before a vowel	**un/buon/nessun**	**un'/buon'/nessun'**

Buono is regular in the plural: **buoni** and **buone.**

buon libro   buon'automobile   buono stipendio   buoni amici
nessun italiano   nessun'italiana   nessun padre   nessuno zio

When **buono** follows the noun it modifies, either directly or after the verb, the regular pattern applies: **buono, buona, buoni, buone.**

un libro buono   Quest'arancia non sembra buona.
a good book   *This orange doesn't seem good.*

• • • *Esercizi*

p. *Inserire la forma corretta di* **buono** *o* **nessuno.**

Esempio: Non c'era nessuno sbaglio.

1. Oggi sono di _____ umore perchè ho ricevuto una _____ notizia.
2. _____ altro negozio vende questi dolci.
3. Le sue intenzioni non erano _____.
4. Non avete _____ ragione per criticarmi.
5. Ti raccomando i _____ spettacoli e i _____ compagni.
6. Edmondo non ama _____ altra donna.
7. Non avevo _____ voglia di andare al cinema.
8. Non devi farlo, non è una _____ azione!
9. Non conosco _____ psichiatra italiano.
10. Il vino diventa _____ con gli anni.

IV / Numeri cardinali ....

A. Cardinal numbers are used in counting, in indicating quantities, and in stating most dates. The Italian cardinal numbers from one to thirty are:

1.	uno	11.	undici	21.	ventuno
2.	due	12.	dodici	22.	ventidue
3.	tre	13.	tredici	23.	ventitrè
4.	quattro	14.	quattordici	24.	ventiquattro
5.	cinque	15.	quindici	25.	venticinque
6.	sei	16.	sedici	26.	ventisei
7.	sette	17.	diciassette	27.	ventisette
8.	otto	18.	diciotto	28.	ventotto
9.	nove	19.	diciannove	29.	ventinove
10.	dieci	20.	venti	30.	trenta

The numbers from forty on are:

40	quaranta	100	cento	700	settecento	1,000,000	un milione
50	cinquanta	200	duecento	800	ottocento	2,000,000	due milioni
60	sessanta	300	trecento	900	novecento	1,000,000,000	un miliardo
70	settanta	400	quattrocento	1,000	mille	2,000,000,000	due miliardi
80	ottanta	500	cinquecento	2,000	duemila		
90	novanta	600	seicento				

B. The following are some points to remember when using numbers.

1. The number **uno** follows the rules of the indefinite article.

un caffè, un espresso, uno scotch, una Coca-Cola, un'aranciata

2. Numbers ending with **-uno** (21, 31, etc.) usually drop the **-o** in front of a plural noun.

ventun ragazzi, trentun ragazze

3. The indefinite article is not used with **cento** (hundred) and **mille** (thousand), but it is used with **milione.**

cento soldati, mille soldati, **un** milione di soldati

4. Eleven hundred, twelve hundred, etc., are expressed as **millecento** (one thousand one hundred), **milleduecento** (one thousand two hundred).

5. The plural of **mille** is **mila**:

mille lire, duemila lire, centomila lire

6. **Milione** (pl. **milioni**) and **miliardo** (pl. **miliardi**) are nouns and take **di** before another noun.

sessanta milioni **di** Italiani, due miliardi **di** lire
But: due milioni cinquecentomila lire

C. Numbers are written differently in Italian and English.

1. In Italian, a comma is used instead of a decimal point to separate numbers from their decimals.

14,95 (read **quattordici e novantacinque**) = 14.95

2. A period is used instead of a comma to separate thousands from hundreds and millions from thousands.

10.000 = 10,000   57.000.000 = 57,000,000

D. The following are some equivalents in the metric system.

1 Km. = un chilometro (= mille metri) = 0.621 *miles*
1 Kg. = un chilo (= mille grammi) = 2.20 *pounds*
1 l. = un litro = 1.05 *quart*

E. An approximate quantity can be indicated by collective numbers, most of which are formed by adding the suffix **-ina** to the cardinal number (minus the final letter).

venti   **una ventina** *about twenty*
quaranta   **una quarantina** *about forty*

Exceptions: **un centinaio** (pl. **centinaia**) *about a hundred (hundreds)*; **un migliaio** (pl. **migliaia**) *about a thousand (thousands)*.

These collective numbers are nouns and take **di** before another noun. In the singular they are preceded by the indefinite article.

Conosco una ventina di persone.   Ho visto centinaia di studenti.
I know about twenty people.   *I saw hundreds of students.*

• • • *Esercizi*

q. *Inserire i numeri opportuni. Usare lettere, non cifre.*

1. _____ secolo (*century*) ha _____ anni.
2. _____ anno ha _____ mesi, _____ settimane _____ giorni.
3. _____ mese ha o _____ giorni o _____ giorni; febbraio ha _____ giorni; ogni _____ anni ha _____ giorni.
4. _____ settimana ha _____ giorni.
5. _____ giorno ha _____ ore.
6. _____ ora ha _____ minuti.

— *Deve smettere di pensare ai soldi. Ma davvero possiede ottocento miliardi di lire?*

7. Abbiamo _____ mani e _____ braccia.
8. Ogni mano ha _____ dita.
9. In un chilometro ci sono _____ metri.
10. Gli Stati Uniti sono divisi in _____ stati; l'Italia è divisa in _____ regioni.

r. *L'inflazione e i prezzi... Completare le frasi con l'imperfetto del verbo. Scrivere i numeri in lettere.*

1. Le patate costano 400 lire al chilo; cinque anni fa _____ 200 o 250 lire.
2. Un buon frigo oggi costa 700.000 lire; un paio d'anni fa _____ 500.000 lire.
3. Oggi paghiamo 7.000 lire per vedere un film di prima visione. L'anno scorso _____ 6.000 lire.
4. Sapete quanto costa una tazzina di caffè oggi? 600 lire. Sapete quanto _____ fino all'anno scorso? 450 lire.
5. Oggi, d'affitto, pago 400.000 lire. Nella vecchia casa _____ solamente 275.000 lire.

s. *Tradurre.*

1. He isn't old; he's only forty-one.
2. The woman looked young, but I knew she was already about sixty.
3. No Italian city has five million inhabitants (**abitanti**).
4. There weren't hundreds of people, there were thousands of people!
5. Twelve hundred students cannot be wrong!

V / Il tempo . . . .

1. Weather conditions expressed with the verb *to be* in English are often expressed with **fare** in Italian.

Che tempo fa? (*But also:* Com'è il tempo?)
How's the weather? What's the weather like?

Fa bello. (Fa bel tempo.) (*But also:* È bello, il tempo è bello.)
It's nice (fine) weather.

Fa brutto. (Fa brutto tempo.) (Fa cattivo tempo.) (*But also:* È brutto, il tempo è brutto.)
It's bad weather.

Fa caldo (freddo, fresco). (*But also:* È caldo, è freddo, è fresco.)
It's hot (cold, cool).

2. Some weather expressions use **essere.** There is no **fare** expression to describe these weather conditions.

C'è afa.
It's muggy.

C'è vento.
It's windy.

C'è foschia.
It's hazy.

È sereno.
It is clear.

C'è (la) nebbia.
It's foggy.

È coperto (nuvolo).
It's cloudy (overcast).

C'è (il) sole.
It's sunny.

3. Other weather expressions use a specific verb in the third person singular.

Piove. (*from* **piovere**) (**la pioggia** = *rain*)
It's raining.

Nevica. (*from* **nevicare**) (**la neve** = *snow;* **la nevicata** = *snowfall*)
It's snowing.

Grandina. (*from* **grandinare**) (**la grandine** = *hail*)
It's hailing.

• • • *Esercizi*

t. *Conversazione*

1. Che tempo fa in autunno dove abita Lei?
2. Qual è la stagione più bella e perchè?
3. Fa molto caldo in estate? È un caldo umido o un caldo secco?
4. Che tempo fa in inverno?

— Quando c'è la nebbia non amo passare di qui!

5. Chi spala (*shovels*) la neve a casa Sua?
6. Esce volentieri Lei quando piove?
7. Perchè la gente ha paura di guidare quando c'è la nebbia o quando grandina?
8. Come dorme Lei quando c'è vento?

u. *Tradurre.*

1. Is it true that in Italy the weather is always nice and that it never snows?
2. It's muggy in this room. Why don't we go out?
3. Is it raining? —No, it's snowing, and it's very cold!
4. They don't want to take pictures when it's cloudy.
5. What a strange person! He's cold when it's hot and when everybody is warm . . .
6. It rained every day when I was living in Florence.

VI / Lettura . . . .

Vocabolario utile

fare bene a *to be good for*
fare male a *to be bad for, to hurt;*
    farsi male *to get hurt*
lamentarsi (di) *to complain (about)*
mettersi *to put on*
odiare *to hate*

scegliere *to choose*
vestire *to dress;* **vestirsi** *to get dressed*

il **bagno** *bath*
la **calza** *sock, stocking*

la **camera da letto** *bedroom*
i **capelli** (pl.) *hair (on a person's head)*
 corto *short (in length)*
il **dolce** *dessert*
l'**infanzia** *childhood*
la **luce** *light*
il **piatto** *dish, plate*
la **regola** *rule*

riccio *curly (the opposite*
 is **liscio** *straight)*
il **ricordo** *memory*
il **rumore** *noise*
la **salute** *health*
lo **sforzo** *effort*
il **vestito** *dress, suit*
la **vetrina** *shop window*

Ricordi d'infanzia

Il seguente brano è l'inizio del romanzo Vestivamo alla marinara *di Susanna Agnelli. L'autrice è nipote di Giovanni Agnelli, fondatore della Fiat nel 1899 e sorella di Gianni Agnelli, l'attuale presidente della Fiat.*
Nel brano l'autrice rievoca la sua vita a Torino negli anni 30 quando era bambina e viveva in famiglia con i fratelli e le sorelle e la governante inglese, Miss Parker.

Il corridoio era lungo, a destra e a sinistra si aprivano° le camere da letto. A metà corridoio° c'era la camera da gioco dove stavamo quasi sempre, piena di scaffali° e di giocattoli.° Noi eravamo tanti e avevamo molte governanti che non si amavano fra di loro: sedevano
5 nella camera da gioco e si lamentavano del freddo, del riscaldamento°, delle cameriere, del tempo, di noi. D'inverno le lampadine erano sempre accese; la luce di Torino che entrava dalle finestre era grigia e spessa°.

were located

halfway down the corridor / shelves / toys

heating

thick

Vestivamo sempre alla marinara[1]: blu d'inverno, bianca e blu a
10 mezza stagione e bianca in estate. Per pranzo ci mettevamo il vestito
elegante e le calze di seta° corte. Mio fratello Gianni si metteva
un'altra marinara. L'ora del bagno era chiassosa, piena di scherzi
e spruzzi°; ci affollavamo° nella camera da bagno, nella bagnarola°,
e le cameriere impazzivano°. Ci spazzolavano° e pettinavano i ca-
15 pelli lunghi e ricci, poi li legavano° con enormi nastri° neri.

    Arrivava Miss Parker. Quando ci aveva radunati° tutti: « *Let's go* »
diceva « e non fate rumore ». Correvamo a pazza velocità lungo° il
corridoio, attraverso l'entrata di marmo, giravamo l'angolo appog-
giandoci alla° colonnina dello scalone e via fino alla° saletta da
20 pranzo dove ci fermavamo ansimanti°. « Vi ho detto di non correre », diceva Miss Parker « *one day* vi farete male e la colpa° sarà
soltanto vostra. A chi direte grazie? »

    Ci davano da mangiare° sempre quello che più odiavamo; credo
che facesse parte della nostra educazione britannica. Dovevamo
25 finire tutto quello che ci veniva° messo sul piatto. Il mio incubo°
erano le rape° e la carne, nella quale apparivano piccoli nervi bianchi ed elastici. Se uno non finiva tutto quello che aveva nel piatto
se lo ritrovava davanti° al pasto seguente.

    Il dolce lo sceglievamo a turno°, uno ogni giorno. Quando era la
30 volta° di Maria Sole noi le dicevamo: « Adesso, per l'amor del cielo,
non scegliere "crème caramel" che nessuno può soffrire° ». Inva-
riabilmente Miss Parker chiedeva: « *So*, Maria Sole, che dolce,
domani? *It's your turn* ». Maria Sole esitava, arrossiva° e sussur-
rava°: « Crème caramel ».
35 « Ma perchè continui a dire "crème caramel" se non ti piace? »
    « Non mi viene in mente nient'altro ».

    Ancor oggi non ho scoperto se quella dannata "crème caramel"
le piacesse davvero e non osasse° ammetterlo o se fosse troppo
grande lo sforzo di pensare a un altro dolce.
40   Dopo colazione facevamo lunghe passeggiate. Attraversavamo la
città fino a piazza d'Armi, dove i soldati facevano le esercitazioni°.
Soltanto se pioveva ci era permesso camminare sotto i portici (i
famosi portici di Torino) e guardare le vetrine dei negozi. Guardarle
senza fermarsi, naturalmente, perchè una passeggiata è una pas-
45 seggiata e non un trascinarsi in giro° che non fa bene alla salute.

    Torino era, anche allora, una città nota per le sue pasticcerie.
Nella luce artificiale delle vetrine apparivano torte arabescate°, paste
piene di crema, cioccolatini, marzapani, montagne di brioches, fon-
dants colorati disposti in tondo° sui piatti come fiori, ma noi non
50 ci saremmo mai sognati di poter entrare in un negozio a comprare

[1]La marinara *means sailor suit, so* vestire alla marinara *means to wear a sailor
suit, to dress like a sailor.*

Glosses (right margin):

silk

splashing / we all
  crowded / bathtub
went out of their minds /
  brushed / tied /
  ribbons / gathered

along

leaning against the /
  all the way to the
panting
fault

they fed

era / nightmare
turnips

in front

in turn
turn
stand

blushed

whispered

didn't dare

were drilling

dawdling around

decorated with
  arabesques (fancy
  ornamentations)
around

quelle tentatrici delizie°. "Non si mangia tra i pasti; *it ruins your* | *tempting delicacies*
appetite" era una regola ferrea che mai ci sarebbe venuto in mente
di° discutere. | *we would never consider*

Così camminavamo dalle due alle quattro, paltò° alla marinara | *winter coat*
55   e berrettino tondo alla marinara con il nome di una nave di Sua
Maestà Britannica scritta sul nastro, Miss Parker in mezzo a due di
noi da una parte e uno o due di noi dall'altra finchè non era l'ora
di tornare a casa.

Susanna Agnelli, *Vestivamo alla marinara*

• • • *Domande sulla lettura*

1.   Di che cosa si lamentavano le governanti dei bambini?
2.   Di che colore era la marinara dei bambini?
3.   Che cosa si mettevano i bambini per il pranzo?
4.   Com'era l'ora del bagno?
5.   Cosa facevano le cameriere?
6.   Che cosa diceva ai bambini Miss Parker?
7.   Che cosa succedeva se i bambini non finivano di mangiare quello che avevano nel piatto?
8.   Che cosa non mangiava volentieri l'autrice?
9.   Che cosa sceglievano a turno i bambini?
10. Che cosa sceglieva Maria Sole e perchè?
11. Cosa facevano i bambini dopo colazione?
12. Cosa potevano fare i bambini quando pioveva?
13. Per che cosa è famosa la città di Torino?
14. Perchè i bambini non entravano mai nelle pasticcerie a comprare dolci?
15. Quanto tempo duravano le passeggiate?

• • • *Studio di parole*

to stop

fermare
to stop someone or something

fermarsi
to stop, to come to a halt

Il poliziotto ferma la macchina.
The policeman stops the car.

Perchè ti fermi davanti a tutti i negozi?
Why do you stop in front of all the stores?

Related word: **fermata** *stop* (bus, streetcar, train)

smettere di + *infinitive*
to cease doing something, to quit

Voglio smettere di fumare ma non posso.
I want to stop smoking, but I can't.

Note: **Smettila!**
   Stop it! Cut it out!

to think

pensare a
*to think of (about) = to have on one's
   mind; to take care of*

Non voglio pensare all'esame.
I don't want to think about the exam.

Chi pensa ai rinfreschi?
Who's going to take care of the refreshments?

pensare di + *infinitive*
to plan, to intend to do something

Pensiamo di andare in Italia quest'estate.
We're planning to go to Italy this summer.

pensare di
*to think of (about) = to have an opinion
   on*

Che cosa pensate dell'educazione
   britannica?
What do you think of British upbringing?

to walk

camminare
to walk (no destination indicated)

Non dovete camminare sul tappeto.
You must not walk on the rug.

fare una passeggiata
to take a walk, to go for a walk

Dopo colazione facciamo lunghe passeggiate.
After breakfast we take long walks.

andare a piedi
to walk (to a place)

Perchè non vai in ufficio a piedi?
Why don't you walk to the office?

education

istruzione (*f.*)
education

Luigi ha sposato una ragazza senza
   istruzione.
*Luigi married a girl without any
   education.*

educazione (*f.*)
upbringing, manners

Ho ricevuto una buona educazione da
   mia madre.
*I received a good upbringing from my
   mother.*

Related words: **istruito** *educated;* **educato** *well-mannered, polite*

• • • *Pratica*

A. *Scegliere la parola che completa meglio la frase.*

1. Dobbiamo guardare le vetrine senza (fermarci/smettere).
2. Come vado all'università? Ci (cammino/vado a piedi).
3. Non devi pensare solo (ai/dei) soldi!
4. Nessun ostacolo lo può (fermare/smettere).
5. A molte persone piace correre; a me piace (camminare/andare).
6. A che ora (smettete/fermate) di lavorare? Alle sette?
7. Che cosa pensate (a/di) questo libro?
8. Giorgio è molto (educato/istruito): ha tre lauree!

B. *Tradurre.*

1. You must stop thinking about your work.
2. Many children walk school when the weather is nice.
3. I don't know what to think about this dessert. It's too sweet!
4. Is it true they wanted to stop the train?
5. When we were children, we used to walk from two to four every day. These long walks were good for us.

C. *Domande per Lei*

1. Che pensa di fare dopo la lezione d'italiano? questo week-end? alla fine del semestre?
2. A che cosa pensa quando è felice? e quando è triste?
3. Quando cammina, Lei si ferma davanti alle vetrine dei negozi? Perchè sì o perchè no?
4. Quali cose vuole smettere di fare e quali cose vuole cominciare a fare?
5. Dove va a piedi? in macchina? in aereo?
6. Le piace camminare? Se sì, dove e per quanto tempo?
7. C'è una buona pasticceria nella Sua città? Cosa c'è in vetrina?
8. Com'erano i Suoi capelli quando era piccolo/piccola? lunghi? corti? ricci? lisci?
9. Secondo Lei, è bene abituare i bambini a finire tutto quello che hanno nel piatto? Quali altre cose devono imparare a fare i bambini?
10. Lei mangia tra i pasti? Secondo Lei, è vero che mangiare tra i pasti rovina l'appetito?

• • • *Temi per componimento o discussione*

1. Nel brano letto avete visto alcune regole dell'educazione britannica. Quali regole fanno parte dell'educazione che avete ricevuto voi? Quali regole dovrebbero far parte di qualsiasi educazione?
2. I vostri ricordi d'infanzia.

CAPITOLO TRE

I / *Passato prossimo* . . . .

Unlike the **presente** and the **imperfetto**, which are simple tenses—single words formed by adding endings to the stem—the **passato prossimo** is a compound tense. It is formed by the appropriate form of the present tense of an auxiliary verb, either **avere** or **essere**, plus the past participle of the verb. The past participle is formed by adding the appropriate ending to the infinitive stem.

Infinitive	*Ending*	*Past participle*
amare	**-ato**	**amato**
credere	**-uto**	**creduto**
finire	**-ito**	**finito**

A. For verbs conjugated with **avere**, the past participle does not change forms unless a direct object pronoun precedes the verb (see pp. 82–83).

PASSATO PROSSIMO *WITH AVERE*

amare		*credere*		*finire*	
ho	amato	ho	creduto	ho	finito
hai	amato	hai	creduto	hai	finito
ha	amato	ha	creduto	ha	finito
abbiamo	amato	abbiamo	creduto	abbiamo	finito
avete	amato	avete	creduto	avete	finito
hanno	amato	hanno	creduto	hanno	finito

Maria ha mangiato la torta.
Mary ate the cake.

Anche i bambini hanno mangiato la torta.
The children have eaten the cake, too.

B. For verbs conjugated with **essere**, the past participle acts like an adjective and agrees in gender and number with the subject of the verb. There are thus four possible endings: **-o, -a, -i, -e.**

PASSATO PROSSIMO *WITH ESSERE*

entrare		*cadere*		*uscire*	
sono	entrato/a	sono	caduto/a	sono	uscito/a
sei	entrato/a	sei	caduto/a	sei	uscito/a
è	entrato/a	è	caduto/a	è	uscito/a
siamo	entrati/e	siamo	caduti/e	siamo	usciti/e
siete	entrati/e	siete	caduti/e	siete	usciti/e
sono	entrati/e	sono	caduti/e	sono	usciti/e

Maria è uscit**a**.
Mary went out.

Anche i bambini sono uscit**i**.
The children went out too.

When the subject includes both masculine and feminine, the past participle is in the masculine.

Teresa e Lorenzo sono partit**i**.
Teresa and Lorenzo have left.

C. **Essere** is used with:

1. Most intransitive verbs. An intransitive verb is a verb that cannot have a direct object. Most of these verbs are verbs of motion or being (**andare** *to go,* **stare** *to stay*). See the Appendix for a list of verbs requiring **essere** in the **passato prossimo**.

Chi è andato in aereo?
Who went by plane?

La posta non è arrivata.
The mail didn't arrive.

Quando siete partiti?
When did you leave?

Le ragazze sono state a letto.
The girls stayed in bed.

Essere uses the past participle of **stare** as its past participle: **stato**. Thus the **passato prossimo** of **stare** and **essere** is the same:

Sono stato fortunato.
I was lucky.

Sono stato a casa.
I stayed home.

2. Reflexive and reciprocal verbs (see Capitolo 5):

Mi sono lavato.
I washed.

Ci siamo visti al cinema.
We saw each other at the movies.

D. The **passato prossimo** is used to report a completed action or event or fact that took place in the past. There are three equivalents in English:

ho lavorato $\begin{cases} \textit{I have worked} \\ \textit{I worked} \\ \textit{I did work} \end{cases}$

Note that the English equivalent to the **passato prossimo** can be either a compound form or, as is usually the case, a simple form.

• • • *Esercizi*

a. *Inserire la forma corretta di* **avere** *o* **essere** *e dare la desinenza corretta del participio.*

1. Il signor Bianchi _____ vendut_____ molti dischi.
2. Quanto tempo _____ durat_____ la conferenza?
3. Perchè voi due non _____ venut_____?

— Quella ha sposato un italiano...

4. Giovanna ed io _____ ricevut_____ molte lettere.
5. Mamma, non _____ uscit_____ ieri?
6. Tutti i bambini _____ avut_____ un regalo a Natale.
7. Questa rivista non _____ costat_____ molto.
8. Papà, _____ dormit_____ bene?
9. Teresa _____ stat_____ molto gentile con me.
10. _____ capit_____, ragazzi?
11. Noi _____ rimast_____ a casa tutto il giorno.
12. Nonno, tu _____ nat_____ in Italia o in America?
13. Non capisco perchè la professoressa si _____ arrabbiat_____.
14. I miei zii _____ viaggiat_____ molto.

Participi passati irregolari

The following verbs have an irregular past participle. Most of them are second-conjugation verbs. An asterisk indicates those that require **essere**.

Infinitive	Past participle	Infinitive	Past participle
accendere *to light, to turn on*	**acceso**	*rimanere *to remain*	**rimasto**
aprire *to open*	**aperto**	rispondere *to answer, reply*	**risposto**
bere *to drink*	**bevuto**	rompere *to break*	**rotto**
chiedere *to ask*	**chiesto**	scegliere *to choose*	**scelto**
chiudere *to close*	**chiuso**	*scendere *to go down*	**sceso**
correre *to run*	**corso**	scrivere *to write*	**scritto**
decidere *to decide*	**deciso**	smettere *to stop*	**smesso**
dire *to say, tell*	**detto**	spegnere *to turn off*	**spento**
fare *to do, make*	**fatto**	spendere *to spend*	**speso**
leggere *to read*	**letto**	*succedere *to happen*	**successo**
mettere *to put*	**messo**	tradurre *to translate*	**tradotto**
*morire *to die*	**morto**	vedere *to see*	**visto/veduto**
*nascere *to be born*	**nato**	*venire *to come*	**venuto**
offrire *to offer*	**offerto**	vincere *to win*	**vinto**
perdere *to lose*	**perso/perduto**	vivere *to live*	**vissuto**
prendere *to take*	**preso**	uccidere *to kill*	**ucciso**

Hanno speso diecimila lire.
They spent ten thousand lire.

Chi ha rotto il bicchiere?
Who broke the glass?

Perchè non siete venuti?
Why didn't you come?

Che cosa è successo?
What happened?

Verbs ending in **-scere** and **-cere** have a past participle ending in **-iuto**.

Ho conosciuto uno scrittore.
I met an author.

Il film è piaciuto a tutti.
Everyone liked the film.

• • • Esercizi

b. *Inserire la forma corretta del passato prossimo del verbo fra parentesi.*

1. Che cosa (perdere) _____, Mamma?
2. Tutti (prendere) _____ il caffè.

3. Alberto (diventare) _____ un famoso scrittore.
4. I prezzi in Italia mi (sembrare) _____ molto cari.
5. Signorina, quanto (spendere) _____?
6. Voi (venire) _____ a piedi?
7. Uno studente mi (chiedere) _____ se poteva fumare, ma io (rispondere) _____ di no.
8. Anche voi (bere) _____ birra?
9. Io (dire) _____ buon giorno, loro mi (dire) _____ ciao!
10. Neanche lei (tradurre) _____ le frasi.
11. I miei amici (decidere) _____ di aspettare un altro mese.
12. Che tempo (fare) _____ ieri?
13. Noi (scegliere) _____ un appartamento di quattro stanze.
14. Non ricordo che cosa (succedere) _____ dieci anni fa.
15. Nessuno (accendere) _____ la radio.

c. *Maschile, femminile... Riscrivere ogni frase cambiando dal maschile al femminile e viceversa e facendo ogni cambiamento necessario. Ricordare che molti nomi hanno la stessa forma per il maschile e per il femminile e che il solo cambiamento necessario è quello dell'articolo o dell'aggettivo.*

1. *Il protagonista* del nuovo film ha annunciato il suo matrimonio.
2. *Mio nipote* è andato in vacanza.
3. *Un uomo* si è avvicinato al bambino.
4. *Sua sorella* è diventata farmacista.
5. *Il dottore* mi ha fatto i raggi X (*read* "ics").
6. *Il grande scrittore* ha tenuto una conferenza stampa.
7. *Nessun amico* mi ha scritto a Natale.
8. *L'autrice* del libro è morta.

d. *Mettere le seguenti frasi al passato prossimo.*

1. Ci sono molti scioperi questo mese.
2. Vediamo i vecchi film di Chaplin alla televisione.
3. Perchè fate tante passeggiate?
4. Quanti romanzi leggono!
5. Dove metti le chiavi?
6. Chi uccide il protagonista?
7. Non chiudo la porta.
8. La signora mi offre un tè.

e. *Come un orologio... Il signor Precisini dice quello che fa minuto per minuto. Riscrivere il brano alla terza persona singolare del presente indicativo e poi cambiare al passato prossimo.*

Mi sveglio alle sette, apro la finestra e respiro l'aria fresca. Faccio la doccia e mi vesto. Alle sette e mezzo faccio colazione, alle otto esco di casa, alle otto e dieci salgo sul filobus e alle otto e mezzo arrivo in ufficio.

Lavoro fino all'una. All'una vado alla mensa e mangio. Alle due ritorno in ufficio e non interrompo il lavoro fino alle sette, cioè fino all'ora dell'uscita. Esco, faccio due passi, mi fermo davanti ai negozi e guardo le vetrine, entro in un bar e prendo un Bourbon doppio. Poi ritorno a casa col filobus.

Mangio, fumo una sigaretta o due, guardo la televisione e alle dieci e un quarto vado a dormire.

f. *Il milionario eccentrico... Il signor Bonaventura è un milionario eccentrico. Un giorno Le offre diecimila dollari a una condizione: Lei deve poi dirgli come ha speso i soldi. Lei accetta, prende i soldi, li spende e adesso spiega come li ha spesi.*

Essere *o* avere?

Some verbs may be conjugated with either **essere** or **avere** depending on how they are used.

1. Some weather expressions take either **essere** or **avere**.

È piovuto. (Ha piovuto.)
It rained.

È nevicato. (Ha nevicato.)
It snowed.

È grandinato. (Ha grandinato.)
It hailed.

2. Some verbs require **essere** when used intransitively (without a direct object) and **avere** when used transitively (with a direct object). Note that sometimes the meaning of the verb changes.

passare	**Sono passato** in biblioteca. *I stopped at the library.*	**Ho passato** un'ora in biblioteca. *I spent one hour in the library.*
salire	**Sono saliti** sul treno. *They boarded the train.*	**Hanno salito** la collina. *They climbed the hill.*
scendere	**Siamo scesi** in cantina. *We went down in the cellar.*	**Abbiamo sceso** le scale. *We went down the stairs.*
cambiare	La mia vita **è cambiata**. *My life has changed.*	**Ho cambiato** abitudini. *I changed habits.*
cominciare	Quando **è cominciato** l'anno accademico? *When did the academic year start?*	Quando **hai cominciato** la lezione? *When did you begin the lesson?*
finire	Le vacanze **sono finite** il 30 agosto. *Vacation was over on August 30.*	**Abbiamo finito** il libro. *We have finished the book.*

3. Some verbs of movement take **essere** if a point of departure or a point of arrival is mentioned, no matter how general; otherwise they take **avere**.

correre	**Sono corso** a casa a prendere la chiave. *I ran home to get the key.*	Sono stanco perchè **ho corso**. *I am tired because I ran.*

saltare	Il gatto **è saltato** dalla finestra.	Il bambino **ha saltato** tutto il giorno.
	The cat jumped from the window.	*The child jumped up and down all day.*
volare	L'uccello **è volato** sull'albero e poi **è volato** via.	Il nonno non **ha** mai **volato**.
		Grandpa has never flown.
	The bird flew to the tree and then flew away.	

4. When used by themselves (not followed by an infinitive), **dovere, potere**, and **volere** require **avere**.

Non sei andato? — No, non ho potuto.
You didn't go? — No, I couldn't.

When followed by an infinitive, these three verbs are conjugated with **avere** or **essere** depending on whether the verb in the infinitive normally requires **avere** or **essere**. It is, however, becoming more and more frequent to use **avere** with **dovere, potere,** and **volere** regardless of what verb follows.

Non ho potuto dormire.   È dovuto partire.
I couldn't sleep.   Ha dovuto partire.
                                He had to leave.

If **dovere, potere,** and **volere** are followed by a reflexive verb, two constructions are possible: one with **avere** and the reflexive pronoun attached to the infinitive of the verb; the other with **essere** and the reflexive pronoun preceding the conjugated form of **essere** (see p. 110).

Ho dovuto lavar**mi**.   Non avete voluto curar**vi**.
Mi sono dovuto lavare.   Non **vi** siete voluti curare.
I had to wash.   *You refused to take care of yourselves.*

• • • *Esercizi*

g. *Riscrivere le seguenti frasi al passato prossimo.*

1. Quando andiamo all'università, passiamo davanti al monumento a Cristoforo Colombo.
2. Dove passi le vacanze?
3. Quando finiscono le lezioni?
4. Non vogliono partire in marzo.
5. La ragazza scende dal treno e corre verso i genitori.
6. Salgono e scendono le scale molte volte e così si stancano.
7. Non vi fermate? — No, non possiamo fermarci.
8. A che ora comincia il film?
9. Corro a casa appena posso.
10. Voli sempre con l'Alitalia?

II / Articolo determinativo . . . .

The **articolo determinativo** (*definite article*) has seven different forms according to the gender, number, and first letter of the word it precedes. The English equivalent is always *the*. Its forms are:

	Singular		Plural	
	Masculine	Feminine	Masculine	Feminine
before a consonant	**il**	**la**	**i**	**le**
before s + consonant, z, and ps	**lo**	**la**	**gli**	**le**
before a vowel	**l'**	**l'**	**gli**	**le**

il dottore e lo psichiatra
la sorella e l'amica
gli americani e le americane

1. Note that the article is repeated in Italian before each noun.

2. The word immediately following the article is the one that determines its form.

il ragazzo   **l'**altro ragazzo
the boy   *the other boy*

lo zio   **il** giovane zio
the uncle   *the young uncle*

Preposizioni articolate

Some common prepositions combine with the definite article to form a single word.

PREPOSITIONS + ARTICLES

	+ il	+ lo	+ la	+ l'	+ i	+ gli	+ le
a	al	allo	alla	all'	ai	agli	alle
da	dal	dallo	dalla	dall'	dai	dagli	dalle
su	sul	sullo	sulla	sull'	sui	sugli	sulle
in	nel	nello	nella	nell'	nei	negli	nelle
di	del	dello	della	dell'	dei	degli	delle
con	col				coi		

Note that in modern Italian **con** may combine with the article in only two instances:

con + il = **col**   con + i = **coi**

al caffè della stazione
at the railroad station bar

nelle ore dei pasti
at mealtimes

sui treni e sugli aeroplani
on the trains and on the planes

tè col (con il) latte
tea with milk

nel palazzo dell'avvocato
in the lawyer's building

all'inizio e alla fine
at the beginning and the end

1. The preposition alone is used in common expressions referring to places and rooms of a house.

in campagna	*in, to the country*	in salotto	*in, to the living room*
in montagna	*in, to the mountains*	in biblioteca	*in, at, to the library*
in città	*in, to the city/town, downtown*	in giardino	*in, to the garden*
in paese	*in, to the village*	in chiesa	*in, to the church*
in camera	*in, to the bedroom*	a teatro	*at, to the theater*

The article must be used, however, if the noun is modified by an adjective or phrase.

nel giardino pubblico   nella biblioteca dello zio

2. Note the following special idiomatic uses of prepositions.

alla radio	*on the radio*	**al** telefono	*on the phone*
alla televisione	*on TV*	**sul** giornale	*in the newspaper*

3. The prepositions listed in the chart on p. 52, especially **a** and **di**, may be used with other prepositions to form prepositional phrases.

vicino a	*near*	prima di	*before*
lontano da	*far from*	oltre a	*in addition to*
davanti a	*in front of*	fino a	*till, until*
dietro (a)	*behind*	invece di	*instead of*

Devo prendere la medicina prima dei pasti
  o dopo i pasti?
*Shall I take the medicine before the meals
  or after the meals?*

Bevono il tè invece del caffè.
They drink tea instead of coffee.

C'è una banca vicino all'università.
There is a bank near the university.

Cosa c'è dietro il (al) muro?
What is behind the wall?

Uso dell'articolo determinativo

A. Unlike English, the definite article in Italian is used in the following cases:

1. With geographical names (names of continents, countries, rivers, states, provinces, large islands, mountains, lakes).

L'Italia è bella.
Italy is beautiful.

Conosci **il** Massachusetts?
Do you know Massachusetts?

However, the article is omitted after **in** if the geographical term is unmodified, feminine, and singular.

La Toscana è **in** Italia, **nell**'Italia centrale.
Tuscany is in Italy, in central Italy.

Boston è **nel** Massachusetts, **nell**'America del Nord.
Boston is in Massachusetts, in North America.

2. With days of the week in the singular to indicate that something happens regularly.

Mangiamo pesce **il** venerdì.
We eat fish on Fridays.

However, it is omitted when referring to a specific day.

Mario è arrivato venerdì.
Mario arrived on Friday.

3. With proper names preceded by a title (**Signore,**[1] **Dottore, Professore, Avvocato, Conte, Signora, Signorina,** etc.) or by an adjective when one is talking about the person named.

Il Professor Bianchi insegna bene.
Professor Bianchi teaches well.

Ho visto **la** bella Ada.
I saw beautiful Ada.

It is omitted, however, when one speaks directly to the person using the title.

Professor Bianchi, ha letto il romanzo *Il bell'Antonio?*
Professor Bianchi, have you read the novel Il bell'Antonio?

Buon giorno, signora Rossi. Come sta?
Good morning, Mrs. Rossi, how are you?

4. Often before family names of famous people or, colloquially, before first names of women.

Il Petrarca e **lo** Shakespeare sono i miei autori preferiti.
Petrarch and Shakespeare are my favorite authors.

Sai chi è **la** Loren?
Do you know who Miss Loren is?

Come sta **la** Giovanna?
How is Jane?

However, it is omitted with Dante, Michelangelo, Raffaello (*Raphael*) because they are not family names.

5. Before names of languages (all languages are masculine) unless they are preceded

---

[1]*Titles ending in* **-ore** *drop the* **-e** *before a proper name or noun. The capitalization of titles is optional.*

by **di** or **in**. The article is also frequently omitted when the language is the object of the verbs **parlare**, **insegnare**, or **studiare**:

Impariamo **il** francese.
We are learning French.

Ecco il libro di francese.
Here is the French book.

È scritto in francese.
It is written in French.

In classe parliamo francese.
In class we speak French.

6. Before nouns used in a general sense or indicating a whole category.

Gli uomini sono mortali.
Men are mortal.

La pazienza è una virtù.
Patience is a virtue.

Lo zucchero è bianco.
Sugar is white.

7. Instead of the English possessive (*my, your, his*, etc.) when referring to the parts of the body, articles of clothing, and personal effects belonging to the subject of the verb (see p. 92).

Ha alzato **la** mano.
He raised his hand.

Ti sei messo **i** guanti?
Did you put on your gloves?

8. After the verb **avere** with nouns that give a physical description.

Mirella ha **i** capelli biondi e **gli** occhi verdi.
Mirella has blond hair and green eyes.

La bambina aveva **le** mani fredde.
The child had cold hands.

9. When combined with **a** to convey *every* or *per*.

Lavoriamo otto ore **al** giorno.
We work eight hours a day.

Novanta chilometri **all'**ora.
Ninety kilometers an (per) hour.

Costa mille lire **al** chilo.
It costs a thousand lire a kilo.

B. The Italian definite article is not used in the following cases:

1. With the names of most cities.

Non ho mai visto Torino.
I've never seen Turin.

However, the article (either masculine or feminine) is used with the name of a city to indicate the soccer team of that city

Il Torino ha battuto **la** Roma.
Turin beat Rome. (Turin's team beat Rome's.)

If the name of the city is modified by an adjective or phrase, the article (always feminine) must be used:

la Venezia romantica
romantic Venice

la Firenze del Rinascimento
the Florence of the Renaissance

2. In some common expressions.

a destra	*to, on the right*
a sinistra	*to, on the left*
in cima	*at the top*

• • • *Esercizi*

h. *Inserire la forma corretta dell'articolo o della preposizione (semplice o articolata).*

1. _____ italiano è facile, non è vero?
2. Vanno sempre _____ cinema.
3. Mio padre è professore _____ spagnolo.
4. _____ autunno è bello _____ montagna.
5. Ho ricevuto una cartolina _____ zii.
6. Non ricordi il prezzo _____ broccoli?
7. Sento il vento _____ mia pelle.
8. Davanti _____ albergo c'è una statua.
9. _____ Professor Vivaldi è malato.
10. C'è troppo sale _____ minestra.
11. _____ fine del film i due si sposano.
12. Abbiamo passato le vacanze _____ Germania del sud.
13. _____ piccolo Mario non si sente bene.
14. _____ bambini americani non vanno a scuola _____ sabato.
15. Che cosa c'è _____ televisione stasera?
16. Quante ore _____ giorno studiate?
17. Dicono che _____ amore è cieco (*blind*).
18. _____ ragazze avevano _____ capelli lunghi.

— Ma no! Con il corpo, devi girare
anche le gambe!

III / Bello e quello ·

Bello (*beautiful, handsome, fine*) and **quello** (*that*) have parallel forms when they precede the noun they modify. Note the similarity with the forms of the definite article.

	Singular		Plural	
	Masculine	Feminine	Masculine	Feminine
before a consonant	**il/bel/quel**	**la/bella/quella**	**i/bei/quei**	**le/belle/quelle**
before s + consonant, z, and ps	**lo/bello/quello**	**la/bella/quella**	**gli/begli/quegli**	**le/belle/quelle**
before a vowel	**l'/bell'/quell'**	**l'/bell'/quell'**	**gli/begli/quegli**	**le/belle/quelle**

quell'avvocato e **quello** psichiatra   **bei** negozi e **belle** vetrine   **quei begli** occhi

1. When **bello** follows the noun it modifies, either directly or after the verb, it takes the regular adjective endings: **bello, bella, belli, belle**.

Un ragazzo bello può
  essere egoista.
*A handsome young man can
  be selfish.*

L'americana era bella.
The American was beautiful.

I fiori diventano belli dopo
  la pioggia.
*Flowers become beautiful
  after the rain.*

2. When **quello** is used as a pronoun, it follows the regular pattern: **quello, quella, quelli, quelle**.

Prendo quello.
I'll take that one.

Preferiamo questi, non quelli.
We prefer these, not those.

— No, no! Non quello...

• • • *Esercizi*

i. *Inserire la forma corretta di **bello** o **quello**.*

1. Era un _____ giorno d'estate.
2. La tua macchina è _____, ma _____ di Carlo è più bella.
3. No, non è stato un _____ scherzo.
4. Prendo una di _____ caramelle.
5. Hanno comprato un _____ oggetto per il mio compleanno.
6. Che _____ denti! E che _____ sorriso!
7. Il tempo sarà _____ anche domani.
8. _____ ufficiali (*officers*) non sono tedeschi.
9. È molto che conosce _____ signore? E _____ signora?
10. C'erano due _____ attrici in _____ film.

IV / Interrogativi •

A. The most common interrogative adverbs are:

come[1]	*how*
come mai	*how come*
dove[1]	*where*
quando	*when*
perchè	*why*

In questions beginning with interrogative adverbs, the subject is usually placed at the end.[2]

Dove studia l'italiano Mario?
Where does Mario study Italian?

Perchè and **come mai**, however, allow for two positions for the subject: at the end of the question or before the verb.

Perchè studia l'italiano Mario?
Perchè Mario studia l'italiano?
Why does Mario study Italian?

B. The interrogative adjectives are:

quanto, -a, -i, -e	*how much, how many*
che	*what, what kind of*
quale, quali	*which, what*

---

[1]Come and dove *usually become* com' *and* dov' *in front of forms of* essere *beginning with* e-: Com'era verde la mia valle! *How green was my valley!* Dov'è il concerto? *Where is the concert?*

[2]*In Italian yes-and-no questions the subject may be placed either at the beginning or at the end of the question:* Gino abita in Italia? Abita in Italia Gino? *Does Gino live in Italy?*

As with all adjectives, interrogative adjectives agree in gender and in number with the noun they modify except for **che**, which is invariable.

Quanto tempo avete?
How much time do you have?

In che modo intende pagare?
How (in what way) do you plan to pay?

Che frutta vende?
What kind of fruit does he sell?

Quanti figli ha?
How many children do you have?

Quanta birra hanno comprato?
How much beer did they buy?

In quale città è nato?
In which city were you born?

Quale implies a choice between two or more alternatives whereas **che** is used in more general terms. In modern usage, however, **quale** and **che** are often used interchangeably.

Che (quali) libri usiamo?
What books are we using?

In che (quale) anno è nato?
What year were you born?

C. The interrogative pronouns are:

chi	*who, whom*
che, cosa, che cosa	*what*
quanto, -a, -i, -e	*how much, how many*
quale (qual[1]), quali	*which (one), which (ones)*

Chi legge i fumetti?
Who reads comic strips?

Quanti hanno detto di sì?
How many said yes?

Che cosa (che, cosa) ha detto?
What did you say?

Quali hai preso?
Which ones did you take?

1. Prepositions, such as **di**, **a** and **con**, always precede an interrogative pronoun because Italian sentences must never end with a preposition.

Di chi parliamo?
Whom are we talking about?

A chi dai questi fiori?
To whom are you giving these flowers?

Con chi uscite stasera?
With whom are you going out tonight?

2. **Di chi**, with the meaning *whose*, is directly followed by a form of **essere**.

Di chi è quel cane?
Whose dog is that?

Di chi sono i libri?
Whose books are they?

3. **Che cosa** + **essere** is used to ask for the definition of the word that follows **essere**.

Che cosa è la semiotica?
What is semiotics?

Che cosa è l'odio?
What is hatred?

Che cosa sono le « fragole »?
What are "fragole"?

[1]**Quale** *may become* **qual** *before forms of* **essere** *beginning with* e-.

Quale (qual), quali + essere is used to ask for information and not for the definition of the word.

Qual è la differenza?	Qual è il problema?	Quali sono le qualità di un
What is the difference?	*What's the problem?*	buon marito?
		What are the qualities of a
		good husband?

D. Remember that a statement can be made interrogative by adding one of the following expressions to it. They are the equivalent to the English tag questions *are you? aren't you? do you? don't you? won't you?* and *right?*

non è vero?   è vero?   vero?   no?

Lei è americano, non è vero?   Lei non parla italiano, vero?
You are American, aren't you?   *You don't speak Italian, do you?*

1. **Va bene?** (*is that all right? OK?*) or **d'accordo?** (*agreed? OK?*) is used when an action is proposed and agreement or acceptance is expected.

Stasera mangiamo al ristorante, va bene?   Allora ci vediamo alle cinque, d'accordo?
Tonight we'll eat in a restaurant, OK?   *So we'll meet at five, OK?*

2. **Davvero?** (*Really?*) is used when reacting to news.

Carlo e Sofia sono già partiti. — Davvero?
Charles and Sophie have already left — Really? (They have?)

• • • *Esercizi*

j. Le seguenti frasi sono risposte. Formulare domande usando parole interrogative basate sulle parole scritte in corsivo.

  Esempio: Ha comprato *sei* banane.   Quante banane ha comprato?

  1. Sono venuti *in aeroplano*.
  2. Ha scritto a *Mirella*.
  3. La macchina è di *Roberto*.
  4. Arrivano *oggi*.
  5. Hanno passato le vacanze *in Europa*.
  6. La moglie di Luigi è *alta e snella*.
  7. Vuole parlare col *direttore*.
  8. La macchina del dottore è *quella blu*.
  9. È andata al cinema con *Antonio*.
  10. Avete detto *ciao*.
  11. Ci sono stati *tre* scioperi.
  12. Fa *bel* tempo nel Colorado.
  13. Il suo numero telefonico è *21 46 67*.
  14. Nevica da *due giorni*.
  15. Elena stava *dagli zii*.

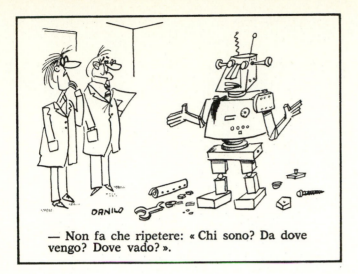

— Non fa che ripetere: « Chi sono? Da dove vengo? Dove vado? ».

k. *Tradurre.*

1. Whom did they want to see?
2. What is love? What is the meaning (**significato**) of the word "love"?
3. Who were those men?
4. What are the qualities of a good neighbor (**vicino**)?
5. Which of these is your pen?
6. Whose car is that?
7. What sort of film do you prefer to see?
8. What did you do last night?
9. Who is the author of the novel?
10. Why do you get angry so often?
11. When did you leave Italy?
12. How much did they spend?
13. What is the rule?
14. How many dishes did you break?
15. How come Laura married a man without any education?

V / *L'ora* . . . .

A. Italians use both the twelve-hour and the twenty-four-hour clocks to tell time. Official time (for trains, buses, planes, theaters, movies, etc.) is expressed using the twenty-four-hour system. After twelve noon one continues counting up to 24 (midnight). Following is a list comparing the two systems.

	12-hour clock		24-hour clock	
12 (noon)	mezzogiorno	le dodici	12:00
1 P.M.	l'una	le tredici	13:00
2 P.M.	le due	le quattordici	14:00
3 P.M.	le tre	le quindici	15:00
4 P.M.	le quattro	le sedici	16:00
5 P.M.	le cinque	le diciassette	17:00
6 P.M.	le sei	le diciotto	18:00
7 P.M.	le sette	le diciannove	19:00
8 P.M.	le otto	le venti	20:00
9 P.M.	le nove	le ventuno	21:00
10 P.M.	le dieci	le ventidue	22:00
11 P.M.	le undici	le ventitrè	23:00
12 (midnight)	mezzanotte	le ventiquattro	24:00

The feminine definite article (**l'**, **le**) is used before the number of the hour. It agrees in form with **ora** (*hour*) or **ore** (*hours*), which is not expressed. All times other than one o'clock are plural and thus require the feminine plural article **le**.

l'una	le due	le undici
one o'clock	*two o'clock*	*eleven o'clock*

B. To indicate a fraction of an hour, from the hour to half past use **e** + the minutes elapsed; from the half hour to the hour use **e** + the minutes elapsed or the next hour minus the number of minutes to go.

le due e cinque	le quindici e trenta	l'una e quaranta (le due
2:05	*3:30 P.M.*	meno venti)
		1:40

Un quarto (*a quarter*) and **mezzo** (*a half*) are also used, but not with the twenty-four-hour clock.

le due e un quarto	le tre e mezzo	le cinque meno un quarto
le due e quindici	le tre e trenta	le cinque meno quindici
2:15	*3:30*	*4:45*

In everyday conversation the distinction between A.M. and P.M. is made by adding the following expressions to the time: **di mattina** or **del mattino** (*in the morning*), **del pomeriggio** (*in the afternoon*), **di sera** or **della sera** (*in the evening*), **di notte** (*in the night, at night*).

le otto di mattina	le quattro del pomeriggio
8 A.M.	*4 P.M.*

le nove di sera	le due di notte
9 P.M.	*2 A.M.*

C. To ask and tell time in the present and in the past, use the following expressions:

Che ora è?	**Che ora era?**	**A che ora?**
Che ore sono?	**Che ore erano?**	*At what time?*
What time is it?	*What time was it?*	

È mezzogiorno.	**Era mezzogiorno.**	**A mezzogiorno.**
It is noon.	*It was noon.*	*At noon.*
È l'una.	**Era l'una.**	**All'una.**
It is one o'clock.	*It was one o'clock.*	*At one.*
Sono le due.	**Erano le due.**	**Alle due.**
It is two o'clock.	*It was two o'clock.*	*At two.*

Note that **essere** is used in the third person singular for **mezzogiorno, mezzanotte,** and **l'una** and in third person plural for all other hours.

The verb **mancare** may also be used to express time.

Mancano venti minuti alle due.
It is twenty minutes to two.

Mancava un minuto a mezzanotte.
It was one minute to midnight.

Come esprimere la parola time

The English word *time* corresponds to several words in Italian, depending on the idea being expressed.

1. **Ora** means *time of day, hour,* or the proper time to do something.

Signorina, ha l'ora?
Signorina, do you have the time?

Mamma, è già ora di mangiare?
Mother, is it time to eat yet?

2. **Volta** expresses an instance or an occasion. **Qualche volta** means *sometimes.*

Devi farlo ancora una volta.
You must do it once more.

Sono venuti tre volte.
They came three times.

3. **Tempo** refers to duration of time, a period of time, or time in the abstract.

Avete aspettato molto tempo?
Did you wait a long time?

Non ho tempo ora.
I don't have time now.

Il tempo è denaro.
Time is money.

4. **Divertirsi** means *to have a good time.*

Ci divertiamo sempre a Roma.
We always have a good time in Rome.

• • • Esercizi

I. *Completare con* **ora, volta** *o* **tempo.**

1. Hanno visto il film tre _____.
2. Jack non ha _____ per divertirsi.
3. Ogni _____ che viene lei, piove!
4. A che _____ è l'ultimo treno?

— Accidenti, ma che ore sono?

5. Bambini, è _____ di andare a dormire.
6. Tu non perdi _____!
7. Che _____ sono?
8. C'era una _____ una bella principessa.

m. *Tradurre.*

1. It's a quarter to four. It's time to go back!
2. Sometimes it is difficult to have a good time.
3. It was twelve noon when we stopped working.
4. They phoned at one o'clock and spoke for half an hour.
5. I've repeated this rule many times.
6. Maybe it's a good idea to repeat the rule one more time!
7. It was 3:15, not 3:45, when we returned home.
8. How many times have you flown?

VI / *Giorni, stagioni, mesi, anni* . . . .

A. I giorni della settimana:

lunedì	venerdì
martedì	sạbato
mercoledì	domẹnica
giovedì	

Days of the week are not capitalized and usually do not require an article.

1. No preposition is needed before the names of days in Italian when referring to a specific day.

Sono arrivati sabato.
They arrived (on) Saturday.

2. The definite article is used with the days of the week in the singular to express an habitual action.

Non lavorano **il** sabato.
They don't work on Saturdays.

B. Le stagioni:

la primavera   l'estate   l'autunno   l'inverno

1. The names of the seasons are not capitalized and are usually preceded by the definite article.

La primavera è la mia stagione preferita.
Spring is my favorite season.

2. **In** or **di** is used without the definite article to express *in* + the season.

In primavera piove spesso.   Dove vanno le mosche **d'**inverno?
It often rains in spring.   *Where do flies go in the winter?*

C. I mesi:

gennaio	aprile	luglio	ottobre
febbraio	maggio	agosto	novembre
marzo	giugno	settembre	dicembre

1. Months are masculine, are not capitalized, and do not require an article.

Di solito agosto è il mese più caldo.
Usually August is the hottest month.

2. **In** or **a** is used to express *in* + the month.

In gennaio fa freddo.   Si sono sposati **a** maggio.
It's cold in January.   *They married in May.*

3. The masculine definite article + a cardinal number + a month is used to express a specific day of the month or *on* + the day of the month. An exception is *the first*, which is **il primo** + the month.

il due settembre   l'undici settembre   il primo settembre
September second   *September eleventh*   *September first*
on September second   *on September eleventh*   *on September first*

4. Italian uses a different word order than English in numerical abbreviations.

9/5 = il nove maggio   (not *September fifth!*)
1/9 = il primo settembre   (not *January ninth!*)

D. Gli anni

The masculine singular definite article is used when referring to a year. The article combines with prepositions.

Il 1929 è stato un anno molto difficile.
1929 was a very difficult year.

La guerra è finita **nel** 1945.
The war ended in 1945.

Kennedy fu presidente **dal** 1960 **al** 1963.
Kennedy was president from 1960 to 1963.

E. The following expressions are commonly used in reference to dates and time.

1. To ask about dates:

In che giorno? — Il cinque ottobre.
On what day? — On October fifth.

Che giorno è oggi? — È il cinque ottobre.
What day is today? — It is October fifth.

Quanti ne abbiamo oggi? — Ne abbiamo cinque.
What's today's date? — It's the fifth.

2. To express times of the day:

di mattina (la mattina)	*in the morning*
di pomeriggio (nel pomeriggio)	*in the afternoon*
di sera (la sera)	*in the evening*
di notte (la notte)	*at night*

3. To indicate past time:

due ore (giorni, settimane, mesi) fa
two hours (days, weeks, months) ago

il mese scorso (la settimana scorsa) (l'anno scorso)
last month (last week) (last year)

4. To indicate future time:

fra due ore (giorni, settimane, mesi)
in two hours (days, weeks, months)

il mese prossimo (la settimana prossima) (l'anno prossimo)
next month (next week) (next year)

5. To indicate duration and approximation of time:

dalle due alle tre	fino alle quattro	verso le cinque
from two to three	*until four*	*around five o'clock*

• • • *Esercizi*

n. *Conversazione*

1. In quale città è nato/a Lei? In che anno? In che mese? Sa anche in che giorno e a che ora?

— *Chi ha vinto il campionato di calcio nel 1971, '72, '73, '74, '75, '76, '77...*

2. Che giorno era ieri? Quanti ne avevamo?
3. Fino a che ora resta all'università ogni giorno Lei?
4. Dov'era due anni fa e cosa faceva?
5. Qual è il Suo giorno preferito? Qual è la Sua stagione preferita? Perchè?
6. Lei studia meglio di sera, di notte o di mattina?
7. Che cosa ha fatto ieri dalle undici a mezzogiorno?
8. Che cosa ha intenzione di fare l'estate prossima?
9. Quale data è importante per Lei? Perchè?
10. Quante volte ha saltato la lezione d'italiano quest'anno?

VII / *Letture* . . . .

Vocabolario utile

accendere (p.p. **acceso**) *to light* (**la pipa, una sigaretta**); *to turn on* (**la luce, la radio, la televisione**); *to turn off* is **spegnere** (p.p. **spento**)

approfittare *to take advantage*

avere le lune (**la luna**) **per traverso** *to be in a bad mood* (synonym: **essere di cattivo umore**)

bussare *to knock*

dare fastidio (**noia**) **a qualcuno** *to bother someone;* **Le dà fastidio...?** *Do you mind . . . ?*

*guarire *to get well*

proibire *to prohibit*

*scomparire (p.p. **scomparso**) *to disappear*

sedersi *to sit down*

a bassa voce *in a low voice, softly;* la **voce** *voice*

l'**alcolico** *alcoholic drink*

la **caramella** *candy*

cortese *kind, courteous*

eppure *and yet*

il **fumo** *smoke, smoking*

improvviso *sudden;* **improvvisamente** (or **all'improvviso**) *suddenly*

la **macchia**   *blur; spot, stain;*
    macchiato   *spotted, stained*
la **menta**   *peppermint, mint*
  miope   *nearsighted*
  ogni tanto   *now and then*

scuro   *dark* (the opposite is **chiaro**
  light)
sordo   *deaf*
la **tasca**   *pocket*

Comunicare

Dopo un bisticcio° con la moglie, il protagonista del racconto esce di casa e va a fare una passeggiata nel parco. A un certo punto vede una panchina con un uomo seduto e decide di sedersi anche lui.

    quarrel, spat

...mi sono seduto e l'ho guardato attentamente. Poteva avere una sessantina d'anni ma era vestito come un giovanotto di venti: giacca sportiva a grandi scacchi° marrone, pantaloni di flanella grigia. (...)

    checks

Dopo un momento ha cavato° di tasca la pipa e mi ha chiesto: « Le
5 dà fastidio il fumo? »

    took out

Ho emesso un mugolio° qualsiasi che lui ha scambiato° per un consenso°. Ha acceso la pipa, ha tirato° due o tre volte, poi si è voltato verso di me e ha detto: « Giornata di scirocco[1], eh. Vuol piovere ».

10 Ho risposto con improvvisa ispirazione: « Non capisco ».

« Ho detto: giornata di scirocco, vuoi vedere° che piove ».

« Le ho già detto che non capisco ».

« Ma lei per caso è sordo? »

« No, non sono sordo ».

15 « Eppure ho parlato chiaro ».

« Ma io non ho capito. Ho percepito° il suono delle parole ma non ho afferrato° il senso ».

« Eppure ho parlato in italiano ».

« Appunto° non capisco l'italiano ».

20 « Ma se lei parla, sta parlando in italiano? »

« Lo parlo ma non lo capisco, che c'è di strano? »

Ha roteato° gli occhi, sconcertato, perplesso; quindi° dopo un momento mi ha indicato una macchina ferma lì accanto°, un'utilitaria° con tutto un parafango° schiacciato°: « È sua quella macchina? Ha 25 preso una bella botta°, eh ».

Ho guardato in direzione della macchina e ho detto : « Ma quale macchina? »

« Quella macchina lì ».

« Non vedo nessuna macchina ».

30 « Come, vorrebbe dirmi che non vede quella macchina? »

« Vedo una macchia, una lunga macchia color blu scuro. Ma quanto a° vedere una macchina... »

« Ma lei è miope? »

« No, ci vedo° benissimo ».

35 « Dunque lei parla l'italiano ma non lo capisce, vede una macchia ma nega° che sia una macchina... Caro signore, se si hanno le lune per traverso e non si vuole comunicare, si dice: « Scusi, non ho voglia di parlare » ma non ci si beffa di° qualcuno che, oltre tutto, ha più anni di lei e ha tutto il diritto di essere rispettato ».

40 Così dicendo si è alzato e sbuffando° e gonfiando il petto°, pieno di dignità e di rabbia, se ne è andato°.

Alberto Moravia, *L'intimità*

Il vizio della menta°

Il protagonista del racconto aveva spesso mal di testa così un giorno è andato dal dottore.

Glossary (right column):

grumble / mistook
consent / puffed

what do you bet

ho sentito
non ho capito

precisely

he rolled / poi
vicino / compact car
fender / crushed
beating

as far as

I can see

you deny

one doesn't make fun of

huffing / expanding his chest
è andato via

A weakness for peppermint

---

[1]**Scirocco** : *a warm wind from the south, typical of Mediterranean countries.*

Oggi, approfittando di un momento di calma, ho potuto constatare°,   *ascertain*
a ventisei giorni di distanza°, che il dottore aveva ragione.   *later*
Il che vuol dire° che io, ventisei giorni fa, ho pensato che occorreva°   *which is to say /*
fare qualcosa per sistemare° la parte interna della mia sommità°, e   *bisognava*
5 ho bussato alla porta di un medico.   *settle/testa*
Ho avuto la fortuna di trovarmi davanti una persona di età rispet-
tabile e di aspetto dignitosissimo.
(...)
L'eccellente uomo mi ha provato° il polso, il cuore, i polmoni°, poi   *checked / lungs*
10 mi ha considerato attentamente.
— Fumo? — ha chiesto.
— No — ho risposto.
— Vino?
— No.
15 — Alcolici?
— No.
Il dottore mi ha guardato severo negli occhi.
— Mai? — ha insistito con voce cortese, ma decisa.
E io sono rimasto un po' imbarazzato. Ai dottori bisogna dire tutta
20 la verità.
— Ecco — ho confessato. — Ho bevuto un bicchierino di Fernet[1]
il mese scorso.
(...)
— State[2] alzato la notte?
25 — No.
— Fate lavoro cerebrale?
— No. Scrivo per i giornali.
— Carne? Intingoli°?   *sauces*
— No (...).
30 Il dottore, dopo un istante di silenzio, si è fatto° più discreto.   *became*
— Droghe[3] allora? — ha chiesto a bassa voce.
— No. Niente pepe e solo un po' di noce moscata°...   *nutmeg*
— Non mi sono spiegato — ha insistito il sanitario°. — Intendevo   *dottore*
droghe nel senso stupefacenti°, eccitanti°, ecc.   *hallucinogens / uppers*
35 — Qualche compressa° di aspirina ogni tanto — ho ammesso.   *some tablets*
— Caffè?
— No.
Allora l'egregio° sanitario ha perso la sua calma.   *eminent*
— Perbacco° — ha detto con voce irritatissima, — voi non prendete   *good heavens*
40 caffè, non prendete droghe, non fate tardi° la notte, non eseguite°   *stay out late / fate*

---

[1]Fernet *is the brand name of a bitter liqueur that many Italians drink to help*
digestion.
[2]*Note the use of* voi *instead of* Lei.
[3]Droga *has two meanings in Italian :* droga *(pl.* droghe*) means* spice *(like pepper*
and nutmeg); droga *(almost always used in the singular) means* illicit drugs.

lavori cerebrali, non bevete, non fumate, si può sapere che cosa un povero dottore può proibirvi?

Era nobilmente indignato, e io sono uscito a testa bassa. Arrivato sulla porta, mi sono ricordato di qualcosa e sono tornato indietro.

45 — Scusate, dottore — ho detto. — Io veramente non fumo, non bevo, eccetera, però ho il vizio del *peppermint*.

— Il vizio del *peppermint*? E che sarebbe? — ha chiesto il dottore, aggrottando le sopracciglia°.   *wrinkling his eyebrows*

— Ecco, ogni giorno io mangio due caramelle di menta, dette ap-
50 punto° *peppermint*.   *called, in fact*

— Bene! — ha esclamato soddisfatto il dottore — Se volete guarire, niente più° *peppermint*!   *no more*

Ora, dunque, a ventisei giorni di distanza, debbo riconoscere che il dottore aveva ragione. Abolite° le due caramelle quotidiane°, il   *Having eliminated /*
55 mio dolore di capo è scomparso. E sono molto soddisfatto, perchè   *daily*
me la sono cavata° col solo sacrificio di due mentine. Se avessi   *I got out of it*
invece risposto di sì alle domande del dottore, io oggi non potrei fumare, non potrei bere vini e liquori, non potrei più fare tardi la notte, eccetera, come ho sempre fatto e come ancora sto facendo
60 e spero di fare.

Giovanni Guareschi, *Lo Zibaldino*

• • • *Domande sulle letture*

1. Nella prima lettura, chi è il più vecchio dei due uomini?
2. Chi dei due uomini fuma la pipa?
3. In generale, di che cosa parlano le persone quando vogliono attaccare discorso (*to strike up a conversation*)?
4. In che modo il protagonista comunica all'altra persona che non vuole comunicare?
5. Quali delle sue affermazioni trova particolarmente strane Lei?
6. Qual è l'espressione che significa « essere di cattivo umore »?
7. Perchè il signore seduto sulla panchina alla fine si alza e va via?
8. Nella seconda lettura, a quali domande del dottore risponde di no il protagonista?
9. Quali sono le uniche confessioni del protagonista?
10. Qual è la sua professione?
11. Perchè è indignato il dottore?
12. Quale vizio confessa alla fine il protagonista?
13. Che cosa gli dice allora il dottore?
14. Dopo soli ventisei giorni, perchè il protagonista riconosce che il dottore aveva ragione?
15. Quali cose ha sempre fatto e sempre farà il protagonista?

. . . *Studio di parole*

to raise, to rise

alzare
to raise, to cause to rise
Used with a direct object.

alzarsi
to get up, to stand up

Perchè hai alzato la mano?
Why did you raise your hand?

La domenica mi alzo sempre tardi.
On Sundays I always get up late.

aumentare
to raise, to increase

essere alzato; stare alzato
to be up; to stay up

Hanno aumentato il prezzo del caffè.
They raised the price of coffee.

Sono le sei e la mamma è già alzata.
It's six o'clock and mama is already up.

Related word: **aumento** *raise, increase*

to turn

voltare or **girare**
to cause to turn, to turn
Used with a direct object.

voltarsi or **girarsi**
to turn (oneself) around

Mi sono girato a guardare.
I turned around to look.

Ho voltato l'automobile e sono tornato a casa.
I turned the car around and went home.

Molti italiani si voltano quando vedono passare una bella macchina.
Many Italians turn when they see a pretty car go by.

Devi girare la pagina.
You must turn the page.

to ask

chiedere (qualcosa **a** qualcuno)
to ask for, to request

domandare (qualcosa **a** qualcuno)
to ask (a question), to inquire

Ho chiesto il conto al cameriere.
I asked the waiter for the bill.

Domanda a papà quando torna.
Ask Daddy when he's coming back.

Non mi piace chiedere favori alla gente.
I don't like to ask people for favors.

Vi ho domandato il prezzo tre volte!
I've asked you for the price three times!

The distinction between **chiedere** (= **chiedere per avere**) and **domandare** (= **interrogare per sapere**) is not always maintained. **Chiedere** is used more and more frequently and seems to be replacing **domandare**.

Note: *To ask a question* is **fare una domanda**.

Mi fate sempre tante domande!
You always ask me so many questions!

• • • *Pratica*

A. *Scegliere la parola che completa meglio la frase.*

1. Non dovete (chiedere/fare) domande imbarazzanti.
2. Non sono ancora le otto e la mamma (si alza/è alzata) da due ore!
3. Ho bisogno della ricevuta (*receipt*). Ricordati di (chiederla/domandarla)!
4. Non sappiamo perchè non hanno (alzato/aumentato) il prezzo della benzina quest'estate.
5. Vincenzo (volta/si volta) sempre quando vede passare una bella ragazza.

B. *Tradurre.*

1. Why did you turn around to look? It's not polite!
2. I didn't ask what time it was because I already knew.
3. It is seven, and Dad has been up for two hours.
4. You must stand up when the president enters the room.
5. Have they asked for a raise? I don't remember!
6. Who stays up at night?

C. *Domande per Lei*

1. In quali giorni della settimana si alza tardi Lei? Quante volte si è alzato/a tardi questa settimana?
2. Conosce persone che quando si devono alzare presto sono poi di cattivo umore tutta la giornata? Il Suo compagno/la Sua compagna di camera, per esempio? Come si comporta Lei (*how do you behave*) con persone così?
3. Lei trova facile chiedere favori alla gente? Perchè non chiede un favore al Suo professore/alla Sua professoressa?
4. Hanno aumentato le tasse (*tuition*) alla Sua università negli ultimi anni? Quanto paga all'anno?
5. Secondo Lei, perchè quando un professore domanda « Ci sono domande? », quasi sempre nessuno fa una domanda?
6. Quali domande considera imbarazzanti Lei?
7. Che cosa dice Lei quando non vuole comunicare?
8. Quando si volta Lei?

• • • *Temi per componimento o discussione*

1. È possibile evitare le persone che non ci piacciono? Come?
2. Immaginare una situazione simile a quella descritta nella lettura: due persone sono sedute una vicina all'altra su una panchina in un giardino pubblico. Una ha voglia di parlare, l'altra no. Che cosa si dicono? (*This could be used for several classroom skits.*)
3. « Ai dottori bisogna dire tutta la verità ». Commentare.

QUATTRO

I / *Passato prossimo e imperfetto* . . . .

A. The **passato prossimo** and the **imperfetto** each have specific uses and express different things about the past. They cannot be used interchangeably without affecting the meaning of a sentence.

1. The **passato prossimo** is a *narrative* tense used to report a specific action that was completed in the past. The action may have lasted a short time or a long time, and it may have taken place once or a specified number of times, but it was completed. The **passato prossimo** answers the question *What happened?*

Ieri sera Riccardo **ha studiato** fino a mezzanotte.
Last night Richard studied until midnight.

2. The **imperfetto** is a *descriptive* tense used to describe how things or people were in the past. It is also used to express a past action that was habitual, that is, repeated over a general period of time, or a past action in progress, that is, going on, with no reference to its completion.
The **imperfetto** answers the questions *What was it like? What used to happen? What was happening?*

Ogni sera Riccardo **studiava** fino a mezzanotte.
Every evening Richard studied until midnight. (habitual action)

Ieri sera Riccardo **studiava** quando è arrivato un telegramma.
Last night Richard was studying when a telegram arrived. (action in progress)

Riccardo **era** un bravo studente: **studiava** all'Università di Firenze e **prendeva** bei voti.
Richard was a good student: he studied at the University of Florence and got good grades.
  (description)

B. There are particular cases where a careful distinction between the two tenses is necessary.

1. The **imperfetto** describes conditions and states of being (physical, mental and emotional) in the past that have no specific beginning; the **passato prossimo** expresses the onset of a state of being at a definite time in the past.

Quando ero piccola, **avevo** paura del buio.   Quando la polizia mi ha fermato, **ho avuto**
When I was little, I was scared of the dark.   paura.
     When the police stopped me, I got scared.

2. The **imperfetto** expresses an action that was going on while something else was also going on (**imperfetto**) or when something else happened (**passato prossimo**).

I bambini **dormivano** mentre io **lavavo** i   I bambini **dormivano** quando papà **ha**
  piatti.   **telefonato**.
The children were sleeping while I was doing   *The children were sleeping when daddy*
  the dishes.   *called.*

C. The verbs most often used in the **imperfetto** are **avere** and **essere** as well as verbs indicating emotions and mental states: **amare, credere, desiderare, pensare, potere, ricordare, sapere, sperare, volere,** etc.

Erano stanchi perchè **avevano** troppo lavoro.
They were tired because they had too much work.

Giovanni **amava** Laura e **sperava** di sposarla entro la fine dell'anno.
Giovanni loved Laura and was hoping to marry her by the end of the year.

Time, age, and weather in the past are also usually expressed by the **imperfetto**.

Quanti anni **avevi** quando ti sei sposato?   **Era** mezzanotte quando sono tornati a casa.
How old were you when you got married?   *It was midnight when they returned home.*

D. Certain verbs take on different meanings or different implications depending on whether they are used in the **imperfetto** or the **passato prossimo**.

conoscere	**Conoscevo** un industriale.	**Ho conosciuto** un industriale.
	I knew *an industrialist.*	I met *an industrialist.*
sapere	**Sapevo** che Mario era sposato.	**Ho saputo** che Mario era sposato.
	I knew *Mario was married.*	I found out *that Mario was married.*

The **imperfetto** of the verbs **dovere, potere,** and **volere** leaves uncertain whether or not the action one *was supposed to do, was capable of doing,* or *was willing to do* was ever carried out; the **passato prossimo,** in contrast, indicates clearly that the action was carried out.

dovere	**Dovevamo** comprare molte cose. *We had to (were supposed to) buy many things.*	**Abbiamo dovuto** comprare molte cose. *We had to buy many things.*
potere	Mi **potevano** capire. *They could (had the ability to) understand me. (no reference to a specific occasion)*	Mi **hanno potuto** capire. *They could (were able to, managed to) understand me. (one specific occasion)*
volere	**Volevano** offrire il caffè. *They wanted to offer coffee.*	**Hanno voluto** offrire il caffè. *They insisted upon offering coffee.*
	Marco **non voleva** rispondere. *Marco didn't want to answer.*	Marco **non ha voluto** rispondere. *Marco refused to answer.*

E. The **imperfetto** and the **passato prossimo** are often used together in the same context. The **imperfetto** describes the circumstance that accompanies the main action, which is expressed by the **passato prossimo.**[1] The **imperfetto** sets the scene and provides the background; the **passato prossimo** advances the plot.

Era mezzanotte (*description*) e tutti dormivano (*description*). I ladri hanno rotto (*action*) una finestra e sono entrati (*action*). Hanno preso (*action*) tutto quello che hanno trovato (*action*) e sono andati via (*action*).

Ieri mattina quando mi sono alzato (*action*) non mi sentivo bene (*description*). Sono andato (*action*) alla finestra e ho guardato (*action*) fuori. Mi sono subito sentito (*change of state*) meglio. Era (*description*) una bella giornata. Il sole splendeva (*description*) e gli uccelli cantavano (*description*). Tutti sembravano (*description*) felici.

The **imperfetto** also expresses the habitual nature of a particular action.

Piero era innamorato (*description*) di Patrizia ma non aveva il coraggio (*description*) di parlarle. Ogni volta che la vedeva (*habit*) scappava (*habit*)... Una sera l'ha vista (*action*) in biblioteca: Patrizia era sola (*description*) e studiava (*description*) molto diligentemente. Piero si è avvicinato (*action*) e le ha chiesto (*action*): « Scusa, sai che ore sono? »

• • • *Esercizi*

a. *Mettere le seguenti frasi al passato. Un verbo sarà al passato prossimo, l'altro all'imperfetto.*

> *Esempio:*   Tornano a casa perchè è tardi.
> **Sono tornati a casa perchè era tardi.**

1. Non mangio molto perchè non ho appetito.
2. Lui non si ferma perchè ha fretta.
3. Dato che piove, stiamo a casa.
4. Noi non usciamo perchè non ci sentiamo bene.

---

[1]*In formal narrations (novels, short stories, historical works), the* **passato remoto** *is normally used instead of the* **passato prossimo** *(see pp. 130–131).*

— Ho saputo che avete litigato con lo scultore che abita accanto...

5. Dato che hai mal di testa, prendi due aspirine.
6. Non telefonano perchè non ricordano il numero.
7. Non scrivete perchè non avete l'indirizzo?

b. *Formare nuove frasi mettendole o all'imperfetto o al passato prossimo, secondo il senso, e usando le espressioni fra parentesi.*

Esempio: Faccio colazione (ogni mattina; stamattina)
Facevo colazione ogni mattina.
Ho fatto colazione stamattina.

1. Pranzo al ristorante. (di solito; ieri sera)
2. Prendi l'autobus. (tutti i giorni; oggi)
3. Non comprano caramelle di menta. (stamattina; di solito)
4. Uscite soli. (la sera; quella volta)
5. Andiamo al cinema. (il sabato; sabato scorso)
6. Si vedono. (il 5 agosto 1986; ogni estate)
7. Parla in italiano. (ieri; in generale)

c. *Completare le seguenti frasi.*

1. Non ho alzato la mano perchè...
2. ...quando ha cominciato a piovere.
3. Sei guarito perchè...
4. ...perchè la minestra sembrava buona.
5. Siete tornati/e a casa quando...
6. ...perchè avevo le lune per traverso.
7. Mentre facevo la doccia...

d. *Mettere al passato scegliendo il tempo opportuno (o imperfetto o passato prossimo).*

1. La bambina non sta bene: è a letto con la febbre, è calda e agitata. La mamma chiama il dottore. Il dottore viene e visita la bambina. Dice che ha l'appendicite e che bisogna operarla. Lui consiglia di portarla all'ospedale a Roma.

2. Sento la sveglia e mi alzo. Vado subito nel bagno, faccio la doccia e mi vesto. Poi vado in cucina. Il mio compagno di camera dorme ancora e russa (*is snoring*) come un camion carico in salita. Scendo le scale di corsa e vado a bere un caffè nel bar sotto casa perchè così, a stomaco vuoto, non mi sento troppo in forma. Salgo sulla mia Ferrari al solito posteggio, innesto la marcia e parto come un razzo. Subito mi accorgo che dietro di me c'è una macchina. Accelero e anche la macchina accelera. È una Cadillac nera 1960. Guardo bene nello specchietto retrovisivo (*rear-view mirror*). La guida un tizio (*guy*) grosso con gli occhi gialli, una specie di gorilla che ha anche una cicatrice (*scar*) sulla mano destra. Vedo che la sua giacca, dalla parte sinistra, ha un rigonfiamento (*bulge*). Prendo una strada deserta, freno di colpo, poi salto giù.

(Adapted from Carlo Manzoni)

e. *Mettere l'infinito fra parentesi o all'imperfetto o al passato prossimo, secondo il senso.*

1. La sorella di Carlo (nascere) _____ quando lui (avere) _____ due anni.
2. Ragazzi, quante volte (andare) _____ al cinema la settimana scorsa? Quanti film (vedere) _____?
3. Che tempo (fare) _____ quando voi (uscire) _____? (Piovere) _____ già?
4. Paolo ieri (stare) _____ a casa perchè (avere) _____ un raffreddore terribile.
5. Luisa, perchè (comprare) _____ i pesci? — Perchè (costare) _____ poco,
6. Durante la lezione lui (chiedere) _____ spesso spiegazioni.
7. Eccomi a Milano: ieri, a quest'ora, (essere) _____ a San Francisco.
8. L'anno scorso non (cadere) _____ molta neve.
9. Domenica noi (rimanere) _____ a casa tutto il giorno.
10. Qualche volta, la domenica, Luigi (pranzare) _____ con noi.

f. *Tradurre.*

1. Who was supposed to bring the wine?
2. She said it was too cold and that she didn't want to go out.
3. I was obliged to buy two tickets.
4. He was always so tired he couldn't eat.
5. We refused to drink the water.
6. They said they couldn't come because they were too busy.
7. It was one o'clock, wasn't it? — No, it was almost two.
8. The house was dark and looked empty.
9. Was he able to buy the car he wanted?
10. When we found out that she was sick, we went to see her.

II / *Pronomi personali (oggetto diretto)* ....

A. A direct object is a person or thing that directly receives the action of the verb. It answers the question *whom?* or *what?* Verbs that take a direct object are called *transitive verbs* (for example, *to see, to find, to eat*). Those that cannot take a direct object are called *intransitive verbs* (for example, *to come, to wait up for, to think about*). The forms of the direct object pronouns are:

		Singular		Plural	
1st person	**mi**	*me*	**ci**	*us*
2d person	**ti**	*you (informal)*	**vi**	*you (informal)*
	La	*you (formal)*	**Li, Le**	*you (formal)*[1]
3d person	**lo**	*him, it (m.)*	**li**	*them (m.)*
	la	*her, it (f.)*	**le**	*them (f.)*

1. Italian direct object pronouns normally precede a conjugated verb.

Mi ama, non **mi** ama.
He loves me, he loves me not.

Conoscete Luigi? — Sì, **lo** conosciamo bene.
Do you know Luigi? — Yes, we know him well.

Lei compra i biscotti, io **li** faccio.
She buys cookies; I make them.

2. **Lo, la** (and less often **mi, ti, ci, vi**) drop their final vowel before verbs beginning with a vowel except forms of **essere** and before the forms **ho, hai, ha, hanno** from **avere**. However, the plural forms **li, le, Li, Le** are *never* elided.

Ti aiuto quando posso.
I help you when I can.

L'italiano? **L'**hanno imparato in Italia.
Italian? They learned it in Italy.

Abbiamo la televisione, ma non
    l'accendiamo mai.
We have TV but we never turn it on.

Li invitate a cena.
You invite them to supper.

3. Direct object pronouns, governed by an infinitive, normally follow it and are attached to it. The infinitive drops the final **-e**.

Perchè fingi di non conoscer**mi**?
Why do you pretend not to know me?

Ho voglia di comprar**lo**.
I feel like buying it.

If the infinitive is governed by the verbs **dovere, potere,** and **volere,** the pronouns may either be attached to the infinitive or placed before the entire verb phrase.

Voglio invitar**ti**.
Ti voglio invitare.
I want to invite you.

Dobbiamo aiutar**la**.
La dobbiamo aiutare.
We must help her.

[1]*Li and Le are rarely used and are replaced by the informal* vi: Signori, vi invito a prendere un caffè. *Ladies and gentlemen, I invite you to have a cup of coffee.*

B. Ecco (*here is, here are, there is, there are*) points or draws attention to one or more persons, places, or things.

Ecco la stazione!	Ecco le riviste!	Ecco la risposta giusta!
Here is the station.	*Here are the magazines.*	*Here's the right answer.*

1. **Ecco** is not the same as **c'è, ci sono** (*there is, there are*). The latter forms state that a person, place, or thing exists without pointing or drawing attention to it.

Ecco i tuoi vestiti!	**Ci sono** dei bei vestiti nei negozi del centro.
Here are your clothes.	*There are fine clothes in the stores downtown.*
Ecco il libro che cercavi!	**C'è** un libro molto interessante in libreria.
There's the book you were looking for.	*There's a very interesting book at the bookstore.*
Ci sono degli studenti qui?	**Ecco** gli studenti!
Are there any students here?	*Here are the students.*

2. When **ecco** is used with a pronoun rather than a noun, the pronoun is a direct object pronoun and is attached to **ecco**.

ecco**mi**	*Here I am.*	ecco**ci**	*Here we are.*	
ecco**ti**		ecco**vi**		
ecco**La**	*Here you are.*	ecco**Li**	*Here you are.*	
		ecco**Le**		
ecco**lo**	*Here he (it) is.*	ecco**li**	*Here they (m.) are.*	
ecco**la**	*Here she (it) is.*	ecco**le**	*Here they (f.) are.*	

C. Some Italian verbs take a direct object, whereas their English equivalents require a preposition + object.

ascoltare	*to listen to*
chiedere	*to ask for*
pagare	*to pay for*
aspettare	*to wait for*
cercare	*to look for*
guardare	*to look at*

Amo la musica; **l'**ascolto spesso.	È un bel libro: quanto **l'**hai pagato?
I love music; I often listen to it.	*It's a fine book. How much did you pay for it?*
Se vuoi il conto, devi chieder**lo**.	Avete trovato le chiavi o **le** cercate ancora?
If you want the check, you must ask for it.	*Have you found the keys, or are you still looking for them?*

D. The invariable pronoun **lo** is used with the verbs **essere, diventare,** and **sembrare** to replace a noun, an adjective, or an entire phrase. It is the equivalent of *it, one,* or *so* in English, although these words are often unexpressed in English.

Mio padre è italiano, ma mia madre non **lo** è.
My father is Italian, but my mother isn't.

Sembravano persone oneste, ma non **lo** erano.
They looked like honest people, but they weren't.

Scusi, signorina, lei è femminista? — Sì, **lo** sono.
Excuse me, Miss, are you a feminist? — Yes, I am (one).

Carlo è dottore? — No, non **lo** è, ma **lo** diventerà presto.
Is Carlo a doctor? — No, he isn't, but he'll become one soon.

1. **Lo** is also used with **credere** or **pensare** (*to think*), **sperare** (*to hope*), **sapere** (*to know*), **dire** (*to tell*), and **chiedere** (*to ask*) to express the object of the verb that is understood.

Lo credi?
Do you think so?

Non **lo** sappiamo.
We don't know.

Può andare in Italia? — **Lo** spero davvero.
Can you go to Italy? — I really hope so.

Chi **l'**ha detto a Elena?
Who told Elena?

2. With some verbs **lo** can be replaced by **di sì** in affirmative sentences, and by **di no** in negative sentences.

Credo (penso) **di sì** (**lo** credo).
I think so.

Credo (penso) **di no** (non **lo** credo).
I don't think so.

— Quando mi baci sento come un gran colpo in testa...

• • • *Esercizi*

g. *Sostituire all'oggetto diretto il pronome corrispondente.*

1. Non prende mai la medicina.
2. Voltano le pagine.
3. Preferivo i romanzi storici.
4. Lui non porta ancora il cappotto.
5. Abbiamo bisogno di vedere il professore.
6. Non accendo la luce.
7. Quando paghi il conto?
8. Ascoltavano la radio ogni giorno.
9. Perchè non volete guardare le vetrine?
10. Quando devi lasciare l'appartamento?

h. *Completare le seguenti frasi con la forma corretta del pronome.*

1. Quando scrivi una lettera, perchè non _____ spedisci subito?
2. Quando trovo un errore, _____ correggo.
3. Studiano i verbi ma _____ dimenticano.
4. Porto gli occhiali da molto tempo; _____ porto da dodici anni!
5. Ecco le riviste; io non ho voglia di legger _____.
6. Quando vediamo un vigile (*traffic cop*), _____ fermiamo.
7. Il signore al giardino pubblico capisce l'italiano ma non _____ parla.
8. È un bel vestito ma _____ hai pagato troppo.

i. *Rispondere affermativamente usando il pronome* **lo.**

1. Carla è miope?
2. Sembrano stanche le bambine?
3. Era interessante il film?
4. I capelli sono lisci?
5. I mobili sono antichi?
6. È sembrato facile quest'esercizio?

j. *Rispondere negativamente e dare una spiegazione.*

Esempio: È simpatico il professore?
No, non lo è: è troppo severo.

1. È facile imparare una lingua straniera?
2. Sono italiani i nonni di Roberto?
3. Sono giuste queste frasi?
4. Sa dov'è Savona?
5. Spera di rimanere in questa città?
6. È diventata noiosa la storia?

III / *L'accordo del participio passato* • • • • • • • •

The past participle of a verb conjugated with **avere** is invariable unless a third person direct object pronoun (**lo, la, li, le**) precedes the verb. In such cases the past participle agrees with the pronoun in gender and number.

Ho mangiato la pizza. *(no agreement)*
I ate the pizza.

L'ho (**la** ho) mangia**ta** tutta *(agreement)*
I ate it all.

Hai aperto le lettere? — No, non **le** ho apert**e**.
Did you open the letters? — No, I didn't open them.

Ho comprato dei bei dischi. **Li** ho pagat**i** troppo, però!
I bought some beautiful records. I paid too much for them, though!

Note that the singular direct object pronouns **lo** and **la** are elided with the forms of **avere** that follow, but the plural forms **li** and **le** are not elided.

1. The direct object pronoun **La** (*you*, formal) is considered masculine if the person addressed is male, feminine if female. The past participle agrees accordingly.

Professore, scusi se non **L'**ho salutat**o**.
Excuse me, Professor, if I didn't greet you.

Signora, scusi se non **L'**ho salutat**a**.
Excuse me, Madam, if I didn't greet you.

2. The agreement of the past participle with the other direct object pronouns (**mi, ti, ci, vi**) is optional.

Mamma, dov'eri? Non **ti** ho vist**o** (vist**a**).
Mother, where were you? I didn't see you.

Ragazzi, **vi** abbiamo cercat**o** (cercat**i**) dappertutto.
Boys, we looked for you everywhere.

3. Normally a direct object noun follows its verb: **Maria ha preso i soldi**. A different word order is used when emphasis is desired: **I soldi li ha presi Maria**. In such cases the direct object noun is placed before the verb. In addition, the corresponding direct object pronoun must be expressed and placed directly before the verb. The subject, if expressed, follows the verb.

I soldi **li** ha Maria.
Mary has the money.

Il caffè **lo** prendiamo dopo.
We'll have the coffee later.

Le scarpe con i tacchi alti **le** ho comprate in Italia.
I bought the high-heeled shoes in Italy.

— La stoffa che ho comprato per coprire le poltrone, l'ho pagata veramente una sciocchezza.

— L'ho mandato in una scuola per cani...

• • • *Esercizi*

k. *Rispondere affermativamente alla prima persona singolare usando pronomi.*

> *Esempio:* Ha visto gli amici? — Sì, li ho visti.

1. Ha studiato la lezione?
2. Ha scritto le lettere?
3. Ha aiutato la mamma?
4. Ha tradotto il racconto?
5. Ha preso i guanti?
6. Ha comprato le sigarette?
7. Ha trovato gli occhiali?
8. Ha ricevuto il telegramma?

l. *Modificare le seguenti frasi per dare più enfasi all'oggetto diretto.*

> *Esempio:* Il presidente ha scritto il discorso.
> **Il discorso l'ha scritto il presidente.**

1. Carla ha preparato la cena; suo marito ha lavato i piatti.
2. Sceglievamo il dolce a turno.
3. I miei amici offrono il gelato.
4. Ho pagato poco la stoffa.
5. Leggono i giornali regolarmente.
6. Hanno passato Pasqua in Sardegna.
7. Avete provato il mal di denti?
8. Hai finito gli esercizi?

m. *Tradurre.*

1. I didn't receive your letter. When did you mail (**impostare**) it?
2. I can't find the exams. Perhaps I left them at home.

3. You don't have the car? You sold it?
4. He opened the windows and she closed them.
5. Why didn't you wait for me? I always wait for you.
6. They saw us when we came in, but they didn't look at us.
7. Were you looking for the dishes? Here they are! Aren't they beautiful?
8. The book? I don't see it, but I know where it is. On the refrigerator! You put it on the refrigerator!

IV / Negativi ....

A. A negative sentence in Italian must always have a negative word before the verb. Most often this negative word is **non**. Only object pronouns are placed between **non** and the verb.

Maria Luisa capisce il francese.
Marie Louise understands French.

Maria Luisa **non** capisce il francese.
Marie Louise doesn't understand French.

Ho comprato una pipa.
I bought a pipe.

Non ho comprato una pipa.
I didn't buy a pipe.

Quando mi vede, **non** mi saluta.
When he sees me he doesn't greet me.

B. Other words may be used with **non** and the verb to form a negative sentences. The most common are:

non... affatto	*not at all*
non... ancora	*not yet* (its affirmative counterpart is **già** *already*)
non... che	*only*
non... mai	*never*
non... mica	*not at all, not in the least, not really*
non... nè... nè...	*neither . . . nor*
non... {**neanche** / **neppure** / **nemmeno**}	*not . . . even*
non... nessuno (pronoun)	*nobody, no one, not . . . anybody*
non... nessuno/a (adjective)	*no, not . . . any, not a single*
non... {**niente** / **nulla**}	*nothing, not . . . anything*
non... più	*no longer, no more, not . . . again* (its affirmative counterpart is **ancora** *still*)

Non is necessary when the companion negative word follows the verb. This double negative is normal in Italian.

Non sono **affatto** stanco.
I'm not at all tired.

Non abbiamo **che** cinque dollari.
We only have five dollars.

Non li vediamo **più**.
We don't see them anymore.

Non è **mica** stupido.
He is not at all stupid.

Non conosco **nè** Firenze **nè** Roma.
I know neither Florence nor Rome.

If, however, a negative word other than **non** precedes the verb, **non** is omitted.

Nessuno è perfetto.
Nobody is perfect.

Neanche noi paghiamo.
We don't pay either.

Niente era facile.
Nothing was easy.

Nè Lorenzo **nè** Teresa capiscono.
Neither Lorenzo nor Teresa understands.

1. **Niente (nulla)** and **nessuno** can be used in a question without **non** to mean *anything* or *anyone*.

Hai bisogno di **niente**?
Do you need anything?

Ha riconosciuto **nessuno**?
Did you recognize anyone?

2. Negative words when used alone (without a verb) do not require **non**.

Chi capisce? — **Nessuno**.
Who understands? — No one.

Non mangi mai pane? — **Mai**.
Do you ever eat bread? — Never.

3. Several negative words can be used in the same sentence.

Non diamo **mai niente** a **nessuno**.
We never give anything to anyone.

C. To express *no, not . . . any* with a plural noun, use either a negative verb and the plural noun or a negative verb and the singular noun preceded by the appropriate form of **nessuno**.

Non leggo giornali.
I don't read any newspapers.

Non leggo **nessun** giornale.
I don't read a single newspaper.

Non vedo macchine.
I don't see any cars.

Non vedo **nessuna** macchina.
I don't see a single car.

D. To express *no, not . . . any* with a singular uncountable noun, that is, a noun that in the context of the sentence cannot be used in the plural, use either a negative verb and the singular noun alone or a negative verb and the singular noun preceded by **niente**. The latter construction stresses quantity.

Non hanno **tempo**.
They have no time.

Non hanno **niente zucchero**.
They have no sugar.
They don't have a bit of sugar.

— *Si è bloccato: non va nè avanti nè indietro...*

• • • *Esercizi*

n. *Rispondere alle domande usando una delle espressioni negative suggerite.*

non... nessuno   non... più   non... affatto
non... niente   non... mai   non... ancora

Esempio: Vittoria conosce qualcuno a Milano?
              No, non conosce nessuno a Milano.

1. L'avvocato sale sempre con l'ascensore?
2. La moglie ha visto qualcosa?
3. Le pasticcerie vendono ancora i gelati?
4. I bambini sceglievano sempre lo stesso dolce?
5. Un sordo ci sente?
6. Beve ancora vini e liquori il protagonista?
7. Sa già parlare la bambina?
8. Lo stato ha già aumentato il prezzo delle sigarette?

o. *Tradurre.*

1. They never read anything; they don't even read the paper!
2. There was nobody behind the door.
3. No one speaks Italian in this town.
4. They don't sell any candy in this pastry shop.
5. We never go out in the evening.
6. It wasn't cold at all; it was warm!
7. We couldn't drink any coffee or smoke any cigarettes.
8. She has no other girl friend.

9. They no longer live in Italy.
10. Gentlemen, haven't you come to an agreement yet?

p. *Tradurre.*

1. Why did the old woman in the park complain? The children were playing; they weren't bothering anyone. They never bother anyone!
2. Mr. Colombo doesn't live in this apartment any longer. Nobody lives here now. They haven't been able to rent the apartment because the rent is too high.
3. I have a problem: I do not remember anything. I don't even remember my telephone number. Last month I didn't remember either my sister's birthday or my mother's anniversary. What can I do?

V / *Aggettivi e pronomi possessivi* . . . .

The same forms are used for both possessive adjectives and possessive pronouns. Note that the definite article is normally part of the possessive form.

	Singular		Plural	
	Masculine	Feminine	Masculine	Feminine
my/mine	il mio	la mia	i miei	le mie
your/yours	il tuo	la tua	i tuoi	le tue
your/yours (formal)	il Suo	la Sua	i Suoi	le Sue
his/hers/its	il suo	la sua	i suoi	le sue
our/ours	il nostro	la nostra	i nostri	le nostre
your/yours	il vostro	la vostra	i vostri	le vostre
your/yours (formal)	il Loro	la Loro	i Loro	le Loro
their/theirs	il loro	la loro	i loro	le loro

A. Possessive adjectives precede the noun they modify. They agree with the noun in gender and number.

la **mia** università
my university

i nostri professori
our teachers

1. No distinction is made between *his* and *her*. The possessive agrees with the *object* possessed, *not* with the person who possesses it.

l'uomo e **la sua** pipa
the man and his pipe

la donna e **il suo** cane
the woman and her dog

Paolo e **il suo** amico
Paolo and his friend

Francesca e **il suo** amico
Francesca and her friend

2. If clarification is needed, **di lui** or **di lei** is used.

l'amico **di lui**
his friend

l'amico **di lei**
her friend

3. The English *of mine, of yours,* etc., is expressed by the possessive adjective placed before the noun without the definite article. There is no equivalent for *of* in these constructions.

un mio amico
a friend of mine

due miei cugini
two cousins of mine

questa nostra città
this city of ours

4. When the possessive form is preceded by a preposition, the article combines with the preposition (see p. 52).

davanti alla mia porta
in front of my door

dalle tue finestre
from your windows

nei suoi occhi
in his (her) eyes

B. Another possessive adjective is **proprio (il proprio, la propria, i propri, le proprie)**.

1. **Proprio** must be used in impersonal expressions instead of the usual possessive forms in the third person. It corresponds to the English *one's* or *one's own.*

Bisogna riconoscere i propri errori
One must recognize one's mistakes.

È necessario ascoltare la propria coscienza.
It is necessary to listen to one's conscience.

2. **Proprio** can also be used to reinforce any possessive. It corresponds to the English adjective *own.*

L'ho visto coi miei propri occhi.
I saw it with my own eyes.

Non riconosci la tua propria madre?
Don't you recognize your own mother?

3. **Proprio** may replace **suo** or **loro** when the possessor is the subject of the sentence, or when the subject is indefinite.

Lui era contento della propria (sua) carriera.
He was pleased with his career.

Tutti amano il proprio (loro) paese.
Everybody loves his country.

C. In some Italian expressions the possessive adjective is used without the definite article and is often placed after the noun.

a casa mia (sua, etc.)	*at my (his, etc.) house*	Sono affari miei.	*It's my business.*
È colpa tua.	*It is your fault.*	Mamma mia!	*Heavens!*
da parte sua	*on his behalf*	Tesoro mio!	*My darling!*
in vita nostra	*in our life*	Dio mio!	*My goodness!*
a suo vantaggio	*to his advantage*	a vostro favore	*in your favor*
a nostra disposizione	*at our disposal*	in loro onore	*in their honor*

Il possessivo con termini di parentela

A. The possessive adjective is used *without* the definite article when it modifies nouns expressing a family relationship in the *singular*. **Il loro** is an exception: it always requires an article. Compare:

mio zio	**i miei** zii
tuo cugino	**i tuoi** cugini
sua sorella	**le sue** sorelle
nostra cugina	**le nostre** cugine
vostra madre	**le vostre** madri
il loro fratello	**i loro** fratelli

If the noun expressing a family relationship is modified by an adjective, or if it takes a suffix, the article is retained. Compare:

mio marito	**il mio** futuro marito	*my future husband*
nostra zia	**la nostra** povera zia	*our poor aunt*
tuo cugino	**il tuo** cuginetto	*your little cousin*

B. The most common words for relatives are:

marito, moglie	*husband, wife*	cugino, cugina	*cousin (m.), cousin (f.)*
padre, madre	*father, mother*	il/la nipote	*nephew, niece, grandchild*
nonno, nonna	*grandfather, grandmother*	suocero, suocera	*father-in-law, mother-in-law*
zio, zia	*uncle, aunt*	cognato, cognata	*brother-in-law, sister-in-law*
figlio, figlia	*son, daughter*	genero, nuora	*son-in-law, daughter-in-law*
fratello, sorella	*brother, sister*		

The definite article is normally used with **papà** (**babbo** in Tuscany) and **mamma**.

il mio papà   la mia mamma (*many Italians say* mia mamma)

• • • *Esercizi*

q. *Rispondere affermativamente usando gli aggettivi possessivi.*

> *Esempio:*   È la casa del Professor Eco?
> **Sì, è la sua casa.**

1. È la banca di Teresa?
2. È la tua ragazza?
3. Era l'automobile del Dottor Pella?
4. Sono i tuoi cugini?

5. È il vostro appartamento?
6. Era il compleanno della zia?
7. Erano le amiche della zia?
8. È vostra cognata?

r. *Inserire la forma corretta di* **il suo** *o* **il loro.**

1. Nella scatola ci sono cento fogli con _____ buste.
2. L'albero ha perso tutte _____ foglie.
3. Quale madre non ama _____ figli?
4. Ogni regione italiana ha _____ storia e _____ caratteristiche.
5. Hanno avuto _____ problemi.
6. Non capisco gli Italiani e _____ politica.
7. Luigi cercava _____ calze.
8. Elena vuol bene a _____ padre.

s. *Tradurre.*

1. Mr. Pavarotti has a very beautiful voice. I want to buy all his records.
2. It is not easy to recognize one's mistakes.
3. We heard it with our own ears.
4. Are your brothers near-sighted? — I am; they aren't.
5. My aunt arrived with two friends of hers.
6. How is your little cousin? How long has he been sick?
7. Do you get along with your father-in-law? — No, I don't, and it isn't my fault!
8. Our grandparents didn't love us. They preferred the other grandchildren.

t. *Vecchie foto...   Oggi sfogliamo insieme un vecchio album di fotografie; sono le foto della Sua famiglia. Spiegare chi sono le varie persone.*

u. *Descrivere un parente preferito o una parente preferita (aspetto fisico, carattere, ecc.).*

Pronomi possessivi

Possessive pronouns have the same forms as possessive adjectives. They agree in gender and number with the nouns they replace.

Mi dai la tua penna? Ho perso **la mia**.
Will you give me your pen? I've lost mine.

I tuoi fiori sono belli; anche **i nostri** lo sono.
Your flowers are beautiful; ours are, too.

1. Possessive pronouns normally retain the article, even when they refer to relatives.

Mio marito sta bene; come sta **il tuo**?
My husband is well; how is yours?

Suo padre ha parlato **col mio**.
Your father spoke with mine.

2. The masculine plural forms **i miei, i tuoi, i Suoi,** etc., are used to refer to relatives, close friends, and followers.

Tanti saluti **ai tuoi**.
Best regards to your family.

Arrivano **i nostri!**
Here come our people!

3. When a possessive pronoun is used after a form of **essere** and the sentence expresses possession, the article is usually omitted.

È **Sua** quella macchina?
Is that car yours?

Questi dischi sono **Suoi**?
Are these records yours?

Quel che è **mio** è **tuo**.
What is mine is yours.

The article is retained if emphasis is desired or a distinction needs to be made.

Questa è la mia macchina. Quella là è **la Sua**.
This is my car. That one is yours.

Differenze nell'uso del possessivo fra l'italiano e l'inglese

1. Possessive adjectives are used less frequently in Italian than in English. They are usually omitted when possession is obvious.

Ho lasciato **l'ombrello** al ristorante.
I left my umbrella at the restaurant.

Hai cambiato **idea**.
You have changed your mind.

This is particularly true in reference to parts of the body or items of clothing.

Luigino dorme con **la bocca aperta**.
Luigino sleeps with his mouth open.

Perchè scuoti sempre **la testa**?
Why do you always shake your head?

To show possession with a plural subject, the singular form is used to refer to the thing possessed when each person has only one such item.

Abbiamo alzato **la voce**.
We raised our voices.

I bambini oggi portano **il cappotto** ma non i guanti.
Today the children are wearing their coats but not their gloves.

2. Possession in phrases such as *my book and Mary's, your friends and the lawyer's* is expressed in Italian by a form of **quello** + **di** + *the possessor* (see p. 211).

il mio libro e quello di Maria
my book and Maria's
(my book and that of Maria)

i tuoi amici e quelli dell'avvocato
your friends and the lawyer's

3. Phrases such as *at/to Luigi's, at/to my brother's, at/to the butcher's,* etc., in which the location is understood, are expressed by the preposition **da** + *a person's name* or a noun referring to a person.

Ci piace mangiare **da Luigi**.
We like to eat at Luigi's.

Siete andati **dall'avvocato**?
Did you go to the lawyer's?

Elena abitava **dagli zii**.
Elena was living at her aunt and uncle's.

Dobbiamo portare la macchina **dal meccanico**.
We must take our car to the shop.

A (in) casa di + *noun* is an alternate way of expressing **da** + *noun* when referring to someone's residence.

Stasera studiamo **in casa di** Roberto (**da** Roberto).
Tonight we're studying at Robert's.

• • • *Esercizi*

v. *Completare le seguenti frasi usando le forme possessive con o senza una preposizione.*

Esempio: Io pago il mio caffè e tu paghi il tuo.

1. Noi abbiamo invitato le nostre amiche e voi avete invitato _____.
2. Tu hai finito il tuo lavoro ma lei non ha finito _____.
3. Io ho i miei difetti e la signorina ha _____.
4. Lui ama il suo paese e noi amiamo _____.
5. Io ho portato il mio avvocato e loro hanno portato _____.
6. Noi siamo contenti del nostro programma; tu sei contenta _____?
7. Tu scrivi a tua madre ogni mese; io scrivo _____ ogni settimana!
8. Io ho detto le mie ragioni; ora voi dite _____.

w. *Tradurre.*

1. Your children are well-mannered; mine aren't.
2. Susanna bought her dress in this store. Where did you buy yours?
3. In your country it's summer now; in mine it's winter.
4. My mother is young. She's only forty. How old is yours?
5. Is this dog yours? — No, it's my uncle's.
6. I haven't seen your folks for a long time. How are they?
7. From our window we can see St. Peter's. What do you see from yours?
8. Mary spent her vacation in the country at her aunt's house.

VI / *Lettura* • • • • • • • • • • • • • • • • • • •

Vocabolario utile

aiutare qualcuno a + inf. *to help someone do something*
ammobiliare *to furnish;* **ammobiliato** *furnished*

*****crescere** (p.p. **cresciuto**) *to grow up*
disturbare *to bother, to disturb*
perdere di vista qualcuno *to lose touch with someone*

sopportare *to tolerate;*
    insopportabile *unbearable (to*
    support is **mantenere**)
trovarsi bene con qualcuno *to feel*
    comfortable with someone

la **faccenda di casa** *household chore*
le **lettere** *humanities;* **fare lettere** *to*
    study humanities
il **mobile** *furniture* (use plural **i mobili**
    unless you mean *one piece of*
    furniture)

il **paese** *village; country*
    paterno *paternal, on one's father's*
    side; **materno** is *maternal*
la **pensione** *inexpensive hotel*
    senz'altro *of course*
la **serata** *evening*
    solo *alone, lonely*
il **sogno** *dream;* **fare un sogno** *to*
    have a dream
la **stanza** *room*

La stanza

*A Roma oggi. Elena, studentessa universitaria, ha bisogno di
una stanza. Legge un'inserzione° sul giornale, telefona, prende*   (want) ad
appuntamento, e va a vedere la stanza.

TERESA   Allora vuol guardare la stanza? (Apre una porta in fondo e
guardano la stanza.) Oggi non si vede San Pietro perchè c'è la
nebbia. Sennò° si vede. L'aria è buona, siamo sotto al Gianicolo[1].   *otherwise*
Lei è studentessa? cosa studia?

5 ELENA   Lettere. Faccio il second'anno.[2] L'anno scorso stavo dagli
zii, ma non ci voglio più stare dagli zii perchè c'è rumore.
Dormo con due cugine e la sera, quando devo stare alzata a
studiare, si lamentano della luce. I miei genitori vivono in
campagna, vicino a Pistoia. Hanno là una piccola pensione
10 per stranieri. Non mi danno molti soldi, perchè non ne hanno
molti, e dicono che posso stare dagli zii. Dagli zii non spendo
niente. Però non mi piace. No, non è che non mi piace, ma
c'è rumore.

TERESA   Io non voglio soldi per la stanza. Un po' di compagnia e
15 qualche piccola faccenda di casa. Vivo sola.

ELENA   Non è sposata?

TERESA   Sono sposata. Sono separata. Siamo rimasti abbastanza in
buoni rapporti, spesso lui mi viene a trovare. Mi ha telefonato
anche poco fa. Mi ha detto: « Ma sì, fai bene, cercati una ra-
20 gazza, una studentessa, per non essere sola in casa ». Perchè
io, la notte, sola in questa casa, ho paura. Prima avevo la donna
di servizio, ma rubava, e l'ho mandata via. Ma poi era vecchia.
Io non mi trovo bene coi vecchi. Forse perchè sono cresciuta
in casa dei nonni, i nonni paterni. Non mi volevano bene.
Preferivano mio fratello. Che brutta infanzia! Per esempio non
25 sto con mia madre perchè è vecchia. Non la tollero. Non è
che non ci° vado d'accordo, del resto° è impossibile non an-   *with her / besides*
dare d'accordo con mia madre, perchè non dice mai una pa-
rola. Penso che in tutta la sua vita avrà detto non più di cento
parole. Ma non la tollero, non la sopporto. Va d'accordo lei
30 con sua madre?

ELENA   Oh sì. Ma mia madre non è vecchia. È tanto giovane. Sem-
briamo sorelle. E non fa mica niente per conservarsi° giovane.   *to keep*
Si lava la faccia col sapone da bucato°. Alle sei della mattina   *laundry soap*
35 è in piedi, con la sua sottana scozzese a pieghe°, i suoi scar-   *pleated, plaid skirt*
poni°, i suoi calzettoni° rossi. Sta sempre con gli scarponi   *work boots / knee socks*
perchè gira per la campagna, sguazza nei rigagnoli°, affonda°   *splashes through small*
nel fango. Va nell'orto, va nel pollaio°, va nella legnaia°, va in   *streams / sinks*
paese a fare la spesa col sacco in spalla°. Non si riposa un   *chicken coop /*
40 attimo, ed è sempre allegra. Mia madre è una donna straor-   *woodshed*
dinaria.   *on her shoulders (back)*

[1]*The* Gianicolo *is a hill on the west bank of the Tiber.*
[2]Faccio il second'anno; prim'anno; terz'anno; quart'anno. *I am a sophomore;*
freshman; junior; senior.

(...)

TERESA   Allora la vuole la stanza?

ELENA   Senz'altro, grazie, penso di sì. Posso venire già domani?

45 TERESA   Venga domani. L'aspetto. Non la disturberò quando deve studiare. Ma quando smetterà un momento di studiare, ci faremo un poco di compagnia°. Ho bisogno di compagnia. Sono rimasta sola come un cane. E non so stare sola, questa è la cosa orribile. Mi viene l'angoscia°.

50 ELENA   Non ha amiche?

TERESA   No. Avevo amiche quand'ero ragazza, ma poi le ho perse di vista, perchè ero sempre con Lorenzo, e non avevo bisogno di nessuno quando avevo lui. Avevamo amici e amiche in comune, quelli con cui passavamo le serate, ma ora non li vedo
55 più. Non ne ho voglia, perchè mi ricordano il tempo che avevo Lorenzo ed ero sua moglie, e si stava° così bene, spensierati°, felici come due ragazzi, e con tanti sogni.

ELENA   Ma non ha detto che era un inferno la vita con lui?

TERESA   Sì, era un inferno. Ma io ero felice in quell'inferno, e darei
60 la vita per tornare indietro, per essere di nuovo come un anno fa. Ci siamo separati solo da un anno. Separazione consensuale°. Sua madre voleva che facesse la separazione per colpa°, così non mi pagava gli alimenti°. Lui non ha voluto. Dopo che ci siamo separati, m'ha aiutato a cercare questa
65 casa, e m'ha dato dei soldi per ammobiliarla. Ho comprato qualche mobile. Il buffet.

ELENA   Il buffet di palissandro°? Questo che vuole vendere?

TERESA   Sì. Cosa me ne faccio di° un buffet? Non ho piatti. Non invito mica mai nessuno a pranzo. Mangio in cucina. Son sola.

70 ELENA   Ma allora perchè l'ha comprato?

TERESA   Non so. Credo che l'ho comprato perchè avevo l'idea che Lorenzo tornasse a stare con me. E allora, se tornava, io dovevo dargli una vera casa.

ELENA   E invece non tornerà?

75 TERESA   Non tornerà mai. È finita°.

we will keep each other company

I get panicky

stavamo / *carefree*

by mutual consent

pressing charges / alimony

rosewood

what shall I do with

it's all over

Natalia Ginzburg, *L'inserzione*

• • • *Domande sulla lettura*

1. Per quale ragione vuole affittare la stanza Teresa?
2. È molto tempo che vive sola Teresa?
3. Perchè non ha più la donna di servizio?
4. Perchè Elena non vuole più stare dagli zii?

5. Quali azioni della madre di Elena potrebbero essere definite « straordinarie »?
6. La madre di Teresa e la madre di Elena: con quale delle due andrebbe più facilmente d'accordo Lei? Perchè?
7. Teresa spiega perchè non va d'accordo coi vecchi: Lei trova plausibile la sua spiegazione?
8. Teresa è rimasta in buoni rapporti col suo ex marito?
9. Che impressione abbiamo della vita attuale di Teresa?
10. Lei crede che Elena si troverà bene in casa di Teresa?

• • • *Studio di parole*

to know

conoscere
to be acquainted or familiar with (people, places); to meet

Conosci quell' uomo?
Do you know that man?

Sì, l'ho conosciuto in casa di amici.
Yes, I met him at my friends' house.

Conosco la città e i suoi monumenti.
I know the city and its monuments.

sapere + *infinitive*
to know how, to be able to do something

Non so nuotare.
I don't know how to swim. (I can't swim.)

sapere
to be aware of, to have knowledge of (facts); to find out

Sai dove sono andati?
Do you know where they went?

Come avete saputo che Cristina si è sposata?
How did you find out that Christine got married?

to see

vedere
to see, to watch, to meet

Hai visto questo film?
Have you seen this film?

Ci vediamo stasera.
We'll see each other (we'll meet) tonight.

trovare (in the expressions **andare a trovare, venire a trovare**)
to see socially, to visit

Quando andiamo a trovare la nonna?
When are we going to visit Grandmother?

Lui viene a trovarmi spesso.
He comes to see me often.

to remember

ricordare qualcosa/qualcuno
ricordarsi di qualcosa/qualcuno
(used interchangeably)
to remember something/someone

Ricordi quella domenica?
Ti ricordi di quella domenica?
Do you remember that Sunday?

ricordar(si) di + *infinitive*
to remember doing something

Devi ricordarti di pagare il conto.
*You must remember to pay the check
(bill).*

Non ricordo d'aver comprato il giornale.
*I don't remember having bought the
newspaper.*

to forget

dimenticare qualcosa/qualcuno
dimenticarsi di qualcosa/qualcuno
(used interchangeably)
to forget something/someone

Non dimenticate mai nessuno voi?
Non vi dimenticate mai di nessuno voi?
Don't you ever forget anyone?

dimenticar(si) di + *infinitive*
to forget doing something

Chi ha dimenticato di spegnere la luce?
Who forgot to turn off the light?

to remind

ricordare qualcosa **a** qualcuno
to remind someone about something

Ho ricordato a Giorgio la sua promessa.
I reminded George of his promise.

ricordare a qualcuno **di** + *infinitive*
to remind someone to do something

Vuoi ricordare a Maria di comprare il
latte?
Will you remind Mary to buy the milk?

to tell

dire (qualcosa **a** qualcuno)
to say, to tell

Gli voglio dire una cosa.
I want to tell him something.

Può dirmi l'ora?
Can you tell me the time?

parlare di qualcosa/qualcuno **a** qualcuno
to tell, to speak about something or someone to someone

Ha parlato a tutti della sua famiglia.
He spoke to everyone of (talked about) his family.

raccontare (qualcosa **a** qualcuno)
to narrate, to recount, to relate

Ti voglio raccontare una favola, una
storia, una barzelletta, i miei guai, la
trama, un sogno.
*I want to tell you a fable, a story, a joke,
my problems, the plot, a dream.*

to steal

rubare qualcosa **a** qualcuno
*to steal (a thing); to take away something
from someone*

Le hanno rubato il portafoglio.
They stole the wallet from her.

rapire
to steal (a person), to kidnap

Hanno rapito l'industriale.
They kidnapped the industrialist.

derubare or **rapinare** qualcuno
to rob (a person)

Mia zia è stata derubata. (rapinata).
My aunt was robbed.

svaligiare
to rob (a bank, a shop)

Federico ha svaligiato una banca.
Frederick robbed a bank.

Related words: **rapimento** or **sequestro** *kidnapping*

to rent

affittare
to rent (as owner or renter)

La signora ha affittato la camera grande.
The lady rented the large room.

prendere in affitto
to rent (as renter)

La studentessa vuole prendere in affitto
una stanza con uso di cucina.
*The student wants to rent a room with
kitchen privileges.*

noleggiare
*to rent moveable things (as owner or
renter)*

Mio zio noleggia barche ai turisti.
My uncle rents boats to tourists.

prendere a nolo
to rent moveable things (as renter)

Volevamo prendere a nolo
un'automobile.
We wanted to rent a car.

Related words: **affitto** and **noleggio** *rent*

• • • *Pratica*

A. *Scegliere la parola che completa meglio la frase.*

1. Chi (sa/conosce) come si chiama mio padre?
2. Vi voglio (dire/raccontare) un sogno che ho fatto stanotte.
3. Chi ha (rapito/rubato) il Generale Dozier?
4. Avevano pensato di (noleggiare/affittare) un appartamento in città ma poi hanno deciso di andare a vivere in campagna.
5. Cristina ha (conosciuto/saputo) il suo futuro marito a una festa per studenti stranieri.
6. È bene (rubare/derubare) i ricchi per aiutare i poveri?

B. *Tradurre.*

1. I must remind Roberto to put on a blue suit when he goes to (see) the lawyer.
2. Who has ever rented a car in Italy?
3. No one ever found out who kidnapped Lindbergh's son.
4. We like to go see our Grandma. She always tells us so many stories!
5. I forgot to go to my brother's. I was supposed to have lunch at his house at noon.
6. They robbed my aunt. — What did they steal from her?

C. *Domande per Lei*

1. Lei è studente o studentessa? Che anno fa?
2. Dove vive Lei? In un dormitorio, in una stanza ammobiliata, in un appartamento o in una casa? Vive solo/a o con altre persone?
3. Dove mangia quando è solo/a? E quando invita qualcuno a pranzo?
4. Lei sa stare solo/a o ha bisogno di compagnia? Di solito con chi passa le serate?
5. Con quale dei Suoi parenti va più d'accordo Lei? Perchè?
6. Lei si trova bene con le persone che parlano poco?

• • • *Temi per componimento o discussione*

1. Teresa dice: « Non so star sola ». Sapere star soli è un'arte che non tutti hanno. Parlare del problema della solitudine nella società contemporanea.
2. La società contemporanea dà molta importanza all'età e sembra favorire i giovani. Lei lo trova giusto?
3. All'inizio dell'anno scolastico, gli studenti devono prendere molte decisioni: abitare con la famiglia, nel dormitorio o in una pensione, affittare un appartamento o una stanza, quanti corsi seguire, quali corsi scegliere. Che decisioni ha preso Lei e perchè?

CAPITOLO CINQUE

I / *Pronomi personali (oggetto indiretto)* ......

A. An indirect object differs from a direct object in that the action of the verb affects it *indirectly;* the action of the verb is done *to* or *for* the indirect object. Compare:

Direct	*Indirect*
I brought *the book.*	I brought *my sister* the book.
	I brought the book *to my sister.*
	I brought the book *for my sister.*

An indirect object answers the question *to whom?* or *for whom?* In English it may either stand alone or be introduced by *to* or *for.* In Italian, however, the indirect object noun is always introduced by **a**; the indirect object pronoun stands alone without **a**.

B. Indirect object pronouns differ from direct object pronouns only in the third person singular and plural forms.

	Singular		Plural	
1st person	**mi**	*to me*	**ci**	*to us*
2d person	**ti**	*to you* (informal)	**vi**	*to you*
	Le	*to you* (formal)	**Loro**	*to you*
3d person	**gli**	*to him*	**loro** (**gli**)	*to them*
	le	*to her*		

1. Indirect object pronouns, like direct object pronouns, normally precede a conjugated verb except for **loro** and **Loro**, which follow the verb.

Non **le** danno molti soldi.
They don't give her much money.

Gli ho offerto un caffè.
I offered him a cup of coffee.

In contemporary usage **loro** is often replaced by **gli**, which precedes the verb.

Quando parliamo **loro**?
Quando **gli** parliamo?
When shall we speak to them?

2. With the exception of **loro**, indirect object pronouns governed by an infinitive normally follow it and are attached to it. The infinitive drops the final **-e**.

Ho bisogno di parlar**Le**.
I need to talk to you.

Preferiamo non dir**ti** niente.
We prefer not to tell you anything.

Perchè avete deciso di non scrivere **loro**?
Why did you decide not to write to them?

If the infinitive is governed by the verb **dovere**, **potere**, or **volere**, the pronoun may either be attached to the infinitive or be placed before the entire verb phrase.

Posso parlar**Le**?
Le posso parlare?
May I talk to you?

Non dobbiamo risponder**gli**.
Non **gli** dobbiamo rispondere.
We mustn't answer him.

3. When the verb is in a compound tense and an object pronoun precedes it, it is important to know whether the object pronoun is direct or indirect in order to use the correct form of the past participle. The past participle can agree with the preceding direct object pronoun (see pp. 82–83); it *never* agrees with a preceding indirect object pronoun.

Patrizia? L'ho vist**a** ieri ma non le ho parlat**o**.
Patrizia? I saw her yesterday, but I didn't speak to her.

4. Some Italian verbs take an indirect object, whereas their English equivalents take a direct object.

Telefono **a Mario**.
I phone Mario.

Gli telefono.
I phone him.

The most common of these verbs are:

bastare	*to suffice, to last*	**piacere**	*to please*
chiedere (domandare)	*to ask*	**rispondere**	*to answer*
dire	*to tell*	**somigliare**	*to resemble, to be like*
dispiacere	*to be sorry*	**telefonare**	*to phone*
fare bene	*to be good for*	**volere bene**	*to love, to care for*
fare male	*to hurt, to be bad for*		

Le dico sempre buon giorno.
I always tell her good morning.

Signora, chi **Le** ha risposto?
Ma'am, who answered you?

Il fumo **gli** fa male.
Smoking is bad for him.

Somiglio a mia madre; **le** somiglio nel naso.
I resemble my mother; I take after her in the nose.

Telefonate agli amici; telefonate **loro** (**gli** telefonate) ogni giorno.
You call your friends; you call them every day.

• • • *Esercizi*

a. *Sostituire all'oggetto indiretto la forma corretta del pronome corrispondente.*

Esempio: Leggo la lettera a mio fratello. **Gli** leggo la lettera.

1. Voglio bene a mio padre.
2. Abbiamo chiesto ai bambini come stavano.
3. Quando hai parlato alla professoressa?
4. Non capite che date fastidio al nonno?
5. Offro sempre un caffè all'avvocato.
6. Non volete scrivere ai vostri genitori?
7. È vero che somigli alla zia?
8. Non danno molti soldi ai figli.

— Le ripeto, dottore, è un caso davvero insolito...

b. *Inserire* **lo** *o* **gli.**

1. Siamo stati contenti di riveder_____ e di parlar_____.
2. Qualcuno _____ ha mandato un pacco.
3. Non _____ avete ancora ringraziato?
4. Tutti volevano aiutar_____.
5. Perchè fingete di non conoscer_____?
6. Chi _____ ha insegnato il francese?
7. La carne non _____ fa bene.
8. Il suo salario non _____ basta.

c. *Inserire* **la** *o* **le.**

1. Che cosa _____ hai regalato per il suo compleanno?
2. _____ salutiamo sempre quando _____ vediamo.
3. Non _____ hanno detto la verità.
4. Devi risponder_____ in italiano.
5. Nessuno _____ invita.
6. Perchè non _____ telefonate?
7. Quante volte _____ hai scritto?
8. Perchè _____ avete raccontato questa barzelletta?

d. *Completare con le forme dirette o indirette dei pronomi personali.*

Lorenzo e Teresa sono separati però lui va a trovar_____ regolarmente e _____ telefona spesso. Dopo che si sono separati, lui _____ ha aiutata a cercare casa e _____ ha anche dato i soldi per ammobiliar_____. Lorenzo vuole ancora bene a Teresa ma lei non _____ ama più. Una volta lui _____ ha detto: « _____ voglio ancora bene. » E lei _____ ha risposto: « Non _____ voglio più vedere. Non venire più a trovar_____! »

e. *Tradurre.*

1. I haven't spoken to her for months. How is she?
2. We forgot to ask you why the police stopped you.
3. They wrote him on September 2, but he hasn't received the letter yet.
4. They never tell us anything; how can we know whether they are pleased or not?
5. What did they steal from him? All the furniture?
6. How many times did you go see them? How many times did you phone them?
7. Children bother her; they make too much noise.
8. I don't see my friends anymore. I've lost touch with them!

f. *Conversazione*

1. A chi somiglia Lei? A Suo padre, a Sua madre o a qualcun altro della famiglia? In che cosa?
2. Quando una persona La ferma per strada, di solito che cosa Le chiede?

3. Quali cose o quali persone Le danno fastidio?
4. Quali cose Le fanno male?
5. Di solito scrive o telefona ai Suoi genitori? In quali occasioni?

II / Piacere . . . .

The verb **piacere** corresponds to the English verbs *to like, to enjoy.* Its construction is quite different from that of the English verb *to like.* In Italian, the construction that expresses the notion *to like* is more similar to the expression *to be pleasing to.*

John likes coffee. → *Coffee is pleasing to John.*

John likes cookies. → *Cookies are pleasing to John.*

A Giovanni piace il caffè.   A Giovanni piacciono i biscotti.

1. **Piacere** is most commonly used in the third person singular or plural.[1] The forms of the present indicative are:

piaccio
piaci
piace
piacciamo
piacete
piacciono

The person who *likes* appears as the indirect object of the verb. That which is *liked* is the subject and usually follows the verb.

A Giovanni piace il caffè? — Sì, gli piace il caffè.
Does John like coffee? — Yes, he likes coffee.

A Giovanni piacciono i biscotti? — Sì, gli piacciono i biscotti.
Does John like cookies? — Yes, he likes cookies.

Note that if what is *liked* is singular, **piacere** is used in the third person singular; if what is *liked* is plural, **piacere** is used in the third person plural. When the person who *likes* is expressed by a noun, it is introduced by **a**; when expressed by a pronoun, the indirect pronoun alone is used.

2. When what is *liked* is expressed by an infinitive (*he likes to read*), **piacere** is used in the third person singular even if the infinitive has a plural object.

Ci piace leggere.   Ci piace leggere i fumetti.
We like to read.   *We like to read comic strips.*

---

[1]*The other persons of* piacere *are occasionally used:* **Tu mi piaci così come sei.** *I like you as you are.*   **Noi conservatori non piacciamo ai giovani.** *Young people don't like us conservatives.*

3. The past tenses of **piacere** in the third person singular and plural are:

	Singular	Plural
Imperfetto	**piaceva**	**piacevano**
Passato prossimo	**è piaciuto/piaciuta**	**sono piaciuti/piaciute**

Gli **piaceva** correre.
He used to like to run.

Mi **è piaciuta** Roma.
I liked Rome.

Ti **sono piaciute** altre città?
Did you like other cities?

Note that **piacere** is conjugated with **essere** in compound tenses; thus its past participle agrees in gender and number with the subject (that which is *liked*).

Ho mangiato l'antipasto, ma non mi **è piaciuto**.
I ate the antipasto but I didn't like it.

Le tagliatelle, invece, mi **sono piaciute**.
I liked the noodles, though.

4. Note the following expressions:

Mi piace molto.
I like it a lot.

Mi piace di più.
I like it better.

Ti piacciono?
Do you like them?

In these expressions there is no pronoun equivalent for the English *it* and *them*. Instead, these pronouns are expressed in the singular and plural verb endings.

5. The opposite of **piacere** is **non piacere** (*to dislike, not to like*). Be careful not to confuse it with **dispiacere**, which means *to be sorry*, or *to mind, to be bothered*. **Dispiacere** is used in the same way as **piacere**.

Non posso venire, **mi dispiace**.
I can't come, I'm sorry.

Le **dispiace** chiudere la porta?
Do you mind closing the door?

Ci è dispiaciuto sapere della tua malattia.
We were sorry to hear about your illness.

• • • *Esercizi*

g. *Riscrivere le seguenti frasi sostituendo il verbo* **piacere** *al verbo* **adorare**.

Esempio: Adoro i gelati al cioccolato.   Mi piacciono i gelati al cioccolato.

1. Chi non adora le paste?
2. Tutti adorano il sabato sera!
3. Giulio adorava camminare scalzo (*barefoot*).
4. Io adoro il kiwi!
5. Rosa adora i profumi francesi.
6. Noi adoriamo le caramelle di menta.

— *Non ti piace la velocità, non ti piace il rumore, non ti piace la
confusione... Mi sai dire, allora, cosa ti piace nella vita?*

h. *Tradurre.*

1. Is it true that Italians like to sing?
2. Tosca does not like to live in the country. There is too much silence.
3. Do you like candy? Do you like chocolate?
4. Sir, how did you like your (the) chicken?
5. Nobody likes to drive when it's foggy.
6. We're sorry, but we cannot come. We're too busy.
7. Do you mind closing the window? I'm cold.
8. We used to like to smoke but we have stopped.

III / *Altri verbi come* piacere . . . .

Other verbs use the same construction as **piacere**. With these verbs the subject also
usually follows the verb.

1. **mancare** *(to not have, to lack, to be short of; to miss):*

A quel signore non mancano i soldi; gli
  manca la fantasia!
*That gentleman doesn't lack money; he lacks
  imagination!*

Signorina, Le mancano i Suoi genitori?
Young lady, do you miss your parents?

2. **occorrere** *(to need):*

A Carla occorre una giacca.
Carla needs a jacket.

Le occorrono molte cose.
She needs a lot of things.

3. **restare** *(to have . . . left)*:

Ci resta un mese.
We have one month left.

Ci restano pochi giorni.
We have a few days left.

• • • *Esercizi*

i. *Riscrivere le seguenti frasi sostituendo* **mancare** *a* **non avere.**

Esempio: Carlo non ha soldi. A Carlo mancano i soldi. *(Note the use of the article).*

1. Riccardo non ha coraggio.
2. I miei genitori non hanno pazienza.
3. Io non ho idee.
4. Molte persone non hanno iniziativa.
5. Tu non hai spirito di sacrificio?
6. Non avevamo lettere di raccomandazione.

j. *Riscrivere le seguenti frasi sostituendo* **occorrere** *a* **avere bisogno di.**

Esempio: Ho bisogno di due tavoli. Mi occorrono due tavoli.

1. Abbiamo bisogno di altri mobili.
2. Carlo aveva bisogno di trovare una pensione.
3. Avete bisogno di molte cose?
4. Non hai bisogno di un'altra opinione?
5. Chi ha bisogno di una stanza ammobiliata?
6. Signora, ha bisogno di qualcosa?

k. *Riscrivere le seguenti frasi sostituendo* **restare** *a* **avere ancora.**

Esempio: Ho ancora cinque dollari. Mi restano cinque dollari.

1. Ho ancora una settimana.
2. Abbiamo ancora un mese.
3. Avevi ancora cento pagine da leggere.
4. Avete ancora molto da fare?
5. Luigino aveva ancora un anno di scuola.
6. Hai ancora alcuni buoni amici.

l. *Conversazione*

1. Le piace di più il sabato o la domenica? Perchè?
2. Le piace cucinare? Quali piatti italiani sa cucinare?
3. Quante volte ha visto il film « Via col vento » *(Gone with the Wind)*? L'ha visto al cinema o alla televisione? Le è piaciuto?
4. Quali hobby Le piacciono?
5. Quali cose Le occorrono?
6. Quanti anni di studio Le restano?

7. Quali qualità Le mancano?
8. Chi o cosa Le manca quando va in un paese straniero?

IV / *Verbi riflessivi* . . . .

A reflexive verb is one in which the action reverts back to the subject.

I see myself in the mirror.
He considers himself intelligent.
They amuse themselves playing ball.

In English, the reflexive meaning is often understood but not expressed.

I washed (myself) this morning.   *He shaved (himself) last night.*

In Italian, reflexive verbs are *always* conjugated with reflexive pronouns. Reflexive pronouns are the same as the object pronouns except for the third person singular and plural forms.

PRONOMI RIFLESSIVI

	Singular		Plural	
1st person	**mi**	*myself*	**ci**	*ourselves*
2d person	**ti**	*yourself*	**vi**	*yourselves*
3d person	**si**	*yourself/oneself* *himself/herself*	**si**	*yourselves/themselves*

In dictionaries and vocabulary lists reflexive verbs can be recognized by the endings **-arsi**, **-ersi**, and **-irsi**. The **-si** is the third person reflexive pronoun attached to the infinitive with the final **-e** dropped. Below is the present indicative of regular reflexive verbs for the three conjugations.

lavarsi *to wash*	vedersi *to see oneself*	vestirsi *to get dressed*
mi lavo	mi vedo	mi vesto
ti lavi	ti vedi	ti vesti
si lava	si vede	si veste
ci laviamo	ci vediamo	ci vestiamo
vi lavate	vi vedete	vi vestite
si lavano	si vedono	si vestono

1. Reflexive pronouns precede the conjugated verb forms but are attached to the infinitive. Even when the verb is in the infinitive form, its reflexive pronoun agrees with the subject.

Ho bisogno di lavar**mi**.
I need to wash.

Perchè preferite alzar**vi** presto?
Why do you prefer to get up early?

2. When a reflexive infinitive is used with a form of **dovere**, **potere**, or **volere**, the reflexive pronoun can be attached to the infinitive or placed before the entire verb phrase.

Il bambino non vuole vestir**si**.
Il bambino non **si** vuole vestire.
The child doesn't want to get dressed.

Il bambino non ha voluto vestir**si**.
Il bambino non **si** è voluto vestire.
The child refused to get dressed.

Note that when the reflexive pronoun precedes **dovere**, **potere**, or **volere** in a compound tense, these verbs are conjugated with **essere**.

3. In compound tenses all reflexive verbs are conjugated with **essere**, and the past participle agrees in gender and number with the subject.

Cristina si è vestit**a** in fretta.
Christina got dressed in a hurry.

Perchè vi siete arrabbiat**i**?
Why did you get angry?

Uso dei verbi riflessivi

A. Many verbs in Italian have reflexive forms but are not always reflexive in meaning.

alzarsi	*to get up*[1]	**lamentarsi (di)**	*to complain (about)*
accorgersi (di)	*to notice*	**laurearsi**	*to graduate (from a university)*
annoiarsi	*to get bored*	**riposarsi**	*to rest*
divertirsi	*to have a good time*	**sentirsi**	*to feel*
farsi male	*to hurt oneself*	**svegliarsi**	*to wake up*

B. The reflexive is used in Italian when the subject does some action to a part of his or her body: *I washed my face; They put on their gloves.* In Italian the definite article is used with parts of the body and clothing (instead of the possessive adjective as in English).

Mi sono lavato **la** faccia.
I washed my face.

Si mettono **i** guanti.
They put on their gloves.

C. The reflexive form in Italian is also used to express meanings that are not reflexive.

1. Verbs can be used reflexively to emphasize the involvement of the subject in the action expressed by the verb. Compare:

---

[1]Note that Italian often uses the reflexive form of a verb whereas English uses **to get** + another word.

Ho comprato una bicicletta.
I bought a bicycle.

Mi sono comprato/a una bicicletta.
I bought myself a bicycle.

Abbiamo fatto un bel piatto di spaghetti.
We fixed a nice dish of spaghetti.

Ci siamo fatti/e un bel piatto di spaghetti.
We made ourselves a nice dish of spaghetti.

2. Verbs can be used in the plural with the plural reflexive pronouns **ci**, **vi**, **si** to express a reciprocal or mutual action: *(to) each other, (to) one another.*

Lorenzo ed io ci amiamo.
Lorenzo and I love each other.

Ci siamo visti ieri sera.
We saw each other last night.

I miei genitori si sono conosciuti
   all'università.
*My parents met (each other) at the
   university.*

Vi scrivete ogni giorno.
You write to each other every day.

To clarify that a sentence is to be understood reciprocally rather than reflexively, one of the following phrases may be added:

fra (di) loro
l'un l'altro (l'un l'altra)
a vicenda, reciprocamente, vicendevolmente

among themselves
one another
mutually

Si aiutano.
Two meanings are possible: *They help each
   other / They help themselves.*

Si aiutano a vicenda.
Only one meaning: *They help each other.*

— Non posso lamentarmi: i soliti alti e bassi...

POLIRSI LE SCARPE

• • • *Esercizi*

m. *Mettere le seguenti frasi al passato prossimo.*

Esempio: Si lamentano di tutto.
          Si sono lamentati di tutto.

1. Si laureano alla fine di maggio.
2. Ci aiutiamo quando possiamo.
3. L'autobus si ferma qui.
4. Ti trovi bene con gli altri studenti?
5. Il bambino non vuole lavarsi le mani.
6. Paolo e Francesca si vogliono bene.
7. Valeria non si sente male.
8. Non ti arrabbi quando lui dice di no?
9. Possono riposarsi a casa mia.
10. Vi fate un po' di compagnia.

n. *Una storia che finisce male... Raccontare la storia di Riccardo e Gabriella prima al presente e poi al passato usando i seguenti verbi.*

vedersi al supermercato / guardarsi / parlarsi / darsi appuntamento / rivedersi molte volte / innamorarsi / andare in vacanza / scriversi / telefonarsi / sposarsi / non andare d'accordo / bisticciare / separarsi / divorziare

o. *Descrivete una giornata tipica della vostra vita usando il maggior numero possibile di verbi riflessivi. Descrivete poi un giorno speciale del vostro passato in cui avete fatto tutto in modo diverso.*

p. *Conversazione*

1. Di che umore è Lei quando si sveglia?
2. Quante volte al giorno si lava i denti?
3. Con quali persone si trova bene Lei?
4. A che età si è sposata Sua madre?
5. Come si sono conosciuti i Suoi genitori?
6. Lei quando si ferma davanti ai negozi?
7. Cosa si è comprato/a recentemente?
8. Di chi o di che cosa si lamenta più spesso Lei?

V / *Suffissi speciali* . . . .

Various special shades of meaning can be given to Italian nouns (including proper names) and adjectives by a number of different suffixes. English also uses suffixes in this way (bird*ie*, green*ish*), but less often; the more usual pattern in English is to use a descriptive adjective or adverb: *little house, rather fat*. In Italian, the preferred way to indicate size, quality, and speaker's attitude is to use a suffix rather than a separate qualifying word: cas**etta** (*little house*); libr**one** (*big book*); vent**accio** (*bad wind*). When a suffix is added to a word, the final vowel of the word is dropped.

A. The following suffixes indicate smallness or express affection and endearment:

-ino, -ina, -ini, -ine	uccello *bird*	uccellino *cute, little bird*
-etto, -etta, -etti, -ette	cugino *cousin*	cuginetto *little cousin*
-ello, -ella, -elli, -elle	fontana *fountain*	fontanella *little fountain*
-icello, -icella, -icelli, -icelle	vento *wind*	venticello *breeze*
-icino, -icina, -icini, -icine	cuore *heart*	cuoricino *little heart*
-olino, -olina, -olini, -oline	radio *radio*	radiolina *little radio*
-uccio, -uccia, -ucci, -ucce	bocca *mouth*	boccuccia *cute, little mouth*

Words that end in **-one** or **-ona** add a **-c-** before adding one of the above suffixes.

bastone *stick*	(+ -ino) bastoncino
passione *passion*	(+ -ella) passioncella

1. Some feminine words take the masculine form and become masculine when one of the above suffixes is added. Compare:

la villa *country house*	il villino *cottage*
la finestra *window*	il finestrino *small window*
la stanza *room*	lo stanzino *small room*

2. More than one suffix can be attached to the same word.

fiore *flower*   fior-ell-ino
cassa *case*   cass-ett-ina

B. The suffixes **-one, -ona, -oni, -one** indicate largeness.

naso *nose*   nasone *big nose*
libri *books*   libroni *big, heavy books*
Beppe *Joe*   Beppone *big Joe*

Some feminine words take the masculine suffix **-one** and become masculine. Compare:

la donna *woman*   il donnone *big woman*
la febbre *fever*   il febbrone *high fever*
la nebbia *fog*   il nebbione *dense fog*
la palla *ball*   il pallone *soccer ball*
la parola *word*   il parolone *big (long) word*
la porta *door*   il portone *street door*
la stanza *room*   lo stanzone *large room*

C. The following suffixes indicate the idea of bad quality or ugliness. They can express either a material or moral sense.

-accio, -accia, -acci, -acce   tempo *weather*   tempaccio *awful weather*
     Lorenzo *Lawrence*   Lorenzaccio *mean Lawrence*
-astro, -astra, -astri, -astre   poeta *poet*   poetastro *really bad poet*
-iciattolo, -iciattola, -iciattoli, -iciattole   verme *worm*   vermiciattolo *nasty worm*

D. Many of the above suffixes may also be added to adjectives.

bello *beautiful*   bellino *pretty, cute*
pigro *lazy*   pigrone *quite lazy*
dolce *sweet*   dolciastro *sickeningly sweet*
noioso *boring*   noiosetto *rather boring*

E. It is very difficult for a nonnative speaker of Italian to know which suffix to pick, especially to express smallness or endearment, because some words may take one suffix and not another; some words may take them all. It is advisable, therefore, not to attempt to be creative and to use only the forms found in Italian literature or heard from native speakers.

F. There are a number of nouns in Italian that appear to end in one of the preceding suffixes. In fact, however, their meaning is in no way influenced by the suffix, and they must be learned simply as new words. Here are some examples:

posto *place*   postino *postman* (*nice little place* is posticino)
cavallo *horse*   cavalletto *easel* (*small horse* is cavallino)
cane *dog*   canino *eyetooth* (*little dog* is cagnolino)
tacco *heel*   tacchino *turkey* (*little heel* is tacchetto)
burro *butter*   burrone *ravine*
foca *seal*   focaccia *flat bread similar to pizza*

• • • *Esercizi*

q. *Sostituire una parola sola alle parole in corsivo.*

1. Il mio compagno è un *ragazzo grande e grosso.*
2. Non mi piacciono le persone che usano *parole brutte.*
3. A Natale gli abbiamo regalato un *piccolo treno.*
4. Ti mando un *grosso bacio.*
5. È un *vino leggero* che non fa male. (*Use* -ello.)
6. Una *nebbia molto densa* è scesa sulla città. (*Rewrite the whole sentence after you've found your word.*)
7. Sono andati ad abitare in due *piccole ville.*
8. Come mai sei uscito con questo *tempo così brutto?*
9. Mi hanno regalato un *piccolo cane.*
10. Perchè, quando parli con me, usi sempre *parole grosse?*

VI / *Aggettivi e pronomi indefiniti* . . . .

Indefinite adjectives and pronouns indicate quantity and quality without referring to any particular person or thing. Italian indefinites can be grouped into three categories according to how they are used: as adjectives, as pronouns, and as both adjectives and pronouns.

A. The following are the most common indefinite *adjectives.* They are invariable and always modify a singular noun.

AGGETTIVI INDEFINITI

ogni	*every*	qualsiasi	*any, any sort of*
qualche	*some*	qualunque	*any, any sort of*

Ogni inverno andiamo in montagna.
Every winter we go to the mountains.

Qualsiasi libro va bene.
Any book is fine.

Qualche negozio era già chiuso.
Some stores were already closed.

Devo farlo a qualunque costo.
I must do it at any cost.

B. The following are the most common indefinite *pronouns*. They are used only in the singular.

PRONOMI INDEFINITI

uno/una	*one*	chiunque	*anyone*
ognuno/ognuna	*everyone*	qualcosa	*something*
qualcuno/qualcuna	*someone, some*	niente, nulla	*nothing*

Uno non sa mai cosa dire.
One never knows what to say.

Ognuno ha i propri difetti.
Everyone has his (her) own faults.

Qualcuno ha preso la mia penna.
Someone took my pen.

La porta era aperta a chiunque.
The door was open to anyone.

C'è qualcosa che non va.
There's something wrong.

Non volevano niente.
They didn't want anything.

1. **Qualcosa**, **niente**, and **nulla** are considered masculine for agreement purposes.

Niente è perdut**o**.
Nothing is lost.

È success**o** qualcosa?
Has something happened?

2. When **qualcosa** and **niente** are followed by an adjective, **di** precedes the adjective, which is always masculine; when they are followed by an infinitive, **da** precedes the infinitive.

Abbiamo visto qualcosa **di** bello.
We saw something pretty.

Non ho niente **da** vendere.
I have nothing to sell.

C. The following indefinites can be used as both *adjectives* and *pronouns*.

AGGETTIVI E PRONOMI INDEFINITI

alcuni, -e (plural only) *some, a few*	Ci sono alcuni errori. *There are a few mistakes.* Non tutte le ragazze hanno capito; alcune sono confuse. *Not all the girls have understood; some are confused.*
altro, -a, -i, -e *other*	Ci sono altre ragioni. *There are other reasons.*

altro
something (anything) else

Desidera altro?
Do you need anything else?

altri, -e
others

Dove sono andati gli altri?
Where have the others gone?

certo -a, -i, -e
certain

Quella ragazza ha un certo fascino.
That girl has a certain charm.
Certi non capiscono.
Certain (people) don't understand.

ciascuno, -a (singular only)
each, each one

Consideriamo ciascuna proposta.
We consider each proposal.
Hai parlato con ciascuno di loro?
Did you speak to each of them?

molto, -a, -i, -e
much, many, a lot (of)

Mangiamo molto formaggio e molta frutta.
We eat a lot of cheese and a lot of fruit.
Molte non sono venute.
Many (girls) didn't come.

nessuno, -a (singular only)
no, none, no one

Non ho nessuno zio a Chicago.
I have no uncles in Chicago.
Nessuno vi ha chiamato.
No one called you.

parecchio, -a, parecchi, parecchie
a lot (of), several

Abbiamo visto parecchie persone.
We saw several people.
Hai speso parecchio!
You spent a lot!

poco, -a, pochi, -e
little, few

C'era poco tempo.
There was little time.
Pochi lo sanno.
Few people know it.

quanto, -a, -i, -e
how much, how many

Quante parole inutili!
How many useless words!
Quanti hanno pagato?
How many have paid?

tanto, -a, -i, -e
so much, so many

Hanno fatto tanti errori.
They have made so many mistakes.
Tanti non ricordano perchè.
So many don't remember why.

troppo, -a, -i, -e
too much, too many

Hai usato troppe parole.
You've used too many words.
Io bevo poco vino e tu troppo.
I drink little wine; you, too much.

tutto, -a, -i, -e
all, whole, every

Ho mangiato tutta la torta.
I ate the whole cake.

AGGETTIVI E PRONOMI INDEFINITI *(Continued)*

tutto	Chi ha visto tutto?
everything	*Who saw everything?*
tutti, -e	Tutti amano le vacanze.
everyone	*Everyone loves vacations.*

1. **Tutto** takes an article when used as an adjective.

Abbiamo lavorato tutta **la** settimana.   Tutti **i** bambini lo sanno.
We have worked all (the whole) week.   *All children know this.*

Tutto is used in the following expressions:

tutt'e due	**tutt'e tre**	**tutt'e quattro**
both	*all three*	*all four*

The definite article is used after the above expressions when they modify a noun.

tutt'e due **i** ragazzi   tutt'e tre **le** riviste
both boys   *all three magazines*

2. Some of the words listed above are also commonly used as adverbs, and as such they are invariable.

molto	*very, quite, awfully*
poco	*not so, not very, hardly*
quanto	*how* (same as **come**)
tanto	*so* (same as **così**)
troppo	*too*

Siamo molto stanchi.   Siena è poco lontana.
We are very tired.   *Siena is not very far.*

Quanto sono intelligenti!   Erano tanto felici.
How intelligent they are!   *They were so happy.*

Sei troppo egoista.
You are too selfish.

• • • *Esercizi*

r. *Scegliere la parola corretta.*

1. _____ (Qualunque, chiunque) può venire con noi.
2. _____ (Nessuna, nulla) persona è venuta a piedi.
3. _____ (Ogni, ognuno) uomo ha i suoi problemi.
4. Posso fare _____ (qualcuno, qualcosa) per lui?
5. Solo _____ (qualche, qualcuno) prigioniero è riuscito a fuggire.
6. Per ammobiliare la stanza, bastano _____ (alcuni, ogni) mobili.

— È possibile che tu alzi le mani
ogni **volta che entra qualcuno?**...

7. _____ (Chiunque, qualunque) letto è buono per dormire quando abbiamo sonno.

8. In biblioteca c'erano solo _____ (qualche, alcune) studentesse.

9. Non sappiamo _____ (nessuno, niente).

10. Ho letto _____ (qualche, qualcuno) dei suoi romanzi.

s. *Mettere un pronome indefinito al posto delle parole in corsivo.*

Esempio: Ho imparato *tante cose* in questo corso.
Ho imparato tanto in questo corso.

1. *Ogni persona* è responsabile delle sue azioni.
2. Ha bisogno di *altre cose?*
3. *Nessuna persona* lo dice.
4. *Nessuna cosa* sembra facile all'inizio.
5. *Qualsiasi persona* lo farebbe in poco tempo.
6. Voi volete sapere *troppe cose.*
7. C'è *un uomo* che ti vuole parlare.
8. *Ogni cosa* era sul tavolo.
9. *Qualche persona* ha detto di no.
10. Potevamo comprare del vino per *pochi soldi.*

t. *Scegliere la parola corretta.*

1. Quella signora ha _____ (tanto, tanti) soldi.
2. Abitano _____ (poche, poco) distante da casa mia.
3. Siamo _____ (troppo, troppi) isolati in questo posto.
4. C'era _____ (molto, molta) neve in montagna.
5. Avete _____ (poco, poche) idee.
6. _____ (Quanti, quanto) sono i tuoi cugini? Sette o diciassette?

7. _____ (Quanto, quanta) è bella la giovinezza!
8. È una ragazza _____ (molto, molta) strana.
9. Mia madre sembrava _____ (tante, tanto) giovane.
10. _____ (Troppe, troppa) gente crede ancora a queste cose.

u. *Tradurre.*

1. Is there anything good on TV tonight? I feel like watching TV.
2. How many people were in a bad mood that day?
3. Anyone can learn a foreign language.
4. Every day of the week brings something new.
5. Everyone thanked her for the gift.
6. I was able to finish because several people helped me.
7. We have nothing to tell you.
8. Who liked both movies?
9. There's too much salt in the soup. How can I eat it?
10. Some relatives of mine say that I look like uncle John; what do *you* say?

VII / Il partitivo . . . .

A. The partitive is expressed in English by *some, any, a few*. This idea can be conveyed in Italian in the following ways:

1. By combined forms of **di** + *definite article* (**del, dello, della, dell', dei, degli, delle**).

Ho mangiato **del** formaggio.　　　　Conosciamo **degli** italiani.
I ate some cheese.　　　　　　　　*We know some Italians.*

2. By **qualche** + *singular noun* or **alcuni, -e** + *plural noun* to mean *some, a few*. Although **qualche** always takes a singular noun and **alcuni, -e** always a plural noun, they express the same plural meaning in English.

Invitano **qualche amica.**　　　　　**Qualche studente** lo sapeva.
Invitano **alcune amiche.**　　　　　**Alcuni studenti** lo sapevano.
They invite some girlfriends.　　　*A few students knew it.*

3. By **un poco di, un po' di** to mean *some, a bit of*, with singular nouns that are either abstract (*time, patience*) or that express a measurable rather than a countable quantity (*milk, bread*).

Abbiamo bisogno di un po' di tempo.　　Volete un po' di latte?
We need some time.　　　　　　　　　*Do you want some milk?*

B. The partitive is often left unexpressed in Italian.

1. In an affirmative sentence the partitive is optional but is *often* expressed.

Ha parenti in America.
Ha **dei** parenti in America.
He has some relatives in America.

2. In an interrogative sentence the partitive is optional but is *usually* left out.

Ci sono lettere per me?
Ci sono **delle** lettere per me?
Are there any letters for me?

3. In a negative sentence the partitive is *normally* left out.

Non abbiamo soldi.   Non voglio fiori.
We don't have any money.   *I don't want any flowers.*

• • • *Esercizi*

v. *Inserire la forma corretta:* **del, dello,** *ecc.*

1. Ha ordinato acqua minerale.
2. Ci sono italiane alte e snelle.
3. Compriamo insalata e frutta.
4. Conoscono avvocati e ingegneri.
5. Cerchi giornali e riviste italiane.
6. Sono bei ragazzi.
7. Ieri sera ho preso pesce.
8. Vogliamo vino, birra e scotch!

w. *Inserire* **qualche** *o* **alcuni/alcune.**

1. Hanno avuto _____ guaio.
2. C'erano _____ parole difficili nell'esercizio.
3. Ho bisogno di _____ cosa.
4. Abbiamo passato _____ ore insieme.
5. Si sono sposati _____ anni fa.
6. Avete letto _____ bel racconto in classe?
7. L'ho già visto in _____ altro luogo.
8. La polizia ha fermato _____ macchina.

x. *Tradurre.*

In a small village a farmer goes to church to confess (**confessarsi**). The priest asks him: "Have you ever stolen any hens (**galline**)?" "Never!" "Any eggs?" "Absolutely not!" "Not even one?" "On my word of honor (**parola d'onore**)!" The priest gives him absolution (**l'assoluzione**) and the farmer returns home satisfied and says to himself (**fra sè**): "Fortunately he didn't ask me if I have ever stolen any sheep (**pecore**)!"

VIII / *Lettura* . . . .

Vocabolario utile

bagnarsi *to get wet, soaked;* **bagnato** *wet* (the opposite is **asciutto** *dry*)

farcela *to make it, to manage;* **non farcela** *not to cope, to be unable to go on*

fare la spesa *to buy groceries*

regalare qualcosa a qualcuno *to give (a gift) to someone;* **regalo** *gift*

stirare *to iron*

trovarsi (bene) *to like it (in a place); to feel comfortable*

trovarsi male (non trovarsi) *to dislike it (in a place); to feel uncomfortable*

il **buio** *dark;* **al buio** *in the dark*

i **calzoni** *pants, trousers* (same as i **pantaloni**)

il **campanello** *doorbell*

il **fiammifero** *match*

la **giacca** *jacket, short coat*

il **giallo** *thriller (movie or book), detective story*

il **golf** *sweater*

il **mucchio** *pile;* **un mucchio di** *a lot of*

per fortuna *fortunately, luckily* (same as **fortunatamente**); the opposite is **purtroppo** (**sfortunatamente**) *unfortunately*

il **salotto** *living room*

la **soddisfazione** *satisfaction;* **soddisfatto** *satisfied*

la **valigia** *suitcase*

La serva[1]

Suona un campanello. Tosca apre. Sulla porta c'è Barbara, con una valigia. Ha una giacca di cuoio nero, calzoni blu-jeans.

BARBARA   Buongiorno.

TOSCA   Non comperiamo niente.

BARBARA   Ma io non ho niente da vendere. Vorrei parlare con l'avvocato.

5 TOSCA   L'avvocato non c'è. È via. E la signora è andata in paese a fare la spesa. Chi sarebbe lei?

BARBARA   Una cugina.

TOSCA   Ah una cugina? S'accomodi. La signora non tarderà°. Come s'è bagnata!   *won't take long*

10 BARBARA   Sì. Nevica.

TOSCA   Nevica. Un tempo orribile. Ma lei è venuta dalla stazione a piedi?

BARBARA   Sì.

TOSCA   A piedi? con la valigia? Non poteva pigliare° un'autopubblica°?   *take (same as pregnant prendere) / tassì*

15 BARBARA   Non sapevo che c'era tanta strada°.   *it was so far away*

TOSCA   Non lo sapeva? Allora non è mai venuta qua? È cugina, però non è mai venuta qua?

BARBARA   Mai.

TOSCA   Strano. Aspetti pure, la signora non tarderà.

20 BARBARA   *(tirando fuori una sigaretta)* Mi darebbe un fiammifero, signora?

TOSCA   Non sono una signora. Sono una serva. È tutta la vita che faccio la serva. Ecco i fiammiferi. Sono qui solo da otto giorni, ma non ci resto. Gliel'ho già detto alla signora che non ci resto,

25 che me ne vado via. Non mi trovo°.   *I don't like it*

BARBARA   Non si trova?

TOSCA   No. Non mi trovo. Gliel'ho già detto anche alla signora, che io non mi trovo, che si cerchi un'altra. Mi fermo°, finchè non   *I'll stay*
ne hanno un'altra. La Ersilia, quella che c'era prima, la co-

30 nosceva?

BARBARA   No.

TOSCA   No? eppure quella c'è rimasta otto mesi. È andata via perchè aveva le vene varicose. Non ce la faceva. È una casa troppo grande, due piani, un mucchio di stanze. Ma io non è per il

35 lavoro che me ne vado. Me ne vado perchè siamo troppo

---

[1]*There are various terms used to indicate domestic help:* serva, domestica, donna di servizio, cameriera. *In recent years the terms* collaboratrice domestica *or* collaboratrice familiare *(abbreviated to* "colf"*) have been added to the language.*

isolati. Oggi che nevica, qui sembra d'essere in una tomba. C'è un silenzio, come essere in una tomba. A me non mi piace[2] la campagna, mi piace la città. Il rumore. Mi rincresce° di andarmene, perchè non sarebbero cattivi. Però non danno
40 grande soddisfazione. Mangiano, e non dicono è buono, è cattivo, niente. Non ti dicono mai niente. Così una non può mai sapere, se sono contenti o no. E poi questo silenzio! L'avvocato, io l'ho visto un momento il giorno che sono arrivata, gli ho stirato due camicie, e è partito subito. La signora,
45 la signora non parla. Non parla con me. Tutto il giorno legge, o suona il piano. Ma non è una musica che diverte. Io sono là in cucina, col gatto, e a sentire quei suoni mi viene sonno°. Per fortuna c'è il gatto. È tanto di compagnia°. Parlo col gatto, se voglio parlare a qualcuno. Viene qualche volta la signora
50 Letizia, la sorella della signora. Abita poco distante. La conoscerà, no?

BARBARA No.

TOSCA Lei è cugina dell'avvocato o della signora?

BARBARA Dell'avvocato.

55 TOSCA Per fortuna, dicevo, viene qualche volta la signora Letizia. Con la signora Letizia, oppure con la Ortensia, la donna che viene a stirare, scambio qualche parola. Con la signora invece°, non si può. Un po' non si sente bene, un po' dorme, un po' suona il piano. Abbiamo la televisione, ma la signora non l'ac-
60 cende mai. Mi ha ben detto° se voglio accenderla io ma la sera lei se ne va a letto, e non vorrà che mi sieda° qui nel salotto, da sola, con la televisione? Non è il mio posto, il salotto. Ognuno deve stare al suo posto°. Nell'altra casa dov'ero, avevamo la televisione in cucina. Si stava tutti insieme, la sera, in
65 cucina a guardare la televisione, e venivano anche i vicini, facevamo arrostire due castagne°, si passava il tempo allegramente. Ho sbagliato, quando sono andata via da quell'altra casa. Sono andata via perchè mi davano poco. Ma ho sbagliato. Qui la signora mi ha regalato anche un golf di cachemire°.
70 Però non mi trovo. Non è il lavoro. Le dico, non è il lavoro. Io è tutta la vita che lavoro, faccio la serva da quando avevo undici anni. No, è il posto. Quando sono uscita domenica, sono andata al cinema in paese, davano un giallo°, e sono venuta via che erano le nove, quasi volevo prendere
75 un'autopubblica, perchè dal paese a qui è un bel pezzo di strada°. Ma chiedevano mille lire. Sono venuta a piedi, e c'era un buio°, non passava un'anima, e non le dico che paura che avevo, un po' che il film era tutto di morti, un po' che si deve

I am sorry (same as *mi dispiace*)

I become sleepy
He is such good company.

though

She did tell me
you can't expect me to sit

each person must stay in his proper place

we roasted some chestnuts

cashmere

they were showing a thriller

it's quite a way
it was very dark

---

[2]*A me non mi piace is a colloquial form that should be avoided.*

80 anche passare lungo il muro del cimitero°, e sono arrivata qui   *cemetery wall*
che ero tutta coperta di un sudore gelato°, e ho trovato la   *a cold sweat*
signora in salotto che suonava il piano, e le ho detto: « Non
dovessi finire morta assassinata° quando torno a casa ». Lei   *What if I ended up murdered*
mi ha detto: « Se ha paura del buio, può prendere la pila
elettrica°, un'altra volta ». Io ho detto: « Non so se ci sarà un'altra   *the flashlight*
85 volta. Non so se mi fermo fino a un'altra domenica, perchè
non mi trovo ». Lei ha detto: « Si fermi almeno finchè non ho
un'altra donna. Non mi lasci, che mio marito parte così spesso,
e io come faccio qui sola? » Mi ha fatto pena°. Però dica la   *I felt sorry for her.*
verità, ci starebbe lei qui? In campagna, fra tutti questi alberi?
90 Ci starebbe lei?

BARBARA: Io starei dappertutto. Salvo che° a casa mia.   *Except for*
TOSCA: Lo dice. Lo dice, ma non è vero, non ci starebbe.

Natalia Ginzburg, *Fragola e panna*

• • • *Domande sulla lettura*

1. Sono in casa l'avvocato e la signora?
2. Chi dice d'essere Barbara?
3. Perchè s'è bagnata Barbara?
4. Perchè Tosca non vuole essere chiamata « signora »?
5. Perchè Tosca non vuole restare in questa casa?
6. C'è molto lavoro in questa casa?
7. Nell'altra casa, come passava le serate Tosca?
8. Perchè, la sera, Tosca non guarda la televisione?
9. Che sbaglio ha fatto Tosca?
10. Come passa le giornate la signora e che cosa fa la sera?
11. Che cosa convince Tosca ad andarsene?
12. Tosca ha notato qualcosa di strano nelle risposte di Barbara?

• • • *Studio di parole*

to play

suonare
to play (an instrument), to ring

Suono il piano e la chitarra.
I play the piano and the guitar.

È suonato il campanello?
Chi ha suonato il campanello?
Has the bell rung?
Who has rung the bell?

giocare a + *noun*
to play (a game, a sport)

Io gioco a tennis; tu giochi a carte.
I play tennis; you play cards.

praticare (fare) uno sport
to play a sport

Quante persone praticano questo sport?
How many people play this sport?

to play (cont.)

recitare
to act, to play a role

Quell'attore recita bene.
That actor acts well.

to work

lavorare
to work

Lavorano in una fabbrica di biciclette.
They work in a bicycle factory.

funzionare
to work (machines, systems, etc.)

Il televisore non funziona.
The TV is not working.

to spend

passare
to spend (time)

Passavamo il tempo allegramente.
We spent the time happily.

Dove hai passato le vacanze?
Where did you spend your vacation?

spendere
to spend (money)

Hai pagato duemila lire? Hai speso
   troppo.
*Did you pay two thousand lire? You spent
   too much.*

• • • *Esercizi*

A. *Scegliere la parola o l'espressione che completa meglio la frase.*

1. Dove hai intenzione di _____ Natale quest'anno? Con i tuoi?
2. Il mio orologio non _____ bene. È sempre indietro di dieci minuti!
3. Quando hai imparato a _____ il piano e a _____ a tennis?
4. In quel ristorante uno _____ poco e mangia bene.
5. Da quanto tempo _____ in quest'ufficio Lei?
6. Mi piacciono gli attori che _____ bene.
7. Tu, quali sport _____ quando hai tempo?
8. Il postino _____ sempre due volte.

B. *Tradurre.*

1. Usually we spend our vacation at the beach, but this year we have spent too much so we're staying home!
2. I can't remember anything today. My head is not working!

3. Do you want to know why I play the guitar (**la chitarra**)? A friend of mine gave me a guitar, so I learned how to play!
4. You've been working in this factory for twenty years? You must like it here!
5. Someone rang the doorbell. Why didn't you open the door?
6. How do you like your job? Do you feel comfortable with your colleagues?
7. Which household chore don't you like? — Ironing! I've never liked it!
8. It was raining, and we didn't have an umbrella. We got home soaking wet!

C. *Domande per Lei*

1. Dove e con chi Le piace passare le feste di Natale? E le vacanze estive?
2. Quando qualcuno Le dice: « Non posso continuare a vivere così! Non ce la faccio più! », Lei che cosa risponde?
3. I Suoi amici fumatori accendono le sigarette con un fiammifero o con l'accendino (*lighter*)?
4. L'ultima volta che ha speso troppo, che cosa ha comprato?
5. In quali posti si trova bene Lei?
6. Secondo Lei, qual è il modo migliore di passare una serata?

• • • *Temi per componimento o discussione*

1. Fare un ritratto della « signora ».
2. Tosca dice: « Ciascuno deve stare al suo posto ». Lei è d'accordo o no con questa affermazione? Spiegare.
3. Vivere in campagna o vivere in città? Vantaggi e svantaggi rispettivi.
4. Descrivere il carattere di Tosca.

CAPITOLO SEI

I / *Passato remoto* . . . .

Verbi regolari

The **passato remoto** (*past absolute*) is formed by adding to the stem the characteristic vowel of the verb (except for the third person singular) and the appropriate endings: **-i, -sti, -mmo, -ste, -rono.** To form the third person singular, **-are** verbs add **-ò** to the stem, **-ere** verbs add **-è**, and **-ire** verbs add **-ì**.

amare	credere	finire
am**ai**	cred**ei** (cred**etti**)	fin**ii**
am**asti**	cred**esti**	fin**isti**
am**ò**	cred**è** (cred**ette**)	fin**ì**
am**ammo**	cred**emmo**	fin**immo**
am**aste**	cred**este**	fin**iste**
am**a̱rono**	cred**e̱rono** (cred**e̱ttero**)	fin**i̱rono**

1. Note the accent mark in the third person singular and the placement of stress in the third person plural.

2. Most **-ere** verbs have an alternate set of endings for the first and third persons singular and the third person plural.

Carlo andò in cucina e si sedè (sedette) al tavolo.
Carlo went into the kitchen and sat at the table.

Verbi irregolari

Following are the **passato remoto** forms of some common irregular verbs:

avere	essere	dare	stare
ebbi	fui	diedi (detti)	stetti
avesti	fosti	desti	stesti
ebbe	fu	diede (dette)	stette
avemmo	fummo	demmo	stemmo
aveste	foste	deste	steste
ebbero	furono	diedero (dettero)	stettero

1. The majority of the verbs that have an irregular **passato remoto** (most of which are **-ere** verbs) follow a "1-3-3" pattern: the irregularity occurs only in the first person singular and the third persons singular and plural; **-i, -e**, and **-ero** are the endings. The endings of the other persons are regular.

chiedere		
(1) **chiesi**	chiedemmo	
chiedesti	chiedeste	
(3) **chiese**	(3) **chiesero**	

2. The most common verbs following the 1-3-3 pattern are listed below. It is helpful to learn the irregular forms of the **passato remoto** together with the past participle since, quite often, both are irregular and sometimes have the same irregular stem.

Infinitive	*Passato remoto* (1st person sing.)	*Past participle*
accendere	**accesi**	acceso
chiudere	**chiusi**	chiuso
conoscere	**conobbi**	conosciuto
decidere	**decisi**	deciso
leggere	**lessi**	letto
mettere	**misi**	messo
nascere	**nacqui**	nato
perdere	**persi**	perso/perduto
piacere	**piacqui**	piaciuto

Infinitive	Passato remoto (1st person sing.)	Past participle
prendere	**presi**	preso
rimanere	**rimasi**	rimasto
rispondere	**risposi**	risposto
rompere	**ruppi**	rotto
sapere	**seppi**	saputo
scegliere	**scelsi**	scelto
scendere	**scesi**	sceso
scrivere	**scrissi**	scritto
spegnere	**spensi**	spento
spendere	**spesi**	speso
succedere	**successi**	successo
tenere	**tenni**	tenuto
vedere	**vidi**	visto/veduto
venire	**venni**	venuto
vincere	**vinsi**	vinto
vivere	**vissi**	vissuto
volere	**volli**	voluto

3. **Bere, dire, fare,** and **tradurre** use the original Latin stems **bev-, dic-, fac-,** and **traduc-** to form the regular persons.

bere	dire	fare	tradurre
bevvi	dissi	feci	tradussi
bevesti	**dic**esti	**fac**esti	**traduc**esti
bevve	disse	fece	tradusse
bevemmo	**dic**emmo	**fac**emmo	**traduc**emmo
beveste	**dic**este	**fac**este	**traduc**este
bevvero	dissero	fecero	tradussero

Uso del passato remoto *e del* passato prossimo

A. The **passato remoto,** like the **passato prossimo,** expresses an action completed in the past. Following are the formal rules that govern the use of these two tenses.

1. If the action took place in a period of time that is not yet over (today, this month, this year), or if the effects of the action are continuing in the present, the **passato prossimo** is used.

In questo mese **ho letto** molto.
This month I've read a lot.

Tu **hai ereditato** molti soldi.
You have inherited a lot of money.

2. If the action occurred during a period of time that is over (two months ago, last year, the other day) and is considered completely finished and has no continuing effect or reference to the present, the **passato remoto** is used.

L'altro giorno **incontrai** tuo fratello.
The other day I met your brother.

L'anno scorso **andammo** al mare.
Last year we went to the beach.

3. Today many Italians (especially in the North) never use the **passato remoto** in speaking or writing unless it is formal writing. Some people use both tenses. Others (especially in the South) tend to use the **passato remoto** every time they write or talk about the past, no matter how recent it may be. Students of Italian are advised to use the **passato prossimo** in everyday conversation and to learn the forms of the **passato remoto** in order to understand them, to write them, and above all to recognize them when used in literary texts.

B. The **imperfetto** is used with both the **passato prossimo** and the **passato remoto** for descriptions (ongoing actions, outward conditions, or inner states of mind) or habitual actions.

Dato che non **avevano** molto tempo,
  partirono (sono partiti) subito.
*Since they didn't have much time, they left
  right away.*

Arrivai (sono arrivato) alla stazione proprio
  mentre il treno **partiva.**
*I got to the station while the train was
  leaving.*

. . . *Esercizi*

a. *Sostituire il passato remoto al passato prossimo.*

1. Lo abbiamo conosciuto in casa di amici e poi l'abbiamo rivisto al cinema.
2. Paolo è uscito senza cappotto e ha preso il raffreddore.
3. Sono passato in biblioteca e sono riuscito a trovare il libro che cercavo.
4. Le ho chiesto come stava ma lei non ha risposto.
5. Tu li hai invitati ad entrare ma loro hanno preferito aspettare fuori.
6. L'incidente è avvenuto sull'autostrada: non ci sono stati morti.
7. Chi ha detto: « Venni, vidi, vinsi »? — È stato Cesare.
8. Ho sbagliato quando sono andata via da quella casa.

— ...e immaginatevi il ribrezzo che provò il
ranocchio ad **essere trasformato** in principe...

b. *Riscrivere le seguenti frasi al passato usando l'imperfetto e il passato remoto.*

1. Me ne vado perchè ho fretta.
2. Non riusciamo a sapere che età hanno.
3. Dice che non può venire.
4. Smetto di lavorare perchè non mi sento bene.
5. Noleggiamo una macchina perchè c'è lo sciopero degli autobus.
6. Vedete la signora in salotto che suona il piano?
7. Ti chiedono se vuoi guardare la televisione.
8. Ci domandano come stiamo.

Molto tempo fa _____ (vivere) nella città di Verona un ricco signore che _____ (avere) un novelliere (*storyteller*) al quale, per passatempo, _____ (fare) raccontare delle favole durante le lunghe serate d'inverno. Una notte che il novelliere _____ (avere) gran voglia di dormire, il suo signore gli _____ (dire), come al solito, di raccontare qualche bella storia. Allora egli _____ (raccontare) la seguente novella: « Ci _____ (essere) una volta un contadino che era andato alla fiera (*fair*) con cento monete (*coins*) e aveva comprato due pecore (*sheep*) per ogni moneta. Tornato (*having returned*) con le sue pecore a un fiume che aveva passato pochi giorni prima, _____ (trovare) che il fiume era molto cresciuto per una gran pioggia. Mentre il contadino _____ (stare) alla riva e _____ (aspettare) aiuto, _____ (vedere) venir giù per il fiume un pescatore (*fisherman*) con una barchetta, ma tanto piccola che _____ (contenere) soltanto il contadino e una pecora per volta. Il contadino _____ (cominciare) a passare con una pecora; il fiume _____ (essere) largo; egli _____ (remare *to row*) e _____ (passare) ». Qui il novelliere _____ (smettere) di raccontare. « Continua » _____ (dire) il signore. Ed egli _____ (rispondere): « Lasciate passare le pecore, poi racconterò il fatto ». E _____ (mettersi) comodamente a dormire.

(Adapted from *Il Novellino.*)

d. *Sostituire il passato prossimo al passato remoto.*

1. Si sedettero vicino alla finestra.
2. La pagò poco.
3. Vidi un giallo.
4. Gli telefonammo molte volte.
5. Lei non potè fermarsi.
6. Mi regalarono un golf di cachemire.
7. Il film durò due ore.
8. Ti vestisti in fretta.
9. Cercaste le chiavi dappertutto.
10. Nessuno fece attenzione.

II / Trapassato prossimo e trapassato remoto . . .

There are two past perfect tenses in Italian that correspond to the past perfect in English. They are called the **trapassato prossimo** and the **trapassato remoto.**

A. The **trapassato prossimo** is formed with the **imperfetto** of **avere** or **essere** plus the past participle of the verb. The agreement of the past participle follows the same rules as those for the **passato prossimo** (see pp. 45–46).

Verbs conjugated with avere		Verbs conjugated with essere	
avevo	amato	ero	partito/a
avevi	amato	eri	partito/a
aveva	amato	era	partito/a
avevamo	amato	eravamo	partiti/e
avevate	amato	eravate	partiti/e
avevano	amato	erano	partiti/e

The **trapassato prossimo** corresponds to the English past perfect (*had* + past participle: *I had worked, he had gone, she had fallen*). It expresses an action in the past that had already occurred before another action, expressed or implied, took place.

Laura si è messa il vestito che **aveva comprato.**
Laura put on the dress she had bought.

Ero stanco perchè **avevo lavorato** troppo.
I was tired because I had worked too much.

Non ti ho detto che **erano venuti** soli?
Didn't I tell you they had come (they came)[1] alone?

B. The **trapassato remoto** is formed with the **passato remoto** of **avere** or **essere** plus the past participle of the verb.

Verbs conjugated with avere		Verbs conjugated with essere	
ebbi	amato	fui	partito/a
avesti	amato	fosti	partito/a
ebbe	amato	fu	partito/a
avemmo	amato	fummo	partiti/e
aveste	amato	foste	partiti/e
ebbero	amato	furono	partiti/e

The **trapassato remoto** also corresponds to the English past perfect. It is used only in subordinate clauses introduced by conjunctions of time, such as **quando, dopo che, (non) appena, come** *(as)*, **finchè (non)**, and only if the verb in the independent clause is in the **passato remoto.** Its use is thus very limited and confined mostly to formal narrative.

Appena **ebbe detto** quelle parole, si pentì.
As soon as he had said those words, he was sorry.

Quando egli **fu uscito,** tutti rimasero zitti.
When he had left, everybody kept quiet.

[1]*Note that in English the simple past can be used instead of the past perfect.*

— Ti avevo avvertita di lasciar lavorare in pace il pittore!

• • • *Esercizi*

e. *Sostituire ai verbi fra parentesi la forma corretta del trapassato prossimo o remoto.*

1. Quando siamo usciti, _____ (smettere) di piovere.
2. Gli ho raccontato la barzelletta che mi _____ (raccontare) tu.
3. Professore, Le ho portato il libro che mi _____ (chiedere).
4. Appena mi _____ (riconoscere), mi salutarono cordialmente.
5. Trovammo un ragazzo che _____ (addormentarsi) su una panchina.
6. Hai detto che _____ (capire), ma in realtà non hai capito un bel niente!
7. Visitammo la città dopo che _____ (riposarsi) un po'.
8. Non appena _____ (finire) il loro lavoro, partirono per un viaggio.
9. Aspettai finchè tutti _____ (uscire) e poi telefonai.
10. La bambina aveva ancora fame perchè _____ (mangiare) solo un panino.

f. *Tradurre.*

1. Had you already left the store when it began to snow?
2. Did he ask you where you had found his pipe?
3. We had not heard the news when Teresa called us.
4. She refused to tell me where she had been.
5. They usually came in after we had left.
6. Did he get angry because his daughter had returned home late?
7. Did he pay you after you had done the work?
8. How did you find out I had gotten married?
9. They stopped playing early because they had played enough.
10. As soon as I had lost my job, I had to look for another room.

III / Ci . . . .

Ci is used in several ways in Italian. As we have already seen, it is the first person plural of object pronouns and reflexive pronouns (for example, **Ci danno delle caramelle; Ci siamo alzati alle sette**).

A. **Ci** is also used to replace a prepositional phrase introduced by **a, in,** or **su.**[1]

1. **a** (**in, su**) + *a place* (the English equivalent is usually *there*):

Sei stato **a Roma?** — No, non **ci** sono mai
   stato.
*Have you been to Rome? — No, I've never
   been there.*

Sono saliti **sull'albero?** — Sì, **ci** sono saliti.
Did they go up the tree? — Yes, they went up it.

Tosca abita **in campagna,** ma non **ci** sta
   volentieri.
*Tosca lives in the country, but she doesn't
   live there willingly.*

If a place has not been previously mentioned, **là** or **lì** is used instead of **ci.**

Dove posso sedermi? — Siediti lì!
Where can I sit? — Sit there!

2. **a** (**su**) + *a thing* (or, less frequently, a person):

Tu credi **ai sogni?** — No, non **ci** credo.
*Do you believe in dreams? — No, I don't
   believe in them.*

Posso contare **sul tuo silenzio?** — Sì, **ci**
   puoi contare.
*May I count on your silence? — Yes, you may
   count on it.*

3. **a** + *an infinitive phrase:*

Sono riusciti **a finirlo?** — Sì, **ci** sono riusciti.
*Did they succeed in finishing it? — Yes, they
   succeeded in that.*

Voglio provare **a mangiare** meno; voglio
   provar**ci.**
I want to try to eat less; I want to try it.

Note that the placement of **ci** is the same as that of the object pronouns.

B. **Ci** is also used in the following ways.

1. In colloquial Italian, **ci** is frequently used with the verb **avere.** Here **ci** has a purely idiomatic role and does not add to the meaning of the sentence.

Tu ci hai la ragazza?
Have you got a girlfriend?

Ci avete la televisione a colori in Italia?
Do you have color TV in Italy?

2. Often **ci** is used redundantly, in addition to the prepositional phrase that it would normally replace.

[1]*For a list of verbs that require a, in, su, see Appendix, p. 350.*

Io **ci** ho provato **a lavorare.**
I did try to work.

In quella strada non **ci** passava mai
nessuno.
Nobody ever went down that street.

3. Some common verbs acquire an idiomatic meaning when combined with **ci.**

entrarci
to have something to do with

Tu non ti devi occupare di questo; tu non **c'entri.**
You must not concern yourself with that; you have nothing to do with it.

vederci (no direct object)
to be able to see

Ho acceso la luce perchè non **ci vedevo.**
I turned on the light because I couldn't see.

sentirci (no direct object)
to be able to hear

Dovete parlare più forte; non **ci sentiamo.**
You must speak louder; we can't hear.

metterci
to take (time)

Quanto tempo **ci hai messo** per finire la tesi?
How long did you take to finish your dissertation?

Una lettera **ci mette** di solito una settimana.
A letter usually takes one week.

volerci
to take (time, money, effort, etc.)

Ci vuole molto tempo per imparare bene una lingua; **ci vogliono** anni!
It takes a long time to learn a language well; it takes years!

Ci vogliono molti soldi per vivere in Italia?
Does it take a lot of money to live in Italy?

Volerci is used in the third person singular or plural depending on the noun it precedes. It is conjugated with **essere** in compound tenses.

Ci vuole + *singular noun*
Ci vogliono + *plural noun*

C'è voluto/a + *singular noun*
Ci sono voluti/e + *plural noun*

Non c'è voluta un'ora per tradurre la lettera; ci sono volute due ore!
It didn't take an hour to translate the letter; it took two hours!

Both **metterci** and **volerci** express the idea of *taking time,* but they function differently. **Metterci** is used when the person or thing taking time is indicated. **Volerci** is used when only the length of time is indicated.

Ci metto due ore per pranzare.
It takes me two hours to eat dinner.

Ci vogliono due ore per pranzare.
It takes two hours to eat dinner.

Note that if another verb follows **metterci** or **volerci,** it is expressed by **per** or **a** + *infinitive.*

Ci vuole un mese per (a) finire tutto.
It takes a month to finish everything.

Quanto ci avete messo a (per) venire?
How long did it take you to get here?

— *C'è scritto: «Made in Japan».*

• • • *Esercizi*

g. *Rispondere alle seguenti domande usando* **ci.**

Esempio: È mai stato/a in Francia?
              Sì, ci sono stato/a. (No, non ci sono stato/a.)

1. È mai salito/a sul tetto della Sua casa?
2. Ha mai mangiato al ristorante *Basta Pasta* di San Francisco?
3. Ha mai comprato in una pasticceria italiana?
4. È mai riuscito/a a usare il congiuntivo?
5. Ha mai provato a fare la pizza?
6. È mai stato/a al Grand Canyon?
7. È mai andato/a a Venezia?
8. Ha mai abitato in campagna?

h. *Riscrivere le seguenti frasi usando* **volerci** *invece di* **essere necessario.**

Esempio: Sono necessarie molte cose per vivere bene.
              Ci vogliono molte cose per vivere bene.

1. Che cosa è necessario per riuscire nella vita?
2. Un tempo non era necessario molto per vivere bene.
3. È necessaria molta pazienza coi bambini e con le persone anziane.
4. Quali qualità sono necessarie per essere un buon marito o una buona moglie?
5. Non sono state necessarie molte parole per convincerlo.
6. Furono necessari sessanta milioni per comprare quell'automobile.

i. *Completare le seguenti frasi con la forma corretta di* **volerci** *o* **metterci.**

1. Tu hai letto il romanzo in un'ora? Io _____ tre ore!
2. Quanto tempo _____ per costruire una casa in America?
3. Quando non c'erano i jet, _____ molte più ore per traversare l'Atlantico; oggi, da New York a Milano, _____ solo sette ore e quindici minuti!
4. Io scrivo sempre a mia madre in Italia; una lettera _____ cinque o sei giorni in condizioni normali.
5. Ha detto di sì, ma _____ molto per convincerlo.
6. Quando c'è molto traffico, i miei cugini _____ un'ora per traversare la città.

j. *Tradurre.*

1. Can you see, or shall I turn on the light?
2. I can't sleep in this bed. I've never been able to sleep well in it!
3. You can count on my cooperation. I said you can count on it.
4. Milano? We've never been there and we don't want to go there.
5. Why did you talk about Clara? What has *she* got to with it?
6. When we told them we couldn't hear, they raised their voices.

IV / Ne . . . .

A. **Ne** has several uses in Italian. Just like **ci, ne** is used to replace a prepositional phrase. Most of the time the prepositional phrase is introduced by **di**[1], sometimes **da.**

1. **di** + *a person or thing:*

Non dovete avere paura **degli esami;** non dovete aver**ne** paura.
You must not be afraid of the exams; you must not be afraid of them.

Che cosa pensate **del presidente?** Voglio sapere che cosa **ne**[2] pensate.
What do you think about the president? I want to know what you think about him.

2. **di** + *an infinitive phrase:*

Hai voglia **di uscire** stasera? — No, non **ne** ho voglia.
Do you feel like going out tonight? — No, I don't feel like it.

[1]*For a list of verbs and expressions that require* di, *see the Appendix, pp. 351–352.*

[2]*Ne is used with the verb* pensare *when* pensare *means to think about in the sense of to have an opinion about.* Ci, *however, must be used with* pensare *when it means to think about in the sense of to direct one's thoughts toward:* Pensi all'Italia quando ne sei lontana? — Sì, ci penso sempre. *Do you think about Italy when you are away? — Yes, I think about it all the time.*

3. **da** + *a place* (the English equivalent *from there* is not always expressed):

È già uscito **dal portone?** — Sì, **ne** è uscito proprio in questo momento.
Did he already go out the door? — Yes, he just this minute went out (of it).

Note that the placement of **ne** is the same as that of object pronouns.

B. **Ne** is also used in the following cases.

1. **Ne** replaces the partitive construction (see p. 120). Its English equivalent is *some* or *any.*

Vuoi **del formaggio?** — Sì, **ne** voglio.
Do you want some cheese? — Yes, I want some.

2. **Ne** also replaces nouns preceded by a number or an expression of quantity (**molto, poco, tanto, troppo,** etc.; **un chilo, due bottiglie, tre scatole,** etc.). Note that the number or expression of quantity remains. **Ne** means *of it, of them,* even though this is often not expressed in English.

Quante sorelle avete? — **Ne** abbiamo **due.**
How many sisters do you have? — We have two.

Leggono molti giornali? — Sì, **ne** leggono **molti.**
Do they read many newspapers? — Yes, they read many.

Hai comprato il pane? — Sì, **ne** ho comprato **un chilo.**
Did you buy the bread? — Yes, I bought one kilo.

With **tutto,** direct object pronouns are used instead of **ne.** In English we can say *I ate all of it;* in Italian one must say **L'ho mangiato tutto** (*I ate it all*).

Non ho più arance; le ho mangiate tutte.
I don't have any more oranges; I ate them all.

3. When **ne** replaces nouns in the partitive construction or nouns preceded by an expression of quantity, and the verb is in a compound tense, the past participle agrees in gender and number with the noun **ne** replaces.

Hanno comprato **dei romanzi?** — Sì, **ne** hanno comprat**i**.
Did they buy any novels? — Yes, they bought some.

Hai visitato molte **chiese?** — Sì, **ne** ho visitat**e** sette.
Did you visit many churches? — Yes, I visited seven.

C. **Ne** can also be used idiomatically in the following cases.

1. **Ne** is often used redundantly in addition to the prepositional phrase it would ordinarily replace.

Che **ne** dici **di questo quadro?**
What do you think of this painting?

Del romanzo era meglio non parlar**ne**.
It was better not to talk about the novel.

2. Ne can be added to the verbs **andare, stare, partire, ritornare,** and **rimanere.** These verbs become reflexive to form **andarsene, starsene, partirsene, ritornarsene,** and **rimanersene,** but do not change in meaning except for **andarsene,** which means both *to go off* and *to go away* (the same as **andare via**).

Quando sono stanca, me ne vado a letto.
When I'm tired, I go off to bed.

Voi ve ne andate? Noi ce ne rimaniamo
   ancora un po'.
Are you leaving? We'll stay a little while
   longer.

Piano piano se ne è ritornato a casa.
Slowly he returned home.

• • • *Esercizi*

k. *Completare le seguenti frasi usando* **ci** *o* **ne.**

1. Voi credete agli UFO? — No, non _____ crediamo.
2. Che cosa pensate di questo libro? — Be', veramente non sappiamo cosa pensar_____.
3. Hanno bisogno di carta? — No, non _____ hanno bisogno.
4. Allora, posso contare sul tuo aiuto? — Sì, _____ puoi contare senz'altro!
5. Tre bicchieri non bastano; bisogna prender_____ almeno sei.
6. Avevate paura del buio quando eravate bambini? — Sì, _____ avevamo paura.
7. Io ho partecipato alle loro riunioni; _____ vuole partecipare anche Lei?
8. Hai pensato alle conseguenze dello sciopero? Bisogna pensar_____ a queste cose!
9. Arrivarono a Genova la mattina e _____ ripartirono la sera.
10. È vero che si sono lamentati dei loro superiori? — Sì, se _____ sono lamentati.

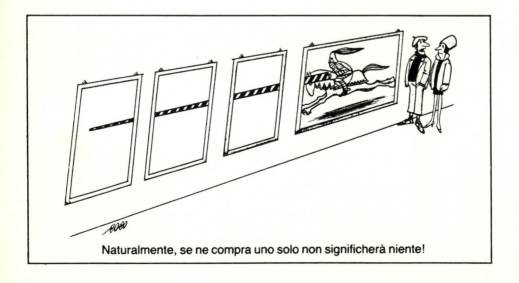

Naturalmente, se ne compra uno solo non significherà niente!

11. È un'università famosa; _____ hanno studiato molti grandi scrittori.
12. Che cosa sapete dell'ultima crisi di governo in Italia? — _____ sappiamo poco.
13. Signorina, è stata allo zoo questa settimana? — Sì, _____ sono stata due volte.
14. Ragazzi, siete passati in biblioteca? — Sì, _____ siamo passati.

l.   *Tradurre.*

1. If it is a good opportunity you must take advantage of it.
2. When they started feeling tired, they went away.
3. It was so difficult to sell oranges; nobody wanted any!
4. Have you talked about this problem? — Yes, I talked about it last Monday.
5. How many short stories have you read? — We've read five.
6. Did you buy any matches? — No, I didn't buy any because there weren't any.
7. They don't have any more peppermint candy; they've sold it all.

V / *Pronomi personali (forme combinate)* . . . . .

When a verb has both a direct and an indirect object pronoun, the combined forms are governed by certain rules:

1. The indirect object always precedes the direct object.

2. The indirect object pronouns **mi, ti, ci, vi** change the final **-i** to **-e. Gli** changes to **glie-** and is written as one word with the other object pronoun.

3. **Gli, le,** and **Le** *all* become **glie-** before the other object pronouns.

Indirect Object Pronouns	Direct object pronouns				
	+ lo	**+ la**	**+ li**	**+ le**	**+ ne**
mi	**me lo**	**me la**	**me li**	**me le**	**me ne**
ti	**te lo**	**te la**	**te li**	**te le**	**te ne**
gli le Le	**glielo**	**gliela**	**glieli**	**gliele**	**gliene**
ci	**ce lo**	**ce la**	**ce li**	**ce le**	**ce ne**
vi	**ve lo**	**ve la**	**ve li**	**ve le**	**ve ne**
...loro	**lo... loro** **(glielo)**	**la... loro** **(gliela)**	**li... loro** **(glieli)**	**le... loro** **(gliele)**	**ne... loro** **(gliene)**

In present-day Italian the forms with **glie-** tend to replace **lo, la, li, le, ne + loro.**

1. The combined forms occupy the same position in a sentence as the single forms. They precede a conjugated verb and follow an infinitive and are attached to it. They can either precede or follow an infinitive governed by **dovere, potere,** or **volere.**

Te lo hanno promesso? Allora devono dar**telo**!
Did they promise it to you? Then they must give it to you!

Se avete la macchina, perchè non **ce la** imprestate?
If you have the car, why don't you lend it to us?

Le avete mandato le rose? — Sì, **gliele** abbiamo mandat**e**.
You sent her the roses? — Yes, we sent them to her.

Vuole il conto? **Glielo** porto subito.
Do you want the check? I'll bring it to you immediately.

Se vi chiedono dove abito, non dovete dir**lo loro** (dir**glielo**).
If they ask you where I live, you must not tell them.

Note that the past participle still agrees in gender and number with the preceding direct object pronoun, even when the direct object pronoun is combined with another pronoun.

2. When a reflexive verb takes a direct object pronoun or **ne,** the reflexive pronoun combines with the other pronouns according to the rules above. In the third person singular and plural, **si** becomes **se.**

Reflexive Pronouns	Direct Object Pronouns				
	lo	la	li	le	ne
mi	me lo	me la	me li	me le	me ne
ti	te lo	te la	te li	te le	te ne
si	se lo	se la	se li	se le	se ne
ci	ce lo	ce la	ce li	ce le	ce ne
vi	ve lo	ve la	ve li	ve le	ve ne
si	se lo	se la	se li	se le	se ne

Quando vi lavate i capelli? — **Ce li** laviamo ogni giorno.
When do you wash your hair? — We wash it every day.

L'esame era troppo difficile così **me ne** sono lamentato.
The exam was too difficult so I complained about it.

Se hanno bisogno degli occhiali, perchè non vogliono metter**seli**?
If they need glasses, why don't they want to put them on?

3. When **ci** is used with **avere** in colloquial Italian (see p. 135), it combines with the direct object pronouns and **ne** to form **ce lo, ce la, ce li, ce le, ce ne** + **avere.**

Scusi, ha detto che non ha più pane? — È vero, non **ce n'**ho più.
Excuse me, did you say that you have no bread left? — That's right, I don't have any left.

Ci avevate già la televisione in Italia nel 1960? — Sì, **ce** l'avevamo già.
Did you already have TV in Italy in 1960? — Yes, we already had it.

4. When **ne** is used with the verb **esserci** (**c'è, ci sono, c'era,** etc.), **ci** becomes **ce: ce n'è, ce ne sono, ce n'era,** etc.

C'è del vino? — Sì, **ce n**'è.
Is there any wine? — Yes, there is some.

C'era molta gente; **ce n**'era molta davvero.
There were a lot of people; there were really a lot.

Ci sono ristoranti italiani? — No, non **ce ne** sono.
Are there any Italian restaurants? — No, there aren't any.

Espressioni idiomatiche con pronomi combinati

The following are some idiomatic expressions that include a combined form of personal pronouns. Each expression uses the feminine **la,** which refers to an unexpressed noun such as **cosa, vita, causa,** etc. We have already seen this use of **la** in **smetterla** (see p. 43) and **farcela** (see p. 122).

avercela con qualcuno
to have a grudge against someone, to have it in for someone

Io non ti ho fatto niente; perchè ce l'hai con me?
I didn't do anything to you; why do you have a grudge against me?

farcela
to manage, to cope

Aveva studiato poco ma ce l'ha fatta agli esami.
He hadn't studied very much but he did all right on his exams.

cavarsela
to manage, to get by

Laura non è una cuoca esperta però se la cava.
Laura isn't an experienced cook but she gets by.

godersela
to enjoy life

Michele non fa nulla tutto il giorno e se la gode.
Michele does nothing all day and just enjoys life.

prendersela (= **offendersi**)
to take offense

Lui ci ha rimproverato e noi ce la siamo presa (ci siamo offesi).
He reprimanded us and we took offense.

Note that the reflexive pronouns change but **la** is invariable. If the verb is in a compound tense, the past participle agrees with **la.**

— Cerchi tua madre? Puoi descrivermela?

. . . *Esercizi*

m. *Sostituire alle parole in corsivo la forma corretta dei pronomi corrispondenti e riscrivere le frasi.*

1. Ha già raccontato questa favola ai bambini? — Sì, ho già raccontato *questa favola ai bambini.*

2. Non vuoi chiedere l'indirizzo alla ragazza? — No, non voglio chiedere *l'indirizzo alla ragazza.*

3. Offri sempre il caffè al dottore? — Sì, offro sempre *il caffè al dottore.*

4. Chi ha portato sei rose alla signora? — È Carlo che ha portato sei *rose alla signora.*

5. Qualcuno ha indicato la strada ai turisti? — No, nessuno ha indicato *la strada ai turisti.*

6. Hai aperto la porta al professore? — Sì, io apro sempre *la porta al professore.*

7. Sei tu che hai dato le caramelle ai bambini? — No, è la nonna che ha dato *le caramelle ai bambini.*

8. Chi voleva parlare della droga agli studenti? — Sono io che volevo parlare *della droga agli studenti.*

n. *Completare le seguenti frasi con i pronomi adatti.*

1. È vero che non gli hai voluto restituire le lettere? È vero: non _____ ho volute restituire.

2. Mi puoi spiegare la situazione? — Mi dispiace, ma non posso spiegar_____.

3. Ti ha descritto la casa? — No, non _____ ha descritta.

4. Quand'è che ci mostri le foto? — _____ mostro dopo cena, va bene?

5. Perchè non si mette gli occhiali? — Non _____ mette perchè ci vede.

— *L'adopera qui o gliela mandiamo a casa?*

6. Ve ne andate già? — Sì, _____ andiamo perchè è tardi.
7. Mamma, mi racconti una favola? — _____ racconto anche (*even*) due se finisci la minestra.
8. Si ricorda il nome di quel cantante? — No, non _____ ricordo.
9. Quanti dollari le hai chiesto? — _____ ho chiesti cento.
10. Avete detto il prezzo alla mamma? — No, non vogliamo dir_____.

o. *Riscrivere le seguenti frasi sostituendo alle parole in corsivo i pronomi adatti e facendo i cambiamenti necessari.*

1. Mi racconti *la trama?*
2. Ci potete parlare *dello sciopero?*
3. Non tutti si accorgono *dei propri difetti.*
4. Non ti hanno presentato *la signora?*
5. Le hai portato *gli appunti?*
6. Vi hanno promesso *l'aumento?*
7. Perchè non vuole insegnarci *le parolacce?*
8. Gli hai regalato *i piatti?*
9. Gli hai regalato dodici *piatti?*
10. È vero che gli italiani sanno godersi *la vita?*

p. *Tradurre.*

1. He asked me why I hadn't told him before.
2. The sweater? I gave it to her because I had promised it to her.
3. You have three cars: why don't you lend me one?
4. They had gone away, and we didn't know anything about it!
5. Girls, do you feel like eating? — No, we don't feel like it.
6. Are you looking for your son? Can you describe him to me?
7. You had a grudge against them because they had forgotten to invite you.
8. I have too many rooms to clean. I can't manage!
9. Did they promise you a raise? Then they must give it to you!
10. You can't see? Here are my glasses. Why don't you put them on?

q. *Conversazione*

1. In quali circostanze se la prende Lei? Come lo fa sapere alle persone interessate (*involved*)?
2. Che cosa fa quando un amico/un'amica Le chiede dei soldi e Lei non ha nessuna intenzione di darglieS?
3. Quali sono le scuse che trova quando qualcuno La invita a uscire e Lei non ne ha voglia?
4. Quanto tempo ci ha messo a tradurre le dieci frasi dell'esercizio p?

VI / *Letture* . . . .

Vocabolario utile

accorgersi (p.p. **accorto;** p.r. **accorsi**)
 di *to notice*
aggiustare *to fix, to repair*
*****andare in pensione** *to retire*
applaudire *to applaud*
cessare *to stop, to cease*
commentare *to comment on*
giurare *to swear, to promise*
illuminare *to light up (something);*
 illuminarsi *to light up*
rendersi (p.p. **reso;** p.r. **resi**) **conto di**
 to realize, to understand
rompere (p.p. **rotto;** p.r. **ruppi**) *to*
 break; **rompersi** *to get broken*
sentire *to smell*
*****sparire** *to disappear*
tuonare *to thunder*

 l'**amicizia** *friendship;* **fare amicizia**
 to make friends

attorno (a) *around*
capace *capable*
la **dozzina** *dozen*
la **farina** *flour*
il **film** (la **pellicola**) *movie, film*
il **lampo** *lightning*
il **muro** *wall*
il **pavimento** *floor*
 in mezzo a *amidst, in the middle of*
l'**osso** (pl. le **ossa**) *bone*
la **proiezione** *projection*
il **salotto** *living room*
lo **schermo** *screen*
la **sedia** (la **seggiola**) *chair*
il **soffitto** *ceiling*
il **temporale** *thunderstorm*
il **tuono** *thunder*

Cinema in casa

Il signor Gino aveva comprato una macchina da presa° ed una   *movie camera*
da proiezione e si divertiva a riprendere° scene familiari, panorami   *shooting*
ed altro.

« Adesso », disse il signor Gino, « vi faccio vedere° un film che   *mostro*
5 ho fatto quest'estate in campagna ».

Si alzò, si fece aiutare a portar fuori il tavolo e le sedie, andò a
prendere un tavolino alto, ci mise sopra una seggiola e uno sga-
bello°, poi sopra lo sgabello piazzò° una macchina da proiezione.   *stool / mise*
Appese uno schermo al muro del salotto, poi gettò una matassa di
10 cavi° sul pavimento.   *roll of cables*

Riportammo le sedie e le disponemmo in tre file°.   *rows*

Il signor Gino innestò alcune prese°, schiacciò° tre o quattro   *connected a few plugs /*
bottoni accendendo e spegnendo una mezza dozzina di lampadine.   *pushed*

« Ora ci siamo° », disse. « Quando dico di spegnere la luce, spe-   *We're all set*
15 gnete ».

Guardammo tutti verso lo schermo e il signor Gino disse:

« Spegnete » .

Sprofondammo° subito nel buio. Si sentì il fruscio° della mac-   *We plunged / hiss*
china di proiezione e un quadro vicino alla finestra si illuminò
20 improvvisamente.

« Accendete », disse il signor Gino fermando la macchina.

Sua moglie accese la luce e il signor Gino disse che la macchina
era un po' storta°.   *crooked*

Raddrizzò° la macchina e disse: *He straightened*
25 « Spegnete ».

Tornò il buio e lo schermo si illuminò pian piano.

Si sentì un boato° e una signora si precipitò° ad accendere la   *roar / rushed*
luce urlando!

« Cosa è successo? », balbettò° la signora guardandosi attorno   *babbled*
30 spaventata.

« Ma no », disse il signor Gino. « Mi ero dimenticato di dirvi che
il film è sonoro° ».   *with sound*

La signora tornò a sedere tranquillizzata e il signor Gino disse
ancora di spegnere la luce.
35 Poi si sentì di nuovo il boato di prima e sullo schermo cominciò
a lampeggiare°.   *lightning began to strike*

« C'era il temporale », disse uno, ma poi i lampi cessarono e si
vide il piede di un bambino.

« Augustino », disse il signor Gino e tutti applaudirono contenti,
40 ma il piede sparì improvvisamente e apparve° mezza testa dal naso   *appeared (from*
in su.   *apparire)*

Il signor Gino disse che Augustino era la prima volta che si faceva
cinematografare e non era capace di star dentro nel quadro°, ma   *frame*

più avanti c'era riuscito. Vedemmo infatti una figura indistinta in
45 mezzo alla nebbia, poi vedemmo la stessa figura fino al ventre° e   *stomach*
coi piedi in testa.

« Ma come ha fatto? », disse una signora.

Poi Augustino ritornò normale e ricominciò a tuonare e a lam-
peggiare.

50 « Accendete », disse il signor Gino. « Si è rotta la pellicola ».

Aggiustò la pellicola e tornammo a concentrare l'attenzione sullo
schermo.

Vedemmo un albero e una palla, poi Augustino rovesciato che
camminava sul soffitto.

55 « Accendete », disse il signor Gino. « Ho montato la pellicola a
rovescio° ».   *upside down*

Tornò la luce e commentammo il film mentre il signor Gino si
affaccendava° attorno alla pellicola.   *fussed*

Poi finalmente guardammo ancora lo schermo, sentimmo il ru-
60 more di un treno che passa su un ponte di ferro, due o tre lampi
e buio assoluto.

« Sono saltate le valvole° », disse il signor Gino. « Mi dispiace che   *The fuses have blown*
non possiamo vedere il film. Sarà per un'altra volta ».

Al buio ci alzammo e cercammo di districarci° dalla pellicola che   *untangle ourselves*
65 si era aggrovigliata° attorno alle nostre gambe.   *had coiled*

Carlo Manzoni, È sempre festa

Il topo dei fumetti

Un topolino dei fumetti, stanco di abitare tra le pagine di un
giornale e desideroso di cambiare il sapore° della carta con quello   *taste*
del formaggio, spiccò° un bel salto e si trovò nel mondo dei topi di   *fece*
carne e d'ossa.

5 — *Squash!*[1] — esclamò subito, sentendo odor di gatto.

— Come ha detto? — bisbigliarono° gli altri topi, messi in sog-   *whispered*
gezione da quella strana parola.

— *Sploom, bang, gulp!* — disse il topolino, che parlava solo la
lingua dei fumetti.

10 — Dev'essere turco°, — osservò un vecchio topo di bastimento°,   *Turkish (language) /*
che prima di andare in pensione era stato in servizio° nel Mediter-   *ship*
raneo. E si provò a rivolgergli la parola° in turco. Il topolino lo   *on duty*
guardò con meraviglia e disse: *address him*

— *Ziip, fiish, bronk.*

15 — Non è turco, — concluse il topo navigatore.

---

[1]*In Italian cartoons and comics many exclamations reproducing sounds are bor-
rowed from English.*

—Allora cos'è?

—Vattelapesca°.   *who knows? (familiar)*

Così lo chiamarono Vattelapesca e lo tennero un po' come lo
scemo del villaggio°.   *village idiot*

20 —Vattelapesca, — gli domandavano, — ti piace di più il parmigiano o il groviera°?   *Swiss cheese*

—*Spliiit, grong, ziziziiir*, — rispondeva il topo dei fumetti.

—Buona notte, — ridevano gli altri. I più piccoli, poi, gli tiravano
la coda apposta° per sentirlo protestare in quella buffa maniera: *on purpose, deliberately*
25 —*Zoong, splash, squarr!*

Una volta andarono a caccia in un mulino°, pieno di sacchi di   *mill*
farina bianca e gialla. I topi affondarono° i denti in quella manna e   *sank*
masticavano° facendo: *crik, crik, crik*, come tutti i topi quando ma-   *chewed*
sticano. Ma il topo dei fumetti faceva: — *Crek, screk, schererek.*

30 —Impara almeno a mangiare come le persone educate, — bor-
bottò° il topo navigatore. — Se fossimo su un bastimento saresti già   *grumbled*
stato buttato a mare. Ti rendi conto o no che fai un rumore disgustoso?

—*Crengh*, — disse il topo dei fumetti, e tornò a infilarsi° in un   *slipped in again*
35 sacco di granturco.

Il navigatore, allora, fece un segno agli altri, e quatti quatti° se la   *very quietly*
filarono°, abbandonando lo straniero al suo destino, sicuri che non   *andarono via*
avrebbe mai ritrovato la strada di casa.

Per un po' il topolino continuò a masticare. Quando finalmente
40 si accorse di essere rimasto solo, era già troppo buio per cercare
la strada e decise di passare la notte al mulino. Stava per addormentarsi, quand'ecco nel buio accendersi due semafori° gialli, ecco   *luci*
il fruscio° sinistro di quattro zampe di cacciatore. Un gatto!   *sound*

—*Squash!* — disse il topolino, con un brivido°.   *shudder*

45 —*Gragrragnau!* — ripose il gatto. Cielo, era un gatto dei fumetti!
La tribù° dei gatti veri lo aveva cacciato perchè non riusciva a fare   *group, tribe*
miao° come si deve.   *meow*

I due derelitti si abbracciarono, giurandosi eterna amicizia e pas-
sarono tutta la notte a conversare nella strana lingua dei fumetti.
50 Si capivano a meraviglia°.   *marvelously*

Gianni Rodari, *Favole al telefono*

• • • *Domande sulle letture*

Cinema in casa

1. Che cosa voleva far vedere il signor Gino?
2. Dove ha messo la macchina da proiezione e dove ha appeso lo schermo il signor Gino?
3. Che cosa dovevano fare le altre persone per aiutare il signor Gino?

4. Quali problemi ha avuto il signor Gino durante la proiezione del film e perchè?
5. Che cosa sono riusciti a vedere e a sentire gli invitati?
6. Perchè, a un certo punto, gli invitati hanno applaudito?

Il topo dei fumetti

1. Perchè il topolino dei fumetti volle andare nel mondo dei topi di carne e d'ossa?
2. Perchè il vecchio topo di bastimento parlò al topolino in turco?
3. Come fu chiamato il topo e perchè?
4. Dove andarono tutti i topi un giorno e che cosa successe?
5. Di che cosa erano sicuri i topi quando lasciarono il mulino?
6. Perchè il topolino decise di passare la notte al mulino?
7. Chi andò al mulino quella notte e perchè?
8. Come mai fecero amicizia il topo e il gatto?

. . . *Studio di parole*

to happen

accadere   avvenire   capitare   succedere

The four verbs above all convey the meaning *to happen*. **Succedere** is used the most frequently. Do not confuse **succedere** with *to succeed*, which is **riuscire**. All four verbs are conjugated with **essere** in the compound tenses.

Che cosa è accaduto? Che cosa accadde?
Che cosa è avvenuto? Che cosa avvenne?
Che cosa è capitato? Che cosa capitò?   } *What happened?*
Che cosa è successo? Che cosa successe?

to succeed

riuscire a + *infinitive*
to succeed in doing something
Used in all persons because the subject of the verb is the one who succeeds.

riuscire di + *infinitive*
to succeed in doing something
Used only in the third person singular. The one who succeeds is expressed by an indirect object.

Io non riesco a parlare.
I cannot talk.

Non mi riesce di parlare.
I cannot talk.

Tosca non è riuscita a farlo.
Tosca couldn't do it.

A Tosca non è riuscito di farlo.
Tosca couldn't do it.

Riuscire a + *infinitive* is the more common of the two constructions.

Related expressions: **riuscita** *issue, result;* **buona riuscita, successo** *success;* **cattiva riu-scita, insuccesso** *failure*

L'iniziativa ha avuto buona riuscita (successo).
The enterprise was successful.

Note that there is no Italian adjective equivalent to *successful.* The idea is expressed by **avere successo** or **riuscire**.

to try

cercare di + *infinitive* *to try, to attempt to do something*	**provare a** + *infinitive* *to try to do something*
Ha cercato di convincermi ma non ci è riuscito. *He tried to convince me but he didn't succeed.*	Se non capisce, prova a parlargli in inglese. *If he doesn't understand, try to speak English to him.*

Note: **Cercare** means *to try* in the sense of attempting to do something; **provare**, on the other hand, expresses the idea of trying to do something as an experiment, a test.

Provare + *noun* means *to try, to try on, to try out.*

Hai provato le fettuccine? *Have you tried the fettuccine?*	Ho comprato il vestito senza neppure provarlo. *I bought the dress without even trying it on.*

Related word: **prova** *test, trial; rehearsal*

• • • *Pratica*

A. *Riscrivere ogni frase usando la costruzione impersonale del verbo* **riuscire**.

    1. Io non riesco mai a fare tutto!
    2. Tu riesci a leggere quell'iscrizione?
    3. Non so se la ragazza è riuscita a convincerli.
    4. Riusciste a terminare il lavoro?
    5. Non eravamo riusciti a provare la nostra innocenza.
    6. Gli zii sono riusciti ad aggiustare la pellicola.

B. *Riscrivere le seguenti frasi sostituendo il verbo* **riuscire** *al verbo* **potere**.

    Esempio: Voi potete far tutto?   Voi riuscite a far tutto?

    1. Il padre non poteva trovare una risposta.
    2. Io non posso mai ricordare i sogni che faccio.

3. Il signor Gino non ha potuto far vedere il film.
4. Tre studenti poterono finire l'esame in un'ora.
5. Chi può tradurre le frasi in meno di venti minuti?
6. Dopo una lunga discussione, abbiamo potuto metterci d'accordo.

C. *Tradurre.*

1. Did you try the tortellini? — Yes, I tried them but I didn't like them.
2. I must try to speak more slowly. Everybody says I speak too fast!
3. What happened when you asked him to pay? — He took offense.
4. How come the film broke? Can't you try to fix it?
5. We were in the dark because we had turned off the light, and the screen hadn't lit up yet.
6. Everybody applauded when we managed to see the child's face on the screen.

D. *Domande per Lei*

1. Quali cose ha cercato di fare negli ultimi sei mesi ma non è riuscito/a a fare?
2. Lei perde la calma quando non riesce a fare una cosa o fa come il signor Gino?
3. Quali sono le specialità italiane che Lei non ha ancora provato?
4. Che cosa succede durante un temporale? Come reagisce Lei?

• • • *Temi per componimento o discussione*

1. Rilevate e analizzate gli elementi più comici del primo brano letto.
2. La prima lettura illustra un esempio di insuccesso tecnico che non sembra turbare il protagonista. Quali insuccessi o successi avete avuto voi e come avete reagito?
3. Progetto speciale: trasformate il testo di *Cinema in casa* in una piccola commedia e recitatela con la partecipazione di tutti.
4. L'importanza di parlare tutti la stessa lingua.

SETTE

I / *Futuro*
II / *Condizionale*
III / Dovere, potere *e* volere
IV / *Lettura:* Il tamburino magico

I / *Futuro* . . . .

There are two future tenses in Italian that correspond to the two future tenses in English. They are called the **futuro semplice** and the **futuro anteriore**.

A. The **futuro semplice** (*simple future*) is formed by dropping the final **-e** of the infinitive and adding the endings **-ò, -ai, -à, -emo, -ete, -anno; -are** verbs change the **-a-** of the infinitive ending to **-e-**.

amare	credere	finire
amer**ò**	creder**ò**	finir**ò**
amer**ai**	creder**ai**	finir**ai**
amer**à**	creder**à**	finir**à**
amer**emo**	creder**emo**	finir**emo**
amer**ete**	creder**ete**	finir**ete**
amer**anno**	creder**anno**	finir**anno**

Note that unlike the other simple tenses, the third person plural of the future retains the stress on its ending.

1. Some verbs have spelling changes in the future that are made to keep the sound of the stem. Verbs ending in **-care** and **-gare** insert an **-h-** after the **c-** and **g-** of the stem:

cercare: cercherò, cercherai, etc.
pagare: pagherò, pagherai, etc.

Verbs ending in **-ciare, -giare,** and **-sciare** drop the **-i-** of the stem:

cominciare: comin**ce**rò, comin**ce**rai, etc.
mangiare: man**ge**rò, man**ge**rai, etc.
lasciare: la**sce**rò, la**sce**rai, etc.

2. A number of verbs have irregular stems in the **futuro semplice**. Their endings, however, are regular. Some verbs drop the characteristic vowel of the infinitive ending to form the future.

Infinitive	*Future Stem*	*1st Person*
andare	**andr-**	andrò
avere	**avr-**	avrò
cadere	**cadr-**	cadrò
dovere	**dovr-**	dovrò
parere	**parr-**	parrò
potere	**potr-**	potrò
sapere	**sapr-**	saprò
vedere	**vedr-**	vedrò
vivere	**vivr-**	vivrò

Some verbs drop the characteristic vowel of the stem and undergo the following change: **lr, nr, vr → rr**.

Infinitive	*Future Stem*	*1st Person*
bere (bevere)	**berr-**	berrò
rimanere	**rimarr-**	rimarrò
tenere	**terr-**	terrò
valere	**varr-**	varrò
venire	**verr-**	verrò
volere	**vorr-**	vorrò

Some verbs in **-are** keep the characteristic vowel of the stem.

Infinitive	*Future Stem*	*1st Person*
dare	**dar-**	darò
fare	**far-**	farò
stare	**star-**	starò

3. **Essere** has a completely different stem in the **futuro semplice**.

essere
___

sarò
sarai
sarà
saremo
sarete
saranno

B. The **futuro anteriore** (*future perfect*) is formed with the future of **avere** or **essere** plus the past participle of the verb.

Verbs conjugated with avere		Verbs conjugated with essere	
avrò	amato	sarò	partito/a
avrai	amato	sarai	partito/a
avrà	amato	sarà	partito/a
avremo	amato	saremo	partiti/e
avrete	amato	sarete	partiti/e
avranno	amato	saranno	partiti/e

Uso del futuro

A. The **futuro semplice** is used to express an action in the future. There are three possible equivalents in English: *I will stay, I'm going to stay, I will be staying.*

Ricorderò sempre le mie vacanze in Spagna.
I'll always remember my vacation in Spain.

A quale albergo starete? — Staremo allo Hilton.
Which hotel will you be staying at? — We'll be staying at the Hilton.

Lavoreranno tutta la settimana?
Are they going to work the whole week?

Remember that in Italian the present can also be used to express a future action when accompanied by an expression of future time (see p. 3).

B. The **futuro anteriore** is used to express an action that will be completed in the future by a specified time. Its English equivalent is *will have* + past participle.

Domani, a quest'ora, avrete già finito.
By this time tomorrow you will have finished.

C. In addition to expressing actions that will take place in the future, the future tenses are also used in Italian in two special cases.

1. They express probability, that is, an uncertainty, a conjecture, or a deduction. The **futuro semplice** expresses probability in the present; the **futuro anteriore** expresses probability in the past.

Sarà vero, ma non ci credo.
It may be true but I don't believe it.

Che cosa sarà successo?
What could have happened?

Non sono ancora arrivati? Avranno perso il treno.
Haven't they arrived yet? They must have missed their train.

Probability can also be expressed in other ways: by **forse** or **probabilmente** plus a verb in a present or past tense, or by the verbs **potere** or **dovere** + *infinitive*.

Se la ragazza è arrossita, sarà timida.
Se la ragazza è arrossita, deve essere timida.
If the girl blushed, she must be shy.

Non hanno risposto? Non avranno sentito la domanda.
Non hanno risposto? Forse non hanno sentito la domanda.
They didn't answer? Maybe they didn't hear the question.

Maria non è venuta alla mia festa. Se ne sarà dimenticata.
Maria non è venuta alla mia festa. Può essersene dimenticata.
Mary didn't come to my party. She might have forgotten.

2. The future tenses are also used frequently after **se** and **quando** and other conjunctions of time, such as **appena**, **non appena**, and **finchè** to express a future action when the verb of the main clause is either in the future or the imperative. In English the corresponding tenses are the present for the **futuro semplice** and the present perfect for the **futuro anteriore**.

Quando sarò grande, farò l'ingegnere.
When I grow up, I'll be an engineer.

Se non avrai la febbre, ti alzerai.
If you don't have a fever, you'll get up.

Appena arriveranno, telefonaci!
As soon as they get there, call us!

Quando avrò finito, mi riposerò.
When I have finished, I'll rest.

• • • *Esercizi*

a. *Volere è potere... Tutte le persone nominate in quest'esercizio realizzano i loro desideri. Cambiare secondo l'esempio.*

Esempio: Silvia vuole scrivere un libro. **Silvia scriverà un libro.**

— *Spesso mi chiedo cosa farà quando andrà in pensione.*

1. Fausto vuole partire alla fine di luglio.
2. I ragazzi vogliono ballare tutta la notte.
3. Noi vogliamo sapere chi ha rapito la figlia dell'industriale.
4. Tu vuoi venire a casa mia.
5. Io voglio stare a letto.
6. Voi volete rimanere con noi.
7. Noi vogliamo vivere in Italia.
8. Laura vuole tenere la finestra aperta.

b. *Non l'hanno fatto ma lo faranno prima o poi* (sooner or later)... *Completare le seguenti frasi usando il futuro.*

    Esempio: Non l'ho fatto, ma **lo farò** prima o poi.

1. Non ho tradotto le frasi, ma...
2. Non l'hai lasciato entrare, ma...
3. Non è caduta, ma...
4. Non siamo passati in biblioteca, ma...
5. Non avete visto « Casablanca », ma...
6. Non te ne sei interessato, ma...
7. Non avete risposto, ma...
8. Non ha imparato l'italiano, ma...

c. *Predire il futuro... Una persona che conosciamo bene, Elena, va da una cartomante (fortune teller) che le predice il futuro. Che cosa dice la cartomante? Immagini ora che sia Lei ad andare dalla cartomante. Che cosa Le piacerebbe sentire?*

d. *Supposizioni. Formare nuove frasi usando il futuro.*

    Esempio: Forse preferisce aspettare. **Preferirà aspettare.**

1. Probabilmente mia madre lo sa.
2. Devono sentirsi soli.
3. Forse gli piacciono i film Western.
4. Devi essere stanco.
5. Forse non ho capito.
6. Dovete averlo sognato.

e. *Cerchiamo di indovinare... Stamattina la segretaria non è venuta in ufficio. Quale sarà stata la ragione? Fare cinque ipotesi plausibili. Per esempio: Non avrà sentito la sveglia; Avrà l'influenza; Sarà andata a un funerale.*

f. *Mettere al futuro.*

    Esempio: Dorme quando è stanco.
                    Dormirà quando sarà stanco.

1. Escono se ne hanno voglia.
2. Veniamo quando possiamo.
3. Se sai bene l'inglese, puoi trovare un buon lavoro.
4. Se vogliono un tavolo, devono aspettare.
5. Appena ho finito, ti telefono.
6. Finchè stai con me, non paghi niente.

7. Lo salutiamo se lo riconosciamo.
8. Che cosa faccio dopo che mi sono laureato/a?

g. *Completare le seguenti frasi.*

1. Quando saprò l'italiano...
2. Appena arriverete a casa...
3. Se farà bel tempo sabato...
4. Non pranzeranno finchè non...
5. Quando avrò finito gli studi...

h. *Tradurre.*

1. When I see you, I'll tell you what happened at the party last night.
2. They say they will phone as soon as they arrive, but I believe they will take a cab and come to our house immediately.
3. She hasn't gotten up yet? She probably didn't hear the alarm clock.
4. After we have visited the museum, we will return to the hotel.
5. Giuseppe may not be very bright, but why do you tell everyone he will never graduate? If he studies, he will graduate like everyone else (**tutti gli altri**)!

II / *Condizionale* . . . .

There are two conditional tenses in Italian that correspond to the two conditional tenses in English. They are called the **condizionale presente** and the **condizionale passato**.

A. The **condizionale presente** (*present conditional*), like the **futuro semplice**, is formed by dropping the final **-e** of the infinitive and adding the conditional endings **-ei, -esti, -ebbe, -emmo, -este, -ebbero**; **-are** verbs change the **-a-** of the infinitive ending to **-e-**.

amare	credere	finire
amer**ei**	creder**ei**	finir**ei**
amer**esti**	creder**esti**	finir**esti**
amer**ebbe**	creder**ebbe**	finir**ebbe**
amer**emmo**	creder**emmo**	finir**emmo**
amer**este**	creder**este**	finir**este**
amer**ebbero**	creder**ebbero**	finir**ebbero**

1. In the conditional, verbs ending in **-care** and **-gare**; **-ciare**, **-giare**, and **-sciare** undergo the same spelling changes that occur in the future (see pp. 153–154).

Al tuo posto io non **pagherei** niente.
In your place I wouldn't pay anything.

Incomincereste da capo voi?
Would you start again from the beginning?

2. The conditional stem is the same as the future stem. Verbs with irregular stems in the future (see p. 154) have the same irregular stems in the conditional.

Berremmo volentieri un caffè.
We'd be glad to have a cup of coffee.

Vorrei fermarmi ma non posso.
I would like to stay but I can't.

3. The conditional of **essere** is:

essere
sarei
saresti
sarebbe
saremmo
sareste
sarebbero

B. The **condizionale passato** (*conditional perfect*) is formed with the present conditional of **avere** or **essere** plus the past participle of the verb.

Verbs conjugated with avere		Verbs conjugated with essere	
avrei	amato	sarei	partito/a
avresti	amato	saresti	partito/a
avrebbe	amato	sarebbe	partito/a
avremmo	amato	saremmo	partiti/e
avreste	amato	sareste	partiti/e
avrebbero	amato	sarebbero	partiti/e

Uso del condizionale

A. The **condizionale presente** corresponds to *would*[1] + verb. Just as in English, it is used in the following cases:

1. To express polite requests, wishes, and preferences.

Vorresti lavorare per me?
Would you like to work for me?

Preferirei un bicchiere di latte.
I would prefer a glass of milk.

---

[1]*Other Italian constructions that translate English* would *(where* would *does not have a conditional meaning) are:*

imperfetto:	Ogni sabato andavamo al cinema.
	Every Saturday we would (used to) go to the movies.
passato prossimo:	Le ho chiesto di aprire la porta, ma lei non ha voluto aprirla.
	I asked her to open the door, but she wouldn't (refused to) open it.
passato remoto:	Le chiesi di aprire la porta, ma lei non volle aprirla.
	I asked her to open the door, but she wouldn't (refused to) open it.

2. To express the consequence of a hypothetical situation (see p. 252).

Mangerei ora se avessi tempo.
I would eat now if I had the time.

3. To express doubt (see p. 256).

Non so se verrebbero volentieri.
I don't know whether they would be glad to come.

B. The **condizionale passato** corresponds to *would have* + verb and is used in the same cases as the **condizionale presente**.

Avremmo preferito vedere una commedia.
We would have preferred to see a play.

Sarebbero venuti se li avessimo invitati.
They would have come if we had invited them.

Dubito che avrebbero capito.
I doubt they would have understood.

C. In Italian the conditional is also used in two cases that are significantly different from English.

1. The **condizionale passato** is used to express a future action introduced by verbs of knowing, saying, telling, or informing in a past tense. In English the present conditional is used in such cases (*He said he would come*); Italian uses the condizionale passato (**Ha detto che sarebbe venuto**) and calls it **il futuro nel passato**.

Hai detto che **avresti pagato** tu.
You said you would pay.

Non aveva promesso che **avrebbe scritto**?
Hadn't he promised he would write?

Hanno detto che **sarebbero venuti**, ma io ero certo che **sarebbero stati** a casa.
They said they'd come, but I was certain they would stay home.

2. Both tenses of the conditional are used to express a rumor, a hypothesis that has not been accepted, or the opinion of others (used typically by the news media). In such cases in English the present or past indicative plus an adverb expressing uncertainty, such as *presumably, allegedly*, etc., is used.

Il presidente **sarebbe** gravemente malato.
The president is supposedly seriously ill.

I due attori **si sarebbero sposati** nel Messico.
The two actors allegedly were married in Mexico.

Secondo un'agenzia di stampa, il governo italiano **appoggerebbe** la proposta americana.
According to a press agency, the Italian government supports the American proposal.

— Ti spiacerebbe andare in un altro deserto? Se non sono solo, non riesco a meditare in pace.

• • • *Esercizi*

i. *Cambiare il verbo dall'indicativo al condizionale.*

Esempio: Ci invitate al cinema?
                   Ci invitereste al cinema?

1. Voglio quel tavolo vicino alla finestra.
2. Può chiudere la porta, per favore?
3. Mi dà un fiammifero?
4. Preferisco carne.
5. Potete aiutarmi?
6. Mi fai un favore? Mi compri il giornale?
7. Mi piace sedermi in giardino.
8. Sanno dirmi perchè?

j. *Rispondere alle domande o completare le frasi.*

1. Dove Le piacerebbe essere in questo momento?
2. Che cosa Le piacerebbe fare?
3. Mi dispiacerebbe...
4. Non mi stancherei mai di...
5. Vorrei somigliare a...

k. *Io avrei fatto le cose diversamente... Reagire a ogni situazione cominciando con* **Io non** *e usando il condizionale passato.*

Esempio: Hai comprato quell'automobile?   **Io non avrei comprato quell'automobile.**

1. Sei andato a quella festa?
2. Siete usciti con questo tempaccio?
3. Avete chiesto scusa?
4. Si sono offesi per quello scherzo?
5. Ti sei fidato di quell'uomo?
6. Le hai regalato una sedia?

l. *Promesse, promesse... Che cosa hanno promesso di fare le seguenti persone?*

Esempio: Il dottore/venire nel pomeriggio
Il dottore ha promesso che sarebbe venuto nel pomeriggio.

1. noi/smettere di fumare
2. tu/passare in biblioteca
3. gli zii/aspettarci fino alle cinque
4. il professore/spiegarmi l'uso dell'imperfetto
5. la signora/non lamentarsi del freddo
6. voi/alzarsi presto
7. io/prendere una decisione
8. Lei/metterci poco tempo

m. *Sono tutte ipotesi... Mettere le frasi al condizionale.*

1. Il nome Italia deriva dal nome del re Italo venuto dalla Sicilia.
2. Hanno rapito il presidente e l'hanno nascosto in una casa di campagna.
3. Il marco è in crisi.
4. Cristoforo Colombo ha scoperto l'America.
5. Shakespeare non è mai esistito.
6. I Siciliani non mangiano la mattina.
7. Lo sciopero generale finisce stasera.
8. Vi siete incontrati a Roma e avete firmato un accordo.

Fare meglio *nel condizionale*

The conditional of **fare meglio a** + *infinitive* expresses *had better, would do well to, would be better off to.*

Faresti meglio a tacere.
You'd better be quiet.

Farebbero meglio a studiare una lingua straniera.
They'd better study a foreign language.

Avreste fatto meglio ad aspettare.
You would have been better off to wait (waiting).

— Faresti meglio a comperarti un paio di occhiali!

• • • *Esercizi*

n. *Tutte le persone nominate in quest'esercizio fanno le cose sbagliate. Dire che farebbero meglio a non fare quello che fanno. Non cambiare la persona del verbo dato.*

Esempio: Racconta barzellette sporche.
                  Farebbe meglio a non raccontare barzellette sporche.

1. Bevi tanta birra.
2. Mangia sempre gelati.
3. Fumano un pacchetto di sigarette al giorno.

4. Ridete sempre.
5. Interrompe gli altri.
6. Si arrabbiano così facilmente.

o. *Le persone nominate in quest'esercizio hanno fatto le cose sbagliate. Dire che cosa avrebbero fatto meglio a fare. Usare un po' di fantasia!*

Esempio: Hanno ordinato carne.
                  Avrebbero fatto meglio a ordinare verdura.

1. Se ne sono andati.
2. Avete preso l'aereo.
3. Le hai scritto una lettera.

4. Hanno comprato un cane.
5. Siamo andati in pensione.
6. Ho studiato il turco.

III / Dovere, potere *e* volere . . . .

Dovere

A. **Dovere** + *infinitive* can express two basic meanings: necessity or moral obligation, and probability.

Tutti devono morire.
Everyone must die.

Deve essere tardi.
It must be late.

There are many English equivalents for **dovere** in the various tenses.

Presente: *must, have to, am supposed to*

Devo restituirti il libro.
I must return the book to you.

Imperfetto: *had to, was supposed to*

Il treno doveva arrivare alle otto.
The train was supposed to arrive at eight.

Passato prossimo or **remoto:** *had to, was obliged to*

Maria ha dovuto (dovette) aspettare quasi mezz'ora.
Mary had to wait almost half an hour.

Futuro semplice: *will have to*

Dovranno prendere un altro aereo.
They will have to take another plane.

Futuro anteriore: *will have had to, probably had to*

Avranno dovuto pagare l'intera somma.
They probably had to pay the entire sum.

Condizionale presente: *would have to, should, ought to*

Fa freddo. Dovresti metterti il cappotto.
It's cold. You should put on your coat.

Condizionale passato: *would have had to, should have, ought to have*

Lei avrebbe dovuto dirmelo prima.
You should have told me sooner.

Remember that the future tenses can express probability just like **dovere** + *infinitive*.

Quel ragazzo deve essere francese.   Devo aver mangiato troppo.
Quel ragazzo sarà francese.   Avrò mangiato troppo.
That young man must be French.   *I probably ate too much.*

B.   **Dovere** + *direct object* means *to owe.*

Carlo deve mille dollari a mio zio.   Ti devo la vita!
Carlo owes my uncle a thousand dollars.   *I owe you my life!*

— Ti avevo detto che questa storia del diluvio doveva restare tra noi!

• • • *Esercizi*

p. Usare **dovere** + infinito *invece del futuro come negli esempi.*

Esempi: Avrà vent'anni.   **Deve avere vent'anni.**
Avrà studiato molto.   **Deve aver studiato molto.**

1. Saranno stanchi.
2. Conoscerete molta gente.
3. Saprà molte lingue.
4. L'avrò sognato.
5. Avrà sbagliato strada.
6. Avremo lasciato l'ombrello al ristorante.

q. *Lei è d'accordo o no? Spiegare perchè.*

1. Ogni persona dovrebbe avere degli hobby.
2. Ogni casa dovrebbe avere la lavastoviglie.
3. Ogni famiglia americana dovrebbe avere due macchine.

r. *Tradurre.*

1. You should have told me this morning that you were coming to supper. I would have prepared something good!
2. How much money does Mario owe you? One million liras? When is he going to pay you? You must tell him you need the money right now!
3. They were supposed to stay home, but Laura called from the airport, and they had to go pick her up.
4. Now that we're in Italy, you'll have to speak Italian!
5. Her father should know her. He should know which things hurt her.
6. Elena says she doesn't have to explain anything to anyone, and I agree with her.

Potere

Potere can express two basic meanings: ability to do something and permission to do something.

Non posso correre; sono troppo stanca!
I can't run; I'm too tired!

Posso farLe una domanda indiscreta?
May I ask you a personal question?

There are many English equivalents for **potere** in the various tenses.

Presente: *can, may, am capable, am allowed*

Dove possiamo trovare un buon ristorante?
Where can we find a good restaurant?

Imperfetto: *could, was able, was allowed*

Tosca non poteva sopportare il silenzio.
Tosca could not stand silence.

Passato prossimo or **remoto:** *could, managed to, succeeded in*

Non hanno potuto (poterono) entrare perchè non avevano le chiavi.
They couldn't get in because they didn't have the keys.

Futuro semplice: *will be able, will be allowed*

I bambini potranno stare alzati fino alle dieci.
The children will be allowed to stay up until ten.

Condizionale presente: *could, might, would be able, would be allowed*

Potrebbe dirmi che ore sono?
Could you tell me what time it is?

Condizionale passato: *could have, might have*

Avremmo potuto pagarti ieri.
We could have paid you yesterday.

Volere

1. **Volere** corresponds to the English *to want, to wish* and has many English equivalents in the various tenses.

Presente: *want, wish, intend, feel like*

Vogliamo andare in Europa quest'estate.
We want to go to Europe this summer.

Imperfetto: *wanted, wished, intended, felt like*

Antonio voleva partire nel pomeriggio, ma è poi partito dopo cena.
Antonio intended to leave in the afternoon but he left after supper.

Passato prossimo or **remoto:** *wanted, insisted upon*

Hanno voluto (vollero) offrire il caffè a tutti.
They wanted to offer everyone coffee (and they did).

Futuro semplice: *will want, will wish*

La zia vorrà continuare a vivere nella vecchia casa.
The aunt will want to continue living in the old house.

Condizionale presente: *would want, would like*

Vorrei chiederti un favore.
I would like to ask a favor of you.

Condizionale passato: *would have wanted, would have liked*

Avrebbero voluto invitarla.
They would have liked to invite her.

2. **Desiderare** (*to wish*) is much less common than **volere.**

Non desidero (voglio) parlarne ora.
I don't wish to talk about it now.

3. **Augurare qualcosa a qualcuno** is used to mean *to wish something to someone.*

Le hai augurato buon anno?
Did you wish her a happy New Year?

4. **Volere dire** (*to mean*) is synonymous with **significare,** though used more often.

Che cosa vuol dire questa parola?
What does this word mean?

5. **Volerci,** used in the third person singular and plural, means **occorrere, essere necessario** (see p. 136).

Ci vorrà molta pazienza.
A lot of patience will be needed.

Lo so io cosa ci vorrebbe!
I know what would be necessary!

. . . *Esercizi*

s. *Riscrivere le seguenti frasi usando il condizionale presente del verbo* **potere** *nella forma interrogativa.*

Esempio: Mi dice che ore sono?   Potrebbe dirmi che ore sono?

1. La aiuta a traversare la strada?
2. Ci dà una mano?
3. Vi fermate un momento?
4. Stai a casa e guardi i bambini?
5. Finisce di lavare i piatti?
6. Vengono subito dopo cena?

t. *Sostituire al verbo* **volerci** *un altro verbo o espressione.*

Esempio: Ci vuole molta pratica.   Occorre (è necessaria) molta pratica.

1. Quanto tempo ci vuole?
2. Ci sono volute molte ore.
3. Lo so io che cosa ci vorrebbe!
4. Chissà quanto tempo ci vorrà per convincerti!
5. Non ricordo quanti ingredienti ci vogliono.
6. Ci voleva molta pazienza con quei bambini.

u. *Tradurre.*

1. They wished me a merry Christmas and a happy New Year.
2. How will they be able to go in? They have left the keys at the restaurant.

3. Was Elena allowed to go out in the evening? —Yes, but she was supposed to be home before midnight.
4. I had dinner with a friend the other night. I wanted to pay my part but he insisted on paying for both.
5. Grandfather shouldn't leave the house today. There's too much snow and he might fall and get hurt.
6. Why didn't you ask me what that word meant? I could have told you!
7. She will be so tired when she gets here. She will want to go to bed immediately.
8. They were sure you would want to go to the movies with them so they were very surprised when you told them you couldn't.

IV / Lettura . . . .

Vocabolario utile

bastonare   *to beat (with a stick)*
consegnare   *to hand over*
costringere (p.p. **costretto;** p.r. **costrinsi**) **a** + inf.   *to compel*
dare retta a qualcuno   *to listen to, to heed, to mark someone's words*
lasciare cadere   *to drop*
lasciare in pace   *to leave alone*
obbedire   *to obey*
picchiare   *to beat*
rullare   *to roll (of drums)*
scherzare   *to joke*
sparare a qualcuno   *to shoot someone*
spingere (p.p. **spinto;** p.r. **spinsi**)   *to push*

addio   *farewell*
il **bastone**   *stick*
la **borsa**   *purse;* **o la borsa o la vita!**   *(either) your money or your life!*
il **finale**   *ending*
il **fiocco**   *tassel;* **con i fiocchi**   *excellent*
la **guerra**   *war*
la **magia**   *magic spell*
la **mano** (pl. le **mani**)   *hand;* **mani in alto!**   *stick 'em up!*
la **prepotenza**   *arrogant action, bullying*
il **principio**   *beginning*
il **soldo**   *penny;* i **soldi**   *money*
il **tamburino**   *drummer boy*
il **tamburo**   *drum*

Il tamburino magico

C'era una volta un tamburino che tornava dalla guerra. Era povero, aveva soltanto il suo tamburo, ma era contento lo stesso perchè tornava a casa dopo tanti anni. Lo si sentiva suonare di lontano: *barabàn, barabàn, barabàn...*

5   Cammina e cammina, incontra una vecchietta.

— Bel soldatino, me lo dai un soldo?

— Te ne darei anche due, nonnetta, anche una dozzina, se ne avessi. Ma proprio non ne ho.

— Sei sicuro?

10   — Ho cercato nelle tasche tutta la mattina e non ho trovato nulla.

— Guardaci ancora, guardaci bene.

— Nelle tasche? Guarderò, giusto° per farti contenta. Ma sono   *just*
certo che... Toh, e questo che cos'è?

— Un soldo. Hai visto che ce l'avevi?

15   — Ti giuro che non lo sapevo. Che bellezza°! Tieni, te lo do vo-   *What luck!*
lentieri perchè devi averne più bisogno di me.

— Grazie, soldatino, — dice la vecchietta, — e io ti darò qualcosa in cambio.

— Davvero? Ma io non voglio niente.

20   — Sì, voglio darti una piccola magia. E sarà questa: ogni volta che il tuo tamburo rullerà, tutti dovranno ballare.

— Grazie, nonnetta. È proprio una magia con i fiocchi.

— Aspetta, non è finita: tutti balleranno, e non potranno fermarsi se tu non smetterai di suonare.

25   — Benone! Non so ancora che cosa me ne farò, di questa magia, ma sento che mi sarà utile.

— Ti sarà utilissima.

— Addio, soldatino.

— Addio, nonnetta.

30   E il soldatino si rimette in cammino° per tornare a casa. Cam-   *resumes his trip*
mina, cammina... A un tratto dalla foresta saltano fuori tre briganti.

— O la borsa o la vita!

— Per carità, accomodatevi, prendete pure la borsa. Ma vi avverto che è vuota.

35   — Mani in alto o sei morto!

— Obbedisco, obbedisco, signori briganti.

— Dove tieni i soldi?

— Io, per me, li terrei anche nel cappello.

I briganti guardano nel cappello: non c'è niente.

40   — Io, per me, li terrei anche in un orecchio.

Guardano nell'orecchio: niente di niente.

— Vi dico che li terrei anche sulla punta del naso, se ne avessi.

I briganti guardano, cercano, frugano°. Naturalmente non tro-   *they search*
vano nemmeno un centesimo di ferro.

45 — Sei proprio un pezzente°, — dice il capo brigante. — Pazienza.   *pauper*
Ti prenderemo il tamburo per fare un po' di musica.

— Prendetelo pure, — sospira il soldatino, — mi dispiace sepa-
rarmene, perchè mi ha fatto compagnia per tanti anni. Ma se proprio lo volete...

50 — Lo vogliamo.

— Mi lascereste fare una suonatina, prima di portarmelo via?
Così vi insegno come si fa, eh?

— Ma sì, facci una suonatina.

— Ecco, ecco, — dice il tamburino, — io faccio la suonatina. E
55 voi... (*barabàn, barabàn, barabàn!*) e voi ballate!

E bisognava vederli ballare quei tre tipacci. Parevano tre orsi° alla   *bears*
fiera°.   *fair*

In principio ci si divertivano, ridevano e scherzavano.

— Forza, tamburino! Sotto° con il valzer°!   *Go ahead / waltz*

60 — Ora la polka, tamburino!

— Avanti con il mambo!

Dopo un po' cominciano a soffiare°. Provano a fermarsi e non ci   *to puff, to breathe hard*
riescono. Sono stanchi, hanno il fiatone°, gli gira la testa°, ma la   *they're panting / their
magia del tamburo li costringe a ballare, ballare, ballare...   heads are spinning*

65 — Aiuto!

— Ballate!

— Pietà!

— Ballate!

— Misericordia!

70 — Ballate, ballate!

— Basta, basta!

— Posso tenermi il tamburo?

— Tienilo... Non vogliamo saperne di stregonerie°...   *witchcraft*

— Mi lascerete in pace?

75 — Tutto quello che vuoi, basta che° tu smetta di suonare.   *provided*

Ma il tamburino, per prudenza°, smise solo quando li vide ca-   *as a precaution*
scare° per terra senza forze e senza respiro.   *cadere*

— Ecco, così non potrete corrermi dietro!

E lui, via a gambe°. Ogni tanto, per precauzione, dava qualche   *ran away*
80 colpetto° al tamburo. E subito si mettevano a ballare le lepri° nelle   *taps / hares*
loro tane°, gli scoiattoli° sui rami, le civette° nei nidi, costrette a   *lairs / squirrels / owls*
svegliarsi in pieno giorno...

E via e via, camminava e correva, il bravo tamburino, per tornare
a casa sua...

85 Primo finale

Cammina e cammina, il tamburino comincia a pensare: « Questa
magia sarà la mia fortuna. In fondo, con quei briganti, sono stato
stupido. Potevo farmi consegnare i loro quattrini°. Quasi quasi, torno   *soldi*
a cercarli... »

90   E già si voltava per tornare sui suoi passi, quando vide comparire in fondo al sentiero° una diligenza°.   *trail / stagecoach*

    — Ecco qualcosa che fa per me.

    I cavalli, trottando, facevano squillare° le sonagliere°. Il posti-   *ring / bells*
glione°, a cassetta°, fischiettava° allegramente una canzone. Accanto   *stagecoach driver / in*
95 a lui sedeva un gendarme° armato.   *his seat / was*
    whistling

    — Salve, tamburino. Vuoi salire?   *guard*

    — No, sto bene qui.

    — Allora togliti dalla strada perchè dobbiamo passare.

    — Un momento. Fate prima un balletto.

100   *Barabàn, barabàn*... Il tamburo comincia a rullare. I cavalli si met-   *salta / comincia a*
tono a ballare. Il postiglione balza° in piedi e attacca a dimenare°   *muovere*
le gambe. Balla il gendarme, lasciando cadere il fucile. Ballano i
passeggeri.

    Bisogna sapere che quella diligenza trasportava l'oro di una banca.
105 Tre casse piene d'oro. Saranno stati un° trecento chili. Il tamburino,   *about*
continuando a suonare il tamburo con una mano, con l'altra fa
cadere le casse sul sentiero, le spinge con i piedi dietro un ce-
spuglio°.   *bush*

    — Ballate! Ballate!

110   — Basta così! Non ne possiamo più!

    — Allora via, di gran carriera°, e senza voltarvi indietro...   *at full speed*

    La diligenza riparte senza il suo carico° prezioso. Il tamburino,   *load*
eccolo ricco a milioni... Ora può costruirsi una villa, vivere di ren-
dita°, sposare la figlia di un commendatore°. E quando gli servono   *live off his private*
115 soldi, non ha bisogno di andare in banca: gli basta il suo tamburo.   *income / man with*
    honorific title

Secondo finale

    Cammina e cammina, il tamburino vede un cacciatore che sta
per sparare a un tordo°. *Barabàn, barabàn*... Il cacciatore lascia ca-   *thrush*
dere la carabina° e comincia a ballare. Il tordo scappa.   *gun*

120   — Disgraziato! Me la pagherai!

    — Per intanto°, balla. E se mi dai retta, non sparare mai più agli   *Meanwhile*
uccellini.

    Cammina e cammina, vede un contadino che sta bastonando il
suo asino.

125   — Balla!

    — Aiuto!

    — Balla! Smetterò di suonare solo se mi giuri che non picchierai
mai più il tuo asino.

    — Lo giuro!

130   Cammina e cammina, il generoso soldatino mette mano al suo
tamburo ogni volta che si tratta di impedire una prepotenza,
un'ingiustizia, un sopruso°. E di prepotenze ne trova tante che non   *abuse of power*

riesce più a tornare a casa. Ma è contento lo stesso e pensa: « La
mia casa sarà dove posso fare del bene con il mio tamburo ».

135 Terzo finale

Cammina e cammina... Mentre cammina il tamburino riflette:
« Strano tamburo e strana magia. Vorrei proprio capire come funziona l'incantesimo ».

Guarda le bacchette°, le rivolta da tutte le parti: sembrano due   *drumsticks*
140 normali bastoncini di legno.

— Forse il segreto è dentro, sotto la pelle del tamburo!

Il soldatino fa col coltello un piccolo buco nella pelle.

— Darò un'occhiata°, — dice.   *I'll take a peek*

Dentro, non c'è niente di niente.

145 — Pazienza, mi terrò il tamburo com'è.

E riprende la sua strada, battendo allegramente le bacchette. Ma
ora le lepri, gli scoiattoli, gli uccelli sui rami non ballano più al
suono del tamburo. Le civette non si svegliano.

— *Barabàn, barabàn...*

150 Il suono sembra lo stesso, ma la magia non funziona più.

Ci credereste? Il tamburino è più contento così.

Gianni Rodari, *Tante storie per giocare*

• • • *Domande sulla lettura*

1. Perchè era contento il tamburino all'inizio della storia?
2. È stato generoso con la vecchia il tamburino?
3. In che cosa consiste la magia regalata dalla vecchia al tamburino?
4. È stata utile la magia al tamburino nell'incontro coi briganti?
5. Quando ha smesso di suonare per i briganti il tamburino?
6. Come è riuscito a prendere l'oro della diligenza il tamburino?
7. Che cosa non faranno più il cacciatore e il contadino del secondo finale?
8. Perchè, nel secondo finale, il tamburino non riesce più a tornare a casa?
9. Perchè, nel terzo finale, la magia non funziona più?
10. Come se ne accorge il tamburino?

• • • *Studio di parole*

joke

scherzo
*joke, practical joke, trick, something said
or done to cause amusement*

Lo dico sul serio, non è uno scherzo.
I'm saying it seriously, it's not a joke.

barzelletta
joke, a story to make people laugh

Non mi piacciono le barzellette che
racconti.
I don't like the jokes you tell.

Related expressions: **fare uno scherzo** *to play a trick;* **per scherzo** *jokingly* (the opposite is **sul serio** *seriously*)

change

cambiamento
change, alteration

Ci sono stati molti cambiamenti di
   governo in Italia.
*There have been many changes of
   government in Italy.*

spiccioli
*small change, money of low
   denomination*

Ho bisogno di spiccioli per l'autobus.
I need some change for the bus.

cambio
exchange

Quant'è il cambio del dollaro oggi?
*What is the dollar's rate of exchange
   today?*

È un agente di cambio.
He's a stockbroker.

resto
*amount of money returned when
   payment exceeds the sum due*

Non ho il resto da darLe.
I don't have change for you.

to change

cambiare
to change; alter (takes **avere**)
to change, become different (takes
   essere)

Voglio cambiare i mobili del salotto.
*I want to change the living room
   furniture.*

Il tempo è cambiato
The weather has changed.

Hanno cambiato casa.
They've moved.

cambiarsi
to change one's mind

Sei tutto bagnato; cambiati!
You're all wet; change your clothes!

cambiare idea
to change one's mind

Ha cambiato idea; andrà a Yale, non a
   Harvard.
*He changed his mind; he'll go to Yale, not
   Harvard.*

to exchange

scambiare
to exchange (one thing for another)

Ho scambiato un orologio con un anello.
I exchanged a watch for a ring.

scambiarsi
to give to one another, to exchange

Le amiche si scambiano regali.
Friends exchange gifts.

to exchange *(cont.)*

Quando ci vediamo, scambiamo due
parole.
*When we see one another, we exchange a
few words.*

Related word: **scambio** *exchange*

cambiare
to change (exchange) money

Hai potuto cambiare le lire in dollari?
*Were you able to exchange the liras into
dollars?*

• • • *Pratica*

A. *Scegliere la parola o l'espressione che completa meglio la frase.*

1. Fanno _____ gli italiani il primo d'aprile?
2. Perchè non continuiamo a parlare di politica? Perchè vuoi _____ argomento?
3. Ho bisogno di quattrocento lire per l'autobus. — Mi dispiace, non ho _____.
4. Avete visto il _____ della guardia quando eravate a Londra?
5. Quando i negozianti italiani non hanno i soldi per il _____, danno caramelle o altre cose.
6. Se vuoi ridere, devi sentire l'ultima _____ sui carabinieri.

B. *Tradurre.*

1. There will be a change in the weather tomorrow.
2. You said you would change for dinner. How long will it take you to change?
3. Please don't take offense! It was only a joke.
4. The drummer boy gave the old woman a penny. What did she give *him* in exchange?
5. Do I have to go to the bank if I want to change a hundred dollars?
6. Do real friends phone each other, write each other, and exchange gifts?

C. *Domande per Lei*

1. In che cosa è cambiato/a Lei da quando era bambino/a?
2. Quali cose vorrebbe cambiare nella Sua vita attuale?
3. Quale barzelletta ama raccontare agli amici?
4. Quali scherzi considera di buon gusto?

• • • *Temi per componimento o discussione*

1. Quale dei tre finali della storia convince di più (di meno) e perchè?
2. La curiosità non è un difetto. Se gli scienziati non fossero curiosi, non scoprirebbero mai niente di nuovo.
3. Quale magia dovremmo inventare per rendere più piacevole la nostra esistenza?
4. Ci sono molte ingiustizie in questo mondo. Secondo voi, qual è la più grande ingiustizia? Quali rimedi suggerite?

CAPITOLO OTTO

I / *Congiuntivo presente e passato*
II / *Uso del congiuntivo*
    III / *Lettura:* Padre e figlia

I / *Congiuntivo presente e passato* ....

Unlike the **indicativo**, which states facts and conveys both certainty and objectivity, the **congiuntivo** (*subjunctive*) expresses views and emotions, possibility, and uncertainty. The **congiuntivo** has four tenses: **presente, passato, imperfetto,** and **trapassato**. All four tenses are used in both spoken and written Italian.

A. The **congiuntivo presente** (*present subjunctive*) is formed by adding the appropriate endings to the stem. Verbs ending in **-ire** that insert **-isc-** in the present indicative also insert **-isc-** in the present subjunctive, except in the first and second persons plural.

	amare	credere	finire	partire
che io	am**i**	cred**a**	fin**isca**	part**a**
che tu	am**i**	cred**a**	fin**isca**	part**a**
che lui (lei)	am**i**	cred**a**	fin**isca**	part**a**
che [noi]	am**iamo**	cred**iamo**	fin**iamo**	part**iamo**
che [voi]	am**iate**	cred**iate**	fin**iate**	part**iate**
che [loro]	am**ino**	cred**ano**	fin**iscano**	part**ano**

Note that the endings of the three persons in the singular are the same. For all three conjugations, the first person plural ending is **-iamo** and the second person plural ending is **-iate**. The third person plural ending adds **-no** to the singular ending.

1. Within the regular present subjunctives there are various minor spelling changes that are made to keep the sound of the stem.

Verbs ending in **-care** and **-gare** insert an **-h-** between the stem and all the present subjunctive endings.

cercare: cer**chi**, cer**chi**amo, etc.
pagare: pa**ghi**, pa**ghi**amo, etc.

Verbs ending in **-ciare, -giare, -sciare** and **-gliare** drop the **-i-** from the stem before all the present subjunctive endings.

incominciare: incomin**ci**, incomin**ci**amo, etc.
mangiare: man**gi**, man**gi**amo, etc.
lasciare: las**ci**, las**ci**amo, etc.
sbagliare: sba**gli**, sba**gli**amo, etc.

2. Verbs ending in **-iare** drop the **-i** from the end of the stem if it is not stressed in the first person of the present indicative; if it is stressed, the **-i-** is retained.

studiare (stu̬dio): stu**di**, stu**di**amo, etc.
inviare (inv̬io): inv**ii**, inv**i**amo, etc.

3. Generally, verbs that have irregular present subjunctive forms derive those forms from the first person singular of the present indicative.

fare → faccio	dire → dico	potere → posso	volere → voglio	bere → bevo
faccia	**dica**	**possa**	**voglia**	**beva**
faccia	dica	possa	voglia	beva
faccia	dica	possa	voglia	beva
facciamo	diciamo	possiamo	vogliamo	beviamo
facciate	diciate	possiate	vogliate	beviate
facciano	di̬cano	po̬ssano	vo̬gliano	be̬vano

4. However, there are irregular subjunctive forms which use the stem of the first person *plural* of the present indicative for the first and second persons plural, but use the stem of the first person *singular* of the present indicative for the other persons.

andare → vado	dovere → devo	venire → vengo	uscire → esco	scegliere → scelgo
vada	deva (debba)	venga	esca	scelga
vada	deva (debba)	venga	esca	scelga
vada	deva (debba)	venga	esca	scelga
andiamo	**dobbiamo**	**veniamo**	**usciamo**	**scegliamo**
andiate	**dobbiate**	**veniate**	**usciate**	**scegliate**
va̬dano	de̬vano (de̬bbano)	ve̬ngano	e̬scano	sce̬lgano

5. Some very common irregular verbs have a completely irregular stem in the present subjunctive.

avere	essere	dare	stare	sapere
abbia	**sia**	**dia**	**stia**	**sappia**
abbia	sia	dia	stia	sappia
abbia	sia	dia	stia	sappia
abbiamo	siamo	diamo	stiamo	sappiamo
abbiate	siate	diate	stiate	sappiate
abbiano	siano	diano	stiano	sappiano

B. The **congiuntivo passato** (*past subjunctive*) is formed with the present subjunctive of **avere** or **essere** plus the past participle of the verb.

Verbs conjugated with avere			Verbs conjugated with essere		
che io	abbia	amato	che io	sia	partito/a
che tu	abbia	amato	che tu	sia	partito/a
che lui (lei)	abbia	amato	che lui (lei)	sia	partito/a
che [noi]	abbiamo	amato	che [noi]	siamo	partiti/e
che [voi]	abbiate	amato	che [voi]	siate	partiti/e
che [loro]	abbiano	amato	che [loro]	siano	partiti/e

— Carlo è il cacciatore più leale che abbia mai visto!

. . . *Esercizi*

a. *Dare la forma corretta del congiuntivo presente dei verbi fra parentesi.*

Esempio: Insisto che tu **prenda** (prendere) un cappuccino.

1.   Aspetto che voi _____ (venire).
2.   Non credo che Lorenzo _____ (essere) un bugiardo.
3.   Vogliono che io _____ (lasciare) tutto in ordine.
4.   Pensate che noi non _____ (dire) mai la verità?
5.   Speriamo che _____ (volerci) solo dieci minuti.
6.   Temi che lui _____ (andarsene)?
7.   Sono contenta che tu _____ (capire) o che almeno _____ (cercare) di capire.
8.   Bisogna che voi _____ (scegliere) il regalo.
9.   È incredibile che Teresa _____ (avere) paura del buio.
10.   Ci dispiace che Elena non _____ (trovarsi) bene.
11.   È strano che loro _____ (dovere) aspettare tanto.
12.   È una cosa logica che una ragazza _____ (uscire).

b. *Formare nuove frasi cominciando con le espressioni date fra parentesi.*

Esempio: Tutti mi vogliono bene. (Ho bisogno)
     Ho bisogno che tutti mi vogliano bene.

1.   Tu ce l'hai con me. (Sembra)
2.   Vuol piovere. (Non credi)
3.   Avete tanta fretta. (Mi dispiace)
4.   Glielo chiedete. (Occorre)
5.   Ci vanno ora. (È inutile)
6.   Non lo sanno. (Può darsi)
7.   La collana le piace. (Siete contenti)
8.   Tutti parlano allo stesso tempo. (Mi dà fastidio)

c. *Perchè bisogna... Le seguenti persone faranno quello che faranno perchè bisogna che lo facciano.*

Esempio: Andrò in pensione.   **Bisogna che io vada in pensione.**

1.   Faranno la spesa al supermercato.
2.   Elena starà zitta.
3.   Tu me lo darai.
4.   Berranno qualcosa di caldo.
5.   Luigi invierà un telegramma.
6.   Voi mangerete prima di partire.
7.   Pagherò subito.
8.   Finirai questo lavoro.

d. *Formare nuove frasi al congiuntivo passato cominciando con le espressioni date fra parentesi.*

Esempio: Gino è partito a mezzanotte. (Crediamo)
     Crediamo che Gino sia partito a mezzanotte.

1.   Mario ha pensato a tutto. (Siamo contenti)
2.   Si sono offesi. (Abbiamo paura)
3.   Avete avuto un incidente. (Mi dispiace)
4.   Non è successo niente. (Sperate)

5. Moravia ha ricevuto il premio Nobel. (Dubito)
6. Hai perso di vista le tue amiche. (È un peccato)
7. Sei andato a trovare gli zii. (È giusto)
8. Ha nevicato tutta la notte. (Pare)
9. Non avete avuto il coraggio di fermarla. (È incredibile)
10. Si sono rivisti molte volte. (È probabile)
11. Ci hanno messo più di un'ora. (Temo)
12. La primavera è arrivata. (Sembra)

e. *Rispondere alle seguenti domande usando il verbo della domanda nello stesso tempo.*

Esempio: Hanno intenzione di andarsene?
              — Sì, temo che abbiano intenzione di trasferirsi.

1. Fa bel tempo in Italia ora? — No, pare che _____ freddo.
2. Si danno del tu? — No, credo che si _____ ancora del Lei.
3. Sta meglio oggi la zia Teresa? — No, ho l'impressione che _____ peggio.
4. Hanno dato retta al professore? Be', veramente dubitiamo che gli _____ retta.
5. Riesce in matematica il bambino? — No, sembra che non _____ affatto!
6. Papà se ne è accorto? — Sì, ed è un peccato che se ne _____.
7. È vero che Michele ce l'ha con me? — Suppongo che ce l' _____ con te, ma non so perchè.
8. Ci vanno in autobus? — No, è meglio che ci _____ in treno.
9. Sanno l'indirizzo della ragazza? — No, pare che non _____ nemmeno il suo nome!
10. Si sono trovati bene in casa dell'avvocato? — No, ed è strano che si _____ male!

II / Uso del congiuntivo . . . .

A. The subjunctive is generally used in dependent clauses that are connected by **che** to an independent clause. The *that* which connects a dependent to an independent clause is often omitted in English but is almost always expressed in Italian by **che**.

Independent clause	*Dependent clause*	
La mamma spera	che	tu **venga** subito.
Mother hopes	*that*	*that you are coming right away.*
Preferiamo	che	**prendiate** un tassì.
We prefer	*that*	*you take a taxi.*
Sono contenta	che	non **nevichi**.
I am glad	*that*	*it isn't snowing.*

The verb or expression in the independent clause determines whether the indicative or the subjunctive is used in the dependent clause. Some verbs take the indicative in a dependent clause, some take the subjunctive, and some may take either one depending on the meaning.

	Indicative			*Subjunctive*
Sanno	che **avete** torto.		Credono	che **abbiate** torto.
They know	*that you are wrong.*		*They believe*	*that you are wrong.*
Ricordiamo	che **è partito**.		Temiamo	che **sia partito**.
We remember	*that he has left.*		*We are afraid*	*that he has left.*
Riconosco	che **fa** freddo.		Mi dispiace	che **faccia** freddo.
I am aware	*that it is cold.*		*I am sorry*	*that it is cold.*
È certo	che **ha rubato**.		È probabile	che **abbia rubato**.
It is certain	*that he has stolen.*		*It is likely*	*that he has stolen.*

Note that while the English dependent clause is the same in each pair of examples above, the Italian dependent clause uses the indicative when it expresses a fact and the subjunctive when it expresses a thought, a feeling, or an attitude.

B. The tense of the subjunctive used in the dependent clause is determined by the time relationship between the actions of the two clauses.

1. The present subjunctive is used if the action of the dependent clause takes place *at the same time as* that of the independent clause.

Credete che **prendano** un tassì?
Do you think they are taking a cab?

2. The present subjunctive or the simple future is used if the action of the dependent clause takes place *after* that of the independent clause.

Credete che **prendano** un tassì?
Credete che **prenderanno** un tassì?
Do you think they will take a cab?

Only the present subjunctive may be used with verbs expressing a command or a wish, such as **volere** and **desiderare**.

Voglio che **prendano** un tassì domani.
I want them to take a cab tomorrow.

3. The past subjunctive is used if the action of the dependent clause took place *before* that of the independent clause.

Credete che **abbiano** preso un tassì?
Do you think they took a cab?

C. In today's spoken and written Italian, the indicative seems to be replacing the subjunctive with increasing frequency.

Voglio che mi **dici** la verità.
I want you to tell me the truth.

Mi dispiace che il treno **è arrivato** in ritardo.
I'm sorry the train arrived late.

It is too early, however, to declare the subjunctive officially dead. Italians still learn it in school, most educated persons use it, and it is widely used in Italian literature. For these reasons, students should not only learn to recognize the subjunctive but they should also use it actively when speaking and writing Italian.

Verbi ed espressioni che reggono il congiuntivo

A. Verbs and expressions that require the subjunctive in a dependent clause express:

1. Emotion (fear, sorrow, joy, hope, etc.).

Siamo contenti che piova.
We're glad it's raining.

Ho paura che non capiate.
I'm afraid you don't understand.

2. A wish or a command.

Il professore **vuole** che tutti ascoltino.
The teacher wants everyone to listen.

Esigo che tornino a casa.
I demand that they return home.

Note that the verb **volere** requires the subjunctive in a dependent clause whereas English uses an infinitive construction. In English we say, *I want you to work;* in Italian this would be expressed as *I want that you work.*

Voglio che tu lavori.
I want you to work.

Vogliono che io scriva o telefoni.
They want me to write or phone.

3. An opinion.

Credi che Luigi abbia ragione?
Do you think Luigi is right?

Nego che mi abbiano aiutato.
I deny that they helped me.

4. Doubt or uncertainty.

Dubito[1] che siano ricchi.
I doubt (that) they are rich.

Non sei sicuro che lui capisca.
You are not sure he understands.

5. Expectation.

Aspettiamo che lui ci telefoni.
We're waiting for him to call us.

Lui **si aspetta** che lei dica di sì.
He expects her to say yes.

For a list of verbs and expressions that require the subjunctive in a dependent clause, see the Appendix, pp. 353–354.

B. Verbs that express advising, ordering, permitting, or forbidding, such as **dire, suggerire, proporre, ordinare, comandare, lasciare, permettere, impedire, proibire,**

---

[1]*Do not confuse* **dubito** *(first person singular of* **dubitare** *to doubt) with the noun* **dubbio** *doubt.*

vietare, and **raccomandare** can be followed by two different constructions having the same meaning.

che + *subjunctive*: Permettete **che io fumi**?
Will you allow me to smoke?
di + *infinitive*[1]: **Mi** permettete **di fumare**?
Will you allow me to smoke?

• • • *Esercizi*

f. *Completare con la forma corretta di* **essere** *(indicativo o congiuntivo).*

Esempio: Siamo sicuri che il tamburino è contento.

1. Ho letto che il 6 gennaio _____ giorno di vacanza in Italia.
2. Capiamo che _____ una situazione difficile.
3. Sei contenta che quel signore _____ muto.
4. Giuro che la ragazza _____ innocente.
5. Immagino che lo spettacolo non ti _____ piaciuto.
6. Ma no, al contrario! Ti assicuro che mi _____ piaciuto moltissimo.
7. Ho l'impressione che non vi _____ accorte di nulla.
8. Ti informiamo che gli zii _____ già tornati.
9. Tutti sanno che Milano _____ una città industriale.
10. Ci dispiace che tu non ti _____ fermato per aiutarli.

— Caro, sei sicuro che siamo in una colonia di nudisti?

[1]*The verb* lasciare *is followed by the infinitive alone.* I genitori non la lasciano uscire. *Her parents don't let her go out.*

g. *Completare con la forma corretta del verbo dato tra parentesi. Scegliere il presente dell'indicativo o del congiuntivo, secondo il senso.*

Esempio: Debbo riconoscere che il dottore **ha** (avere) ragione.

1. Ha paura che sua figlia _____ (sposare) l'uomo sbagliato.
2. Sa che la ragazza _____ (stare) in casa di un amico.
3. Voi pensate che lei _____ (dovere) trovarsi un appartamento?
4. Il padre spera che lei _____ (prendere) una decisione presto.
5. Noi siamo sicuri che lei _____ (sentirsi) libera di scegliere.
6. È facile vedere che padre e figlia non _____ (andare) d'accordo.

h. *Tradurre.*

1. They want me to wait but I would prefer to leave.
2. I don't tell her anything because I don't want her to get angry.
3. You don't want the children to play in the living room, do you?
4. He wants you fellows to listen to him and obey him.
5. Anna wants Carlo to give her a sweater at Christmas.
6. We want you to start dancing when you hear the music.

i. *Sostituire all'infinito la costruzione* **che** + congiuntivo.

Esempio: Non gli permettono d'*uscire*.   **Non permettono che lui esca.**

1. Ordiniamo ai bambini di *star* zitti.
2. Prego le signore di non *farci* attenzione.
3. Mi proibiscono d'*andare* al cinema da sola.
4. Voi lasciate *entrare* i cani in casa?
5. Raccomando agli studenti di *leggere* ad alta voce.
6. Il rumore le impedisce di *studiare*.

j. *Vi interessano le persone pessimiste? Leggere la seguente storia e poi riscriverla usando il congiuntivo nei casi in cui è possibile.*

Io sono un pessimista nato: ho sempre paura che le cose non riusciranno come voglio io. Per esempio, se ho in programma di andare al mare per il week-end, penso che pioverà o che succederà qualcosa che mi impedirà di andarci. Se compro una camicia o un golf, temo che non mi staranno bene o che non dureranno molto. Quando telefono a un amico, immagino che non sarà in casa o che, se c'è, non mi vorrà parlare. Quando invito una ragazza al ristorante, temo che lei sceglierà il piatto più caro o che i soldi non basteranno. Quando vado a ballare con gli amici, immagino che tutte le ragazze avranno voglia di ballare con gli altri ma non con me. Non voglio neppure pensare al giorno in cui chiederò a una ragazza di sposarmi: sono sicuro che mi dirà di no!

Il congiuntivo e l'infinito nelle proposizioni dipendenti

If the subject of the dependent clause is different from that of the independent clause, the subjunctive is used. When the subject of both clauses is the same, **di** + *infinitive* is used instead of the subjunctive. The infinitive without **di** is used after verbs of wishing, such as **volere** and **preferire**. Compare:

Different subject	*Same subject*
Siete contenti **che capiscano**. *You are glad they understand.*	Siete contenti **di capire**. *You are glad you understand.*
Spero **che tu abbia ricevuto** una lettera ieri. *I hope you got a letter yesterday.*	Spero **di avere ricevuto** una lettera ieri. *I hope I got a letter yesterday.*
Credono **che io ricordi** tutto. *They think I remember everything.*	Credono **di ricordare** tutto. *They think they remember everything.*
Non vediamo l'ora **che lui parta**. *We are looking forward to his leaving.*	Non vediamo l'ora **di partire**. *We're looking forward to leaving.*
Vuole **che io smetta** di fumare. *He wants me to stop smoking.*	Vuole **smettere** di fumare. *He wants to stop smoking.*

• • • Esercizi

k. *Scrivere ogni frase due volte cominciando coi verbi indicati. Fare i cambiamenti necessari.*

Esempi: Hai poca pazienza. (Credi; Credo)
Credi di avere poca pazienza.
Credo che tu abbia poca pazienza.

È arrivata prima. (Siete contenti; È contenta)
Siete contenti che lei sia arrivata prima.
È contenta di essere arrivata prima.

1. Ha mille lire in tasca. (Spera; Sperano)
2. Commettono un errore. (Hai paura; Hanno paura)
3. Ti ho dato quest'impressione. (Mi dispiace; Gli dispiace)
4. Ci ripensa prima di decidere. (Vuole; Voglio)
5. Non si sono resi conto del problema. (Temono; Temiamo)
6. Avete trovato la vostra strada. (Non credo; Non credete)
7. Finisci questo lavoro stasera. (Preferisci; Preferiamo)
8. L'abbiamo rivista in Italia. (Siamo contenti; Sei contento)

l. *Tradurre.*

Have you heard the slogan "Aren't you glad you use Dial?" When I heard it, I decided to try this soap. I tried it and I liked it and now I say to all my friends: "I'm glad I use Dial!" I know that they are glad I use Dial. They must have heard the same slogan because they also use Dial. I'm glad they use it. We're all glad to be using Dial!

— Non credi di esagerare con queste lettere alla fidanzata?

Verbi ed espressioni impersonali che reggono il congiuntivo

A. The subjunctive is used in dependent clauses introduced by **che** after impersonal verbs and expressions that denote doubt, necessity, possibility, or emotion.

È importante che tu **sia** puntuale.
It's important that you be punctual.

È probabile che non **abbiano capito**.
It is probable they didn't understand.

È meglio che ve ne **andiate**.
It's better for you to leave.

Pare che **piova**.
It seems that it's raining.

The subjunctive is not used after an impersonal expression that denotes certainty.

È vero che tu **sei** puntuale.
It's true you're punctual.

È chiaro che non **hanno capito**.
It's clear they didn't understand.

For a list of impersonal verbs and expressions that require the subjunctive in a dependent clause see the Appendix, p. 354.

B. All impersonal verbs and expressions are followed by a verb in the infinitive if that verb has no expressed subject. Compare:

Expressed subject

È importante **che tu capisca**.
It's important for you to understand.

Unexpressed subject

È importante **capire**.
It's important to understand.

Non è possibile **che io vada** avanti così.
It's not possible for me to go on like this.

Non è possibile **andare** avanti così.
It's not possible to go on like this.

—*Pare che abbia dei problemi con la servitù...*

• • • *Esercizi*

m. *Formare nuove frasi cominciando con le espressioni date fra parentesi.*

Esempio: Vediamo che il sole Le dà fastidio. (Sembra)
                    Sembra che il sole Le dia fastidio.

1. Riconosco che hanno ragione. (Pare)
2. Voi affermate che è una macchina italiana. (È giusto)
3. Ti assicuro che le cose stanno così. (È possibile)
4. È vero che ha dimenticato il mio compleanno. (È strano)
5. Scommetto che volete rimanere. (Può darsi)
6. Dicono che mangiano di più. (Occorre)
7. Hanno scritto che vengono quest'estate. (Bisogna)
8. Trovo che questo vestito non ti sta bene. (È un peccato)

n. *Riscrivere le seguenti frasi usando il soggetto fra parentesi.*

Esempio: È bene invitare anche gli zii. (tu)   È bene che tu inviti anche gli zii.

1. È meglio pensarci ora. (io)
2. È importante studiare le lingue straniere. (voi)
3. Non occorre mettersi il cappotto. (lui)
4. Bisogna sapere queste cose. (loro)
5. Basta chiedere a un vigile. (noi)
6. È ora di finirla! (Lei)
7. È difficile trovare una donna di servizio. (loro)
8. È inutile continuare a piangere. (tu)

o. *Oggi tutti parlano di cose da mangiare o da evitare, di cose che fanno bene, di cose che fanno male. Nell'esercizio che segue vi invitiamo ad esprimere un'opinione: usare* **È bene che** *o* **È male che gli Italiani** *con il verbo al congiuntivo.*

Esempio: bere latte scremato (*skim milk*)
È bene (È male) che gli Italiani bevano latte scremato.

1. mettere zucchero nel caffè
2. mangiare pane con gli spaghetti
3. bere acqua minerale
4. usare margarina invece del burro
5. fare il pane in casa
6. variare la dieta

p. *È giusto o no?   Gli studenti di tutto il mondo devono fare molte cose: molte sembrano utili e necessarie, altre un po' meno. Esprimere un giudizio cominciando con* **È giusto che** *o* **Non è giusto che** *e usando il congiuntivo presente alla terza persona plurale.*

Esempio: dare esami tre volte all'anno
(Non) È giusto che diano esami tre volte all'anno.

1. studiare durante il week-end
2. pagare le tasse
3. non fare troppe assenze
4. imparare una lingua straniera
5. avere un mese di vacanza a Natale
6. interessarsi di politica

q. *Punti di vista...   Esprimere un punto di vista cominciando con le espressioni* **So che, Credo che, Non credo che, Dubito che, È vero che, È possibile che,** *ecc. e scegliendo l'indicativo o il congiuntivo.*

1. L'italiano è una lingua importante.
2. Gli Italiani sanno vivere.
3. Gli Italiani guidano come matti.
4. I giovani Italiani ammirano l'America.
5. Le relazioni italo-americane sono buone.
6. I film italiani hanno successo in America.

r. *Completare le frasi o rispondere alle domande usando il congiuntivo.*

1. Non credo che gli Italiani...
2. Sono contento/contenta che i miei genitori...
3. È impossibile che...
4. È normale che un uomo aiuti la moglie nelle faccende di casa?
5. È giusto che le persone fumino al cinema o nei locali pubblici?
6. È logico che un/una giovane non voglia abitare con i suoi genitori?

s. *Completare le seguenti frasi usando o il congiuntivo o l'infinito, secondo i casi.*

1. Mi sembra logico che...
2. È una cosa normale che...
3. Non ci pare di...
4. Bisogna che...

Congiunzioni che reggono il congiuntivo

A. The following conjunctions introduce dependent clauses that require the subjunctive.

benchè, sebbene, quantunque *although*	**Benchè siano** stanchi, continuano a leggere. *Although they are tired, they go on reading.*
	Vado in ufficio **sebbene** non ne **abbia** voglia. *I'm going to the office although I don't feel like it.*
	Quantunque stia meglio, la nonna non può uscire. *Although she feels better, Grandma cannot go out.*
affinchè, perchè¹, in modo che *in order that, so that*	Ve lo ripeto **affinchè** lo **ricordiate**. *I'll repeat it to you so that you remember it.*
	Apriamo la finestra **perchè entri** un po' d'aria. *We'll open the window so that a little air comes in.*
	Dovete fare **in modo che** non vi **vedano**. *You have to do it in such a way that they don't see you.*
purchè, a patto che, a condizione che *provided that*	Ti do il libro **purchè** tu me lo **restituisca** presto. *I'll give you the book provided (that) you return it to me soon.*
	Vengono anche loro **a patto che** io li **accompagni** a casa. *They'll come too provided (that) I take them home.*
	Esco **a condizione che** non **faccia** freddo. *I'm going out provided (that) it's not cold.*
a meno che non² *unless*	Non possono pagare **a meno che non arrivi** l'assegno. *They can't pay unless the check arrives.*
finchè (non)³ *until*	Aspettiamo **finchè non tornino** tutti. *We'll wait until they all come back.*

¹*Perchè takes the indicative when it means because.*

²*The non has no negative meaning here.*

³*Finchè non (the non is optional) requires the subjunctive only when referring to a future time:* Devi aspettarlo finchè non esca da quella porta. *You must wait for him until he comes out that door.* L'abbiamo aspettato finchè non è uscito da quella porta. *We waited for him until he came out that door.*

B. **Prima che** + *subjunctive* and **senza che** + *subjunctive* are used when the subject of the main clause is *different* from the subject of the dependent clause. When the subject is *the same,* **prima di** + *infinitive* and **senza** + *infinitive* are used.

Different subject

Perchè non mi telefoni prima che io **parta**?
Why don't you call me before I leave?

Entrano ed escono senza che voi li **vediate**.
They go in and out without your seeing them.

Same subject

Perchè non mi telefoni prima di **partire**?
Why don't you call me before leaving?

Entrano ed escono senza **far** rumore.
They go in and out without making any noise.

ATTENZIONE! Unlike **prima che, dopo che** takes the indicative.

Telefoniamo dopo che tutti sono usciti.
We phone after everybody has left.

• • • *Esercizi*

t. *Riscrivere le seguenti frasi usando* **benchè, purchè** *o* **perchè** + congiuntivo (*presente o passato*).

> *Esempi:* È ricco ma non è felice.   Benchè sia ricco, non è felice.
> Vi aspettiamo se ritornate presto.   Vi aspettiamo purchè ritorniate presto.
> Gli do il libro da leggere.   Gli do il libro perchè lo legga.

1. Nevica e fa freddo ma lui esce senza cappotto.
2. T'impresto gli appunti se me li restituisci prima di sabato.
3. Tu ce lo dici sempre, ma noi non ci crediamo.
4. Hanno mangiato molto ma hanno ancora fame.
5. Le do le cartoline da imbucare.

— **Adesso ti lascio: devo andare in banca prima che apra!**

Ogni giorno « casa-ufficio » e « ufficio-casa » senza che succeda mai niente di nuovo.

6. Stanno attenti in classe ma non imparano.
7. Mi piace anche il tè ma preferisco bere caffè.
8. Il dottore è contento se ve ne state a letto due o tre giorni.
9. Gianni, vuoi venire al cinema? — Sì, ci vengo se pagate voi!
10. Gli date gli assegni da depositare.
11. Puoi uscire se hai finito di studiare.
12. L'ho vista molte volte ma non me la ricordo.
13. Mi danno le camicie da stirare.
14. Potete andare se non c'è nessun pericolo (*danger*).
15. Ti dà gli esami da correggere.
16. Vi do i dischi da ascoltare.
17. Le date una mela da mangiare.
18. Avete acceso la luce ma io non ci vedo.

u. *Tradurre.*

1. He went to bed without eating.
2. You must do it before it's too late.
3. She forgets to turn off the light before going to sleep.
4. I'll give you the key provided you don't lose it.
5. We can go to the movies, unless you prefer to stay home.
6. They're still thirsty although they have drunk two glasses of water.

v. *Formare una sola frase secondo l'esempio dato usando* **senza che.**

Esempio: Qualcuno entra in casa. La signora non se ne accorge.
Qualcuno entra in casa senza che la signora se ne accorga.

1. Lui va in camera da letto. Lei non lo vede.
2. Apre i cassetti. Lei non lo sente.
3. Prende i gioielli. Lei non lo sa.

4. Esce di casa. Lei non se ne rende conto.
5. Ritorna indietro. Lei non sospetta niente.

Forme indefinite che reggono il congiuntivo

The subjunctive is used in dependent clauses introduced by the following indefinite words and expressions.

chiunque
whoever

Chiunque dica ciò sbaglia.
Whoever says that is wrong.

qualunque
whatever (adjective)

Qualunque decisione **prendiate**, non importa.
Whatever decision you make, it doesn't matter.

qualunque cosa
whatever (pronoun)

Qualunque cosa facciano, la fanno bene.
Whatever they do, they do well.

comunque, in qualunque modo
however, no matter how

Comunque (in qualunque modo) risponda, prende sempre un bel voto.
No matter how he answers, he always gets a good grade.

dovunque
wherever

Dovunque vadano, trovano Italiani.
Wherever they go, they find Italians.

Note that all the indefinite forms end in **-unque**, which corresponds to the English *-ever*.

Altri usi del congiuntivo

A. The subjunctive is *often* found in relative clauses that follow:

1. A relative superlative (*the tallest building, the most beautiful girl*).

il più + *adjective*
the most, . . .est

Sei **la** ragazza **più simpatica** che ci **sia**.
You are the nicest girl there is.

il meno + *adjective*
the least

Sono **le** scarpe **meno care** che **vendano**.
They are the cheapest shoes they sell.

2. A word carrying a restrictive meaning.

il solo, l'unico
the only

È **il solo** che **sia** arrivato in ritardo.
He is the only one who arrived late.

È **l'unica** amica che io **abbia.**
She is the only friend I have.

il primo
the first

Sono **il primo** che **si sia laureato** nella mia famiglia.
I'm the first to have graduated in my family.

l'ultimo
the last

È **l'ultima** persona che io **voglia** vedere.
He's the last person I want to see.

3. A negative expression.

Non conosco **nessuno** che **abbia** tanta
   pazienza.
I know no one who has so much patience.

Non c'è **niente** che **possiate** fare.
There's nothing you can do.

Non c'è giorno in cui non **succedano** incidenti in questa strada.
No day goes by without accidents on this street.

4. An indefinite expression.

un (uno, una) *a*	Cerchiamo **una** stanza che **sia** in centro. *We're looking for a room that is downtown.*
qualcuno *someone*	Hanno bisogno di **qualcuno** che le **aiuti**. *They need someone to help them.*
qualcosa *something*	Voglio **qualcosa** che mi **tolga** la sete. *I want something that will quench my thirst.*

B. The subjunctive is sometimes used to emphasize doubt in indirect interrogative clauses introduced by verbs such as **non capire, non sapere, chiedere, domandare, chiedersi,** and **domandarsi**.

Non so chi **sia** o che cosa **faccia**, ma so
   che è scapolo!
*I don't know who he is or what he does, but
   I know he is a bachelor!*

Non capiamo come **possiate** dire queste
   cose.
*We don't understand how you can say these
   things.*

Mi chiedo se **sia** una buon'idea.
I wonder whether it's a good idea.

Non sappiamo dove **sia andato**.
We don't know where he might have gone.

• • • *Esercizi*

w. *Completare le seguenti frasi usando il congiuntivo.*

> *Esempio:*   Conosco un ristorante che è aperto dopo mezzanotte.
>   Cerco un ristorante che **sia** aperto dopo mezzanotte.

1. Conosco un professore che parla sette lingue.
   Non conosco nessun professore che...
2. C'è qualcosa che potete fare.
   Non c'è niente che...
3. Sono gli esempi che ho usato.
   Sono i soli esempi che...
4. È il dottore che conosco.
   È il più bel dottore che...
5. Che cosa ti succede?
   Non capisco che cosa...
6. È lo studente che ha avuto l'influenza.
   È il solo studente che...

7. Quelli che vogliono possono vedere gli esami.
   Chiunque...
8. Che ora è?
   Non so che...
9. Dove sono andati?
   Mi domando dove...
10. Hanno un collega che non fuma.
    Preferiscono un collega che...
11. Ci piacciono gli insegnanti che hanno molta pazienza.
    Cerchiamo insegnanti che...
12. Mario trova un libro che gli piace.
    Mario cerca un libro che...
13. Ecco un romanzo che è facile e divertente.
    Vuole un romanzo che...
14. Ho comprato un cappotto che mi tiene caldo.
    Ho bisogno di un cappotto che...
15. Hanno una segretaria che sa il tedesco e il francese.
    Cercano una segretaria che...

x. *Tradurre.*

1. Roberto is the only person who has managed to finish the exam.
2. Whatever she says, nobody believes her. We all know she is a liar.
3. Don't open the door, whoever it may be!
4. There's nothing on TV tonight that interests me.
5. You must have courage no matter how things may go.
6. Is there something I can do to help you?
7. Is this the most beautiful dream you've had?
8. Are you the first to have said it?

III / Lettura . . . .

Vocabolario utile

aggiungere (p.p. **aggiunto;** p.r.
    aggiunsi) *to add*
*arrossire *to blush*
confondere (p.p. **confuso;** p.r. **confusi**)
    to confuse; **confondersi** *to get*
    confused
convincere (p.p. **convinto;** p.r.
    convinsi) *to convince*
dare ragione (a qualcuno) *to concede*
    that someone is right

fare piacere a *to give pleasure to, to*
    please
interrompere (p.p. **interrotto;** p.r.
    interruppi) *to interrupt*
pesare *to weigh*
preoccuparsi (di o **per)** *to worry*
    (about)
scegliere (p.p. **scelto;** p.r. **scelsi**) *to*
    choose
sorvegliare *to watch over*

stringere (p.p. **stretto;** p.r. **strinsi**) *to tighten up, to grasp;* **stringere la mano a** *to shake hands with*

libero *free*
la **maniera** *manner*
il **pensiero** *thought, worry;* **essere (stare) in pensiero per** *to worry about*

la **premura** *haste, hurry; concern*
la **scelta** *choice*
la **sorveglianza** *watching over, surveillance*
la **veduta** *view;* **di larghe vedute** *broad-minded*

Padre e figlia

Il seguente brano è tratto dal romanzo Monte Mario *di Carlo Cassola. La scena ha luogo in un caffè di Roma dove si incontrano il signor Raicevic, la figlia Elena e il capitano Varallo. Elena è andata via di casa senza dir niente a nessuno e ora sta in casa di un amico, il capitano Varallo. È stato il capitano a fissare l'appuntamento al caffè col signor Raicevic.*

Il signor Raicevic era seduto in fondo°. Stava leggendo il giornale.
Ci fu un momento d'imbarazzo, da una parte e dall'altra: poi padre e figlia si abbracciarono. Il capitano a sua volta strinse la mano al signor Raicevic.

5 « Prendete anche voi un caffè? » disse questi°. « Hai fatto colazione? » domandò premuroso° alla figlia.

« No, ma non mi ci va niente°. Prendo anch'io un caffè ».

« Prendi un cappuccino ». Elena alla fine si lasciò convincere°.

in the back

the latter (i.e., the father)
with concern
I don't feel like eating at all
eventually gave in

Richiamò indietro il cameriere per dirgli di metterci un velo° di   *sprinkling*
10 polvere di cacao.

« È una bella giornata » cominciò il signor Raicevic. « Sembra che
la primavera sia arrivata davvero ».

« Oh, non c'è da farsi illusioni » disse il capitano. « Il tempo è
matto ».

15 « Già°, è troppo caldo... È un brutto segno quando la stagione è   *Sure*
così ».

Bruscamente Elena li interruppe:

« Mi avete fatto venir qui per parlare del tempo? »

Il padre si confuse:

20 « Volevo aspettare che ti fossi rifocillata°.... »   *until you had eaten something*

« Se sono di troppo°, me ne vado » disse pronto il capitano.   *I'm not wanted*

« Non essere stupido. Rimettiti seduto° » gl'impose Elena. « Non   *Sit back down*
ci sono mica segreti tra noi. C'è che m'è venuto a noia stare a casa:
mi sembra anche logico, per una ragazza che ha ventisei anni com-
25 piuti°... »   *was 26 on her last birthday*

« Certo, certo » si affrettò a darle ragione il padre. « Ne abbiamo
parlato altre volte, e io, non credo d'essermi mai opposto°... Mi   *I have ever been opposed*
sembra di essere di larghe vedute ».

« Lascia stare i paroloni » disse Elena. Era arrossita di colpo°,   *suddenly*
30 come le succedeva spesso. « Tu dici di aver fiducia nel mio giudizio,
ma basta che stia tre giorni lontano perchè ti allarmi... »

« Io... sono rimasto sconcertato dalla maniera... Me lo avessi detto
che avevi intenzione di andartene; mi avessi almeno lasciato due
righe° per dirmi dov'eri andata... »   *a short note*

35 « È questo che non posso sopportare » proruppe° Elena. « Questa   *burst out*
sorveglianza. Anche quando sono fuori Roma, ho l'impressione che
tu mi stia sempre con gli occhi addosso°... »   *with your eyes on me*

« Elena, tu sei mia figlia, è logico che stia in pensiero per te. È
un pensiero che non mi abbandona mai, nemmeno quando sei a
40 casa... Mi preoccupo del tuo avvenire°, ecco tutto. Ho paura che tu   *futuro*
sia scontenta. Che non abbia ancora trovato la tua strada... »

« Sempre paroloni » disse Elena infastidita. S'interruppe per l'ar-
rivo del caffè e del cappuccino, bevve una sorsata°, accese una   *took a drink*
sigaretta: si vedeva che riusciva a stento° a dominare il nervosismo.   *con difficoltà*
45 « La mia strada, come la chiami tu, devo trovarla da me. E quanto
più° mi sentirò libera nella scelta, tanto più° potrò scegliere la strada   *the more ... the more*
giusta... Oh, ma basta con questa frase ridicola » e si sforzò di ridere.

« Mi dispiace di averti dato quest'impressione, che ti voglia sorvegliare da lontano... Tu sei libera, io ho inteso° sempre lasciarti   *I've meant*
50 libera... »

« Già, ma ti preoccupi per me. Hai paura che commetta un passo
falso... Hai paura che vada a letto con l'uomo sbagliato: perchè è di
questo che si tratta... È tutta lì la tua paura » aggiunse con una
smorfia° di disprezzo.   *expression*

55   Il capitano parteggiava per° il padre: ma si guardava bene dal *sided with*
farlo vedere°. Gli pareva però poco abile: "Dovrebbe conoscerla. *took care not to show it*
Dovrebbe sapere quali sono le cose che la fanno scattare°...". *get angry*

    A un certo punto il padre commise° uno sbaglio grosso. Disse: *fece (from commettere)*
« Non puoi negare che sono di larghe vedute. Ieri, per esempio:
60 quando ho saputo che eri in casa del... » temette di sbagliarsi sul
grado « di Varallo; ammetterai che non è una cosa normale che una
ragazza si faccia ospitare° da un giovanotto; ma è tale la mia fiducia *asks to be put up*
in te, è tale la stima che ho del nostro amico... ».

    « Lo vedi che stai lì a pesare ogni cosa che faccio? Se proprio lo
65 vuoi sapere, non me ne importa un bel nulla di quel che pensi.
Pensa pure il peggio, se ti fa piacere. Ma sì, pensa che sono diventata la sua amante... »

    « Elena, perchè devi dire queste cose? » intervenne il capitano.
« Tuo padre lo sa benissimo che rapporti ci sono tra noi... »

70   « Tu non ci mettere il becco°, per favore. Anzi, fai una cosa, vai *don't interfere*
ad aspettarmi fuori ».

    Questa volta fu il padre a trattenerlo; gli disse che doveva asso-
lutamente rimanere.

    « Allora me ne andrò io. Ma sì, basta, finiamola. Queste spiega-
75 zioni, mi fanno venire il vomito°... Ecco, mi è già andata a traverso *nauseate me*
la giornata°. Ma poi, io, non devo spiegar niente a nessuno. Avanti, *my day has been ruined*
andiamocene » disse a Varallo.

    « Bevi almeno il cappuccino » fece lui.

    « Non ti ho detto che m'è venuta l'agitazione di stomaco°? Non *I have an upset stomach*
80 potrei mandar giù° niente ». *swallow*

    « Elena » cominciò il padre; ma lei gli aveva già voltato le spalle.
Il capitano rimase incerto, ma il padre gli fece segno di seguirla.
« Mi raccomando a lei° » disse stringendogli il braccio. *I'm depending on you*

    « Non dubiti, signor Raicevic » rispose mettendosi sull'attenti°. *coming to attention*

Carlo Cassola, Monte Mario

• • • *Domande sulla lettura*

  1.   Che cosa hanno fatto i tre personaggi quando si sono visti?
  2.   Di che cosa hanno parlato il padre e il capitano? Che cosa hanno detto?
  3.   Elena come giustifica il fatto che è andata via di casa?
  4.   Che cosa rimprovera il padre alla figlia?
  5.   Che cosa non può sopportare Elena?
  6.   Perchè il padre sta in pensiero per Elena?
  7.   Quali espressioni del padre chiama « paroloni » Elena?
  8.   Che cosa vuole essere libera di fare Elena?
  9.   Secondo il padre, quale cosa fatta da Elena non è normale per una ragazza?
  10.   Perchè Elena se ne va senza neppure bere il cappuccino?

. . . *Studio di parole*

confidence

fiducia
confidence, trust, faith, reliance

È un uomo che non ispira fiducia.
He's a man who doesn't inspire any confidence.

avere fiducia in, fidarsi di
to trust

Ho fiducia nel (mi fido del) mio amico.
I trust my friend.

confidenza
something that is confided; a secret

Ti posso fare una confidenza?
May I confide in you?

Te lo dico in confidenza.
I'm telling it to you in confidence.

sign

segno
sign, indication, gesture, motion

È un brutto segno quando i bambini perdono l'appetito.
It's a bad sign when children lose their appetite.

fare segno
to motion

Mi hanno fatto segno di seguirli.
They motioned to me to follow them.

cartello
written or printed sign

Perchè non metti un cartello sulla tua porta?
Why don't you put a sign on your door?

segnale (m.)
conventional sign giving warning or instruction, signal, message

Tu capisci tutti i segnali stradali?
Do you understand all the road signs?

insegna
sign for stores or public places

Vi piace l'insegna di quel bar?
Do you like that bar's sign?

to be about

trattare di
to be about (subject is expressed)

Il film tratta delle avventure di due giovani.
The film is about the adventures of two young people.

trattarsi di
to be a question, a matter of (impersonal subject)

Il dottore ha detto che si tratta di una cosa grave.
The doctor said it is a serious matter.

to be about (cont.)

stare per + *infinitive*
to be about to . . .

Stavamo per mangiare quando sono
   arrivati.
We were about to eat when they came.

about

circa
about, approximately
Used with a numeral or expression of
   quantity.

Ho circa trenta dollari.
I've got about thirty dollars.

verso
about, around
Used with the time of day except when
   verb is a form of **essere**.

Sono venuti verso le otto.
They came at about eight.

But: Sono circa le otto
It's around (about) eight.

The suffix **-ina** added to a cardinal number can also indicate an approximate quantity (see
p. 36).

Ho una trentina di dollari.
I've got about thirty dollars.

di, su, a proposito di, riguardo a
about, concerning, regarding, on the subject of

Abbiamo parlato delle avventure del tamburino.
We spoke about the drummer's adventures.

Chi ha letto quest'articolo sul disarmo?
Who has read this article on disarmament?

A proposito della festa, che cosa ti metti tu?
Speaking of the party, what are you going to wear?

• • • *Pratica*

A. *Scegliere la parola o l'espressione che completa meglio la frase.*

1. I genitori dovrebbero aver _____ nel giudizio dei figli.
2. Una luce rossa è un _____ di pericolo.
3. Non devi dirlo a nessuno: è una _____!
4. Gli ho chiesto: « Vieni? » e lui mi ha fatto _____ d'aspettare.
5. Hanno messo un _____ sulla porta. Dice: « Lezioni d'italiano. Dieci dollari all'ora ».
6. Non dovete preoccuparvi: è chiaro che _____ di uno scherzo.
7. Ti dà fastidio l' _____ al neon di quel negozio?
8. Sai di che cosa _____ l'ultimo film di Woody Allen?
9. Carla fuma _____ venti sigarette al giorno.
10. Vorrei chiederti delle informazioni _____ gli alberghi di Venezia.

B. *Tradurre.*

1. Has the train left? — They've just given the departure signal.
2. It's a bad sign if the child doesn't eat.
3. You shouldn't trust that man!
4. Is that a pastry shop? But there's no sign over the store!
5. Do you know what each sign of the zodiac (*zodiaco*) means?[1]
6. Friends exchange (*farsi*) confidences about people they know.
7. The novel deals with the conflicts between mother and daughter.
8. Did you manage to find out what it was all about?
9. It's about one o'clock now but Mr. Bianchi closed the shop at about 12:30.
10. About the money you owe me, I must tell you I need it now!

C. *Domande per Lei*

1. In quali categorie di persone non ha fiducia Lei?
2. A chi ama fare confidenze?
3. Sotto quale segno è nato/nata? Quali sono le caratteristiche delle persone nate sotto il Suo segno?
4. Quali scelte vorrebbe essere libero/libera di fare Lei?
5. Secondo Lei, come avrebbe reagito la madre di Elena al comportamento della figlia?

• • • *Temi per componimento o discussione*

1. Dove finisce l'autorità dei genitori? Dove comincia la libertà dei figli? Due interrogativi attuali.
2. I giovani hanno bisogno di staccarsi dalla famiglia e di vivere la propria vita.
3. I giovani non accettano la società attuale e ne criticano molti aspetti.
4. Una lettera ai genitori da parte di un figlio o una figlia ribelle.

---

[1]*The names of the signs are* Ariete (*m.*), Toro, Gemelli, Cancro, Leone, Vergine (*f.*), Bilancia, Scorpione (*m.*), Sagittario, Capricorno, Acquario, Pesci.

CAPITOLO

NOVE

I / *Congiuntivo imperfetto e trapassato* . . . .

A. The **congiuntivo imperfetto** (*imperfect subjunctive*) is formed by adding the characteristic vowel for the conjugation plus the appropriate endings to the stem. The endings are the same for all three conjugations: **-ssi, -ssi, -sse, -ssimo, -ste, -ssero**. Note that all endings begin with **-ss-** except the second person plural (**-ste**).

	amare	credere	finire
che io	ama**ssi**	crede**ssi**	fini**ssi**
che tu	ama**ssi**	crede**ssi**	fini**ssi**
che [lui]	ama**sse**	crede**sse**	fini**sse**
che [noi]	ama**ssimo**	crede**ssimo**	fini**ssimo**
che [voi]	ama**ste**	crede**ste**	fini**ste**
che [loro]	ama**ssero**	crede**ssero**	fini**ssero**

1. Very few verbs are irregular in the imperfect subjunctive. The most common are shown below.

	essere	dare	stare
che io	fossi	dessi	stessi
che tu	fossi	dessi	stessi
che [lui]	fosse	desse	stesse
che [noi]	fossimo	dessimo	stessimo
che [voi]	foste	deste	steste
che [loro]	fossero	dessero	stessero

2. Verbs that use the Latin stem to form the **indicativo imperfetto** also use the same stem in the **congiuntivo imperfetto.**

	bere (bevevo)	dire (dicevo)	fare (facevo)	tradurre (traducevo)
che io	bevessi	dicessi	facessi	traducessi
che tu	bevessi	dicessi	facessi	traducessi
che [lui]	bevesse	dicesse	facesse	traducesse
che [noi]	bevessimo	dicessimo	facessimo	traducessimo
che [voi]	beveste	diceste	faceste	traduceste
che [loro]	bevessero	dicessero	facessero	traducessero

B. The **congiuntivo trapassato** (*past perfect subjunctive*) is formed with the imperfect subjunctive of **avere** or **essere** plus the past participle of the verb.

Verbs conjugated with avere			Verbs conjugated with essere		
che io	avessi	amato	che io	fossi	partito/a
che tu	avessi	amato	che tu	fossi	partito/a
che [lui]	avesse	amato	che [lui]	fosse	partito/a
che [noi]	avessimo	amato	che [noi]	fossimo	partiti/e
che [voi]	aveste	amato	che [voi]	foste	partiti/e
che [loro]	avessero	amato	che [loro]	fossero	partiti/e

Uso del congiuntivo imperfetto e trapassato

A. The imperfect and past perfect subjunctive are used in the very same cases in which the present and past subjunctive are used.

1. After certain verbs and expressions (see p. 181):

I medici erano contenti che io **mangiassi** molto.
The doctors were glad that I ate a lot.

Papà voleva che i bambini **stessero** a casa.
Daddy wanted the children to stay home.

2. After certain impersonal verbs and expressions (see p. 183):

Era impossibile che lo **capissimo**.
It was impossible for us to understand (it).

Era ora che tu te ne **andassi**.
It was time for you to leave.

3. After certain conjunctions (see p. 188):

Vi ho dato il libro perchè lo **leggeste**.
I gave you the book so (that) you would read it.

Sebbene non **avessero studiato**, hanno risposto bene.
Although they hadn't studied, they did well on their answers.

4. After indefinite words and expressions (see p. 191):

Qualunque cosa **facesse**, la faceva bene.
Whatever he did, he did well.

5. Often in relative clauses introduced by superlatives, negative or indefinite expressions, or words with a restricted meaning (see pp. 191–192):

Era il più bel film che io **avessi** visto.
It was the most beautiful movie I had seen.

Non c'era niente che **potessero** fare.
There was nothing they could do.

Cercavamo qualcuno che **sapesse** due lingue.
We were looking for someone who might possibly know two languages.

6. Sometimes in indirect questions (see p. 192):

Non sapevamo chi **avesse** vinto.
We didn't know who had won.

Le chiesi che cosa **facesse.**
I asked her what she was doing.

B. As we have seen with the present and past subjunctive, the use of the imperfect and past perfect subjunctive is determined by the time relationship between the dependent clause and the independent clause.

1. The imperfect subjunctive is used if the action of the dependent clause takes place *at the same time as* that of the independent clause.

Temevo che lui non **venisse**.
I feared he wasn't coming.

2. The imperfect subjunctive or the past conditional is used if the action of the dependent clause takes place *after* the action of the independent clause.

Temevo che lui non **venisse** la settimana seguente.
Temevo che lui non **sarebbe venuto** la settimana seguente.
I feared he wouldn't come the following week.

Only the imperfect subjunctive may be used with verbs expressing a command or a wish.

Volevo che lui non **venisse** la settimana seguente.
I didn't want him to come the following week.

3. The past perfect subjunctive is used if the action of the dependent clause took place *before* the action of the independent clause.

Temevo che lui non **fosse venuto**.
I feared he hadn't come.

Il congiuntivo usato da solo

Although the subjunctive is almost always used in dependent clauses, it may also be used in independent clauses. All four subjunctive tenses can be used in this way.

1. Independent clauses containing a *present subjunctive* always express a deeply felt wish that something should come about. Examples in English are: *God bless America! Perish the thought! Confound it! God forbid!*

Che Dio ti **benedica**!
God bless you!

Dio v'**accompagni**!
God be with you!

Sia maledetto il giorno, l'ora e l'anno!
Cursed be the day, the hour, and the year!

Così **sia**!
Amen!

Possiate guarire presto!
May you get well soon!

2. The imperfect and the past perfect subjunctive are also used in independent clauses to express a wish or a desire the fulfillment of which seems unlikely, or a regret that something did not happen in the past. Such sentences are often introduced by expressions such as **oh**, **almeno**, **magari**, **se**.

Se **fossi** più giovane!
If only I were younger!

Oh, **potessi** rivederli!
If only I could see them again!

Magari **facesse** bel tempo!
If only it were nice weather!

Almeno lo **avessero perdonato**!
If only they had forgiven him!

Fosse vero!
I wish it were true!

Se ne **fosse andato** in tempo!
If only he'd left sooner!

3. The subjunctive can also be used by itself in all four tenses in an independent clause to express a doubt or an assumption (*It is possible that . . . ? Do you suppose that . . . ?*). It is often introduced by **che**.

Che **dormano** tutti?
Do you suppose everyone is asleep?

Che **sia arrivata** la mamma?
Do you suppose Mother has arrived?

Che l'**abbiano** già **saputo**?
Is it possible that they've already found out?

Che **fosse** innamorato di me?
Could (might) he have been in love with me?

— Sapessi come vado forte ora che ho cambiato carrozzeria!

• • • *Esercizi*

a. *Completare con la forma corretta dell'imperfetto del congiuntivo.*

Esempio: Voglio che rispondiate in italiano. Volevo che...
Volevo che rispondeste in italiano.

1. Aspettate che smetta di nevicare.
    Aspettavate che...
2. È raro che succeda qualcosa di nuovo in questa città.
    Era raro che...
3. Lui insiste perchè si fermino.
    Lui insisteva perchè...
4. Speriamo che non ci succeda nulla di spiacevole.
    Speravamo che...
5. Mi pare che vostro figlio stia male.
    Mi pareva che...
6. Non mi piace che leggiate le mie lettere.
    Non mi piaceva che...
7. Temono che tu dica tante bugie.
    Tamevano che...
8. Non so bene di che si tratti.
    Non sapevo bene di che...

b. *Completare con la forma corretta del trapassato del congiuntivo.*

Esempio: Sei contenta che non ti abbiano interrotto. Eri contenta che...
Eri contenta che non ti avessero interrotto.

1. Tu sei la prima che io abbia invitato.
    Tu eri la prima che...

2. Non sappiamo che cosa sia successo a Carlo.
   Non sapevamo che cosa...
3. Sembra che non abbiate capito niente.
   Sembrava che...
4. Mi dispiace che siano stati in pensiero per me.
   Mi è dispiaciuto che...
5. È probabile che non abbiano potuto aspettare.
   Era probabile che...
6. Credono che lui si sia fermato al bar della stazione.
   Credevano che...
7. Temiamo che il nostro caffè non gli sia piaciuto.
   Temevamo che...
8. Dubito che lei ci abbia fatto attenzione.
   Dubitavo che...

c. *Formare nuove frasi come nell'esempio utilizzando i soggetti suggeriti.*

Esempio: Temevano di essere in ritardo. (lui)   Temevano che lui fosse in ritardo.

1. Gli dispiaceva di dover andare all'estero. (tu)
2. Preferivamo andare un po' più avanti. (lei)
3. Volevate preparare qualcosa da mangiare. (io)
4. Non volevo pensarci. (Lei)
5. Bisognava depositare l'assegno. (loro)
6. Era meglio dirglielo subito. (voi)
7. Pensava di regalarle dei gioielli. (lui)
8. Mi sembrava di non capire. (tu)

d. *Formare un'unica frase usando **di** + infinito o **che** + congiuntivo, secondo il senso.*

Esempi: Il topo era contento. Parlava la stessa lingua del gatto.
              Il topo era contento di parlare la stessa lingua del gatto.

              Il topo era contento. C'erano molti sacchi di farina.
              Il topo era contento che ci fossero molti sacchi di farina.

1. Il padre aveva paura. La figlia aveva fatto amicizia con le persone sbagliate.
2. Il padre aveva paura. Aveva commesso un errore.
3. A Elena dava fastidio. I genitori la sorvegliavano.
4. Ai genitori dava fastidio. Non sapevano dov'era la figlia.
5. Ci dispiaceva molto. Non ricordavamo il nome di tua madre.
6. A Gino non dispiaceva. Gli invitati volevano andarsene.
7. Voi eravate sorpresi. Aveva smesso di nevicare.
8. Tu eri sorpreso. Non ti eri accorto di nulla.
9. Mi faceva piacere. Mi avevano invitato alla festa.
10. Vi faceva piacere. Ero arrivato puntuale.

II / *Concordanza dei tempi nel congiuntivo* . . . .

There are strict rules that govern the choice of the subjunctive tense in a dependent clause. One of the criteria that we have already seen is the time relationship between the actions of the independent and dependent clause. A second criterion is the exact tense of the verb used in the independent clause.

A. The following chart shows the sequence of tenses when the verb in the independent clause is in the *present, future,* or *imperative.*

Independent clause	Dependent clause	
Presente	Concurrent action	**Congiuntivo presente**
Futuro	Past action	**Congiuntivo passato**
Imperativo	Future action	**Congiuntivo presente**
		(Indicativo futuro)

Dubito che **capiscano.**
I doubt they understand.

Dubito che **abbiano capito.**
I doubt they (have) understood.

Siamo contenti che **vengano.**
We're glad they are coming.

Siate contenti che **siano venuti!**
Be glad that they came.

Credete che **piova** (**pioverà**) domani?
Do you think it will rain tomorrow?

Non crederete che Mario **si sia divertito.**
You won't believe Mario has had a good time.

1. Contrary to the above sequence, the *imperfect subjunctive* is used in the dependent clause when the verb reports a habitual action in the past or a past condition or state of being. A test of this usage is that the **imperfetto** would be used if the clause were independent.

Pare che gli antichi **morissero** giovani. (Gli antichi **morivano** giovani.)
It seems that the ancients died young.

Crediamo che lui **fosse** stanco quel giorno. (Lui **era** stanco quel giorno.)
We think that he was tired that day.

B. The following chart shows the sequence of tenses when the verb in the independent clause is in any *past tense* or in the *conditional.*

Independent clause	Dependent clause	
Imperfetto		
Passato prossimo	Concurrent action	**Congiuntivo imperfetto**
Passato remoto	Past action	**Congiuntivo trapassato**
Trapassato	Future action	**Congiuntivo imperfetto**
Condizionale presente		**(Condizionale passato)**
Condizionale passato		

Dubitavo che **ascoltassero**.
I doubted they were listening.

Dubitavo che **avessero ascoltato**.
I doubted they had listened.

Preferiremmo che tu **venissi** ora.
We would prefer that you come now.

Avremmo preferito che tu **fossi venuto** ieri.
*We would have preferred that you had come
yesterday.*

Avevano immaginato che io **passassi** (**avrei passato**) l'estate in Italia.
They had imagined that I would spend the summer in Italy.

1. After **come se** (*as if*) the *imperfect* and *past perfect* subjunctive are used, no matter what the tense is in the independent clause.

Gli volevamo bene come se **fosse** nostro figlio.
We loved him as if he were our own son.

Voi parlate come se **aveste capito** tutto.
You talk as if you had understood everything.

C. The following chart and examples illustrate the complete sequence of tenses.

Independent clause	Dependent clause	
Presente **Futuro** **Imperativo**	Concurrent action Past action Future action	**Congiuntivo presente** **Congiuntivo passato** **Congiuntivo presente** **(Futuro)**
Imperfetto **Passato prossimo** **Passato remoto** **Trapassato** **Condizionale presente** **Condizionale passato**	Concurrent action Past action Future action	**Congiuntivo imperfetto** **Congiuntivo trapassato** **Congiuntivo imperfetto** **(Condizionale passato)**

Credi
{
che piova ora?
che abbia piovuto ieri?
che piova (pioverà) domani?
}

Do you think
{
it's raining now?
it rained yesterday?
it will rain tomorrow?
}

Credevi
{
che piovesse in quel momento?
che avesse piovuto il giorno prima?
piovesse (avrebbe piovuto) il giorno dopo?
}

Did you think
{
it was raining at that time?
it had rained the day before?
it would rain the following day?
}

— Preferirei che tu non usassi la stenografia per i nostri fatti sentimentali!

• • • *Esercizi*

e. *Completare le seguenti frasi con la forma corretta del congiuntivo.*

Esempio: Spero che il direttore accetti la mia proposta. Speravo che...
Speravo che il direttore accettasse la mia proposta.

1. Ci aiuta senza che noi glielo chiediamo.
   Ci aiutò senza che...
2. Non sapevo che cosa fosse successo.
   Non so che cosa...
3. È inutile che voi mi scriviate.
   Sarebbe inutile che...
4. Spero che Lei passi un felice Natale.
   Speravo che...
5. Bastava un esempio perchè io potessi capire.
   Basta un esempio perchè...
6. Fece tutto senza che ce ne accorgessimo.
   Fa tutto senza che...
7. Lui insiste perchè lei gli dia un appuntamento.
   Lui aveva insistito perchè...
8. Lo mandarono in America per un anno perchè vedesse il mondo e imparasse l'inglese.
   Lo mandano in America per un anno perchè...

9. Chi avrebbe pensato che fosse lei la madre?
   Chi penserà...?
10. Temevano che nevicasse durante la notte.
    Temono...

f. *Completare le seguenti frasi con la forma corretta del verbo dato fra parentesi.*

Esempio: Sentivo dei rumori strani. Avevo l'impressione che la macchina non **funzionasse** (funzionare) regolarmente.

1. Cominciarono a ridere prima che io _____ (parlare).
2. Cominceranno a ridere prima che io _____ (parlare).
3. Occorre che tu _____ (lasciare) la macchina in un parcheggio e _____ (prendere) l'autobus.
4. Sarebbe necessario che anche voi _____ (venire) alla riunione.
5. Sebbene loro non _____ (fare) mai attenzione, imparano molto.
6. Vi do il permesso di uscire purchè _____ (ritornare) prima di mezzanotte.
7. Parlò forte perchè tutti _____ (potere) capire.
8. Preferirei che mio figlio _____ (cercare) un lavoro e _____ (imparare) a guadagnarsi la vita.
9. Luisa sperava che tu _____ (andare) a prenderla alla stazione. Quando è arrivata e non ti ha visto, ha pensato che tu _____ (dimenticare).
10. Dove sono gli zii? Non credo che _____ (arrivare). Può darsi che _____ (perdere) il treno.

g. *Formare nuove frasi usando* **che** + congiuntivo *invece di* **di** + infinito.

Esempio: Gli ho detto di tornare subito a casa.
Gli ho detto che tornasse subito a casa.

1. Le ho ordinato di fare presto.
2. Ti ho detto di svegliarmi alle sette.
3. Ho detto loro di non lavorare troppo.
4. Ho raccomandato ai clienti di avere pazienza e di aspettarmi ancora un po'.
5. Gli ho ordinato di chiudere la porta e di seguirmi.
6. Vi avevo suggerito di spegnere la luce e di andare a letto.

h. *Tradurre.*

1. When I didn't see your car, I thought you had already left.
2. There was nobody who knew how to drive a jeep.
3. I was hoping you could help me. I needed to finish the work before eleven.
4. Our son has not written for a long time. We live fearing (**nel timore**) that something has happened to him.
5. It's a pity that you don't feel like seeing the movie we have seen.
6. It would be necessary for him to realize our problems.
7. Aren't you glad you didn't buy this house?
8. He spoke English as if he had lived in England. I knew he wasn't English.
9. They were afraid I wouldn't receive their letter, so they decided to call.
10. If only I understood the subjunctive!

III / Questo *e* quello *e altri dimostrativi* . . . .

A. **Questo** e **quello** come aggettivi

1. As with all adjectives ending in **-o**, **questo** (*this, these*) has four endings. It can, however, be shortened to **quest'** before a singular noun or adjective beginning with a vowel.

Guarda questo quadro!
Look at this painting.

Cosa fate quest'inverno?
What are you doing this winter?

Sono tuoi questi alberi?
Are these trees yours?

2. In the following forms, **questo** is contracted and combined with the noun.

stamattina	(questa mattina)	*this morning*
Also: **stamani** *or* **stamane**		
stasera	(questa sera)	*this evening, tonight (the earlier part of the night)*
stanotte	(questa notte)	*tonight (now or later), last night*
stavolta	(questa volta)	*this time*

3. **Quello** (*that, those*) has several forms that follow the same pattern as **bello** and definite articles combined with **di** (**del, dello, dell'**, etc.). For an explanation of the forms of **quello** and their uses, see p. 57.

4. **Questo** and **quello** are often accompanied by **qui** (**qua**) and **lì** (**là**).

questo libro qui
this book here

quel giornale là
that newspaper there

B. Another demonstrative adjective is **codesto** (or **cotesto**). It means *that, those* and indicates a person or thing far from the speaker and close to the listener.

Dammi codesto libro che hai in mano!
Give me that book you've got in your hand.

Its use is regional; outside Tuscany, **codesto** is seldom used and **quello** is used instead.

C. **Questo** e **quello** come pronomi

Questo and **quello** are pronouns as well as adjectives. As pronouns, they both have four forms.

singular	plural
questo	questi
questa	queste

singular	plural
quello	quelli
quella	quelle

Questo è il mio orologio.
This is my watch.

Quella è mia moglie e quelli sono i miei
   bambini.
That's my wife and those are my children.

1. **Questo** can mean **questa cosa**; **quello** can mean **quella cosa**.

Questo mi preoccupa davvero.
This (matter) really worries me.

Tu pensi solo a quello!
You think only of that (matter)!

2. **Quello** and **questo** can also mean *the former* and *the latter* respectively.

Milano e Genova sono due grandi città: quella è in Lombardia, questa (è) in Liguria.
Milan and Genoa are two large cities; the former is in Lombardy, the latter (is) in Liguria.

3. **Quello** may be followed by an adjective or a prepositional phrase. Its English equivalents are *the one, the ones.*

Ti piacciono le biciclette italiane? — No, preferisco quelle francesi.
Do you like Italian bicycles? — No, I prefer French ones.

Quale pasticceria preferisce? — Quella vicino a Piazza del Duomo.
Which pastry shop do you prefer? — The one near Piazza del Duomo.

4. **Quello** may be followed by **di** to indicate possession. Its English equivalents are *that (those) of, the one(s) of.*

Hai letto i racconti di Moravia? — No, ho letto solo **quelli** di Buzzati.
Have you read Moravia's short stories? — No, I've only read Buzzati's.

5. **Quello** may be followed by a relative pronoun. Its English equivalents are *the one(s) who, the one(s) that.*

Ecco una vite: è **quella** che cercavi?
Here's a screw: is it the one you were looking for?

Ecco un libro: è **quello** di cui avevo bisogno.
Here's a book: it is the one I needed.

D. Altri pronomi dimostrativi

1. Other demonstrative pronouns can replace **questo** and **quello** only when **questo** and **quello** refer to *people.*

singular		plural
m.	*f.*	*m.* and *f.*
questi		
costui	costei	costoro
quegli		
colui	colei	coloro

Questi (*this* [*one*]) and **quegli** (*that* [*one*]) are masculine singular pronouns and can only be used as subjects.

Questi piange, quegli ride.
This one cries, that one laughs.

Costui, costei (*this* [*one*]), **costoro** (*these*), and **colui, colei** (*that* [*one*]), **coloro** (*those*) can be used as both subjects and objects. **Costui, costei, costoro** often express a derogatory meaning. **Colui, colei, coloro** are almost always followed by the relative pronoun **che**.

Non mi parlare di costui!
Don't talk to me about this jerk.

Colui che sa parla.
The one who knows, speaks.

Che diavolo vogliono costoro?
What the devil do they want?

2. The pronoun **ciò** can replace both **questo** and **quello** only when they refer to *things*. **Ciò** is always masculine singular.

Ciò è strano.
That's strange.

Dovete ricordare ciò.
You must remember this.

Mario non scrive da mesi e ciò mi preoccupa.
Mario hasn't written for months, and that worries me.

When it is not a subject, **ciò** is often replaced by **lo, ne, ci**.

lo = ciò

Chi lo ha detto? Chi ha detto ciò?
Who said so?

ne = di ciò, di questo, di quello

Chi ne vuole parlare? Chi vuole parlare di ciò?
Who wants to talk about that?

ci = a ciò, a questo, a quello

Un'altra volta devi pensarci prima!
Next time you must think about it first.

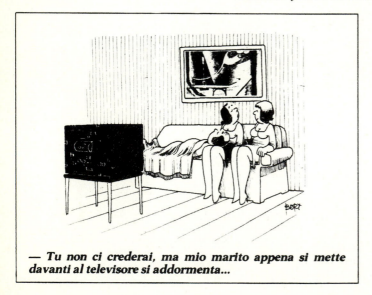

— *Tu non ci crederai, ma mio marito appena si mette davanti al televisore si addormenta...*

— Quello pensa solo ai quattrini.

• • • *Esercizi*

i. *È questione di gusti... Rispondere alle domande usando le parole fra parentesi.*

Esempio: Ti piace il vestito verde? (rosso) — No, preferisco quello rosso.

1. Ti piace la camicetta a righe? (a quadri)
2. Ti piacciono gli stivali neri? (marrone)
3. Ti piace quella giacca elegante? (sportiva)
4. Ti piace il caffè americano? (italiano)
5. Ti piaccioni i mobili in plastica? (in legno)
6. Ti piacciono le piante della zia? (della mamma)

j. *Marta e Maria hanno gusti opposti: indicare le preferenze di Marta e di Maria, prendendo l'esempio come guida.*

Esempio: Marta: A me piacciono i romanzi che parlano d'amore.
            Maria: Io preferisco quelli che non parlano d'amore.

1. le canzoni che parlano di Napoli
2. le persone che s'intendono di arte moderna
3. le storie che finiscono bene
4. gli uomini che hanno la barba
5. le automobili che hanno due portiere
6. i golf che sono in vetrina

k. *Tradurre.*

1. Do you know which of these two cars to buy? The blue one is faster, the black one is more comfortable.
2. I don't like hunters, especially the ones who shoot birds!
3. Those who don't know will say you're crazy!
4. Which painting do you prefer: this one or that one? — I prefer the one you chose.
5. What do you think of Italian short stories? — The ones we've read were very interesting, but some are rather difficult.
6. He who drives a car has a big responsibility.
7. Luisa and Franca were sisters; the former was dark, the latter (was) blonde.
8. Why didn't you want us to talk about this at lunch?

IV / *Pronomi relativi* . . . .

A relative pronoun joins a dependent clause to a preceding noun or pronoun called the *antecedent.* The dependent clause introduced by a relative pronoun is called a *relative clause.* Italian relative pronouns correspond to the English *who, whom, that, which, whose.* In English relative pronouns are often omitted; in Italian they are always used.

Il golf **che** ho comprato è rosso.
The sweater (that) I bought is red.

Mario è il ragazzo con **cui** sono uscita.
Mario is the young man I went out with.
(with whom I went out).

The relative pronouns are: **che; cui; chi; il quale, la quale, i quali, le quali.**

A. Che

1. **Che** corresponds to *who, whom, that, which.* **Che** refers to both persons and things, either singular or plural, masculine or feminine. It is invariable and can be either the subject or the direct object of the verb in the relative clause. It cannot be the object of a preposition.

il ragazzo **che** ride
the boy who laughs

la ragazza **che** conosco
the girl (whom) I know

gli esami **che** devo dare
the exams (that) I must take

le case **che** costano poco
the houses that cost little

2. When **che** is the direct object of a verb in a compound tense, agreement of the past participle in gender and number with the antecedent is optional.

La signora che ho invitat**o** (invitat**a**) è inglese.
The woman I invited is English.

B. **Cui**

1. **Cui** corresponds to *whom, that, which* and is always used after a preposition: **a cui, di cui, da cui, in cui, con cui,** etc. It refers to both persons and things. **Cui,** like **che,** is invariable.

l'uomo **di cui** parli
the man (whom) you're talking about

la signora **di cui** ci siamo lamentati
the lady (whom) we complained about

i bambini **a cui** piacciono i biscotti
the children who like cookies

il palazzo **in cui** abitate
the building (that) you live in

Note that in Italian the preposition never comes at the end of a relative clause.

2. A *preposition* + **cui** is used in some cases where the English equivalent does not always have a relative pronoun. **In cui** or **che** is used after expressions of time where English uses *when* (which is often unexpressed).

il giorno **in cui** (che) mi hai visto
the day (when) you saw me

l'anno **in cui** (che) ha nevicato
the year (when) it snowed

Per cui is used after expressions of cause where English uses *why* or *that* (which is usually unexpressed).

la ragione **per cui** non sono venuti
the reason (that) they didn't come

il motivo **per cui** piangi
the reason (that) you are crying

In cui is used after **modo** or **maniera** to mean *the way in which; in which* is often unexpressed in English.

il modo **in cui** Lei parla
the way (in which) you talk

la maniera **in cui** ballano
the way they dance

3. **Dove** can replace **in cui** or **a cui** when the antecedent is a place.

Genova è la città **dove (in cui)** abitano i miei genitori.
Genoa is the city in which (where) my parents live.

C. **Il cui, la cui, i cui, le cui**

The *definite article* + **cui** corresponds to *whose, of which* and is used to express possession. The article agrees with the noun that follows **cui** and not with the antecedent of **cui.**

Ecco la signora **il cui marito** è avvocato.
There's the woman whose husband is a lawyer.

Il palazzo **le cui finestre** sono chiuse è in vendita.
The building whose windows are closed up is for sale.

D. **Il quale, la quale, i quali, le quali**

The *article* + **quale** can replace **che** or **cui** in all of the above situations.

1. The *article* + **quale** is used instead of **che** to avoid ambiguity because the article indicates the gender and number of the antecedent.

Ho parlato con la moglie di Mario **la quale** è professoressa.
I spoke with Mario's wife, who is a teacher.

Gli amici di Laura **i quali** arrivano oggi vivono in campagna.
Laura's friends, who are arriving today, live in the country.

2. The *article* + **quale** is frequently used instead of **cui**. The article combines with the preceding preposition, as necessary: **al quale, della quale, nei quali, sulle quali,** etc.

Ecco i ragazzi **con i quali** (**con cui**) gioco a carte.
There are the boys with whom I play cards.

È una cosa **alla quale** (**a cui**) bisogna pensare.
It's something we have to think about.

3. **Di** + *article* + **quale** can replace the *article* + **cui** to show possession. There are differences in agreement and word order: **del quale** agrees with its antecedent and follows the noun it modifies.

Ecco la signora il marito **della quale** (il cui marito) è avvocato.
There's the lady whose husband is a lawyer.

Il palazzo le finestre **del quale** (le cui finestre) sono chiuse è in vendita.
The building whose windows are closed is (up) for sale.

E. Chi

1. Unlike the other relative pronouns, **chi** does not require an antecedent and is used only for people. It corresponds to *he (him) who, she (her) who, whoever, whomever, the one(s) who, those who.* When used as the subject of the relative clause, it always takes a singular verb. **Chi** is often found in proverbs, popular sayings, and generalizations.

Ride bene chi ride ultimo.
He who laughs last laughs best.

Chi s'aiuta il ciel l'aiuta.
God helps those who help themselves.

Ammiro chi dice la verità.
I admire those who tell the truth.

Potete dare il mio indirizzo a chi volete.
You can give my address to whomever you want.

Noi non ci fidiamo di chi non conosciamo bene.
We don't trust those we don't know well.

2. **Chi** has several alternate forms with the same meaning: **quello (quella) che, colui che, colei che, quelli (quelle) che, coloro che.**

Chi dice ciò sbaglia.
Colui che dice ciò sbaglia.
Coloro che dicono ciò sbagliano.
Whoever says this is mistaken.

F. Quello che, quel che, ciò che, quanto

1. **Quello che, quel che, ciò che,** and **quanto** correspond to *that which, what.* They usually refer to *things.* Their meanings are the same and they are interchangeable.

Non capisco quello che dici.	Non è quel che cerchiamo.
I don't understand what you're saying.	*That's not what we're looking for.*
Puoi ordinare ciò che vuoi.	Ho fatto quanto ho potuto.
You can order what you want.	*I did what I could.*

2. **Tutto quello che, tutto quel che, tutto ciò che,** and **tutto quanto** correspond to *everything that, all that.*

È tutto quel che ricorda.	Facevano tutto quanto potevano.
It's all (that) he remembers.	*They did everything they could.*

3. **Tutti quelli che, tutti quanti,** and **quanti** correspond to *all that, everyone that* only when referring to *people.*

Tutti quelli che lo conoscono gli vogliono bene.
Everyone who knows him loves him.

Quanti l'hanno vista hanno detto che era elegante.
All those who saw her said she was well dressed.

• • • *Esercizi*

I. *Inserire la forma corretta del pronome relativo.*

1. La stagione _____ quasi tutti preferiscono è la primavera.
2. Chi è la persona con _____ parlavi?

— *Nel nostro zoo gli animali non hanno nulla di cui lamentarsi.*

— Quello che mi spinge a scrivere è il bisogno di comunicare con altre persone...

3. Non mi piace il tono con _____ mi hai risposto.
4. Volete sapere la ragione per _____ se n'è andata?
5. È una persona della _____ tutti parlano.
6. È quello il cameriere al _____ abbiamo chiesto il conto?
7. Il dottore da _____ andiamo è molto bravo.
8. Ricordo bene il giorno in _____ l'ho incontrata.
9. Gli operai _____ lavorano in quella fabbrica escono alle sei di sera.
10. Le hai restituito il libro _____ ti aveva imprestato?

m. *Completare ciascuna delle frasi del Gruppo A con la frase corretta del Gruppo B.*

A	B
1. Quello che non mi piace	a. quelli che se lo meritano.
2. Non riuscivamo a capire	b. che si occupi dei bambini durante la loro assenza.
3. Non c'era nessun ristorante	c. il motivo per cui parlavano in quel modo.
4. Aiutiamo volentieri	d. in cui non fossimo stati.
5. Cercano una signorina	e. è che si interessino degli affari miei.
6. È bene parlare di cose	f. di cui abbiamo un'esperienza diretta.

n. *Sostituire un altro pronome relativo a quello usato.*

Esempio: Il romanzo di cui mi parli non mi è piaciuto affatto.
              Il romanzo **del quale** mi parli non mi è piaciuto affatto.

1. Chi non vuole venire può restare a casa.
2. L'università in cui studiano i suoi figli è la stessa in cui ha studiato lui.
3. Vuoi sapere il motivo per cui ho preferito tacere?
4. Prendi solo i libri di cui hai bisogno.
5. Desidero ringraziarvi di ciò che avete fatto per me.
6. Non sono molti gli Americani a cui piacciono gli spinaci.
7. L'avvocato di cui mi avete parlato non abita più qui.
8. Fa' quello che vuoi!

o. *Combinare le due frasi usando* **che** *o una preposizione* + **cui.**

Esempio: Vada a prendere i libri. Sono sugli scaffali.
                     Vada a prendere i libri che sono sugli scaffali.

1. Qual è la casa? La casa è in vendita.
2. Non ricordo lo studente. Gli ho imprestato il dizionario.
3. Come si chiama la ragazza? Le hai telefonato pochi minuti fa.
4. Ha un fratello. Non va d'accordo con lui.
5. Sono problemi attuali. Ne abbiamo già parlato ieri.
6. Questo è l'indirizzo. Non dovete dimenticarlo.
7. Quella è la professoressa. Le dà fastidio il fumo.
8. Ecco l'appartamento. Ci abitano da diversi anni.

p. *Tradurre.*

1. the room I need
2. the writer I will talk about
3. the friend I think of
4. the photo I look at
5. the hotel I was looking for
6. the meal I pay for
7. the wine I like
8. the bed I used to sleep in
9. the person I shook hands with
10. the glasses I dropped

q. *Formare un'unica frase usando* **il (la, i, le) cui.**

Esempio: Alberto Moravia è uno scrittore. I suoi racconti sono famosi.
                     Alberto Moravia è uno scrittore i cui racconti sono famosi.

1. Andiamo dallo zio. La sua casa è in montagna.
2. Aldo è un mio amico. I suoi genitori sono piemontesi.
3. Roma è una città. Abbiamo studiato i suoi monumenti.
4. C'è una via. Ho dimenticato il suo nome.
5. Giancarlo Giannini è un attore. I suoi occhi mi piacciono molto.
6. Michelangelo è un artista. Le sue opere sono ammirate da tutti.

r. *Completare il seguente brano con i pronomi relativi appropriati.*

L'autore di _____ parleremo e con _____ chiuderemo questo ciclo di lezioni
presenta alcune caratteristiche _____ lo differenziano dagli altri autori _____
abbiamo letto. Il romanzo da _____ ho tratto il brano _____ leggeremo è stato

incominciato in un periodo in _____ l'autore si trovava in America. È la storia di una serie di misteriosi delitti _____ sono commessi nella biblioteca di un monastero. Il romanzo la _____ storia s'intreccia (*intertwines*) con la Storia è difficile da definire. Ci sono critici _____ lo chiamano un'allegoria, altri _____ lo considerano un romanzo poliziesco. Il libro, da _____ hanno anche tratto un film, ha ricevuto molti premi letterari.

s. *Completare le seguenti frasi.*

1. Chi studia molto...
2. Ricordo ancora il giorno in cui...
3. Le cose di cui ho più bisogno sono...
4. Non mi piace il modo in cui...
5. Quello che conta nella vita è...
6. Ciò che Elena voleva era che...
7. La ragione per cui studio l'italiano è che..

t. *Rispondere alle seguenti domande.*

1. Ci sono persone che Lei conosce i cui genitori o i cui nonni sono nati in Italia?
2. C'è un professore/una professoressa alla Sua università che è conosciuto/a in tutti gli Stati Uniti?
3. Conosce un regista italiano/una regista italiana i cui film sono popolari in America?
4. Conosce qualche scrittore americano le cui opere Lei considera importanti?
5. Lei sa il nome degli attori e delle attrici che hanno vinto l'Oscar l'anno scorso?
6. C'è qualche uomo politico moderno il cui nome, secondo Lei, sarà ricordato nella storia?

u. *Tradurre.*

1. This coffee is good, like the one the professor served yesterday at his house.
2. Is that the son of the woman you introduced me to?
3. Have you read the article that deals with our subject?
4. Do you remember the day we saw each other for the first time?
5. The one who said these things is my daughter.
6. What you say is right but I do what I want.
7. I don't like the girls you made friends with. I find them unbearable!
8. Have you found the book whose title you had forgotten?
9. What you do doesn't interest me at all.
10. What do you think of the way he behaved?
11. Do you know that lady? — Yes, I met her many years ago but I still remember everything she said to me that day.
12. Help those who help you. Don't help those who don't deserve it.
13. There will be many friends of ours at the party. We've invited only those we know well.
14. There are those who do not remember birthdays; I do not remember names!

V / Lettura . . . .

Vocabolario utile

aumentare   *to increase*
chinarsi   *to bend down*
curare   *to take care of, to treat*
***dipendere** (p.p. **dipeso**; p.r. **dipesi**)
      (da)   *to depend (on)*
rallentare   *to slow down*
***salire in macchina**   *to get in a car*
***scendere** (p.p. **sceso**; p.r. **scesi**) **dalla**
      macchina   *to get out of a car*
staccare   *to detach;* **staccarsi**   *to fall
      out*

l'**accendino** (l'**accendisigaro**)   *lighter*
al giorno d'oggi   *nowadays*

la **benzina**   *gasoline*
il **buco**   *hole*
il **colpo**   *banging*
il **dito** (pl. le **dita**)   *finger*
la **gita**   *excursion*
la **portiera**   *door (of a car)*
il **posto**   *place;* **a posto** *in order; in
      place*
il **sedile**   *seat*
   sicuro   *safe;* la **sicurezza**   *safety*
   veloce   *fast;* la **velocità**   *speed*
la **vite**   *screw*

Una vite di troppo°

one screw too many

    C'era un tempo meraviglioso, proprio un tempo di primavera.
Un sole e un'aria fresca che avevano il potere di trasformare anche
un viaggio d'affari in una piacevole gita.
    La macchina era a posto. Perfetta sotto tutti i punti di vista.
5 Motore in ordine, freni° potentissimi, carrozzeria° silenziosissima.   *brakes / body*

Prendemmo l'auto e ci avviammo all'autostrada, e quando fummo sul rettilineo° lanciai la macchina a tutta velocità.

— È inutile correre°, — disse Attilio — noi non abbiamo nessuna premura° e dobbiamo considerare questo viaggio come una gita.

10 Rallentai. Sull'autostrada non c'è molto da vedere, ma anche quel poco che c'è, con una giornata di sole, è sempre piacevole. L'auto scivolava via silenziosa, e cominciammo a parlare delle automobili, del motore e della sicurezza delle macchine di oggi. Una volta non si viaggiava così sicuri. C'era sempre il timore che qualcosa smet-

15 tesse di funzionare, e le panne° erano molto più frequenti di adesso. Adesso, infatti, è rarissimo trovare automobili ferme ai lati delle strade. Se si trovano automobili ferme ai lati delle strade è perchè si tratta di panini imbottiti° e non di carburatori o altro.

Attilio fece alcune considerazioni sulla silenziosità della mia au-

20 tomobile. Era davvero un miracolo che essa fosse in così buone condizioni. Era già qualche anno che l'usavo, ma io la curavo proprio come una cosa preziosa e appena mi accorgevo di qualcosa che cominciava a non andare la portavo subito dal meccanico. Se tutti tenessero l'auto come la tengo io, le automobili durerebbero

25 di più.

— Fumi? — disse a un tratto° Attilio interrompendo il discorso e prendendo un pacchetto di sigarette.

Io dissi di sì e Attilio mi mise in bocca la sigaretta, poi prese l'accendino e fece sprizzare la fiamma. Accendemmo la sigaretta e

30 continuammo il discorso sulle automobili ma a un tratto sentimmo chiaramente un tintinnio° come di un piccolo oggetto di metallo che batte contro un piano di metallo. Attilio si chinò a guardare sotto il cruscotto° e si rialzò tenendo fra le dita un piccolo oggetto luccicante°.

35 — Cos'è? — dissi.

— Una vite, — disse Attilio, — da che parte viene?

— Non, so, — dissi, — è caduta dalla tua parte, mi pare.

Attilio guardò la portiera dimenandosi° un poco sul sedile, guardò sul soffitto della macchina, dietro lo specchio retrovisore°.

40 — Non trovo, — disse, — mi pare che tutte le viti siano a posto, qui.

Attilio allungò le mani e cominciò a tastare° sotto il cruscotto.

— Ci sono un sacco di fili° e non riesco a capire dove manca una vite, — disse, — ad ogni modo deve essere una vite poco im-

45 portante perchè vedo che la macchina va lo stesso.

— Tutte le viti sono importanti, se ci sono, — dissi, — a te pare di sentire qualcosa?

Vidi che si metteva° ad ascoltare attentamente.

— Mi pare di sentire come una vibrazione, — disse, — dalla mia

50 parte. E prima non c'era, — disse.

— La sento anch'io, — dissi — e sento anche un tuc tuc.

---

straightaway

to speed

fretta

breakdowns

sandwiches

suddenly

rattle

dashboard
shining

muovendosi
rear-view mirror

feel
wires

cominciava

Sentivo effettivamente una vibrazione e dei colpi regolari, e poi mi sembrò che la vibrazione aumentasse e ai colpi si fosse aggiunto un altro rumore.

55 — Effettivamente c'è qualcosa che non va, — disse Attilio, — prova a rallentare.

Rallentai, poi aumentai di nuovo la velocità.

Adesso mi sembrava che tutto traballasse° e che la macchina si *was shaking*
dovesse sfasciare° da un momento all'altro. *fall apart*

60 — Sembra proprio che la macchina si stia sfasciando, — disse Attilio, — si vede proprio che la vite era importante. Alle volte° basta *at times* che venga via una vite perchè si provochi° un disastro. Io mi fer- *succeda* merei.

— Tanto più, — continuò, — che sento odor di benzina.

65 — Odor di benzina? — dissi arricciando il naso e annusando° *sniffing* qua e là. — È vero.

Sentivo infatti un leggero odor di benzina e la cosa cominciava a preoccuparmi: se si sente odor di benzina, la vite è venuta via da qualche parte della macchina.

70 Accostai° la macchina al lato della strada e andai a fermarmi *avvicinai* pochi metri più avanti.

— Qui c'è un buco, — disse Attilio, — ma è grosso come un dito. Occorrerebbe una vite grossa quattro volte questa°. *four times as big as this one*

Guardammo il buco, ma non era nemmeno un buco da vite e 75 continuammo a cercare.

Una piccola automobile venne a fermarsi davanti a noi.

— Avete perduto qualcosa?, — ci domandò un giovane che era sceso dalla macchina.

— No, — dissi, — abbiamo trovato qualcosa. Si tratta di una vite 80 e stiamo cercando il suo buco che non riusciamo a trovare.

Il giovanotto guardò la vite e poi disse che gli sembrava si trattasse di una vite da accessorio. Forse del retrovisore o dell'orologio del cruscotto.

— Impossibile, — disse Attilio. — Quando si è staccata abbiamo 85 cominciato a sentire odore di benzina. Non si sente odore di benzina se si stacca una vite del retrovisore.

— Questo è vero, — disse il giovanotto, — e allora bisogna alzare il cofano° e guardare il carburatore. Sebbene mi sembra molto dif- *hood* ficile° che una vite che sta nel motore debba cadere dentro la mac- *unlikely* 90 china.

— Tutto può succedere al giorno d'oggi, — disse Attilio.

Alzammo il cofano e guardammo il carburatore e il condotto della benzina.

Ad alzare il cofano non si sentiva nessun odore di benzina. Ac-95 cendemmo il motore ma tutto funzionava regolarmente e non si sentiva nessun odore di benzina.

— Eppure da qualche parte deve venire, — dissi, — da quando

si è staccata, oltre all'odore di benzina, la macchina si è messa a
fare un *rumore indiavolato°* come se si dovesse sfasciare da un   *terrible*
100 momento all'altro.

Il giovanotto *scosse°* la testa.   *shook (from scuotere)*

—Allora *dipende dalla°* carrozzeria, — disse — e se dipende dalla   *it comes from*
carrozzeria non capisco perchè si dovrebbe sentire odore di ben-
zina.

105 — Sembra strano anche a me, — dissi, — ma d'altra parte questi
sono i fatti.

Il giovanotto alzò le spalle e tornò alla sua macchina dopo averci
consigliato di riprendere la strada pian piano e di fermarci alla
prima officina°.   *garage*

110 Continuammo a cercare ancora per un *pezzo°,* poi ci sedemmo   *for a while*
sul *ciglio°* della strada senza essere riusciti a trovare il buco della   *edge*
vite.

— Non c'è niente da fare, — disse Attilio, — il buco non si trova
e ci *conviene°* proseguire fino alla prossima officina. Sigaretta?   *we'd better*

115 Presi la sigaretta e Attilio fece scattare l'accendisigaro e accese.

— Sento di nuovo odore di benzina, — disse.

— Impossibile. — dissi, — siamo lontani dalla macchina.

— Eppure! — disse Attilio. Si *sfregò°* il palmo della mano e an-   *he rubbed*
nusò, poi prese di tasca l'accendisigaro e mandò un *accidente°.*   *cursed*

120 — Ecco, — disse, — di dove manca la vite!

Mostrò l'accendisigaro e il buco che *gocciolava°* benzina. Vi ac-   *was dripping*
costò° la vite che *combaciò°* perfettamente e la strinse con una   *he held up to it / fit*
moneta da cinque lire.

Risalimmo soddisfatti in macchina e riprendemmo la marcia.

125 Ora la macchina *filava°* via sull'autostrada a tutta velocità, e non si   *andava*
sentiva il più piccolo rumore.

Era una bellissima mattina di primavera.

Carlo Manzoni, *Il signor Brambilla e dintorni*

• • • *Domande sulla lettura*

1. Che tempo faceva?
2. Che cosa hanno fatto i due amici?
3. Perchè, secondo Attilio, era inutile guidare a tutta velocità?
4. Una volta, quando si viaggiava in macchina, di che cosa si aveva sempre paura?
5. Per quale ragione oggi, secondo il narratore, le macchine si fermano ai lati della strada?
6. Perchè la macchina era in ottime condizioni?
7. Che rumore hanno sentito Attilio e l'amico mentre fumavano?
8. Che cosa aveva causato questo rumore?
9. Quali altre cose strane hanno notato i due amici?
10. Quando hanno deciso di fermarsi?
11. Che cosa ha chiesto il giovane automobilista e che cosa hanno risposto i due?

12. Quali fatti sembravano strani a tutt'e tre?
13. Che cosa ha consigliato l'automobilista?
14. Che cosa ha scoperto finalmente Attilio?

• • • *Studio di parole*

next

prossimo
next, after this one (in both time and space)

Vai a Roma il mese prossimo?
Are you going to Rome next month?

Devo scendere alla prossima stazione.
I must get off at the next station.

seguente or **dopo**
next, following (in both time and space)

Sono arrivati il due maggio e sono ripartiti il giorno seguente (dopo).
They arrived on May 2 and left again the following day.

Seguente must be used instead of **prossimo** whenever the time frame is in the past. **La settimana prossima** can only mean *the week following the present one*; **la settimana seguente** or **la settimana dopo** means *the week following another week in the past.*

to take

prendere
to take; to have something (in reference to food)

Abbiamo preso la macchina e siamo partiti.
We took the car and left.

Perchè non andiamo a prendere un caffè?
Why don't we go have a cup of coffee?

portare
to take, to carry, to accompany; to wear

Abbiamo portato la macchina dal meccanico.
We took the car to the mechanic.

Voglio portare i bambini allo zoo.
I want to take the children to the zoo.

Perchè porti gli occhiali?
Why do you wear glasses?

There are many idiomatic expressions in Italian in which a verb other than **prendere** or **portare** corresponds to the English *take*:

seguire un corso (fare un corso)	*to take a course*
But: **prendere una lezione**	*to take a lesson*
fare un viaggio (una gita)	*to take a trip (excursion)*
fare un esame	*to take an exam*

(**Dare un esame** means to take one of the many comprehensive exams at an Italian university.)

• • • *Pratica*

A. *Scegliere la parola che completa meglio la frase.*

1. Per arrivare prima, quale strada dobbiamo _____?
2. Non sono scesi alla fermata in Piazza Dante; sono scesi alla fermata _____.
3. Se non ti senti bene, ti devo _____ dal dottore.
4. Quante volte alla settimana _____ lezioni di ballo i bambini?
5. Sono sicuro che gli zii arriveranno la settimana _____.
6. La signora era molto elegante: _____ un vestito rosso con accessori neri.
7. Quanti viaggi avete _____ da quando vi siete sposati?
8. Non hai studiato abbastanza. Come puoi _____ l'esame domani?
9. La storia continua al _____ numero.
10. La _____ volta che mangiamo insieme, offro io!

B. *Tradurre.*

1. He took the lighter and lit a cigarette.
2. I don't feel like eating at home tonight. Why don't you take me out to dinner?
3. Two friends of mine will spend next year in Italy. They will study at the University of Perugia.
4. Don't forget to take this letter and mail it when you go home. It has to go out (**partire**) today.   — I can do one thing. I can take it to the post office right now!
5. You shouldn't have had two eggs for breakfast. You are not used to them.
6. I was so busy. I was taking five courses at the university. I was also taking piano lessons at the conservatory three times a week.

C. *Domande per Lei*

1. Che cosa fa Lei quando si accorge che qualcosa comincia a non andare in una macchina?
2. Che cosa pensa quando sente odor di benzina?
3. Che cosa dobbiamo fare perchè le automobili durino di più?
4. È a favore o contro i limiti di velocità sulle autostrade? Perchè?

• • • *Temi per componimento o discussione*

1. L'uomo padrone e schiavo dell'automobile.
2. Una gita piacevole rovinata da un incidente insignificante.
3. La sicurezza dei mezzi di trasporto d'oggi in confronto con quelli di una volta.

CAPITOLO DIECI

I / Imperativo ·

The **imperativo** (*imperative*) is used in Italian as well as in English to give orders and advice, and to exhort. It exists in all persons except the first person singular.

Verbi regolari

A. The forms of the imperative for the three regular conjugations are:

	amare	credere	finire	partire
(tu)	ama	credi	finisci	parti
(Lei)	ami	creda	finisca	parta
(noi)	amiamo	crediamo	finiamo	partiamo
(voi)	amate	credete	finite	partite
(Loro)	amino	credano	finiscano	partano

1. Note that only the second person singular of **-are** verbs has a special imperative form: *stem* + **-a**.

2. All other persons use either the present indicative or present subjunctive forms. **Tu, noi,** and **voi** use the present indicative forms; **Lei** and **Loro** use the present subjunctive forms.

3. The first person plural of the imperative (**noi**) is used to make suggestions and corresponds to the English *Let's* + *verb.*

Andiamo a casa!   Accendiamo la luce!   Facciamo una passeggiata!
Let's go home.   *Let's turn on the light.*   *Let's go for a walk.*

4. For extra emphasis the imperative may be accompanied by the subject pronoun placed before or after the verb.

Rispondi **tu**!   **Lei** mi dica cosa vuole!
You answer!   *You tell me what you want!*

5. To soften the intensity of the imperative, the words **pure** or **un po'** are often used.

Resta pure a cena!   Indovina un po'!
Please stay for dinner.   *Take a guess.*

Verbi irregolari

A. **Avere** and **essere** have special forms for the second person singular, **abbi** and **sii**, and use the present subjunctive forms in all other persons.

avere	essere
abbi	sii
abbia	sia
abbiamo	siamo
abbiate	siate
abbiano	siano

B. For the second person singular a few verbs use either a contracted form or the full form of the present indicative (except for **dire**).

andare	dare	fare	stare	dire
va' (vai)	**da'** (dai)	**fa'** (fai)	**sta'** (stai)	**di'**
vada	dia	faccia	stia	dica
andiamo	diamo	facciamo	stiamo	diciamo
andate	date	fate	state	dite
vadano	diano	facciano	stiano	dicano

C. Verbs that have irregular forms in the present indicative and present subjunctive show the same irregularities in the imperative.

tenere	uscire	venire
tieni	esci	vieni
tenga	esca	venga
teniamo	usciamo	veniamo
tenete	uscite	venite
tẹngano	ẹscano	vẹngano

D. Special attention should be paid to the imperative of **sapere** and **volere**.

sapere	volere
sappi	vogli
sappia	voglia
sappiamo	vogliamo
sappiate	vogliate
sạppiano	vọgliano

1. The forms **sappi, sappia,** and **sappiate** correspond to the English *you must know.*

Sappiate che non scherzo!
I want you to (you should) know I am not joking.

2. The forms **voglia** and **vogliate** + *infinitive* are frequently used to close formal letters.

Voglia gradire i miei migliori saluti.
Please accept my best greetings. or simply *Yours truly.*

They are also used in formal speech to express *Be so good as to...* or *Would you be so kind as to...*

Voglia chiudere la porta, per favore!
Kindly shut the door, please.

Imperativo negativo

To form the negative imperative, **non** is placed before the affirmative form in all persons except for **tu**. In the **tu** form, **non** + *infinitive* is used.

	Affirmative	Negative
(tu)	lavora	**non lavorare**
(Lei)	lavori	non lavori
(noi)	lavoriamo	non lavoriamo
(voi)	lavorate	non lavorate
(Loro)	lavọrino	non lavọrino

Sii puntuale!	**Non essere** in ritardo!
Be on time!	*Don't be late!*
Parla dello sciopero!	**Non parlare** del dirottamento!
Talk about the strike!	*Don't talk about the hijacking!*
Prenda il giornale!	**Non prenda** la rivista!
Take the newspaper!	*Don't take the magazine!*
Andate a casa!	**Non andate** al cinema!
Go home!	*Don't go to the movies!*

• • • *Esercizi*

a. *Cosa dice un professore italiano in classe? Dare tutt'e due le forme dell'imperativo (il* **Lei** *e il* **voi***) per il verbo di ogni frase.*

> *Esempio:* Il professore dice di studiare la lezione.
> **Studi** la lezione! (quando parla a uno studente)
> **Studiate** la lezione! (quando parla a tutti gli studenti)

Il professore dice di...

1. fare attenzione.
2. finire l'esercizio.
3. andare alla lavagna.
4. tradurre le frasi.
5. non dimenticare le eccezioni.

6. ripetere, per favore.
7. parlare più forte.
8. leggere il brano ad alta voce.
9. non avere fretta.
10. aprire il libro a pagina novanta.

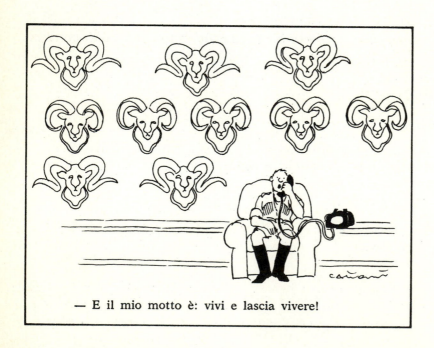

— E il mio motto è: vivi e lascia vivere!

— Non leggere così forte: non riesco a dormire.

b. *Dire all'amica Orietta di fare il contrario di quello che fa.*

Esempi: Orietta guarda la TV. **Non guardare la TV!**
Orietta non esce. **Esci!**

1. Orietta non va in cucina.
2. Non chiude la porta.
3. Beve Coca-Cola.
4. Non sta zitta.
5. Racconta barzellette.
6. Non spegne la luce.
7. Scende dalla macchina.
8. Non stringe la mano a tutti.
9. Non è gentile con i vicini.
10. Dice sempre "Cioè".

Imperativo + pronomi

A. When object pronouns (direct and indirect, **ci** and **ne**, combined forms) are used with the imperative, their position in relation to the verb is determined by the person of the verb.

1. Object pronouns *always* precede the verb in the **Lei** and **Loro** persons in both the *affirmative* and *negative* imperative.

Lei	**Mi dica** qualcosa!	**Non mi dica** tutto!
	Tell me something!	*Don't tell me everything!*
Loro	**Lo facciano** adesso!	**Non lo facciano** stasera!
	Do it now!	*Don't do it tonight!*

2. When object pronouns are used with the *affirmative* imperative in the **tu, noi,** and **voi** persons, they follow the verb and are attached to it, forming one word. No matter how long the word becomes, the stress remains unaffected by the addition.

tu	**Parlami** d'amore, Mariù!	**Pensaci,** Giacomino!
	Talk to me of love, Mariù!	*Think about it, Giacomino!*

noi	**Prendiamone** un po'!	Carla non ha capito le regole. **Spieghiamogliele!**
	Let's take a little.	*Carla didn't understand the rules.*
		Let's explain them to her.

voi	**Ditelo** coi fiori!	**Lasciatela** passare!
	Say it with flowers.	*Let her pass!*

3. When the shortened **tu** form of **andare, dare, dire, fare,** and **stare** is used with a pronoun (single or combined), the apostrophe disappears and the initial consonant of the pronoun is doubled (except for **gli**).

dare:	**da'**	**Dalle (dagli)** un bacione!	**Dacci** oggi il nostro pane
		Give her (him) a big kiss!	quotidiano!
			Give us this day our daily bread.

dire:	**di'**	Anna, **dimmi** di sì!	**Digli** quando vieni!
		Anna, tell me yes!	*Tell him when you're coming!*

fare:	**fa'**	**Fallo** ora!	Hai le foto? **Faccele** vedere!
		Do it now!	*Do you have the pictures? Show them to us!*

stare:	**sta'**	Va' in Italia e **stacci** almeno un mese!
		Go to Italy and stay at least a month!

andare:	**va'**	**Vattene** a casa e riposati!
		Go on home and rest!

4. With the negative imperative of the **tu, noi,** and **voi** persons, object pronouns may either precede or follow the verb.

Affirmative	Negative	
Parlale!	Non **le** parlare!	Non parlarle!
Parliamole!	Non **le** parliamo!	Non parliamole!
Parlatele!	Non **le** parlate!	Non parlatele!

B. The preceding rules governing the position of object pronouns with the imperative also apply to the imperative of reflexive verbs.

Affirmative	Negative		
Alzati!	Non **ti** alzare!	*or*	Non alzar**ti**!
Si alzi!	Non **si** alzi!		
Alziamo**ci**!	Non **ci** alziamo!	*or*	Non alziamo**ci**!
Alza**tevi**!	Non **vi** alzate!	*or*	Non alza**tevi**!
Si alzino!	Non **si** alzino!		

As we have seen, reflexive pronouns may combine with other pronouns. The following imperatives of **andarsene** illustrate the combination of reflexive pronouns with **ne**.

Affirmative	Negative		
Vattene!	Non te ne andare!	*or*	Non andartene!
Se ne vada!	Non se ne vada!		
Andiamocene!	Non ce ne andiamo!	*or*	Non andiamocene!
Andatevene!	Non ve ne andate!	*or*	Non andatevene!
Se ne vadano!	Non se ne vadano!		

• • • *Esercizi*

c. *Riscrivere le seguenti frasi cambiando l'imperativo dal* **Lei** *al* **tu** *e dal* **Loro** *al* **voi**.

Esempi: Abbia pazienza e rallenti! **Abbi pazienza e rallenta!**
Non si preoccupino! **Non vi preoccupate!**

1. Stia fermo e non si muova!
2. Volti a destra e poi vada sempre dritto!
3. Si guardino nello specchio!
4. Faccia così! Non faccia così!
5. Se ne vadano e non tornino mai più!
6. S'accomodi[1] in salotto e ci aspetti!
7. Prenda il sale e me lo passi!
8. Non glielo dicano, glielo scrivano!
9. Le telefoni e la inviti!
10. Mi dia delle caramelle di menta!

d. *Mi piace dare dei suggerimenti* (suggestions)...

Esempio: Voglio proporre agli amici di fare una passeggiata.
Facciamo una passeggiata!

Voglio proporre di...

1. andare al cinema.
2. giocare a carte.

[1]S'accomodi (*from* accomodarsi) *is frequently used to mean come in, make yourself comfortable.*

3. prendere lezioni di judo.
4. bere qualcosa.
5. non dirlo a nessuno.
6. finire gli esercizi.
7. non parlarne più.
8. tornare in Europa e starci un mese.

e. *Immaginare di essere con un gruppo di invitati. Usare prima il* **voi** *(gli invitati sono amici) e poi il* **Loro** *(la situazione è molto formale).*

Esempio: Dire agli invitati di entrare.
            Entrate!
            Entrino!

Dire agli invitati di...

1. venire verso le otto.
2. accomodarsi in salotto.
3. non stare in piedi.
4. non preoccuparsi per il ritardo.
5. scusare il disordine.
6. aspettarci cinque minuti.
7. non chiudere la porta.
8. prendere un caffè.

f. *Ordini strani...   In un racconto di Moravia una donna sente una voce che le ordina di fare cose strane. Leggere attentamente e poi cambiare dal* **tu** *al* **Lei.**

Alzati, esci in camicia come sei, va' a suonare alla porta del tuo vicino e digli che hai paura. Va' a comprare una bottiglia di cognac, bevine la metà e poi mettiti a letto. Telefona in ufficio. Di' che non ti senti bene. Resta a casa. Restaci tre giorni.

Ora tradurre in italiano.

Leave the house, get in your car, and drive toward the Piazza del Popolo. Stop, get out, go eat a pizza, eat slowly. If a man asks you for money, give it to him. Go to the first antique store (**negozio di antiquariato**) that you see and ask to see any object. Then buy a little silver box (**scatoletta d'argento**) and put it in your purse.

E ora usare un po' di fantasia e continuare con altri ordini.

g. *È così facile andare d'accordo quando l'altra persona dice sempre di sì! Seguire l'esempio.*

Esempio: Allora, ci andiamo?   — Sì, andiamoci!

1. Allora, ci sediamo?
2. Allora, lo facciamo?
3. Allora, ce ne andiamo?
4. Allora, le portiamo due fiori?
5. Allora, ci scommettiamo?
6. Allora, glielo diciamo?
7. Allora, li compriamo?
8. Allora, ci fermiamo?

h. *Sostituire al nome la forma corretta del pronome. Fare i cambiamenti necessari.*

Esempio: Dicci la verità! Sì, diccela!

1. Parlale dei bambini!
2. Dillo al professore!
3. Indicale la strada!
4. Restituiscigli l'anello!
5. Chiedilo alla mamma!

6. Dagli il passaporto!
7. Falle un regalo!
8. Falle molti regali!
9. Sta' a casa!
10. Vendile il mobile!

i. *Due amici parlano di quello che vogliono fare un sabato sera. Uno suggerisce una cosa, l'altro ne suggerisce un'altra. Parlano, discutono, s'arrabbiano, ma non riescono a mettersi d'accordo. Immaginare la loro conversazione.*

Altri modi di esprimere l'imperativo

1. The infinitive often replaces the imperative in situations where the general public is addressed rather than an individual person or persons (public notices, signs, instructions, recipes). Note, for example, the directions for the exercises throughout this book.

Non fumare.
No smoking.

Rallentare.
Slow down.

Andare avanti.
Move to the front.

Cuocere un'ora a fuoco lento.
Cook an hour on low heat.

2. A question with the verb in the present indicative may be used instead of the imperative to tone down an order or request. Compare:

Mi porta un caffè?
Will you bring me a cup of coffee?

Mi porti un caffè!
Bring me a cup of coffee.

The present indicative of **potere** or **volere** + *verb* can also be used instead of the imperative.

Può portarmi un caffè?
Can you bring me a cup of coffee?

Vuol portarmi un caffè?
Please bring me a cup of coffee.

3. To express a command affecting a third party, [**che**] + *present subjunctive* is used. These indirect commands express what the speaker wants another person or persons to do.

Venga Mario se vuole!
Let Mario come if he wants to.

Che **parli** lei al professore!
Let her talk to the professor.

Che mi **lascino** in pace!
I wish they'd leave me alone!

Note that when the subject is expressed it often follows the verb for emphasis.

• • • *Esercizi*

j. *Rispondere alle domande usando i nomi fra parentesi.*

Esempio: Chi lo fa? Tu? (Carlo)   — **No, lo faccia Carlo!**

1. Chi paga? Tu? (l'avvocato)
2. Chi glielo dice? Tu? (la nonna)
3. Chi ci va? Tu? (Luigi)
4. Chi ne parla? Tu? (Silvia)
5. Chi le accompagna? Tu? (l'autista)
6. Chi gli telefona? Tu? (l'ingegnere)
7. Chi se ne occupa? Tu? (lo zio)

k. *Tradurre.*

1. Mom, how do you like my dress? Please tell me what you think of it.
2. Waiter, please bring us two ice-cream cones and one cappuccino. And don't forget to bring some water with ice!
3. Pierino, shake hands with the gentleman and ask him how he is.
4. Please return the books to me. I need them!
5. Go get my glasses, will you? I think I left them in the car.
6. She has so many dishes to wash. Let's give her a hand!
7. Why are mothers always telling their children, "Do this, don't do that"?
8. Take the umbrella. I don't want you to get soaked.
9. Let them wait if they want. I can't see them now.
10. Slow down! Didn't you see the sign that says "Slow down"?

II / *Esclamazioni* . . . .

A. Exclamations, or interjections, are common words or phrases used to express emotional reactions, such as *surprise, pain, joy, hesitation,* and *encouragement.* They are usually followed by an exclamation mark.

1. Some common expressions of encouragement used either alone or to reinforce the imperative are:

Dai!   Su!   Orsù!   Suvvia!   Avanti!   Sotto!   Andiamo!   Forza!

They all correspond to the English *Come on! Let's go!*

Dai, muoviti!
Come on, move!

Su, alzati, è tardi!
Let's go, get up, it's late!

Avanti, smettete di ridere!
Come on, stop laughing!

2. A common exclamation that often appears in graffiti is **Viva!** or, less often, **Evviva!**

Viva la pace!
Long live peace!

Viva le donne!
Long live women!

Viva is indicated by the symbol **W.**

W la pace!
Long live peace!

W le donne!
Long live women!

Abbasso (*down with*) is indicated by an upside down W: **M**.

M lo smog! Abbasso lo smog!
Down with smog!

M (abbasso) i missili!
Down with missiles!

For a more complete list of common exclamations, see pp. 354–355 of the Appendix.

B. There are other ways of expressing exclamations in phrases and sentences.

1. **Come** and **quanto** can introduce exclamatory sentences. They correspond to the English *how* and are invariable.

Come sono felice!
How happy I am!

Quanto sei buona, nonna!
How kind you are, Grandma!

Come cantano bene quei bambini!
How well those children sing!

Quanto è stato lungo il viaggio!
How long the trip was!

Come parlavi piano!
How softly you talked!

Note the different word order in the two languages.
In Italian the word order is **come** + *verb* + *adjective* or *adverb* + *(subject)*.
In English the word order is *how* + *adjective* or *adverb* + *subject* + *verb*.

— Com'è romantico qui: cadono le foglie!

2. **Che** + *adjective* is often used to express *how* + adjective.

Che bello!	Che strana!	Che buoni!
How beautiful!	*How strange!*	*How good!*

Purists frown upon this construction and recommend **come** + **essere** + *adjective* instead.

Com'è bello!	Com'era strana!	Come sono buoni!
How beautiful it is!	*How strange she was!*	*How good they are!*

III / *Pronomi tonici* . . . .

A. **Pronomi tonici** (*stressed pronouns*) are used as objects of prepositions and as object pronouns following a verb. Unlike the other object pronouns we have studied, they occupy the same position in a sentence as their English equivalents.

Singular		Plural	
me	*me, myself*	**noi**	*us, ourselves*
te	*you, yourself*	**voi**	*you, yourselves*
Lei	*you*	**Loro**	*you*
lui, lei	*him, her*	**loro**	*them (people)*
esso, essa	*it*	**essi, esse**	*them (things)*
sè	{ *yourself* *himself, herself, itself, oneself*	**sè**	{ *yourselves* *themselves*

Note that **me**, **te**, **noi**, and **voi** can also express a reflexive meaning whereas in the third person singular and plural there is a special form for the reflexive: **sè**.

Secondo loro hai torto.
According to them you are wrong.

Non mi piace lavorare **per lui**.
I don't like to work for him.

Il bambino vuole **te**!
The child wants you!

Parla **a me**?
Are you speaking to me?

Lui non pensa mai agli altri, pensa **a sè**.
He doesn't think of the others, he thinks of himself.

Preferisco non parlare **di me**.
I prefer not to talk about myself.

B. Stressed pronouns are used most frequently as objects of prepositions.

La ragazza ha lasciato un messaggio **per te**.
The girl left a message for you.

Venga **con me**!
Come with me.

Ecco la chiesa: **vicino ad essa** notiamo il famoso battistero.
There's the church; next to it we notice the famous baptistery.

Non gettar via quei libri: qualcuno **di essi** può esserti utile.
Don't throw away those books; some of them can be useful to you.

1. Many single-word prepositions add **di** before a stressed pronoun.

contro *against*	Ha combattuto contro gli Inglesi; sì, **contro di loro**. *He fought against the British; yes, against them.*
dentro *inside*	C'è qualcosa **dentro di te**. *There is something bothering you inside.*
dietro *behind*	Camminavano **dietro di me**. *They were walking behind me.*
dopo *after*	Arrivarono dopo gli zii. Arrivarono **dopo di loro**. *They arrived after our aunt and uncle; they arrived after them.*
fra (tra) *between, among*	C'era una certa ostilità **fra di loro**. *There was a certain hostility between them.*
fuori *outside*	È fuori città; è **fuori di sè** dalla gioia. *He is out of town; he is beside himself with happiness.*
presso *at, near*	Vive presso i nonni? — Sì, vivo **presso di loro**. *Do you live at (your) grandparents'? — Yes, I live with them.*
senza *without*	Viene senza il marito; viene **senza di lui**. *She is coming without her husband; she is coming without him.*
sopra *above*	Volava sopra la città; volava **sopra di noi**. *It flew over the city; it flew over us.*
sotto *under*	**Sotto di me** abita una famiglia inglese. *An English family lives below me.*
su *on*	Contiamo sul tuo aiuto; sì, contiamo **su di te**. *We're counting on your help; yes, we're counting on you.*
verso *to, toward*	È stato buono **verso di voi**. *He has been kind to (toward) you.*

2. **Da** + *stressed pronoun* can mean two things: **a (in) casa di** (*at/to someone's home*) and **da solo (sola, soli, sole)** (*without assistance*).

Dove andiamo? In casa di Riccardo? — Sì, andiamo **da lui!**
Where shall we go? To Riccardo's? — Yes, let's go to his house.

L'ho capito **da me (da solo)**.
I understood it by myself.

Hanno riparato il televisore **da sè (da soli)**.
They fixed the TV themselves.

C. Stressed pronouns are also used after verbs:

1. Instead of the other object pronouns (direct or indirect) for emphasis. They always follow the verb.

Ho visto **lei**.	L'ho vista.	Scrivono **a me**.	Mi scrivono.
(emphasis on her)	*(no emphasis)*	*(emphasis on me)*	*(no emphasis)*
I saw her.	*I saw her.*	*They write to me.*	*They write to me.*

Often, for greater emphasis, certain adverbs are used with the stressed pronouns; for example **anche**, **proprio**, and **solamente**.

Aspettavamo **proprio te**.
We were waiting just for you.

Telefono **solamente a lui**.
I call only him.

2. When there are two or more direct objects in the same sentence or two or more indirect objects.

Hanno invitato **lui** e **lei**.
They invited him and her.

Antonio ha scritto **a me** e **a Maria**.
Antonio wrote to me and Mary.

D. The **sè** form can only be used in the reflexive. It is masculine or feminine, singular or plural, and can refer to either people or things.

Silvia non ama parlare **di sè**.
Sylvia doesn't like to talk about herself.

Carla e Valeria amano parlare **di sè**.
Carla and Valeria love to talk about themselves.

La cosa **in sè** ha poca importanza.
The thing has little importance in itself.

Stesso is often added to the pronoun for extra emphasis and agrees in gender and number with the stressed pronoun. The accent mark on **sè** is optional before **stesso**.

Parlavo tra **me stessa**.
I was talking to myself.

Conosci **te stesso!**
Know thyself!

Paolo è egoista: pensa solo a **sè** (**se**) **stesso**.
Paul is selfish: he thinks only of himself.

E. A special use of the stressed pronouns is after adjectives in exclamations.

Povero **me!** Cosa faccio ora?
Poor me! What will I do now?

Beata **te!** Hai già dato tutti gli esami!
Lucky you! You've already taken all your exams!

— Secondo me stiamo per entrare nel territorio degli indiani.

• • • *Esercizi*

l. *Rispondere affermativamente alle domande usando i pronomi tonici e facendo gli altri cambiamenti necessari.*

    Esempio: Hai intenzione di uscire col meccanico?
                          Sì, ho intenzione di uscire con lui.

1. Ti fidi degli uomini con i baffi?
2. Avete fiducia nelle vostre amiche?
3. A te pare di sentire qualcosa?
4. Devi trovare la tua strada da te?
5. Hai sempre contato su tua madre?
6. Guardate verso di noi?
7. Avete mandato cartoline solo ai parenti?
8. Vuoi invitare l'avvocato e anche sua madre?

m. *Leggere il seguente brano e poi riscriverlo, sostituendo alla parola* **professore** *il pronome appropriato. Non è sempre la forma tonica!*

Mi ha fatto molto piacere ricevere una lettera dal professor Bignami. Molti anni fa ho seguito dei corsi col professore e recentemente ho scritto al professore perchè avevo bisogno di una lettera di raccomandazione. Non ho scritto solo al professor Bignami; ho scritto anche ad altri ma sapevo di poter contare soprattutto sul professore. Infatti mi ha risposto subito. Ora voglio scrivere al professore per ringraziare il professore.

n. *Tradurre.*

1. How happy you must be! You did everything by yourself.
2. Who has read the novel *How Green Was My Valley* (**valle**, *f.*)? I didn't read the novel but I saw the movie.
3. We're talking to *you*. Please listen to us!
4. The chief of the police has stated that according to him the bandit is hiding in the woods.
5. What do you think of people who talk to (**fra**) themselves? I think they're crazy.
6. Does anyone want to go to Italy with me?
7. Please come to my house immediately! —What happened? —I can't tell you over the phone.
8. Watch out! Anything you say may be used against you.
9. Come on, say yes! I want you to say yes only to me!
10. I'm afraid they're tired of us. —How do you know?

o. *Tradurre la seguente lettera.*

November 7, 1986

Dear Mary,

Sorry I didn't write you sooner (**prima**). I've been so busy! How are you doing? How are your classes?

I have an idea: Why don't you come to Rome for a weekend at the end of the month? Don't write to me (the postal service is lousy [**schifoso**], and a letter can take a week). Call me and tell me what train you're taking.

I have a surprise for you. I bought a small Fiat (they use [**consumare**] less gas, you know), so I can come pick you up at the station. I hope you can come. Remember that you can stay with me. The apartment is really small, but there's enough room (**spazio**) for both [of us]. I can't wait to see you.

Fondly,
Giovanna

P.S. You must meet my boyfriend. He's American. He's tall and slender, and has blond hair and blue eyes . . . He's fantastic!

IV / Lettura . . . .

Vocabolario utile

assicurarsi (**che** + subjunctive) *to make sure*

*****essere in grado di** + infinitive *to be able to do something*

fare i propri comodi *to do as one pleases*

fare visita a qualcuno *to visit, to pay a visit to*

nascondere (p.p. **nascosto**; p.r. **nascosi**) *to hide*; **nascondersi** *to hide (oneself)*; **nascosto** *hidden*; **di nascosto** *secretly*

riempire (**di**) *to fill (with)*; **riempirsi** (**di**) *to get filled (with)*

sorridere (p.p. **sorriso**; p.r. **sorrisi**) *to smile*

testimoniare *to witness; to give evidence, testify*

altrimenti *otherwise*

l'**annunciatore** (m.), l'**annunciatrice** (f.) *announcer, speaker*

a proposito *by the way*

l'**armadio** *wardrobe*

il **carabiniere**[1] *police officer*

il **diritto** *right*

il **divano** *couch, sofa*

il **mestiere** *job, profession*

il **nascondiglio** *hiding place*

la **notizia** *news*

la **poltrona** *armchair*

il **pompiere** *fireman*

il / la **testimone** *witness*

il **televisore** *television set*

il **vigile** *police officer*

---

[1] *In Italy there are several types of police forces, each having specific duties: the* carabinieri *are a national police force that performs such duties as border control, protection of public officials, and crime prevention. The* vigili urbani *are a local police mainly responsible for traffic control, enforcing city ordinances, and dealing with minor offenses.*

Avventura con il televisore

Una sera il dottor Verucci rincasava° dal lavoro. Questo dottor   **tornava a casa**
Verucci era un impiegato, forse delle poste. Ma poteva anche essere
un dentista. Noi possiamo fare di lui tutto quello che vogliamo. Gli
mettiamo i baffi? La barba? Benissimo, barba e baffi. Cerchiamo di
5 immaginare anche com'è vestito, come cammina, come parla. In
questo momento sta parlando fra sè... Ascoltiamolo di nascosto:

—A casa, a casa, finalmente... *Casa mia, casa mia, per piccina
che tu sia*[1], eccetera. Non ne posso più, sono proprio stanco. E poi
tutta questa confusione, questo traffico. Adesso entro, chiudo la
10 porta, signore e signori, tanti saluti: tutti fuori... Quando chiudo la
porta di casa il mondo intero deve restare fuori. Almeno questo lo
posso fare, toh... Ecco qua. Solo, finalmente solo... Che bellezza...
Primo, via la cravatta... Secondo, pantofole... Terzo, accendere il televisore... Quarto, poltrona, sgabello° sotto i piedi, sigaretta... Ah,   *stool*
15 ora sto bene. E soprattutto solo... So... Ma lei chi è? Di dove viene?

Una bella signorina sorrideva gentilmente al dottor Verucci. Un
attimo° prima non c'era, adesso era lì, sorrideva e si aggiustava una   **momento**
collana sul petto.

---

[1]*This is part of a common rhyme which, in its entirety, reads:* **Casa mia, casa mia,
per piccina che tu sia, tu mi sembri una badia.** *My home, my home, however small
you may be, you seem like a mansion to me. It corresponds to the English "Home,
sweet home, there's no place like home."*

—Non mi riconosce, dottore? Sono l'annunciatrice della tele-
20 visione. Lei ha acceso il suo televisore ed eccomi qua. Le debbo
dare le notizie dell'ultima ora...

Il dottor Verucci protestò:

—Abbia pazienza, ma lei non sta *dentro* il televisore come
dovrebbe: lei sta in casa mia, sul mio divano...

25 —Che differenza fa, scusi? Anche quando sto nel televisore, sto
in casa sua e parlo con lei.

—Ma come ha fatto a venir giù? Io non me ne sono accorto...
Senta, non sarà mica entrata di nascosto, vero?

—Su, non stia a pensarci troppo... Le notizie del telegiornale le
30 vuole, o no?

Il dottor Verucci si rassegnò:

—La cosa non mi persuade del tutto°, ma insomma... Faccia un   completamente
po' lei.

La bella signorina si schiarì la voce° e cominciò: cleared her voice

35 —Dunque: *Continua in tutta l'Inghilterra la caccia al temibile
bandito evaso dal carcere di Reading. Il commissario capo della
polizia ha dichiarato che secondo lui il bandito si nasconde nei
boschi...*

In quel momento il dottor Verucci sentì una voce che non veniva
40 nè dal televisore nè dall'annunciatrice, ma piuttosto da un punto
imprecisato dietro la sua testa. Disse la voce:

—Storie°!   Rubbish!

—Chi è? — sobbalzò° Verucci. — Chi ha parlato?   jumped up

—Ma è il bandito, no? — disse l'annunciatrice, senza scom-
45 porsi. — Guardi, stava nascosto dietro il suo divano.

—Storie, — ripetè la voce, — dove mi nascondo, non glielo vengo
a dire a lei...

Il dottor Verucci si alzò di scatto, guardò dalla parte della voce
e sbottò°.   blurted out

50 —Ma come si permette? E armato, pure°! Un bandito in casa   as well
mia! Roba da matti°!   Incredible!

—Se è lei, che mi ha invitato! — disse il bandito, uscendo dal
suo nascondiglio.

—Io? Questa è buona davvero. Io inviterei i banditi a farmi visita
55 e a bere un bicchierino°...   drink

—A proposito, ce l'ha?

—Che cosa?

—Il bicchierino.

—Non è solo un bandito, è anche uno sfacciato°. Per prima cosa,   shameless person
60 dichiaro che io non la conosco e che lei è qui contro la mia volontà.
Lei, signorina, è testimone.

—No, dottor Verucci, — disse l'annunciatrice, — non posso testimoniare come vuole lei. È stato lei ad accendere il televisore...

— Ah, perchè anche il bandito...

65 — Certo, è entrato in casa sua *dal televisore*, come me.

— Insomma, — disse il bandito, — il bicchierino me lo offre, o no?

— Per carità, — fece il dottor Verucci, — avanti, si accomodi, faccia come se fosse a casa sua. Ormai ho capito che io qua non sono
70 nessuno. È casa mia, ma non comando niente. La porta è chiusa,
le finestre sono sbarrate°, ma la gente va e viene e fa i suoi comodi...   *with bars*

— Quanto la fa lunga°, per un bicchierino — osservò il bandito.   *How difficult you're*
                                                                                     making it

— Vado avanti con le notizie? — domandò l'annunciatrice.

E Verucci: — Perchè no? Sono curioso di vedere come andrà a
75 finire questa storia...

E la signorina riprese il tono impersonale delle annunciatrici e
annunciò: — *Il generale Bolo, comandante delle truppe semantiche,
ha dichiarato che riprenderà al più presto l'offensiva contro la repubblica di Planàvia e che la guerra non terminerà prima di Natale.*

80 — Questo non è del tutto esatto, — disse una voce nuova, mentre
lo sportello di un armadio si spalancava con forza. Nuovo balzo°   *another jump*
del dottor Verucci.

— Cosa? Ah, volevo ben dire. Lei è il generale Bolo, vero? E che
cosa faceva in quell'armadio?

85 — Niente che la interessi, — rispose il generale.

— Già, ma io voglio vedere lo stesso°, — disse Verucci, facendo   *just the same*
seguire l'atto all'annuncio della sua volontà. — Bombe... Bombe nel
mio armadio. Nel mio armadio, dico!... Cosa c'entro io con la sua
guerra, lo vorrei proprio sapere...

90 Il generale Bolo ridacchiò°:   *snickered*

— Il mio mestiere, caro signore, è di comandare le truppe semantiche e di occupare il territorio di Planàvia, non di rispondere
alle sue domande. Stavo dicendo, qui, alla signorina, che la mia
dichiarazione è stata compresa° male. Le mie esatte parole sono   *capita (from*
95 queste: *la guerra terminerà prima di Natale, perchè io distruggerò*   *comprendere)*
*tutti i planaviani, uno per uno, ridurrò in cenere le loro città, i loro
campi saranno trasformati in deserti.*

A questo punto il bandito volle dire la sua°:   *to have his say*

— Senti, senti, che animo gentile: e a me, povero banditello da
100 strada, mi stanno dando la caccia per tutta l'Inghilterra. Vorrei sapere chi è il vero bandito, tra noi due...

— E io, invece, — tuonò il dottor Verucci, — vorrei sapere quando
ve ne andate tutti quanti: lei, cara signorina, e lei, signor bandito,
e lei, signor generale... Questa è casa mia e io voglio restare solo!
105 Quello che fate e quello che dite non mi interessa. Ma troverò bene
un sistema per mettervi alla porta. Ora chiamo la polizia e vi de-
nuncio per violazione di domicilio°. Va bene? E telefono anche ai   *breaking and entering*
carabinieri giacchè° ci sono. E anche ai vigili urbani, ai pompieri...   *since*

Voglio proprio vedere se sono padrone in casa mia o no... Voglio
110 proprio vederlo...

Ma intanto, via via che° l'annunciatrice della Tv proseguiva nella   *as*
lettura delle notizie, la casa di cui il dottor Verucci era l'unico
proprietario e nella quale contava di restare solo e indisturbato, si
andava riempiendo di gente di ogni genere: folle di affamati, eserciti
115 in marcia, uomini politici alla tribuna, automobilisti bloccati dal
maltempo, sportivi in allenamento, operai in sciopero, aeroplani in
missione di bombardamento... Voci, grida, canti, insulti in tutte le
lingue si mescolavano a rumori, esplosioni, fragori d'ogni genere.

— Basta! — gridava il dottor Verucci. — Tradimento! Violazione
120 di domicilio! Basta! Basta!

Primo finale

Improvvisamente si udì° un energico squillo di campanello.   *sentì (from* udire)
— Chi è?
— La forza pubblica!°   *the police*
125 Lode al cielo erano i carabinieri. Li aveva chiamati un vicino
allarmato dalle esplosioni.

— Fermi tutti! Mani in alto! Documenti!
— Grazie, — sospirò il dottor Verucci, accasciandosi° sul suo amato   *collapsing*
divano. — Grazie, portate via tutti. Non voglio vedere nessuno! È
130 tutta gente sospetta.

— Anche la signorina?
— Anche lei. Non aveva nessun diritto di portarmi in casa questa
baraonda°.   *confusione*
— D'accordo, dottor Verucci, — disse il comandante dei carabi-
135 nieri, — lei ha diritto alla sua vita privata. Porterò tutti in prigione.
Vuole che le faccia anche un caffè?
— Grazie, me lo faccio da solo. Ma senza caffeina, altrimenti non
mi lascia dormire.

Secondo finale

140 Improvvisamente... il dottor Verucci pose° termine alle sue escla-   *mise (from* porre)
mazioni. Gli era balenata° un'idea, ma un'idea... una di quelle idee   *venuta*
che nei fumetti sono rappresentate da una lampadina che si ac-
cende nella testa di Topolino° o di Superman.   *Mickey Mouse*
Il dottor Verucci si avvicinò quatto quatto° al televisore, sorri-   *quietly*
145 dendo ai numerosi presenti che lo osservavano con curiosità. Con
un ultimo sorriso egli si assicurò che nessuno fosse in grado di
interrompere la sua manovra. Poi con un gesto brusco e preciso,
tac, spense il televisore.
La prima a sparire, insieme alle ultime luci del video, fu l'an-
150 nunciatrice. Al suo seguito, uno dopo l'altro, sparirono banditi e
generali, cantanti e atleti, eserciti° e popoli. Semplice, no?   *armies*

Basta chiudere il televisore, e il mondo è costretto a scomparire, a restare fuori della finestra, a lasciarti solo e tranquillo...

Il dottor Verucci, rimasto padrone del campo, sorrise a se stesso
155 e si accese la pipa.

Terzo finale

Improvvisamente... il dottor Verucci smise di gridare come un insensato°.   *fool*

Aveva capito?
160 Sì, aveva capito.

Che cosa?

Che non basta chiudere la porta di casa per chiudere fuori il mondo, la gente, i suoi dolori, i suoi problemi.

Che nessuno può veramente godere le gioie della vita quando
165 sa — e basta un televisore a farglielo sapere — che c'è chi piange, soffre e muore, vicino o lontano, ma sempre su questa terra, che è una sola per tutti, la nostra casa comune.

Gianni Rodari, *Tante storie per giocare*

• • • *Domande sulla lettura*

1. Perchè il dottor Verucci è contento di essere a casa finalmente?
2. Chi è la prima persona che viene in casa sua e che cosa fa?
3. Quali sono le notizie dell'ultima ora dall'Inghilterra?
4. Quale dichiarazione ha fatto il generale Bolo secondo il telegiornale?
5. Quali sono le vere intenzioni del generale?
6. A chi vuole telefonare il dottor Verucci e perchè?
7. Di chi si riempie la casa di Verucci?
8. Nel primo finale, chi viene dal dottor Verucci e perchè? Che cosa succede?
9. Nel secondo finale, come riesce a rimanere solo il dottor Verucci?
10. Nel terzo finale, che cosa ha capito il dottor Verucci?

• • • *Studio di parole*

to hear

sentire (less commonly **udire**)
qualcuno/qualcosa
to hear someone/something

Mi pare di sentire dei rumori.
I think I hear some noises.

sentirci
to be able to hear

Non ci sento bene; sono quasi sordo!
I can't hear well; I'm almost deaf!

sentire parlare di qualcuno/qualcosa
to hear of someone/something

Avete sentito parlare di questo poeta?
Have you heard about this poet?

sentire [dire] che
to hear a rumor that

Hanno sentito dire che ci sarà una
nuova offensiva.
They heard there will be a new offensive.

to hear (cont.)

ascoltare
to listen to

Ti piace ascoltare la radio?
Do you like to listen to the radio?

avere notizie di ⎱
ricevere notizie da ⎰ **qualcuno**
to hear from someone

Chi ha ricevuto notizie da Vittorio?
È molto tempo che non ho sue notizie.
Who has heard from Vittorio?
I haven't heard from him in a long time.

to enjoy

piacere
to enjoy = to like

Ho visto il film ma non mi è piaciuto.
I saw the movie but I didn't enjoy it.

ATTENZIONE! **Piacere** can be used in almost any situation where *enjoy* means *to like*. The other verbs that express *to enjoy* are limited to certain idiomatic expressions.

fare piacere a qualcuno + *infinitive*
to enjoy doing something

Mi farà piacere conoscerLa.
I'll enjoy meeting you.

godere
1. *to enjoy = to have, to possess*
   godere buona salute, buona reputazione, una bella vista
2. *To enjoy = to derive pleasure from*
   godere il sole, l'aria fresca, la compagnia di una persona, i frutti del proprio lavoro, le gioie della vita

gradire
to enjoy = to appreciate, to welcome
gradire una lettera, un regalo, una visita, dei fiori

gustare
to enjoy = to savor, to appreciate
gustare il cibo
gustare la musica, un buon sonno

Related words: il **piacere** *pleasure;* **piacevole** *pleasant;* **gusto** *taste,* **gustoso** *tasty*

• • • *Pratica*

A. *Scegliere la parola o le parole che completano meglio la frase.*

1. Chi ha _____ le ultime notizie?
2. Grazie per la cartolina che ho molto _____.
3. È impossibile che non abbiate mai _____ Dante, il padre della letteratura italiana.
4. Con tutte le preoccupazioni che abbiamo, come possiamo veramente _____ le gioie della vita?
5. I nonni di Paolo avevano quasi novant'anni ma _____ ancora buona salute.
6. Signora Raggi, complimenti per il dolce! L'ho veramente _____.
7. Mario ha avuto un incidente: ora non _____ dall'orecchio destro.
8. Ci sono molte cose che mi _____ fare durante il week-end.

B. *Tradurre.*

1. I'm so glad you came. I enjoyed seeing you and talking to you.
2. We haven't heard from Mary for a long time. Do you suppose she's sick?
3. Dr. Verucci heard a voice that wasn't coming from the TV set but rather from a point behind his head.
4. The restaurant we went to was very elegant, but we didn't enjoy the food.
5. They cannot believe you have never heard about this writer and his importance in the literary world.
6. I watched the program from beginning to end but found it boring. I must say that there are very few programs on television that I really enjoy.

C. *Domande per Lei*

1. Quale vista gode dalla finestra della Sua camera?
2. Quali persone Le farebbe piacere conoscere e perchè?
3. Di quali uomini politici italiani ha sentito parlare?
4. Di quali amici o parenti non ha notizie da molto tempo?

• • • *Temi per componimento o discussione*

1. I mezzi di comunicazione di massa (i giornali, il cinema, la radio, la televisione) e la loro influenza, positiva e negativa, sulla nostra società.
2. L'insicurezza e l'aggressività dei ragazzi derivano dalle troppe ore trascorse in passività, quasi in ipnosi, davanti al televisore.
3. L'importanza della TV nella vita culturale ed economica di un paese.
4. La vita privata di un cittadino nella società d'oggi.
5. « Nessuno può veramente godere le gioie della vita quando sa che c'è chi piange, soffre e muore, vicino o lontano, su questa terra, la nostra casa comune ».

CAPITOLO UNDICI

I / *Periodo ipotetico con* se ....

A. The **periodo ipotetico** (*hypothetical sentence*) consists of two parts, or clauses: a *dependent clause* introduced by *if* (**se**) indicating a condition, a possibility, or a hypothesis (*If I had a hammer...*); and an *independent clause* indicating the result of the condition (*...I would hammer in the morning*). A hypothetical sentence can express real or possible situations; probable (likely or unlikely) situations; or improbable (contrary-to-fact) situations. The mood and tense of the verbs depend on the nature of the condition.

Real: Se mangiano gelati, ingrassano.[1]
If they eat ice cream, they (will) get fat.

Probable: Se mangiassero gelati, ingrasserebbero.
If they ate ice cream, they would get fat.

Improbable: Se avessero mangiato gelati, sarebbero ingrassati.
If they had eaten ice cream, they would have gotten fat.

[1]*Italian does not always require the use of a comma to separate the two clauses.*

B. When real or possible situations are described, the **se**-clause is in the indicative and the result clause in in the indicative or the imperative.

CONDITION: **Se**-clause	RESULT: Independent clause
Se + presente	**presente** **futuro** **imperativo**

Se studiate imparate.
If you study, you (will) learn.

Se corriamo li raggiungeremo.
If we run, we'll catch up with them.

Se lo vedi digli di aspettarmi.
If you see him, tell him to wait for me.

Se + futuro[1]	**futuro**

Se potrò lo farò.
If I can, I'll do it.

Se + passato prossimo o remoto **imperfetto**	**presente** **futuro** **imperfetto** **passato prossimo o remoto** **imperativo**

Se hai studiato lo sai.
If you have studied, you (will) know it.

Se hanno preso l'aereo arriveranno prima.
If they took a plane, they'll arrive earlier.

Se disse questo non sapeva quel che diceva.
If he said that, he didn't know what he was saying.

Se avete riso non avete capito niente.
If you laughed, you didn't understand a thing.

Se non era vero, perchè l'hai detto?
If it wasn't true, why did you say it?

Se è arrivata, dille di telefonarmi.
If she has arrived, tell her to phone me.

---

[1]*This is the only tense sequence that differs from English: se + futuro in Italian; if + present in English. This construction is possible only when the verb of the independent clause is in the future.*

C. When probable or imaginary situations (either likely or unlikely to happen) are described, the **se**-clause is in the imperfect subjunctive, and the result clause is in the conditional (usually the present conditional).

CONDITION: Se-clause	RESULT: Independent clause
Se + **congiuntivo imperfetto**	**condizionale presente** **condizionale passato**
Se trovassimo un ristorante *If we were to find a restaurant,*	**mangeremmo.** *we would eat.*
Se lui **avesse** un buon carattere *If he had a good disposition,*	non **avrebbe detto** queste cose. *he wouldn't have said these things.*

D. When improbable or impossible situations (contrary to fact, unlikely to happen or to have happened) are described, the **se**-clause is in the past perfect subjunctive, and the result clause is in the conditional (usually the conditional perfect).

CONDITION: Se-clause	RESULT: Independent clause
Se + **congiuntivo trapassato**	**condizionale passato** **condizionale presente**
Se gli altri **avessero taciuto** *If the others had kept quiet.*	anche noi **avremmo taciuto.** *we would have kept quiet too.*
Se tu mi **avessi aiutato** *If you had helped me,*	ora **sarei** ricco. *I would be rich now.*

1. ATTENZIONE! If the independent clause in an English sentence contains *would* (signal for the present conditional) or *would have* (signal for the conditional perfect), use the subjunctive (imperfect or past perfect) in the **se**-clause in Italian. The conditional is used in the independent clause, never in the **se**-clause.

If I were rich, I would travel. → **Se fossi** ricco viaggerei.

If they had missed the train, they → **Se avessero perso** il treno, avrebbero
  would have called.   telefonato.

2. Sometimes **se** is omitted, as in English.

Fossi fidanzata, non uscirei con te.
Were I engaged, I wouldn't go out with you.

Rinascessi, tornerei a fare lo scrittore.
Were I born again, I'd be a writer again.

Fosse stato vivo mio padre, che cosa
  avrebbe detto?
*If my father had been alive, what would he
  have said?*

3. The order of the clauses is interchangeable.

Se avessimo tempo mangeremmo.
Mangeremmo se avessimo tempo.
We would eat if we had time.

4. In present-day Italian the **imperfetto** of the indicative is used more and more frequently to replace the past perfect subjunctive in the **se**-clause, the conditional perfect in the independent clause, or both.

Se tu non **venivi** (fossi venuto) da me, sarei
   venuta io da te.
*If you hadn't come to me, I would have come
   to you.*

Se ci fossimo voluti bene, nient'altro
   importava (sarebbe importato).
*If we had loved each other, nothing else would
   have mattered.*

Se lo **sapevo** (avessi saputo), ti **invitavo** (avrei invitato).
If I had known, I would have invited you.

• • • *Esercizi*

a. *Trasformare le seguenti frasi secondo l'esempio.*

Esempio: Se sono stanchi non escono.
              Se fossero stanchi non uscirebbero.
              Se fossero stati stanchi non sarebbero usciti.

1.   Se devo studiare vado in biblioteca.
2.   Se piove non usciamo.
3.   Se resti tu, resto anch'io.
4.   Se non mi danno un passaggio, prendo l'autobus.
5.   Sei contento se lei viene?
6.   Se studiate sodo, fate bene agli esami.

— Se tu mi dai l'indirizzo del tuo
sarto io ti do quello del mio.

7. Se notano qualcosa di strano, chiamano la polizia.
8. Se possiamo, lo accompagniamo volentieri.

b. *Formare un'unica frase come indicato nell'esempio.*

Esempio: Sono ricchi. Comprano dischi. Se fossero ricchi comprerebbero dischi.

1. Apri la finestra. Vedi San Pietro.
2. Non vanno d'accordo. Litigano sempre.
3. Ho tempo. Posso aiutarti.
4. Sono in ritardo. Li aspetti.
5. Tolgo la macchia. Il vestito sembra nuovo.
6. L'ascensore non funziona. Andiamo a piedi.
7. Il tè è pronto. Lo servite.
8. Gli chiedete un favore. Vi risponde male.

c. *Formare un'unica frase secondo l'esempio.*

Esempio: Volevo quel romanzo. Lo presi. Se avessi voluto quel romanzo l'avrei preso.

1. Paolo non portò il cappotto. Prese freddo.
2. Io sapevo l'inglese. Potevo fare l'interprete.
3. La sveglia ha suonato. Silvia si è alzata.
4. Accesero la radio. Sentirono le ultime notizie.
5. Bevesti troppo. Ti sentisti male.
6. Anna andò alla festa. Rivide le sue compagne di scuola.
7. Le poste non hanno funzionato. La lettera non è arrivata in tempo.
8. Vi fermaste a un bar. Tornaste a casa tardi.

d. *Formare frasi complete indicanti condizioni e conseguenze, usando i seguenti verbi.*

1. avere paura, scappare
2. piacere, comprare
3. fare attenzione, capire
4. essere bel tempo, fare una gita
5. vedere, salutare
6. alzarsi tardi, perdere il treno
7. sapere, dire
8. partire, arrivare

e. *Completare con la forma corretta (condizionale o congiuntivo) del verbo fra parentesi.*

1. Che cosa _____ (rispondere) se Le chiedessero di andare sulla luna?
2. Se i bambini _____ (stare) zitti potremmo ascoltare meglio la musica.
3. Se tu avessi avuto la coscienza tranquilla, non _____ (parlare) così!
4. Se lui ci _____ (dare) una mano finiremmo prima.
5. _____ (bagnarsi) se fosse uscita senza ombrello.
6. Non ci avrei creduto se non lo _____ (leggere) sul giornale.

7. Mi dispiace, se _____ (potere) lo farei volentieri, ma proprio non posso.
8. Se _____ (mettersi) gli occhiali, ci vedresti.

f. **Le conseguenze...**   *Completare con un verbo all'indicativo o al condizionale.*

1. Se io dessi retta a mia madre...
2. Se trovano lavoro...
3. Se lui avesse avuto più tempo...
4. Se tutti fossero onesti...
5. Se nevicherà...

6. Se io fossi scrittore/scrittrice...
7. Se lo avessero saputo prima...
8. Se la giornata avesse quarantotto ore...

g. **Rispondere alle domande.**   *Che cosa succederebbe...*

1. se un giorno Lei vedesse un UFO?
2. se i marziani arrivassero sulla terra?
3. se Le proponessero una parte in un film?
4. se La invitassero a un pranzo e il Suo vicino di tavola fosse Marcello Mastroianni?
5. se mancasse l'elettricità per ventiquattro ore?

h. **Tradurre.**

Carla is looking for a job. This morning, at eleven o'clock, she will have a business interview (**colloquio**). This is what she is thinking: "If I spoke well, I would make a good impression. If I made a good impression, they would offer me the job. If they offered me the job, I would work hard. If I worked hard, I would earn a lot of money. If I earned a lot of money, I would buy an apartment. If I bought an apartment, I wouldn't have money to do other things. If I didn't have money to do other things, I would find my job boring. If I found my job boring, I wouldn't be happy. If I weren't happy, who knows what I might do . . . !"

II / *Altri usi di* se . . . .

A. **Se** followed by the imperfect subjunctive introduces a suggestion. It corresponds to English *How about . . . ? What about . . . ? Shouldn't we . . . ?* **Che ne diresti (direbbe) di** + *infinitive (What would you say to . . . ?)* can also introduce a suggestion.

Se prendessimo le ferie in maggio?
How about taking our vacation in May?

Se uscissimo stasera?
How about our going out tonight?

Se venissi io da te?
How about my coming to your place?

Che ne diresti di andare al cinema con me?
How about going to the movies with me?

B. When **se** means *whether* and is introduced by a verb that denotes doubt or uncertainty or asks a question, **se** may be followed by the indicative, the conditional, or the subjunctive (all four tenses).

Domandagli se **vuole** venire o no.
Ask him whether he wants to come or not.

Mi domando se **è** possibile.
I wonder if (whether) it's possible.

Sono curiosa di sapere se la bomba
  scoppierà.
I'm curious to know if (whether) the bomb
  will explode.

Non so se **sarei** capace di dire una bugia.
I don't know if I could tell a lie.

Si chiedevano se **avrebbe parlato** o se
  avrebbe taciuto.
They were wondering whether he would talk
  or remain silent.

Non sapete se lui vi **creda**.
You don't know if he believes you.

Non sapevano se lei **avesse** voglia di venire.
They didn't know whether she felt like
  coming.

Note that the use of the subjunctive when **se** is introduced by a verb of doubt is optional. The subjunctive stresses the element of doubt or uncertainty.

Non so se **hanno** ragione.
Non so se **abbiano** ragione.
I don't know if they're right.

C. The imperfect and past perfect subjunctive may be used by themselves (with or without **se**) in sentences that express a wish or regret (see p. 203).

Se i vecchi potessero e i giovani sapessero!
If only the old could and the young knew!

(Se) avessi avuto un figlio!
If only I had had a son!

• • • *Esercizi*

i. *Il gioco dei* **se**... *Completare le seguenti frasi.*

1. Non sanno se...
2. Sarei andato in aereo se...
3. Ci domandavamo se..
4. Studieresti più volentieri se...
5. Vengono a trovarci se...
6. Chiedile se...
7. Gli ho domandato se..
8. Non gli parleremo mai più se...
9. Ci sarebbero meno incidenti se...
10. Voglio sapere se...

j. *Tradurre.*

1. Look at my new furniture. Tell me if you like it.
2. If they say that, they are mistaken.
3. If she gets sick, she will call the doctor.
4. Would you buy a car if you knew how to drive?
5. If it had been cold, I would have worn my coat.
6. If only it stopped snowing!
7. We were wondering whether she would manage to find a job.

8. I'm not sure whether they will come alone.
9. If you don't accept our invitation, you will offend us.
10. If you call her, ask her whether she has the book I need for my research.

III / Avverbi . . . .

A. Adverbs are invariable words that modify a verb, an adjective, or another adverb. Adverbs express time, place, manner, and quantity.

Federico è partito **improvvisamente**.
Frederick left suddenly.

Leggete **troppo lentamente**.
You read too slowly.

Maria è **molto** intelligente.
Maria is very intelligent.

Parla **poco**, ascolta **assai** e **giammai** non
   fallirai!
*Speak little, listen a lot, and you'll never go
   wrong.*

B. Adverbs are most often formed by adding **-mente** to the feminine form of the adjective. This form corresponds to the *-ly* form in English.

improvviso → improvvisa → improvvisamente   *suddenly*
vero → vera → veramente   *truly*
dolce → dolcemente   *sweetly*

If the adjective ends in **-le** or **-re** preceded by a vowel, the final **-e** is dropped before adding **-mente**.

naturale → natural → naturalmente   *naturally*
regolare → regolar → regolarmente   *regularly*

C. Some commonly used adverbs have forms of their own: **tardi, spesso, insieme, bene, male, così, volentieri,** etc.

D. Some adverbs have the same form as the adjective.

Andate **piano**!
Go slow!

Non parlare così **forte**!
Don't talk so loud!

Hai visto **giusto**.
You guessed right.

Abitano **vicino**.
They live nearby.

Parliamoci **chiaro**!
Let's talk frankly!

Perchè cammini così **svelto**?
Why are you walking so fast?

Lavorate **sodo**, ragazzi!
Work hard, boys!

In contemporary Italian, especially in advertising, adjectives tend to be used in place of adverbs.

Vestite **giovane**!
Dress young!

Lava **bianco**.
Washes white.

E. Like nouns and adjectives, many adverbs can be altered by the same suffixes discussed in Capitolo 5; see pp. 113–114.

bene → benino, benone

Come va? — Va benone.
How are things? — Quite good.

male → maluccio

Oggi sto maluccio.
Today I am feeling a little down.

poco → pochino, pochettino

Sono un pochino stanco.
I'm a bit tired.

presto → prestino

È ancora prestino.
It is still rather early.

F. Instead of simple adverbs, adverbial expressions consisting of two or more words are often used.

a poco a poco *little by little*	di solito *usually*	per caso *by chance*
in tutto e per tutto *completely*	di tanto in tanto *from time to time*	per fortuna *fortunately*
all'improvviso *all of a sudden, suddenly*	in seguito *later on*	ad un tratto *suddenly*

Posizione degli avverbi

A. In general the adverb directly follows a verb in a simple tense.

Parlano **bene** l'italiano.
They speak Italian well.

La vediamo **raramente**.
We rarely see her.

Ti ricorderò **sempre**.
I'll always remember you.

An adverb may precede the verb for emphasis.

Qui abita mia sorella.
My sister lives here.

Sempre mi ripeti la stessa cosa.
You always repeat the same thing to me.

Allora non lo conoscevo.
I did not know him then.

B. In sentences with compound tenses, the adverb may be put:

1. Between the auxiliary verb and the past participle, especially short adverbs of time that are commonly used: **già, mai, sempre, ancora, spesso, più**.

Te l'ho **già** detto mille volte!
I already told you a thousand times!

Ci siamo **veramente** divertiti.
We really had a good time.

Non mi hanno **ancora** invitato.
They haven't invited me yet.

Non ci sono **più** andati.
They didn't go there again.

2. Directly after the past participle (most adverbs of place, time, and manner).

Non sono venuti **qui**.
They didn't come here.

Mi hanno risposto **male**.
They answered me badly.

Sei arrivata **tardi**.
You arrived late.

3. Before the auxiliary verb, for emphasis.

Io **subito** ho risposto.
I answered right away.

Mai avrei immaginato una cosa simile.
I would never have imagined such a thing.

C. **Anche** (*also, too, as well*) normally precedes the word it refers to.

Fausto era intelligente ed era **anche** bello.
Fausto was intelligent and handsome, too.

Possiamo prendere l'autobus ma possiamo **anche** prendere un tassì.
We can take the bus, but we can also take a cab.

Anch'io ho fatto l'autostop l'estate scorsa.
I, too, hitchhiked last summer.

Anche cannot be used at the beginining of a sentence to mean *also* in the sense of *besides, moreover, in addition, furthermore.* **Inoltre** must be used in such cases.

Non posso venire. **Inoltre,** non ne ho voglia.
I can't come. Besides, I don't feel like it.

• • • *Esercizi*

k. *Riscrivere ogni frase includendo l'avverbio tra parentesi. Scegliere la posizione normale dell'avverbio.*

Esempio: (già) Mi hai raccontato questa barzelletta.
        Mi hai **già** raccontato questa barzelletta.

1. (bene) Non abbiamo capito la professoressa.
2. (molto) Amavano gli animali.
3. (ancora) Il postino non è venuto.
4. (sodo) Stamattina avete lavorato.
5. (mai) Sei stato a Venezia?
6. (mentalmente) Gli amici contavano i secondi.
7. (assolutamente) Siete incapaci di dire la verità.
8. (contemporaneamente) Un sospiro uscì dal petto delle due ragazze.
9. (certo) Non ho intenzione di accettare la tua proposta.
10. (semplicemente) La valigia conteneva un vecchio orologio.

SENZA PAROLE.

l. *Formare nuove frasi usando l'opposto degli avverbi in corsivo.*

1. Hanno risposto *bene*.
2. Non sapevo che tu abitassi così *vicino!*
3. Perchè siete ritornati così *presto?*
4. Le piace sempre quello che costa *molto*.
5. Perchè camminate tanto *in fretta?*
6. *Purtroppo* è piovuto tre giorni di seguito.
7. Andiamo a trovarli *raramente*.
8. La bomba era *già* scoppiata.

IV / *Comparativi* . . . .

Italian has three comparatives:
the **comparativo d'uguaglianza** (Carlo è **così** intelligente **come** Mario),
the **comparativo di maggioranza** (Carlo è **più** intelligente **di** Mario), and
the **comparativo di minoranza** (Carlo è **meno** intelligente **di** Mario).

A. The comparisons of equality (*as . . . as; as much/as many . . . as; as much as*) are:

1. (**così**) + *adjective* or *adverb* + **come**; (**tanto**) + *adjective* or *adverb* + **quanto**

La mia casa è così grande come la tua (tanto grande quanto la tua).
My house is as big as yours.

Così and **tanto** are frequently unexpressed.

La mia casa è grande come la tua (grande quanto la tua).

When a personal pronoun follows **come** or **quanto**, it is a stressed pronoun (see p. 237).

Il bambino è grande quanto **me**!
The child is as big as I am!

Parla bene come **te**.
He speaks as well as you do.

2. **tanto** + *noun* + **quanto**

Tanto and **quanto** usually agree in gender and number with the noun they modify.

Hanno ricevuto **tanti** regali **quanti** ne volevano.
They received as many presents as they wanted.

3. **(tanto) quanto** (invariable and not separated) following a verb

I bambini mangiano **tanto quanto** noi.
The kids eat as much as we do.

È vero che guadagni **quanto** me?
Is it true you earn as much as I do?

B. The comparisons of superiority (*more . . . than; -er . . . than*) and inferiority (*less . . . than; fewer . . . than*) are:

1. **più/meno... di** (**di** combines with the definite article) with numbers or when two different persons or things are compared in terms of the same quality or action.

Avete **più di** cinque milioni.
You have more than five million.

Gli italiani bevono **più** vino **degli** americani.
Italians drink more wine than Americans.

I soldi sono **meno** preziosi **della** salute.
Money is less precious than health.

Tu sei **più** alto **di** me?
Are you taller than I am?

L'Italia è trenta volte **più** piccola **degli** Stati Uniti.
Italy is thirty times smaller than the United States.

2. **più/meno... che** when two words of the same grammatical category (nouns, adjectives, infinitives, adverbs) are directly compared in relation to the same person, thing, or action.

I miei amici mangiano **meno** carne **che** pesce.
My friends eat less meat than fish.

La moda italiana è **più** elegante **che** pratica.
Italian fashion is more elegant than practical.

È **più** facile salire **che** scendere.
It is easier to get up than to get down.

Hanno risposto **più** gentilmente oggi **che** ieri.
They answered more kindly today than yesterday.

Scriverò **più** rapidamente con la matita **che** con la penna.
I will write faster with a pencil than with a pen.

ATTENZIONE! If the two words on either side of *than* can be reversed, and the sentence still makes sense though with an opposite meaning, the word you want for *than* is **che**; otherwise use **di**.

I drink more coffee than *tea.*
(*I drink more tea* than *coffee.*)
Bevo più caffè **che** tè.

They spent more time in France than *in Italy.*
(*They spent more time in Italy* than *in France.*)
Hanno passato più tempo in Francia **che** in Italia.

But:

I drink more coffee than *Mary.*
(*cannot be reversed*)
Bevo più caffè **di** Maria.

3. **più/meno...** $\begin{cases} \textbf{di quel(lo) che} + verb \text{ in the indicative} \\ \textbf{di quanto} + verb \text{ in the indicative or subjunctive} \\ \textbf{che non} + verb \text{ in the subjunctive} \end{cases}$

when the comparison is followed by a conjugated verb, that is, when it introduces a dependent clause.

Hanno lavorato **più di quel che** credi.
They worked more than you think.

La conferenza durò **più di quanto**
immaginavo (immaginassi).
The lecture lasted longer than I imagined.

Lo spettacolo è stato **meno** interessante **di quello che** ci aspettavamo.
The show was less interesting than we expected.

Quell'uomo è **più** gentile **che non** sembri.
That man is kinder than he seems.

• • • *Esercizi*

m. *Completare le seguenti frasi con un comparativo (di uguaglianza, maggioranza o minoranza), secondo il senso.*

Esempio: Un treno locale è **meno** veloce di un treno rapido.

1. I mesi invernali sono _____ caldi _____ quelli estivi.
2. Il mese di novembre ha _____ giorni _____ il mese d'aprile, ma _____ giorni _____ dicembre.
3. La giraffa ha il collo _____ lungo _____ l'elefante.
4. Un limone è _____ dolce _____ una mela.
5. Sei sicuro che ci siano _____ calorie in una carota _____ in un avocado?
6. Le montagne sono _____ alte _____ le colline.
7. Un cappuccino costa _____ _____ quattrocento lire. (*In case you don't know, it costs more.*)

— Mio figlio è più piccolo del normale.   *(Cavallo)*

8. Negli Stati Uniti un viaggio in autobus è _____ caro _____ un viaggio in treno.
9. Gli italiani bevono _____ vino _____ gli americani; bevono _____ _____ la gente creda!
10. Non sono veramente malato; sono _____ stanco _____ malato!

n. *Riscrivere le seguenti frasi sostituendo il comparativo di maggioranza o minoranza al comparativo di uguaglianza.*

Esempio: Sono alta come mio padre.
                   Sono più (meno) alta di mio padre.

1. È vero che il bambino mangia tanto quanto te?
2. Non è tardi come pensavo.
3. Abbiamo usato tanto burro quanta farina.
4. Il letto sembrava tanto bello quanto comodo.
5. Sapete che guadagnate quanto noi?
6. Eravate stanchi come gli altri.
7. Hanno tanto coraggio quanto credi.
8. Per me, la storia è interessante come la geografia.

o. *Completare le seguenti frasi usando* **di** (**di** + articolo), **che, di quel che, come, quanto.**

1. Gli Americani bevono più caffè _____ vino.
2. Mi sento più felice in campagna _____ in città.
3. I giorni feriali sono più numerosi _____ giorni festivi.
4. Non trovate che i micromotori siano più pericolosi _____ automobili?

5. L'aria è tanto necessaria _____ acqua.
6. Quell'edificio è più bello _____ utile.
7. La tua macchina consuma più benzina _____ mia.
8. Nella vita, tu hai avuto più gioie _____ dolori.
9. L'autunno è meno caldo _____ estate.
10. Nessuno ha tanta pazienza _____ ne ho io.
11. L'esame sarà meno facile _____ voi crediate!
12. Camminavano meno rapidamente _____ me.
13. Qualche volta è più difficile tacere _____ parlare.
14. Come balli bene! Sei leggera _____ una piuma.
15. L'Italia ha più colline e montagne _____ pianure.

p. *Tradurre.*

1. It's later than you think. — No, there's still time!
2. Does she talk as much as her husband? — No, she talks more than he!
3. Don't you think a conversation class (**classe di conversazione**) is too large if there are more than ten students?
4. The child is pretty. One day she will be prettier than her sister, and taller.
5. He doesn't write to his parents as often as I do. Do you know that I wrote more than five letters last month?
6. We can't run as fast as you. After all, we are at least twenty years older than you! — Twenty years? You're older than I thought!

V / *Superlativi* . . . .

Italian has two superlatives:
the **superlativo relativo** (il più intelligente) and
the **superlativo assoluto** (intelligentissimo).

A. The relative superlative (*the most intelligent, the prettiest, the least courageous, the most rapidly*) is formed by placing a form of the definite article before the comparative constructions with **più** or **meno**.

il più famoso di tutti i musei
the most famous of all museums

la meno coraggiosa delle sorelle
the least courageous of the sisters

il più rapidamente possibile
the most rapidly (as rapidly as possible)

When the superlative follows its noun, the definite article is not repeated with **più** or **meno**.

il museo **più famoso**
the most famous museum

la sorella **meno coraggiosa**
the least courageous sister

1. In English the superlative is often followed by *in*. Italian uses **di** with the usual combination with the article (occasionally **fra**).

la ragazza più carina **della** famiglia	il più stupido **degli** (**fra** gli) animali
the prettiest girl in the family	*the most stupid of the animals*

2. The subjunctive often follows the superlative (see p. 191).

Il dottore è l'uomo più alto che io **conosca**.	È il film più lungo che io **abbia visto**.
The doctor is the tallest man I know.	*It's the longest movie I've seen.*

3. With the superlative of adverbs, the definite article is usually omitted unless **possibile** is added to the adverb.

Ha parlato **più rapidamente** di tutti.	Ha parlato **il più rapidamente possibile**.
He spoke the most rapidly of all.	*He spoke as rapidly as possible.*

Remember the following expressions using **possibile**:

il più presto possibile (al più presto)	il più tardi possibile
as soon as possible	*as late as possible*

B. The absolute superlative (*very intelligent, quite pretty, very rapidly*) can be formed:

1. By dropping the final vowel of the masculine plural form of the adjective and adding **-issimo** (**-issima, -issimi, -issime**).

ricco → ricchi → ricchissimo
simpatico → simpatici → simpaticissimo
lungo → lunghi → lunghissimo

This absolute superlative always agrees in gender and in number with the noun it modifies.

I grattacieli sono altissimi.	La situazione politica era gravissima.
Skyscrapers are very high.	*The political situation was very serious.*

2. By adding **-issimo** to the adverb minus its final vowel.

tardi → tardissimo
spesso → spessissimo

La mamma è arrivata ieri sera, tardissimo.
Mother arrived last night, very late.

3. For adverbs ending in **-mente**, by adding **-mente** to the feminine form of the superlative adjective.

sicuramente: sicuro → sicurissima → sicurissimamente
gentilmente: gentile → gentilissima → gentilissimamente

Questo succede rarissimamente.
This happens very rarely.

4. By using such adverbs as **molto, assai, bene, estremamente, incredibilmente, infinitamente, altamente** + *adjective* or *adverb*.

Silvia è una ragazza molto strana.
Sylvia is a very strange girl.

La situazione è estremamente difficile.
The situation is very difficult.

Le sono infinitamente grato, Signora.
I'm extremely grateful to you, Ma'am.

Lo farò ben volentieri.
I'll be delighted to do it.

5. By adding a prefix to an adjective: **arci**contento, **stra**pieno, **extra**rapido, **super**veloce, **ultra**moderno, etc.

La carne era stracotta.
The meat was overcooked.

Vivono in un palazzo ultramoderno.
They live in a very modern apartment building.

6. By adding another adjective or phrase to an adjective.

ricco sfondato
filthy rich

vecchio decrepito
very old, on one's last legs

pieno zeppo
overflowing

ubriaco fradicio
smashed (drunk)

innamorato cotto
madly in love

pazzo da legare
raving mad (fit to be tied)

stanco morto
dead tired

sordo come una campana
as deaf as a post

7. By repeating the adjective or the adverb.

Se ne stava in un angolo **zitta zitta**.
She kept very silent in a corner.

I bambini camminavano **piano piano**.
The children were walking very slowly.

• • • *Esercizi*

q. *Trasformare le frasi secondo l'esempio dato.*

Esempio: È un bel palazzo. È il palazzo più bello della città. È bellissimo!

1. È un monumento famoso.
2. È un bel parco.
3. È una vecchia statua.
4. È un ristorante caro.
5. Sono dei palazzi moderni.
6. Sono chiese buie.

r. *Riscrivere le seguenti frasi usando un'altra forma del superlativo assoluto.*

1. Leggo un romanzo molto interessante.
2. Sono lezioni estremamente facili.
3. Ha delle dita assai lunghe.
4. Il cinema era strapieno.
5. Sono arrivati stanchissimi.
6. Camminavano piano piano.
7. Siamo arcicontenti che tu venga da noi.
8. Ci hai trattato gentilissimamente.

— Ti ho regalato i più bei secoli della mia vita, ed ora mi vuoi lasciare!

s. *Sostituire al superlativo assoluto il superlativo relativo e l'espressione* **che ci sia (che ci siano).**

Esempio: Questa birra è carissima. — Sì, è la più cara che ci sia.

1. Queste uova sono freschissime.
2. Quelle ragazze sono simpaticissime.
3. La lezione numero 11 è lunghissima.
4. È un ragazzo intelligentissimo.
5. È un monumento antichissimo.
6. Quei dischi sono bellissimi.

t. *Tradurre.*

1. The simplest things can become extremely complicated.
2. If we weren't dead tired, we would come to your house.
3. The lecture was very interesting, much more interesting than the lectures we normally hear.
4. If you hadn't been smashed, you would have understood what I was saying.
5. The two men were quite sure that Luigi was lying.
6. He told his children he was very happy with all they had done.

— Questo è un albero antichissimo.

7. I would like to drive very fast, as fast as possible. I love speed!
8. I'll try to come as soon as possible, but don't wait for me.
9. This is the most important reason we left. Why don't you believe us?
10. Judy is the least rich of my friends, but she is the most generous. When she has something, she's always ready to give it to those poorer than she.

VI / *Comparativi e superlativi irregolari* . . . .

A. Some adjectives have irregular comparatives and superlatives in addition to their regular forms. The first form shown is the regular one.

ADJECTIVES

	Comparatives	Relative Superlative	Absolute Superlative
buono *good*	più buono migliore *better*	il più buono il migliore *the best*	buonissimo ottimo *very good*
cattivo *bad*	più cattivo peggiore *worse*	il più cattivo il peggiore *the worst*	cattivissimo pessimo *very bad*
grande *big, great*	più grande maggiore *bigger, greater*	il più grande il maggiore *the biggest*	grandissimo massimo *very big*
piccolo *small, little*	più piccolo minore *smaller*	il più piccolo il minore *the smallest*	piccolissimo minimo *very small, slightest*
alto *high, tall*	più alto superiore *higher*	il più alto il supremo *the highest*	altissimo supremo/sommo *very high, supreme*
basso *low, short*	più basso inferiore *lower*	il più basso l'infimo *the lowest*	bassissimo infimo *very low*

1. The choice between the regular and irregular forms is dictated by meaning and/or style and usage. In general, the irregular forms indicate figurative qualities and values; the regular forms are used to indicate material qualities.

Questa casa è **più alta** di quella.
This house is taller than that one.

Vorrei scarpe con tacchi **più bassi**.
I'd like shoes with lower heels.

Questa quantità è **superiore** al necessario.
This quantity is more than necessary.

Sono scarpe di qualità **inferiore**.
They are shoes of poorer quality.

2. Note the special meanings of **maggiore** and **minore**. In addition to meaning *greater*, *major* and *lesser,* they are frequently used in reference to people to mean *older* and *younger.* **Il maggiore** means the *oldest* (in a family) and **il minore** means *the youngest.* When referring to physical size, *bigger* and *biggest* are expressed by **più grande** and **il più grande**; *smaller* and *smallest* by **più piccolo** and **il più piccolo**.

Il sole è **più grande** della luna.
The sun is bigger than the moon.

I tuoi piedi sono **più piccoli** dei miei.
Your feet are smaller than mine.

Chi è **maggiore**: tu o tua sorella?
Who is older: you or your sister?

I tuoi difetti sono **minori** dei miei.
Your faults are smaller than mine.

3. Often the regular and irregular forms are used interchangeably, especially when material qualities are compared.

Questo vino è **più buono** (**migliore**) di quello.
This wine is better than that.

In questo negozio i prezzi sono **inferiori** (**più bassi**).
In this shop prices are lower.

4. Some additional examples of the irregular forms are:

I Rossi sono **i** miei **migliori** amici.
The Rossis are my best friends.

Al **minimo** rumore si spaventa.
He gets frightened at the smallest noise.

È un'**ottima** occasione.
It's an excellent opportunity.

Dovete andare al piano **superiore**.
You must go to the upper floor.

L'ipocrisia è **il peggiore** (peggior[1]) difetto.
Hypocrisy is the worst fault.

Il valore di quel libro è **infimo**.
The value of that book is minimal.

Quali sono state le temperature **minime** e **massime** ieri?
What were the lowest and highest temperatures yesterday?

B. Some adverbs have irregular comparatives and superlatives.

	Comparatives	Relative Superlative	Absolute Superlative
bene *well*	meglio *better*	(il) meglio *the best*	molto bene, benissimo ottimamente *very well*
male *badly*	peggio *worse*	(il) peggio *the worst*	molto male, malissimo pessimamente *very badly*
molto *much, a lot*	più, di più *more*	(il) più *the most*	moltissimo *very much*
poco *little*	meno, di meno *less*	(il) meno *the least*	pochissimo *very little*

[1]**Migliore, peggiore, maggiore,** *and* minore *can drop the final -e before nouns that do not begin with* z *or* s + *consonant:* il maggior dolore; il miglior professore; *but* il migliore scrittore.

L'hai fatto bene, ma devi farlo **meglio**.
You did it well, but you must do it better.

Hanno scritto **malissimo**.
They wrote very badly.

Vedo che hai già finito. **Ottimamente**!
I see you are already through. Excellent!

Cercano di mangiare **il meno possibile**.
They try to eat as little as possible.

In the relative superlative the article is usually omitted unless **possibile** is added.

Ha risposto **meglio** di tutti.
He gave the best answer. (Lit., He answered the best of all.)

Ha risposto **il meglio possibile** (**nel miglior modo possibile**).
He answered as best he could.

1. Note that *more* and *less,* when used alone without nouns (usually after a verb), are **di più** and **di meno**.

Bisogna lavorare **di più** e chiacchierare **di meno**.
You must work more and chatter less.

Quando è depresso, Pietro mangia **di più**.
When he is depressed, Peter eats more.

2. **Sempre più** and **sempre meno** correspond to *more and more* and *less and less* + *adjective* or *adverb*. **Sempre di più** and **sempre di meno** correspond to *more and more* and *less and less* when the expressions are used by themselves.

La situazione diventa **sempre più** grave.
The situation is getting more and more serious.

Arrivate **sempre più** tardi.
You arrive later and later.

Capite **sempre di meno**.
You understand less and less.

3. **Più... più** and **meno... meno** correspond to *the more . . . the more* and *the less . . . the less.*

Più dorme, **più** ha sonno.
The more he sleeps, the sleepier he is.

Meno lavorano, **meno** guadagnano.
The less they work, the less they earn.

Più lo guardo, **meno** mi piace!
The more I look at it, the less I like it.

4. **Il più, i più, la maggior parte** (**la maggioranza**) + **di** + *noun* + *verb* (singular or plural) express *most,* meaning the *greatest quantity, the majority, most persons.*

Il più è fatto.
Most of it is done.

I più preferiscono quest'idea.
Most people prefer this idea.

La maggior parte dei nostri amici erano già partiti.
Most of our friends had already left.

La maggior parte (**la maggioranza**) degli uomini è scontenta del proprio stato.
Most men are unhappy with their condition.

C. When expressing *better* or *worse* you have to determine whether they are used as adjectives or adverbs. **Migliore/migliori** express *better* as an adjective; **peggiore/peggiori** express *worse* as an adjective.

Abbiamo visto tempi **migliori.**
We've seen better times.

Non ho mai bevuto un vino **peggiore** di questo.
I've never drunk a worse wine than this one.

Meglio and **peggio** express *better* and *worse* as adverbs.

Stanotte ho dormito **meglio.**
Last night I slept better.

Con questi occhiali ci vede **peggio**.
With these glasses he doesn't see as well (he sees worse).

Meglio and **peggio** can also be used with **il** as masculine nouns to mean *the best (thing), the worst (thing).*

Abbiamo scelto il **meglio.**
We've chosen the best.

Temevano il **peggio.**
They feared the worst.

• • • *Esercizi*

u. *Completare le seguenti frasi usando* **meglio, migliore/i, peggio** *e* **peggiore/i.**

1. La macchina nuova funziona _____ di quella vecchia.
2. È un bravo dentista: credo che sia il _____ dentista che io abbia mai avuto.
3. Abitano in una brutta zona; è la _____ zona della città.
4. Quel vestito ti sta veramente bene: sta _____ a te che a me!
5. I tuoi bambini sono così bravi: sono molto _____ dei miei!
6. Luigi non è certo modesto... Dice sempre: « Quello che fanno gli altri, io lo faccio _____! »
7. Le cose vanno male; non potrebbero andar _____!
8. Come la tratti male; la tratti _____ di una schiava!
9. Non gli ho detto niente; ho creduto che fosse _____ non dirgli niente.
10. Con gli occhiali nuovi la nonna ci vede _____.

— Non preoccuparti, Joe. So benissimo dov'è la formula. È nascosta dentro a un libro!

v. *Rispondere alle seguenti domande.*

1. I Rossi abitano sopra di noi; i Bianchi abitano sotto di noi. Chi abita al piano inferiore?
2. Paolo ha preso A; Roberto ha preso B. Chi ha preso il voto migliore?
3. Il mio orologio è di plastica; quello di Giancarlo è d'oro. Qual è l'orologio di qualità superiore?
4. Anna pesa 53 chili; Mirella pesa 140 libbre. Chi pesa di più?
5. Tu hai venti dollari; lei ha ventimila lire. Chi ha più soldi?[1]
6. Mio cugino ha 20 anni; io ne ho 19. Chi è maggiore?
7. Io ho fatto tre chilometri; tu hai fatto tre miglia. Chi ha camminato di più?[2]

w. *Tradurre.*

1. My younger brother is a much better person than he seems.
2. Are these the best examples you could find?
3. He said less than he could have said.
4. She never drives at night because she can see very little.
5. Don't you think the ceiling is lower in this room?
6. The wine I drank at their house was excellent; the best I have ever drunk.
7. Don't talk to me! I'm in a very bad mood.
8. She went to the movies with her younger sister.
9. Which have been the best years of your life?
10. The more we read, the less we remember.
11. Why do more people commit suicide (**suicidarsi**) in San Francisco, the most beautiful city in America, than in any other city?
12. You know it better than I do: Romeo is the biggest liar (**bugiardo**) in the world!
13. Have you noticed that the lessons are getting longer and longer? — Yes, and the exercises, too!

x. *Conversazione*

1. Lei ha un fratello maggiore o una sorella maggiore? Quanti anni hanno più di Lei?
2. Lei è alto/a come Suo padre o più (meno) alto/a?
3. Chi è la persona più bassa della Sua famiglia?
4. E la più strana?
5. E la meglio vestita?
6. Chi parla più lingue nella Sua famiglia?
7. Chi parla meglio l'inglese?
8. Chi ha la migliore pronuncia?

y. *Tradurre.*

1. You said that Laura is very rich. Well, she may have more money than we (do), but she is not as rich as John, who is the richest man in the state. Too bad he's married!

[1]*The value of the dollar fluctuates relative to the lira. $1.00 equals approximately 1,500 liras.*
[2]*A mile equals 1.6 kilometers.*

2. We were supposed to arrive at 6:30 but we arrived earlier than we expected, at 5:15, because there wasn't much traffic, and we were able to drive faster.

3. The meal would have been excellent if they hadn't served that dessert. It had a strange taste. It tasted like (**sapere di**) soap. It was the worst dessert I had ever eaten! It would have been better if we had eaten at McDonald's!

z. *Conversazione*

1. Si parla tanto di un mondo migliore: come lo immagina Lei?
2. Quali sono i tre elettrodomestici (*household appliances*) che Lei considera più utili? Perchè?
3. Qual è il più bel regalo che Lei abbia mai fatto o ricevuto?
4. Qual è il più bel complimento che Lei abbia mai fatto o ricevuto?
5. Qual è il miglior voto che Lei abbia mai preso?

VII / *Lettura* . . . .

Vocabolario utile

chiudere (p.p. **chiuso;** p.r. **chiusi**) *to close;* **chiudere a chiave** *to lock*
contenere *to contain*
controllare *to check*
costringere (p.p. **costretto;** p.r. **costrinsi**) **a** + infinitive *to compel to do something*
****esplodere** (p.p. **esploso;** p.r. **esplosi**) *to explode*
rifiutare di + infinitive *to refuse to do something*
riguardare *to concern*
saltare *to jump;* ***saltare in aria** *to explode*
scommettere (p.p. **scommesso;** p.r. **scommisi**) *to bet*
****scoppiare** *to explode;* **scoppiare a**

ridere (piangere) *to burst out laughing (crying)*
spaventare *to scare;* **spaventarsi** *to get scared*
vincere (p.p. **vinto;** p.r. **vinsi**) *to win*

la **bugia** *lie*
il **bugiardo** *liar;* **bugiardo** (adj.) *insincere*
il **contenuto** *contents*
il **ginocchio** (pl. le **ginocchia**) *knee*
la **nuvola** *cloud*
la **scommessa** *bet;* **mantenere una scommessa** *to stick to a bet*
lo **spavento** *scare*
la **sveglia** *alarm clock*

La bomba

Romeo Tornasodo disse: « Scommetto che io posso anche dire la verità ».

« Impossibile », esclamò Franco Fortesette « non si è mai verificato un fatto simile, e tu lo sai meglio di me. Sei assolutamente

5 incapace di dire la verità. Hai provato solo una volta nella tua vita
ed hai fallito l'esperimento ».

« Questa volta garantisco di non dire una bugia » ribattè Romeo
Tornasodo.

Franco Fortesette rise e anche Luca Brodo rise.

10 Entrambi sapevano benissimo chi era Romeo Tornasodo. Era il
campione del mondo della bugia. Romeo Tornasodo aveva detto
bugie in tutte le capitali d'Europa e d'America e si era esibito anche
in Australia e nel Borneo alla presenza di alcuni sovrani di passaggio.

15 Aveva cominciato da piccolo a dire bugie e si era via via perfezionato. La bugia era diventata una professione per lui ed era imbattibile.

Le sue bugie si dividevano in due categorie: le "occulte" e le
"evidenti".

20 Bisogna dire che egli eccelleva in entrambe le specialità.

Nelle "evidenti" egli faceva sfoggio° delle più assurde afferma-   *flaunted*
zioni come quella rimasta famosa e che disse a Chicago nel 1922
alla presenza di numerosi testimoni. Egli affermò quel giorno che
alla motonave "Trestelle" erano state applicate le ruote° e che in   *wheels*
25 quel momento stava viaggiando verso Francoforte tenendo la sinistra, contravvenendo perciò a regolamenti stradali e marittimi
nello stesso tempo.

Una bugia colossale che fece il giro dell'America e che gli diede
grande notorietà.

30 Questa sua abilità nel dire bugie faceva sì che nessuno più gli
credesse anche quando discorreva del più e del meno°.   *about this and that*

Giunto° all'apice della sua carriera Romeo Tornasodo pensò di   essendo arrivato (*from*
ritirarsi e di cominciare a dire la verità.   giungere)

Recatosi° a trovare gli amici buttò là la scommessa.   essendo andato (*from*
     recarsi)
35 Era entrato nel salotto e aveva posato sul tavolino una piccola
valigia di cuoio naturale.

« Voglio assolutamente che mi crediate e mi dovete credere », disse « anzi, dico che questa volta vi obbligo a credermi. Vi costringo a credermi ».

40 « Non si può costringere una persona a credere quando quella persona si rifiuta di credere » disse Franco Fortesette scuotendo° il capo.

shaking

« Questa volta io scommetto che voi mi crederete e nemmeno davanti all'evidenza, ma addirittura sulla parola ».

45 « Sulla parola? » disse Luca Brodo. « Questo mai ».

« Allora la scommessa è fatta », disse Romeo Tornasodo « se vinco io mi pagherete un pranzo tutte le domeniche per un anno intero ».

« E se vinciamo noi? » chiese Luca Brodo.

« Non vi sarà contropartita », disse Romeo Tornasodo « pur-
50 troppo non potreste ricevere niente da me anche se vi promettessi una semplice ciliegia ».

« Non capisco » disse Franco Fortesette.

« Capirete subito » disse Romeo Tornasodo, indicando la piccola valigia, « io dico che questa valigia contiene qualcosa e voi dovrete
55 credere che contiene proprio quella cosa che vi ho detto io ».

« Ci sto° », disse Franco Fortesette « non dirai mai la verità sul contenuto di questa valigia ».

You're on (I accept the bet)

« Ascoltate », disse Romeo Tornasodo « sentite qualcosa? »

« Sento come un tic tac » disse Luca Brodo dopo aver accostato°
60 l'orecchio alla valigia.

avvicinato

« Effettivamente » disse Romeo Tornasodo « si sente un tic tac prodotto da un apparecchio a orologeria. Questa valigia contiene una bomba ».

I due amici scoppiarono a ridere.

65 « Il tuo piano è evidente », disse Luca Brodo « tu vuoi spaven-tarci, vuoi costringerci ad allontanarci dalla valigia dimostrando così di aver creduto alla presenza della bomba. Ma non ci spaventi: quella valigia contiene semplicemente una vecchia sveglia. No, caro amico, non ce la fai ».

70 « Ho scommesso e mantengo la scommessa », disse Romeo Tor-nasodo « se voi non credete a quanto io ho detto, restate qui e salterete in aria tra venti minuti circa ».

« Dobbiamo credergli? » disse Franco Fortesette.

« No », disse Luca Brodo « io non ci crederò mai. Ho scommesso
75 e manterrò la scommessa. Se lui cerca di spaventarci si sbaglia. Anzi, per dimostrarvi che sono convinto di quanto affermo, terrò quella valigia sulle ginocchia ».

Luca Brodo prese la valigetta e la posò° sulle sue ginocchia.

placed

« Come volete » disse Romeo Tornasodo guardando l'orologio
80 « ora sono le dieci e dodici minuti. Alle dieci e trenta esatte la bomba scoppierà ».

« D'accordo » disse Franco Fortesette. « Ci sto anch'io ».

« Peggio per voi », disse Romeo Tornasodo « io vi ho avvertiti e non ho certo intenzione di rimanere ad aspettare che la bomba
85 scoppi. La valigia è chiusa a chiave e voi non potrete aprirla per controllare il contenuto. L'unico modo per saperlo è di aspettare che la bomba scoppi. Alle dieci e trenta. Se scoppia ho detto la verità e ho vinto, se non scoppia ho detto una bugia e ho perso. Ma vi ricordo che la scommessa riguarda il fatto che voi mi crediate
90 o no. Vinco se mi credete, perdo se non mi credete ».

« Non ti crediamo » disse Franco Fortesette.

« E non ci muoviamo di qui » disse Luca Brodo.

« Come volete », disse Romeo Tornasodo « io certamente non posso restare ad aspettare. Vi lascio soli con la bomba nella valigia ».
95 Si alzò e si avviò alla porta.

« Torna fra un'oretta » disse Luca Brodo, ma l'amico bugiardo era già uscito.

Si sentiva distintamente il tic tac dentro la valigia, ma Luca Brodo e Franco Fortesette erano tranquilli e sicuri. Restavano in attesa° — aspettavano
100 sorridendo: mancavano ancora parecchi minuti alle dieci e trenta.

Controllarono l'ora, ma man mano che° i minuti passavano co- — as
minciava a farsi strada in loro un certo timore.

E se Romeo Tornasodo questa volta avesse detto la verità?

Quello fu il minuto più lungo della loro vita.

105 Con gli occhi chiusi, contando mentalmente i secondi, i due attesero° lo scoccare° dell'ora. — aspettarono (*from* attendere) / *striking*

Poi la tensione si sciolse d'un tratto°. Un profondo sospiro uscì — improvvisamente
contemporaneamente dal petto dei due amici.

« Avevamo ragione noi » disse Luca Brodo posando a terra la
110 valigetta e alzandosi. Il colorito normale gli era tornato sul volto e i suoi occhi esprimevano gioia e soddisfazione.

Anche Franco Fortesette si alzò sorridente.

« Beviamo qualcosa? » disse prendendo una bottiglia di Scotch.

« Certo, alla nostra salute », disse Luca Brodo porgendo il bic-
115 chiere « ha tentato di spaventarci con la minaccia della bomba, ma noi non siamo tipi che si spaventano. Conosciamo il nostro pollo° ». — *guy*

« Ora aspettiamo che torni e ci mostri che tipo di sveglia ha introdotto in quella valigia ».

Ma sarebbe tornato Romeo Tornasodo, oppure non avrebbe avuto
120 il coraggio di mostrarsi agli amici vittoriosi?

Ancora un brindisi° alla salute di Romeo Tornasodo, questa volta, — *toast*
ed esattamente alle dieci e quarantacinque la valigia esplose.

Seduti su una nuvoletta Franco Fortesette e Luca Brodo si guardarono in faccia.
125 « Questa volta ha detto la verità », disse Franco Fortesette « abbiamo perduto noi ».

« No » disse Luca Brodo. « Noi abbiamo vinto. Una bugia l'ha detta: ha detto che la bomba sarebbe scoppiata alle dieci e trenta e invece è scoppiata alle dieci e quarantacinque esatte. Ce l'ha fatta
130 ancora una volta ».

Carlo Manzoni, *Ma dico, siamo matti?*

• • • *Domande sulla lettura*

1. Chi era Romeo Tornasodo?
2. Che cosa sapete della sua vita?
3. Quale bugia aveva dato grande fama a Romeo?
4. Che cosa ha deciso di fare Romeo quando è arrivato all'apice della sua carriera?
5. Quale scommessa ha fatto un giorno con due suoi amici?
6. Se avesse vinto Romeo, che cosa avrebbero dovuto fare i due amici?
7. Perchè Luca ha messo la valigia sulle sue ginocchia?
8. Qual era l'unico modo possibile per controllare il contenuto della valigia?
9. Qual è stato il minuto più lungo per i due amici e perchè?
10. Che cosa hanno fatto i due dopo le dieci e trenta?
11. Che cosa è successo alle dieci e quarantacinque?
12. Chi ha vinto la scommessa: Romeo o i suoi amici? Perchè?

• • • *Studio di parole*

to introduce

introdurre
to introduce, to insert, to bring in

Per aprire la porta, dobbiamo introdurre la chiave nella serratura.
To open the door, we have to insert the key into the keyhole.

Chi ha introdotto il tabacco in Europa?
Who introduced tobacco in Europe?

presentare
to introduce, to get people acquainted

Tu conosci Mariangela? Chi te l'ha presentata?
Do you know Mariangela? Who introduced her to you?

to move

muovere
to move, to cause to change place or position

Il vento muove le foglie.
The wind moves the leaves.

commuovere
to move, to touch, to arouse the feelings of

La notizia della sua morte ci ha profondamente commosso.
The news of his death deeply moved us.

to move (cont.)

muoversi
to move, to change place or position

La luna si muove intorno alla terra.
The moon moves around the earth.

traslocare or **cambiare casa**
to move, to change residence

Siamo molto occupati perchè dobbiamo
traslocare (cambiare casa) la settimana
prossima.
*We're very busy because we have to
move next week.*

commuoversi
to be moved, touched

Io mi commuovo sempre quando sento
quest'aria.
I'm always moved when I hear this aria.

trasferirsi
*to move, to change residence (the new
location is indicated)*

Hanno intenzione di trasferirsi in
Australia.
They intend to move to Australia.

to fail

fallire
Used transitively: *to fail, to botch
something.*

Chi ha fallito l'esperimento?
Who botched the experiment?

Used intransitively: *to fail, to be
unsuccessful, to go bankrupt.*

Molte banche fallirono durante la
depressione.
Many banks failed during the Depression.

mancare di + *infinitive*
to fail, to neglect to do something

Non mancare di salutare i tuoi genitori!
Don't forget to say hi to your parents!

bocciare
to fail, to flunk someone

Quest'anno i professori hanno bocciato
molti studenti.
*This year teachers have failed many
students.*

Bocciare is very often used in the
passive (**essere bocciato**).

Roberto è stato bocciato in francese.
Roberto failed French.

Note the expression: **non superare un
esame**
to fail an exam

L'esame era difficile e molti studenti
non l'hanno superato.
*The exam was difficult, and many
students failed it.*

• • • Pratica

A. *Scegliere la parola o le parole che completano meglio la frase.*

1. Era una prova troppo difficile. Non sono stato sorpreso quando ho sentito che molti
l'avevano _____.

2. L'Ingegner Parodi deve _____ da Milano a Roma per ragioni di lavoro. La moglie non è contenta: in sette anni di matrimonio ha già dovuto _____ quattro volte!
3. Non c'era vento e non una foglia _____.
4. La storia delle tue disgrazie ci ha profondamente _____.
5. La foto non è riuscita bene. Avevo detto ai bambini di stare fermi, ma invece loro _____!
6. Voglio conoscere la ragazza seduta vicino alla finestra. Perchè non me la _____ se la conosci?
7. I genitori di Riccardo sono preoccupati perchè il figlio non ha fatto bene agli esami ed è stato _____ in due materie.
8. Non sapevi che bisogna _____ il gettone nell'apparecchio telefonico prima di fare il numero?

B. *Tradurre.*

1. Nobody moved when I entered the room.   — Did you think they would stand up? In this country no one stands up when someone comes in unless it's the president!
2. We have an excellent program. How can you say it will fail?
3. If they offered you a job in another city, where would you like to move?
4. I like the young woman you introduced to me. I think she's the nicest girl in the world!
5. If you had studied as much as I, I'm sure Professor Moffa wouldn't have flunked you.
6. Grandmother burst out crying. Something must have moved her.

C. *Domande per Lei*

1. Si commuove facilmente Lei? In quali circostanze?
2. Se potesse trasferirsi nella città che vuole, dove andrebbe e perchè?
3. Ho letto che l'americano tipico cambia casa una volta ogni sette anni. Quante volte ha già traslocato Lei?
4. Quali persone non presenterebbe mai ai Suoi genitori?
5. Non tutti i progetti riescono nella vita. Secondo Lei, quali sono i progetti che falliscono più spesso?
6. Io non manco mai di telefonare a mia madre ogni due settimane. Che cosa non manca di fare Lei?

• • • *Temi per componimento o discussione*

1. Il minuto più lungo della vostra vita.
2. Non è sempre un male dire bugie: a volte, le bugie sono necessarie.
3. Una scommessa molto comune è quella di raccontare una storia a una persona in modo tale da obbligare la persona a usare una certa parola o espressione (per esempio: *Perchè; No, mai*). « Scommetto che ti faccio dire... ». Fate una scommessa di questo tipo con uno studente della vostra classe e servitevi di una storia già sentita o inventata da voi.

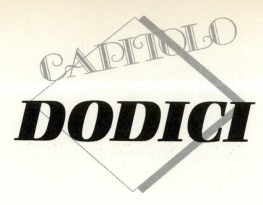

DODICI

I / *Infinito*
II / *Gerundio*
   III / *Participio*
  IV / *Lettura:* La parola mamma *(I)*

I / *Infinito* . . . .

1. The infinitive is the unconjugated form of a verb. It corresponds to *to + verb* in English (*to love*) or the gerund (*loving*). The infinitive has two forms: the simple (or present) infinitive and the compound (or past) infinitive, which is made up of **avere** or **essere** plus the past participle of the main verb.

Infinito presente:	**amare**	**perdere**	**partire**
	to love	*to lose*	*to leave*
Infinito passato:	**avere amato**	**avere perduto**	**essere partito/a/i/e**
	to have loved	*to have lost*	*to have left*

Note that the translation of the past infinitive is *to have + verb*, even when it is formed with **essere**. Also note that when the past infinitive is formed with **essere**, the past participle agrees with the subject in gender and number.

2. In both forms, object pronouns follow the infinitive and are attached to it to form one word. The final **-e** of the infinitive is dropped.

Sarebbe bene dir**glielo**.
It would be a good idea to tell it to him.

Non credo di aver**la** invitata.
I don't think I invited her.

Preferisci veder**li** ora o più tardi?
Do you prefer to see them now or later?

Vino? Spero di aver**ne** comprato abbastanza.
Wine? I hope I bought enough.

3. Reflexive pronouns are also attached to the infinitives of reflexive verbs and must match the subject (p. 110).

Io vorrei lavar**mi**.
I would like to wash.

Voi vorreste lavar**vi**?
Would you like to wash?

In the case of reflexive compound infinitives, the pronoun is attached to **essere**, and the past participle agrees with the subject in gender and number.

Dopo esser**ci** alzat**i**, abbiamo mangiato.
After getting up, we ate.

Laura non crede di esser**si** divertit**a**.
Laura doesn't think she had a good time.

Uso dell'infinito presente

The infinitive may be preceded by a preposition or used without a preposition preceding it.

A. No preposition precedes the infinitive in the following cases:

1. When the infinitive is used as the subject of a sentence. Here the infinitive is considered a masculine singular noun and may take the definite article.

Parlare con lui è un vero piacere.
Speaking with him is a real pleasure.

Il bere eccessivo fa male alla salute.
Excessive drinking is bad for our health.

2. When the infinitive is used with impersonal expressions containing **essere**.

È sbagliato **scrivere** così.
It is wrong to write like that.

Non sapevo che fosse proibito
    parcheggiare qui.
I didn't know it was forbidden to park here.

Note that in the preceding examples the infinitive also acts like the subject of the sentence.

3. When the infinitive is the object of certain verbs (**volere, potere, dovere**, and other commonly used verbs expressing likes and dislikes, wishing, preferring, etc.) (for a list see the Appendix, p. 352).

Non volevano **uscire**.
They didn't want to go out.

Dovete **studiare** di più.
You must study more.

Chi **preferirebbe** aspettare?
Who would prefer to wait?

4. When the infinitive is used as an imperative in impersonal commands (notices, general directions, recipes, and so on) (see p. 235).

Tenere la destra.
Keep right.

Non **gettare** oggetti dai finestrini.
Don't throw objects out the windows.

Mescolare rapidamente e **servire** subito.
Mix rapidly and serve immediately.

Prendere prima dei pasti.
Take before meals.

B. Most verbs require a preposition before a dependent infinitive.

1. Certain verbs require **a** before a dependent infinitive; others require **di**. Notice that **a** and **di** have no equivalent in English. There are no general rules governing the usage of **a** or **di**; practice and the dictionary must serve as guides. For a list of verbs requiring **a** or **di** before a dependent infinitive, see the Appendix, pp. 350–352.

S'è abituato **a bere** l'espresso.
He got used to drinking espresso.

Non vuoi ammettere **di aver** torto?
Don't you want to admit you're wrong?

Ti diverti **a guardare** i treni.
You have fun watching trains.

Hanno deciso **di partire** in aereo.
They decided to leave by plane.

Proviamo **a entrare**!
Let's try to get in!

Perchè fingete **di** non **conoscermi**?
Why do you pretend not to know me?

Riesci **a leggere** senza occhiali?
Can you read without glasses?

Vi ringrazio **d'esser venuti**.
Thank you for coming.

Son tornate **a fiorire** le rose.
The roses are blooming again.

Hanno paura **di uscire** sole la sera.
They're afraid to go out alone at night.

2. Some frequently used verbs change meaning according to the preposition that follows them.

cominciare a + *infinitive*	*to begin, to start doing something.*
cominciare con + *article* + *infinitive*	*to begin by (the first thing in a series)*
finire di + *infinitive*	*to finish, to be through doing something*
finire per + *infinitive*	*to end up doing something, to do it eventually*
(also: **finire con** + *article* + *infinitive*)	
decidere di + *infinitive*	*to decide to do something*
decidersi a + *infinitive*	*to make up one's mind to do something*

Quando ha cominciato **a nevicare**?
When did it begin to snow?

Hanno cominciato **col chiedere** diecimila lire.
They began by asking 10,000 liras.

Hai finito **di piangere**?
Have you finished crying?

Finirai **per stancarmi** (**con lo stancarmi**).
You'll end up making me tired.

Ho deciso **di partire**.
I decided to leave.

Mi sono deciso **a partire**.
I made up my mind to leave.

C. Most adjectives require a preposition before a dependent infinitive.

1. Certain adjectives require **a** before a dependent infinitive, others require **di**. For a list see the Appendix, p. 353.

Erano abituati **a fare** la siesta.
They were used to taking a siesta.

Silvia era ansiosa **di essere** sola.
Silvia was anxious to be alone.

State attenti **a** non **bruciarvi**!
Be careful not to burn yourselves!

Sareste capaci **di dirglielo**?
Would you be able to tell it to him?

Carlo è stato il primo studente **a finire**.
Carlo was the first student to finish.

Eravamo stanchi **di leggere**.
We were tired of reading.

Sono sempre pronti **ad aiutarci**.
They are always ready to help us.

Sembravano contenti **di vederci**.
They seemed happy to see us.

2. Some adjectives require **da** + infinitive or, less commonly, **a** + *infinitive* in the reflexive form if the dependent infinitive has a passive meaning.

facile	difficile	orribile
bello	brutto	eccellente
buono	cattivo	

Questo formaggio è buono **da mangiare** con la frutta.
This cheese is good to eat with fruit.

Era una cosa orribile **da vedere** (**a vedersi**).
It was a horrible thing to see.

Pensi che sia un problema difficile **da risolvere**?
Do you think it's a problem difficult to solve?

D. Nouns also require a preposition before a dependent infinitive.

1. **Da** is used before an infinitive when the infinitive indicates the purpose and use of the noun. Note that the infinitive expresses a passive meaning.

Chi ha tempo **da perdere**?
Who has time to waste?

«Casablanca» era un film **da vedere**.
Casablanca was a film to see.

Dov'è la roba **da mangiare**?
Where are the things to eat?

Cerco i pacchi **da spedire**.
I'm looking for the packages to be mailed.

2. **Di** (rarely **a** or **per**) is used before an infinitive in all other cases. Note that the infinitive then expresses an active meaning.

Chi ti ha dato il permesso **di parlare**?
Who gave you permission to talk?

Fammi il piacere **di venire** a trovarmi.
Do me the favor of coming to see me.

È ora **di mangiare?**
Is it time to eat?

Mi piace il suo modo **di rispondere**.
I like his way of answering.

E. Prepositions that are not governed by a verb, adjective, or noun can introduce the infinitive to form prepositional phrases.

1. The prepositions **a, da, in, con, su,** and **tra** require the masculine singular article which combines with the preposition before the infinitive.

Nel rispondere cerca d'essere chiaro!
In answering try to be clear!

Ho fatto uno sbaglio **nell'usare** questo verbo.
I made a mistake in using this verb.

Dal dire al fare c'è di mezzo il mare.
There's many a slip twixt the cup and the lip.

Col passare del tempo tutto s'aggiusta.
With the passage of time everything works out. (Time heals all.)

2. Other prepositions can introduce an infinitive without an article.

invece di	*instead of*
oltre a (oltre che)	*besides, in addition to*
per	*to, in order to*
piuttosto che	*rather than*
prima di	*before*
senza	*without*
tranne (che)	*except*

Perchè giocate **invece di studiare**?
Why are you playing instead of studying?

Oltre che essere ignorante, è anche maleducata!
Besides being ignorant, she's also ill-bred!

Rifletti **prima di parlare**!
Think before speaking!

Siamo andati a letto **senza mangiare**.
We went to bed without eating.

Sei venuto da me solo **per parlare** di affari?
Have you come to my house only to talk business?

• • • *Esercizi*

a. *Sostituire l'infinito al nome corrispondente.*

> *Esempio:*   *Il nuoto* fa bene a tutti.
>   **Nuotare fa bene a tutti.**

1. *La lettura* era la nostra passione.
2. Vi piace *lo studio?*
3. *L'amore* per i propri figli dovrebbe essere una cosa istintiva.
4. *La scelta* di una professione non è sempre facile.
5. Ci conforta *il pensiero* che l'inverno è quasi finito.
6. *La sorveglianza* dei bambini era la sua unica preoccupazione.
7. *La vita* riserva continue sorprese.
8. Non credi che *la confessione* sia un atto di coraggio?

b. *Completare ogni frase con la preposizione corretta, quando è necessaria.*

1. Non vengo ora perchè ho paura _____ disturbarvi.
2. Sono facili _____ imparare le lingue orientali?
3. Ci sono domande a cui è impossibile _____ rispondere.
4. Hai qualche buona notizia _____ darmi?
5. Siamo contenti _____ informarvi che non è necessario _____ aspettare.
6. Io non sarei stato capace _____ fare bene come te.
7. Faresti meglio _____ tacere se non vuoi _____ offendere nessuno.
8. Marco è stato il solo studente _____ finire l'esame e _____ uscire prima di mezzogiorno.
9. Chi vi ha dato l'ordine _____ chiudere il negozio?
10. Ho voglia _____ fare qualcosa: perchè non andiamo _____ ballare?
11. Se continuano _____ correre così, finiranno _____ stancarsi.
12. Era un concetto difficile _____ capire.

SENZA PAROLE

13. Pensate che sia difficile _____ camminare nel bosco?
14. Mi rifiuto _____ credere che non avete intenzione _____ venire alla mia festa.

c. *Parliamo un po' di mangiare e di bere... Rispondere alle seguenti domande.*

1. Che cosa è stanco/stanca di mangiare?
2. Quanti ravioli (quante pizze, quanti gelati) è capace di mangiare?
3. Che cosa è disposto/disposta ad eliminare dalla Sua dieta?
4. Che piatto è curioso/curiosa di provare?
5. Che cosa è abituato/abituata a bere durante i pasti?
6. Sarebbe contento/contenta di rinunciare ai dolci per un anno?

d. *Formare nuove frasi come nell'esempio.*

Esempio: Prenda l'autobus! È meglio. —Ah, è meglio prendere l'autobus?

1. Non attraversi i binari! È vietato.
2. Non dia la mancia! Non è necessario.
3. Non dica così! È sbagliato.
4. Impari l'italiano! È importante.
5. Lasci perdere! È meglio.
6. Non tocchi i fili! È pericoloso.

e. *Formare nuove frasi col contrario delle parole in corsivo.*

Esempio: Ho *cominciato* a scrivere alle undici. Ho finito di scrivere alle undici.

1. Fu il *primo* ad andarsene.
2. È *utile* conoscere le lingue?
3. Il maestro ci *permise* di uscire.
4. Quando ha *smesso* di parlare?
5. Si sono *dimenticati* di comprare il caffè.
6. È un dolce *facile* a farsi.
7. Ha *torto* di lamentarsi.
8. Hanno fatto *presto* a vestirsi.

f. *Formare delle nuove frasi con i verbi indicati. Mettere le preposizioni necessarie.*

1. Mi *piace* dormire per terra.
   Cercano...
   Non vuoi...
   Si abituerà...
   Continuano...
2. Non *potete fare a meno* di invitarlo.
   Non volete...
   Vi piacerebbe...
   Gli avete promesso...
   Siete i soli...

3. Mi *hanno incoraggiato* a continuare.
   Mi hanno detto...
   Mi hanno consigliato...
   Non sono riuscita...
   Avrei voluto...

g. *Sostituire alle parole in corsivo o* **prima di** *+* infinito *o* **prima che** *+* congiuntivo, *usando gli esempi come guida.*

Esempi: Prima *della partenza* sono venuti a salutarci.
            Prima di partire sono venuti a salutarci.

            Prima *del tuo arrivo* devo pulire la casa.
            Prima che tu arrivi devo pulire la casa.

1. Finirò il lavoro prima *del vostro ritorno*.
2. Andammo via prima *della fine del film*.
3. Prima *della partenza* telefonateci!
4. Ha fatto molto freddo prima *del mio arrivo*.
5. Partì prima *della vostra telefonata*.
6. Prima *della scelta* eravamo tutti indecisi.
7. Prima *della loro venuta* non sapevo cosa fare.
8. Prima *dell'esplosione* la bomba faceva tic-tac.
9. Prima *dell'esplosione della bomba*, i due amici hanno bevuto un bicchierino.

h. *Tradurre.*

1. I like that girl. Besides being pretty, she's also very intelligent. I hope to introduce her to you.
2. We had told Fausto to come and pick us up, but he must have forgotten. He has too many things to remember.
3. Going out on Sundays isn't always possible. Please try to understand!
4. Wouldn't you prefer to play tennis with me rather than staying home?
5. —What does that sign say?
   —It says, 'Don't smoke'.
   —Does it mean that if they see me smoking, they can give me a fine (**fare la multa**)?

Uso dell'infinito passato

The past infinitive is used instead of the present infinitive to express an action that has clearly taken place before the action expressed by the main verb of the sentence. It can be introduced by a verb or expression and must *always* be used after the preposition **dopo**.

Siete contenti di **avere scelto** l'italiano?
Are you glad you chose Italian?

Non credo di **averli capiti**.
I don't think I understood them.

Cosa hai fatto **dopo essere ritornato** a casa?
What did you do after returning home?

The past infinitive is always used after the verb **ringraziare**.

Vi ringrazio **di (per) essere venuti** e **di (per) averci portato** i fiori.
I thank you for coming and for bringing us the flowers.

• • • *Esercizi*

i. *Sostituire l'infinito passato all'infinito presente.*

> *Esempio:*   Ho paura di fare molti sbagli.
>   **Ho paura di aver fatto molti sbagli.**

1. Siamo contenti di vedervi e di potervi parlare.
2. I miei amici speravano di vincere il concorso.
3. Non vorrei costringerli a pagare.
4. Temevo di confondermi durante l'esame e di dare molte risposte sbagliate.
5. Crediamo di non dimenticare niente.
6. È meglio amare e perdere che non amare affatto.
7. Siete sicuri di non spaventarla?
8. È un esperimento difficilissimo. Dubito di farcela!
9. La signora ha ammesso di sentirsi male.
10. Non puoi accorgertene, credi a me!

j. *Mettere* **dopo** *al posto di* **prima di** *e fare i cambiamenti necessari.*

> *Esempio:*   Ho avuto dei dubbi prima di prendere questa decisione.
>   **Ho avuto dei dubbi dopo aver preso questa decisione.**

1. Gino ha trovato un lavoro prima di laurearsi.
2. Sono venuti a casa nostra prima di andare al cinema.
3. Ce ne siamo andati prima di sapere i risultati.
4. Carla passerà da me prima di fare la spesa.
5. Partimmo prima di ricevere il telegramma.
6. Telefonerete prima di cenare?
7. Mi disse « Buona sera » prima di stringermi la mano.
8. Sei andato via prima di renderti conto del pericolo.

II / *Gerundio* . . . .

The Italian **gerundio** is not the same as the gerund in English (*Reading* is important); rather, it usually corresponds to the English present participle (*Reading* your letter, I found many mistakes).

1. The **gerundio** has two forms: the simple (or present) gerund formed by adding **-ando** to the stem of **-are** verbs, and **-endo** to the stem of **-ere** and **-ire** verbs; and the compound (or past) gerund, which is made up of **avendo** or **essendo** plus the past participle of the main verb.

Gerundio presente:	**amando**	**perdendo**	**partendo**
	loving	*losing*	*leaving*
Gerundio passato:	**avendo amato**	**avendo perduto**	**essendo partito/a/i/e**
	having loved	*having lost*	*having left*

Note that the translation of the compound gerund is *having + verb*, even when it is formed with **essendo**. Note also that the simple gerund is invariable and that when the compound gerund is formed with **essendo**, the past participle agrees with the subject in gender and number.

2. Verbs that use the Latin stem to form the **imperfetto** also use the same stem to form the gerund.

bere	(bevevo)	**bevendo**
dire	(dicevo)	**dicendo**
fare	(facevo)	**facendo**
introdurre	(introducevo)	**introducendo**
porre[1]	(ponevo)	**ponendo**

3. Reflexive and object pronouns follow the gerunds and are attached to it to form one word. In the compound gerund they are attached to **avendo** or **essendo**.

Non sentendo**mi** bene, ho chiamato il dottore.
Not feeling well, I called the doctor.

Essendo**si** alzati tardi, sono arrivati in ufficio in ritardo.
Having gotten up late, they got to the office late.

Guardando**lo**, gli sorridevo.
Looking at him, I was smiling at him.

Non avendo**la** vista, non ho potuto parlarle.
Not having seen her, I was unable to talk to her.

Uso del gerundio presente

1. The **gerundio presente** is used with the **presente** or the **imperfetto** of **stare** (and, less commonly, **andare**) to express an action in progress in the present (*I am working, I am in the process of working*) or in the past (*I was working, I was in the process of working*):

sto lavorando[2]
I am working

stavo lavorando[2]
I was working

FORME PROGRESSIVE

Presente		Imperfetto	
sto		stavo	
stai		stavi	
sta	lavorando	stava	lavorando
stiamo		stavamo	
state		stavate	
stanno		stavano	

[1] *All other verbs ending in -porre use the stem -pon-.*

[2] *The progressive forms are also used in the subjunctive (present and imperfect):* Non credo che tu stia studiando. *I don't believe you're studying.* Pensavo che tu stessi cucinando. *I thought you were cooking.*

Non fate rumore: il bambino **sta dormendo** (dorme).
Don't make noise; the baby is sleeping.

Che cosa **stai (vai) dicendo** (dici)?
What are you saying?

Stavamo uscendo (uscivamo) di casa quando squillò il telefono.
We were leaving the house when the telephone rang.

Quando arrivammo noi, loro **stavano facendo** (facevano) colazione.
When we arrived they were having breakfast.

Note that whereas **lavoro** can mean both *I work* and *I am working*, **sto lavorando** can only mean *I am working (right now)*. Similarly, **lavoravo** can mean *I used to work* and *I was working*, **stavo lavorando** only *I was working*. The progressive forms are used less frequently in Italian than in English. They may always be replaced by the usual forms of the **presente** and **imperfetto**.

In the **stare** + *gerund* construction, reflexive or object pronouns may precede **stare** or be attached to the gerund.

Stavo vestendo**mi** quando sono venuti.
Mi stavo vestendo quando sono venuti.
I was dressing when they came.

Stavamo telefonando**ti**, cara.
Ti stavamo telefonando, cara.
We were calling you, dear.

2. The **gerundio presente** is also used to express an action or state of being that accompanies the action of the main verb. It is often the equivalent of a dependent clause expressing time, means, manner, condition, or cause. Note that there are several English equivalents for this use of the gerund in Italian and that there is no corresponding word in Italian for the words *while, on, in, by* when followed by the *-ing* form of verb.

Passeggiando (= mentre passeggiavo) ho incontrato il tuo amico.
While (I was) strolling, I met your friend.

Volendo (= se volete) potete riuscire.
You can succeed if you want to.

Essendo (= dato che erano) malati, non sono andati a scuola.
Being sick, they did not go to school.

È diventato ricco **lavorando** molto.
He became rich by working hard.

The gerund must have the same subject as that of the main verb. If the subject is different, a clause is used instead of the gerund. Compare the following two sentences:

L'ho incontrato **camminando** in via Veneto.
I met him walking (= while I was walking) on Via Veneto.

L'ho incontrato **che camminava (mentre camminava)** in Via Veneto.
I met him walking (= while he was walking) on Via Veneto.

3. No preposition or conjunction is used before the gerund in Italian, except for **pure** (abbreviated to **pur**). **Pur** + *gerund* is the equivalent of a clause expressing concession (**benchè** or **sebbene** + *subjunctive*).

Pur studiando (Benchè studi), non impara niente.
Although he studies (Though studying), he doesn't learn a thing.

— Sta parlando con me professore?

• • • *Esercizi*

k. *Formare nuove frasi usando il presente di* **stare** + gerundio.

> *Esempio:* Perchè non dormite?
> Perchè non **state dormendo**?

1. Cosa succede?
2. Perchè gridano?
3. Litigano?
4. No, discutono semplicemente!

5. E tu, che fai?
6. Guardo la partita.
7. Chi vince?
8. Nessuno perde?

— Dovete credermi: stavo salendo, non scendendo!

l. *Sostituire a* **stare per** + infinito (to be about to do something) *la forma* **stare** + gerundio (to be doing something).

Esempio: La ragazza sta per uscire.   **La ragazza sta uscendo.**

1. Gli operai stanno per prendere l'autobus.
2. Il dottore sta per visitare la bambina.
3. Stavamo per uscire di casa; non stavamo per vestirci.
4. Stai per leggere il brano o stai per tradurlo?
5. Cosa stavi per bere?
6. Stavo per dire una sciocchezza!
7. State per rallentare o state per fermarvi?
8. La vite stava per staccarsi dall'accendino.

m. *Che cosa facevano quando... Oggi intervistiamo alcuni amici sposati. Domandiamo se ricordano quello che faceva l'altra persona quando si sono visti per la prima volta. Utilizzare le seguenti espressioni o crearne delle nuove.*

Esempi: Lui risponde: **Quando l'ho vista, stava camminando.**
              Lei risponde: **Quando l'ho visto, stava tagliando l'erba.**

1. correre nel parco
2. prendere il sole
3. salire sull'autobus
4. scendere dal treno
5. fare l'aerobica
6. pagare alla cassa
7. giocare a carte
8. servire un hamburger

n. *Formare nuove frasi mettendo il gerundio al posto delle parole fra parentesi.*

Esempio: (Mentre tornavo) da scuola, ho incontrato lo zio.
              Tornando da scuola, ho incontrato lo zio.

1. I bambini correvano (mentre giocavano) al pallone.
2. (Se tu lo vedessi) forse lo riconosceresti.
3. (Benchè sapessero) la risposta, sono stati zitti.
4. (Con l'insistere) troppo, non ha ottenuto niente.
5. (Dato che non avevano) spiccioli, non mi hanno potuto dare il resto.
6. (Nello scrivergli) mi sono accorto che dovevo dirgli troppe cose.
7. Sono arrivata in ritardo (perchè credevo) che la riunione fosse alle cinque.
8. (Se non comprate) il biglietto, risparmiate cinque dollari.
9. (Poichè abita) in campagna e (conosce) poche persone, quella ragazza è timida e insicura.
10. (Quanto ti prepari) per l'esame, non dimenticare di studiare il gerundio!

o. *Formare un'unica frase usando il gerundio del verbo della prima frase.*

Esempio: Prendono il caffè. Chiacchierano.
              Prendendo il caffè, chiacchierano.

1. Voi fate attenzione. Imparate molto.
2. Leggeva la lettera. Piangeva.

3. Dormivo. Ho fatto un brutto sogno.
4. Devo partire. Verrò a salutarvi.
5. Si sente stanca. È andata a letto.
6. Guardavamo la televisione. Ci siamo addormentati.
7. Non accetti il nostro invito. Ci offendi.
8. Si trovano bene qui. Sperano di restare.

p. *Viva le lingue straniere! Completare le seguenti frasi usando* **conoscere** *o* **conoscendo**.

1. _____ una lingua straniera è importante.
2. _____ una lingua straniera, dovresti trovare un lavoro migliore.
3. Pur _____ più di una lingua straniera, Mario è disoccupato.
4. Per _____ bene una lingua straniera, ci vogliono molti anni di studio.
5. In America, quante sono le persone che hanno bisogno di _____ una lingua straniera?
6. Com'è possibile vivere in un paese straniero senza _____ la lingua di quel paese?

q. *Tradurre.*

This is Silvestro's story. Silvestro likes running. One day, while running, he fell. In falling, he broke a leg. While going to the hospital, he had an accident and broke the other leg! Having two broken legs, he had to stay in the hospital a long time. While staying at the hospital, he got (use **prendersi**) an infection. What do you think happened then?

r. *Conversazione*

1. In che modo può migliorare il Suo italiano?
2. Come si diverte in un giorno di pioggia?
3. Come può aiutare le persone sole?
4. Come è possibile diventare ricchi secondo Lei?

Uso del gerundio passato

When the action expressed by the gerund has clearly taken place *before* the action of the main verb, the **gerundio passato** is used.

Avendo letto molti libri, Franco sa molte cose.
Having read many books, Franco knows a great deal.

Essendo partiti presto, siamo arrivati presto.
Having left early, we arrived early.

Note that the tense of the main verb does not influence the choice of either the. **gerundio presente** or the **gerundio passato**.

• • • *Esercizi*

s. *Formare un'unica frase seguendo l'esempio.*

Esempio: Ho trovato il caffè cattivo. Ho ordinato del tè.
             Avendo trovato il caffè cattivo, ho ordinato del tè.

1. Ho perduto molte lezioni. Sono rimasto indietro.
2. Ha bevuto troppo. È stato male tutta la notte.
3. Hanno finito di mangiare. Chiedono il conto.
4. È entrata nella stanza. Si è tolta il cappotto.
5. Ci siamo alzati in piedi. Abbiamo applaudito.
6. Hai perso la scommessa. Devi pagarci un pranzo.
7. Abbiamo preso l'aereo. Arriveremo prima.
8. Mi sono confusa. Non ho superato l'esame.

t. *Formare nuove frasi usando* **pur** + gerundio *(presente o passato) al posto di* **benchè** + congiuntivo.

Esempio: Benchè sia stanco, esco.
             Pur essendo stanco, esco.

1. Benchè fosse raffreddato e non si sentisse bene, il tenore ha voluto cantare lo stesso.
2. Benchè avessi mangiato tanto in fretta, ero riuscito a sentire il gusto del formaggio.
3. Benchè lo sapesse, non volle dire il nome del ladro.
4. Benchè avessero studiato poco, sono riusciti a farcela agli esami.
5. Benchè mi conosceste, non mi avete salutato.
6. Benchè lavorassimo molto, non guadagnavamo abbastanza.
7. Benchè fossero partiti tardi, arrivarono in tempo.
8. Benchè io apprezzi l'eleganza nel vestire, non faccio mai attenzione agli abiti delle persone.

III / *Participio* •

The Italian participle has two forms: the present and the past.

A. The **participio presente** is formed by adding **-ante** to the stem of **-are** verbs and **-ente** to the stem of **-ere** and **-ire** verbs.

Participio presente:			
	amare	**amante**	*loving*
	perdere	**perdente**	*losing*
	partire	**partente**	*leaving*

1. The **participio presente** is mostly used as an adjective, and as such agrees with the noun it modifies.

Era una lettera **commovente** e
    convincente.
It was a moving and convincing letter.

Ho visto molte facce **sorridenti**.
I saw many smiling faces.

Ti piacciono le storie **divertenti**?
Do you like amusing stories?

2. Sometimes the present participle is used as a noun.

i grandi **cantanti**
the great singers

gli **abitanti** di Roma
the inhabitants of Rome

il mio **assistente**
my assistant

insegnanti e **studenti**
teachers and students

3. The present participle is rarely used as a verb, but when it is, it is the equivalent of a relative clause.

Addio, monti **sorgenti** (= che sorgono) dalle acque!
Farewell, mountains rising from the waters!

Quanti sono i cittadini italiani **residenti** (= che risiedono) all'estero?
How many Italian citizens are (How many are the Italian citizens) residing abroad?

Ho comprato un quadro **rappresentante** (= che rappresenta) un tramonto.
I bought a picture representing a sunset.

B. The **participio passato** is formed by adding **-ato** to the stem of **-are** verbs, **-uto** to the stem of **-ere** verbs, and **-ito** to the stem of **-ire** verbs.

Participio passato:	amare	**amato**	*loved*
	perdere	**perduto**	*lost*
	partire	**partito**	*left*

A number of verbs, especially **-ere** verbs, have irregular past participles. Several endings are possible: **-so (-sso), -lto, -nto, -to (-tto), -sto**.

muovere *to move*	**mosso**	morire *to die*	**morto**
togliere *to remove*	**tolto**	chiedere *to ask*	**chiesto**
vincere *to win*	**vinto**		

For a list of verbs with irregular past participles, see Capitolo 3, p. 48, and the Appendix, pp. 369–370.

Uso del participio passato

A. The past participle is used with an auxiliary verb, either **avere** or **essere**, to form compound tenses of verbs[1].

[1]*For a more complete discussion of the compound tenses, see the* passato prossimo, *p. 46, the* trapassato prossimo, *p. 133, the* trapassato remoto, *p. 133, the* futuro anteriore, *p. 155, the* condizionale passato, *p. 159, and the compound tenses of the subjunctive, pp. 177, 201.*

Stefano **ha scritto** molte cartoline.
Stefano wrote many postcards.

È andato a spedirle.
He went to mail them.

In the compound tenses, the past participle is often subject to agreement. If the verb is conjugated with **avere** and a direct object pronoun precedes the verb, the past participle agrees in gender and number with that direct object in many cases (see pp. 82–83). When the verb is conjugated with **essere**, the past participle agrees with the subject (see pp. 46, 110).

B. The past participle may be used as an adjective. When used as an adjective, the past participle must agree in gender and number with the noun it modifies.

Era una lettera ben **scritta**.
It was a well-written letter.

L'avvocato sembrava **soddisfatto**.
The lawyer seemed satisfied.

Perchè le finestre non sono **chiuse**?
Why aren't the windows closed?

C. The past participle is sometimes used as a noun.

Conosci gli **scritti** di Dante?
Do you know Dante's writings?

Un **laureato** è qualcuno che ha finito l'università.
A graduate is someone who has finished university.

D. The past participle is frequently used without an auxiliary verb, instead of the compound gerund (*having finished*) or **dopo** + *compound infinitive* (*after finishing*).

Finito il lavoro,
Avendo finito il lavoro, } gli operai uscirono dalla fabbrica.
Dopo aver finito il lavoro,

Having finished their work, the workers left the factory.

Arrivati alla porta,
Essendo arrivati alla porta, } abbiamo suonato il campanello.
Dopo essere arrivati alla porta,

Once we arrived (Upon arriving) at the door, we rang the bell.

1. Reflexive and object pronouns follow the past participle and are attached to it, forming one word.

Messosi il cappotto, Paolo non aveva più freddo.
After he put on his winter coat, Paolo was no longer cold.

Vistala sola, mi sono avvicinato alla donna.
Seeing her alone (When I saw that she was alone), I went over to the woman.

2. Note the agreement of the past participle in these constructions: If the verb used is conjugated with **avere**, and if there is a direct object, the past participle agrees in gender and number with its direct object.

Fatta colazione, i bambini andarono a
   scuola.
Having had breakfast, the children went to
   school.

Fatto il compito, i bambini guardarono
   la TV.
After they did their homework, the children
   watched TV.

Presili per un braccio, li accompagnammo alla porta.
Having taken them by the arm, we accompanied them to the door.

If the verb is conjugated with **essere**, the past participle agrees with the subject.

Uscita dal portone, **la ragazza** attraversò la
   strada.
Having come out the street door, the girl
   crossed the street.

Alzatisi in piedi, **gli spettatori** hanno
   applaudito.
Having stood up, the spectators applauded.

The past participle may be preceded by **appena** or **dopo**.

Appena ricevuto il telegramma, partirono.
As soon as they received the telegram, they left.

Cosa farete **dopo mangiato**? Il bagno? Ma non è bene fare il bagno subito **dopo mangiato**!
What are you going to do after you eat? Go swimming? But it is not a good idea to go
   swimming right after you eat!

Costruzioni assolute

Occasionally, the gerund or the past participle is used with its own subject, that is, one that is different from the subject of the main clause. This construction is called "absolute."

Stando così le cose, abbiamo deciso di partire.
Things being what they are, we've decided to leave.

Essendosi sposati tutti i figli, la signora è rimasta sola.
All her children having married, the woman was left alone.

Giunti gli invitati, ci mettemmo a tavola.
After the guests arrived, we sat down at the table.

Notice that in these constructions, the subject generally follows the gerund or participle, and the participle agrees with it.

• • • Esercizi

u. *Sostituire il participio passato alle costruzioni in parentesi.*

   Esempio: (Dopo essersi seduto) a tavola, lo zio cominciò a tagliare il pane.
                Sedutosi a tavola, lo zio cominciò a tagliare il pane.

   1.   (Dopo aver letto) i libri, li riportai in biblioteca.
   2.   (Avendo sentito) uno strano rumore, si fermarono in un'officina.

3. (Dopo aver riparato) il guasto al motore, ripresero la strada.
4. (Essendo passato) il temporale, uscirà il sole.
5. (Quando finì) la guerra, tornammo alle nostre case.
6. (Dopo aver salutato) i parenti, siamo saliti sul treno.
7. (Dopo essersi cambiata) in fretta, la signora è uscita di nuovo.
8. (Avendo ricevuto) notizie dal figlio, la mamma è tranquilla.
9. (Dopo avermi detto) queste parole, ti sei allontanato.
10. (Quando si sposò) mia figlia, mi trasferii a Milano.

v. *Completare le seguenti frasi usando l'infinito, il participio o il gerundio dei verbi tra parentesi.*

1. Non riesco a _____ (capire) quello che stai _____ (dire).
2. Non volete _____ (ascoltare) un po' di musica? Non credete di _____ (studiare) abbastanza?
3. Lui fingeva di _____ (stare) attento, ma era chiaro che non ascoltava una parola.
4. È possibile _____ (imparare) molto _____ (stare) attenti in classe.
5. _____ (sentirsi) solo, il bambino è scoppiato a _____ (piangere).
6. Tempo _____ (permettere), vorrei _____ (andare) al mare.
7. Gli spettatori si alzarono in piedi _____ (applaudire).
8. _____ (morire) la moglie, il marito ha cambiato casa.
9. Il ragazzino è caduto _____ (giocare) al pallone.
10. Ammetto di _____ (fare) molti sbagli negli ultimi anni.
11. _____ (uscire) subito, troverai la farmacia ancora aperta.
12. Come hai potuto _____ (convincere) tutti? — Ho usato argomenti molto _____ (convincere)!

w. *Completare il seguente brano usando l'infinito, il participio o il gerundio dei verbi tra parentesi.*

Mentre stava _____ (uscire) dall'ufficio, Luciana si è ricordata di non _____ (avere) niente da _____ (mangiare) in casa. Così è passata al supermercato. Dopo _____ (comprare) il necessario, è ritornata subito a casa. Appena _____ (entrare) in casa, ha sentito _____ (suonare) il telefono. Invece di _____ (rispondere) al telefono, ha messo la roba nel frigo. Dopo _____ (mettere) la roba nel frigo, ha preparato la cena. Stava per _____ (sedersi) a tavola e _____ (cenare), quando si è ricordata una cosa: Marco l'aveva invitata a cena quella sera! _____ (cambiarsi) in fretta, ha aspettato. _____ (aspettare) Marco, ha guardato la televisione. Ma ecco di nuovo il telefono! Questa volta ha risposto. Era Marco: telefonava per _____ (dire) che non poteva _____ (venire). Luciana era così delusa che ha perso la voglia di _____ (mangiare)!

x. *Tradurre.*

1. I was about to follow your advice when I changed my mind.
2. You will find everything you need in the following chapter.
3. The lecture was very easy to follow.
4. Someone was following us and we didn't know why.
5. You want to go to the bank? You will get there quicker by following this road.
6. Instead of following his example, you ought to decide for yourself.
7. After following the young woman as far as the park, the policeman decided to stop her and ask her a few questions.
8. Following fashion is important for some people.

IV / Lettura . . . .

Vocabolario utile

adoperare *to use*
adulare *to flatter*
buttare *to throw;* **buttar giù** *to jot down*
informarsi *to inquire*
ingannare *to swindle, to deceive*
*ripassare** *to stop by again*
scandalizzarsi *to be shocked*
servire *to serve, to help; to be of use, to come in handy*

appunto *precisely*
il **capolavoro** *masterpiece*

commovente *moving*
disoccupato *unemployed*
la **disoccupazione** *unemployment*
l'**espediente** (*m.*) *expedient, resource, device:* **vivere di espedienti** *to live on one's wits*
la **gratitudine** *gratitude*
malato *sick, ill*
la **malattia** *sickness, illness*
la **perdita** *loss*
la **trattoria** *restaurant*
il **trucco** *trick*

La parola mamma (I)

I casi della vita sono tanti, e trovandomi una sera in trattoria con
Stefanini, così, tra un discorso e l'altro, gli domandai se si sentiva
capace di scrivermi una lettera come di uno che abbia fame, sia
disoccupato, abbia a carico° la madre malata di un male che non   *to support*
5 perdona° e, per questi motivi, si raccomandi al buon cuore di qualche   *an incurable disease*
benefattore, chiedendogli dei soldi per sfamarsi° e per curare sua   **togliersi la fame**
madre. Stefanini era un morto di fame numero uno, sempre senza
un soldo, sempre in cerca di qualche occasione; ma era quello che
si chiama una buona penna°. Faceva il giornalista, mandando ogni   *a good writer*
10 tanto qualche articolo ad un giornaletto del paese suo e, a tempo
perso, era anche capace di buttar giù, lì per lì°, una poesia, su   *on the spot*
questo o quell'altro argomento, con tutti i versi e le rime a posto.
La mia richiesta lo interessò; e mi domandò subito perchè volevo
quella lettera. Gli spiegai che, appunto, i casi della vita erano tanti;
15 io non ero letterato e poteva venire il momento che una simile
lettera mi servisse e allora non capitava tutti i giorni di aver sotto
mano uno Stefanini capace di scriverla secondo tutte le regole.
Sempre più incuriosito, lui si informò se mia madre fosse malata
davvero. Gli risposi che, per quanto mi risultava, mia madre, che
20 faceva la levatrice° al paese, stava in buona salute; ma, insomma,   *midwife*
tutto poteva succedere. Per farla breve, tanto insistette e mi inter-
rogò che finii per dirgli la verità; e cioè che vivevo, come si dice, di
espedienti e che, in mancanza di meglio, uno di questi espedienti
avrebbe potuto essere appunto questa lettera che gli chiedevo di
25 scrivermi. Lui non si scandalizzò affatto, con mia meraviglia°; e mi   *to my amazement*
mosse° ancora molte domande sul modo col quale mi sarei rego-   *fece*
lato°. Sentendolo ormai amico, fui sincero: gli dissi che sarei andato   *I would behave*
con quella lettera da persona denarosa° e gliel'avrei lasciata insieme   *ricca*
con qualche oggetto artistico, un bronzetto o una pittura, avver-
30 tendo che sarei ripassato dopo un'ora per ritirare° l'offerta. L'og-   *to collect*
getto artistico fingevo di regalarlo, in segno di gratitudine; in realtà
serviva a far crescere l'offerta perchè il benefattore non voleva mai
ricevere più di quanto dava. Conclusi affermando che se la lettera
era scritta bene, il colpo non poteva fallire; e che, in tutti i casi, non
35 c'era pericolo di una denunzia: si trattava di somme piccole e poi
nessuno voleva ammettere di essersi lasciato ingannare in quel modo,
neppure con la polizia.

Stefanini ascoltò tutte queste spiegazioni con la massima attenzione; e poi si dichiarò pronto a scrivermi la lettera. Io gli dissi che
40 doveva puntare° soprattutto su tre argomenti: la fame, la disoccu-   *to insist*
pazione e la malattia della mamma; e lui rispose che lasciassi fare
a lui, che mi avrebbe servito di tutto punto°. Si fece dare un foglio   *accurately*

di carta dal trattore°, cavò di tasca la stilografica° e poi, dopo essersi raccolto° un momento, il naso in aria, buttò giù la lettera rapida-
45 mente, senza una cancellatura°, senza un pentimento, che era una meraviglia a vederlo e quasi non credevo ai miei occhi. Doveva anche spronarlo° l'amor proprio perchè l'avevo adulato, dicendogli che sapevo che era una buona penna e conosceva tutti i segreti dell'arte. Come ebbe finito, mi diede il foglio e io incominciai a
50 leggere e rimasi sbalordito°. C'era tutto, la fame, la disoccupazione, la malattia della mamma e tutto era scritto proprio come si deve, con parole così vere e sincere che quasi quasi commossero anche me che le sapevo false. In particolare, con intuito proprio di scrit- tore, Stefanini aveva adoperato molte volte la parola « mamma », in
55 espressioni come « la mia adorata mamma », oppure « la mia po- vera mamma », oppure ancora « la mia cara mamma », ben sapendo che « mamma » è una di quelle parole che vanno dritte al cuore della gente. Inoltre, aveva capito perfettamente il trucco dell'oggetto artistico, e la parte della lettera che ne trattava era proprio un
60 gioiello per il modo come diceva e non diceva, chiedeva e non chiedeva e, insomma, gettava l'amo° al pesce senza che questo po- tesse accorgersene. Gli dissi con sincerità che quella lettera era davvero un capolavoro; e lui, dopo aver riso con aria lusingata°, ammise che era scritta bene; tanto bene che voleva conservarla, e
65 mi pregava di lasciargliela ricopiare. Così ricopiò la lettera e poi io, in cambio, gli pagai la cena e poco dopo ci separammo da° buoni amici.

Qualche giorno dopo decisi di fare uso della lettera. Con Stefa- nini, parlando del più e del meno, gli era uscito di bocca il nome
70 di una persona che, secondo lui, ci avrebbe abboccato° senza fallo: certo avvocato Zampichelli al quale, come mi disse, per l'appunto era morta la madre da circa un anno. Questa perdita l'aveva af- franto°, erano sempre informazioni di Stefanini, e lui si era dato a fare del bene, aiutando ogni volta che poteva la povera gente. In-
75 somma, era proprio l'uomo che ci voleva, dato che non soltanto la lettera di Stefanini era commovente e convincente ma anche perchè lui, per conto suo, era stato preparato a crederci dai casi della vita sua. Una bella mattina, dunque, presi la lettera e l'oggetto artistico, un leoncino° di ghisa° dorata con il piede poggiato sopra una palla
80 di finto° marmo, e andai a suonare alla porta dell'avvocato.

Abitava in un villino in Prati, in fondo ad un vecchio giardino. Mi aprì una cameriera e io dissi velocemente: « Questo oggetto e questa lettera per l'avvocato. Ditegli che è urgente e che ripasso tra un'ora », le misi ogni cosa in mano e me ne andai. Passai quell'ora
85 di attesa, camminando per le strade dritte e vuote dei Prati e ri- petendomi mentalmente quello che dovevo dire una volta in pre-

restaurant manager / fountain pen
concentrato
erasure

to spur him on

molto sorpreso

bait

flattered

as

would be taken in

crushed

piccolo leone / *cast iron*
falso

senza dell'avvocato. Mi sentivo ben disposto, con la mente lucida, ed ero sicuro che avrei saputo trovare le parole e il tono che ci volevano. Trascorsa° l'ora, tornai al villino e suonai di nuovo.

     passata (*from trascorrere*)

90   Mi aspettavo di vedere un giovane della mia età, era invece un uomo sui cinquant'anni, con una faccia gonfia, rossa, flaccida°, calvo, gli occhi lagrimosi°, sembrava un cane San Bernardo. Pensai che la madre morta dovesse aver avuto almeno ottanta anni e, infatti, sulla scrivania c'era la fotografia di una vecchissima signora dal viso ru-
95 goso° e dai capelli bianchi. L'avvocato sedeva ad un tavolo pieno di carte, ed era in vestaglia° di seta a strisce, con il colletto sbottonato e la barba lunga°. Lo studio era grande, pieno di libri fino al soffitto, con molti quadri, statuette, armi, vasi di fiori. L'avvocato mi accolse come un cliente, pregandomi subito, con voce afflitta°, di sedermi.
100 Poi si strinse la testa tra le mani, come per concentrarsi, doloro-samente, alfine disse: « Ho ricevuto la sua lettera... molto commo-vente ».

     flabby
     tearful

     with a wrinkled face
     robe
     unshaven

     triste

(continua)

Alberto Moravia, *Racconti romani*

• • • *Domande sulla lettura*

1. Quale favore ha chiesto il protagonista a Stefanini una sera in trattoria?
2. Chi era Stefanini?
3. Come ha spiegato la sua richiesta il protagonista?
4. Quale era la verità?
5. Qual era il piano del protagonista?
6. Perchè non c'era pericolo di una denunzia?
7. Quali dovevano essere gli argomenti principali della lettera?
8. Perchè ha ricopiato la lettera Stefanini?
9. Perchè l'avvocato Zanichelli era la persona giusta per il « colpo »?
10. Oltre alla lettera, che cosa ha portato all'avvocato il protagonista?
11. Com'era l'avvocato?
12. Che cosa ha detto l'avvocato?

• • • *Studio di parole*

to expect

aspettare
to wait for; to expect (person or thing)

aspettarsi (**di** + *infinitive* or **che** + *subjunctive*)
to expect (an event or immaterial thing)

Da quanto tempo aspetti l'autobus?
How long have you been waiting for the bus?

Aspetti molte lettere oggi?
Do you expect many letters today?

Mi aspettavo un po' di gratitudine dopo tutto quello che ho fatto per voi!
I expected a little gratitude after all I've done for you!

Non si aspettavano di vedermi: è stata una sorpresa.
They didn't expect to see me; it was a surprise.

argument

discussione (*f.*)
argument, debate; discussion

Hanno molte discussioni perchè non vanno d'accordo.
They have many arguments because they don't get along.

argomento
subject, topic; argument, proof, reasoning

Il mio amico è capace di scrivere poesie su qualsiasi argomento.
My friend can write poems on any subject.

Mi dispiace ma i Suoi argomenti non sono convincenti.
I'm sorry, but your arguments are not convincing.

to pretend

fingere
fare finta } **di** + *infinitive*

to pretend, to feign, to make believe

Michele finge di lavorare, ma in realtà sta sognando.
Michael pretends he's working, but he's actually dreaming.

Related word: **finto**   *false, artificial, fake*
fiori finti, denti finti, finta pelle, finto marmo

pretendere (**di** + *infinitive* or **che** + *subjunctive*)
to demand, to expect, to want

Lui pretende la massima puntualità dai suoi impiegati.
He demands utmost punctuality from his employees.

Come potete pretendere che io lasci tutto e venga da voi?
How can you expect me to drop everything and come to you?

• • • *Pratica*

A. *Scegliere la parola o le parole che completano meglio la frase.*

1. Carlo è una persona sincera: non potrebbe _____ nemmeno se volesse!
2. Siamo stati a casa tutto il pomeriggio perchè _____ una telefonata molto importante.
3. Tu non hai fatto niente: come puoi _____ di essere pagato?
4. Quando sono entrata in camera, i bambini facevano _____ dormire.
5. Sapevo che mi avrebbero invitato ma non _____ ricevere un invito così presto.
6. È meglio che non tocchiamo certi _____; finiremmo per avere una _____!
7. Stefano è un morto di fame; io non _____ niente di buono da lui...
8. Noi vi abbiamo riconosciuto subito; voi, invece, avete _____ di non conoscerci e avete guardato dall'altra parte.

B. *Tradurre.*

1. I went to the party expecting to see you. Why didn't you come?
2. You must find a better argument to prove their innocence.
3. We don't expect anything, but please help us if you can!
4. Frankly, I don't like the topic of our conversation. Can't we talk about something else?
5. When she is in a foreign country, she pretends she doesn't understand what people say, even when she does. But she wants others to understand *her*!
6. If you continue to talk like this, you will offend us, and we will demand an apology (**delle scuse**).

C. *Domande per Lei*

1. Di quali argomenti (non) Le piace parlare?
2. Su quale argomento sarebbe capace di scrivere una poesia?
3. Quali cose pretendono da Lei i Suoi insegnanti?
4. Quali cose pretende Lei dai Suoi insegnanti?
5. Quali cose si aspettano da Lei i Suoi genitori?
6. Che cosa si aspetta Lei dalla vita?

• • • *Temi per componimento o discussione*

1. Immaginare di essere Stefanini, « una buona penna », e scrivere la lettera includendo tutti i particolari.
2. La continuazione ufficiale del racconto *La parola mamma* è nel Capitolo 13, ma ci può essere un'altra continuazione... la vostra! Continuare il racconto e includere un finale sorprendente.
3. Molte persone vivono di espedienti come il protagonista del racconto, molto spesso mentendo e ingannando. Trovare un esempio di « espediente » nella cronaca dei giornali e riassumerlo.

TREDICI

I / Fare + *infinito*
II / Lasciare + *infinito*
    III / *Verbi di percezione + infinito*
  IV / *Numeri ordinali*
V / *Preposizioni*
    VI / *Lettura:* La parola mamma *(II)*

I / Fare + *infinito* . . . .

A. **Fare** (*to make, have, get*) followed immediately by the infinitive is used to form a causative construction. In this construction the subject of the sentence does not perform the action; instead, the subject causes something to be done or causes someone else to do something.

Non-causative construction	*Causative construction*
(*subject performs the action*)	(*subject causes action to be performed by someone else*)
Il professore **corregge** gli esami.	Il professore **fa correggere** gli esami.
The teacher corrects the exams.	*The teacher has the exams corrected.*
	Fa correggere gli esami agli assistenti.
	He has the assistants correct the exams.

1. In the causative construction noun objects follow the infinitive, but pronoun objects normally precede the conjugated forms of **fare**. Pronoun objects follow and are attached to **fare** only when **fare** is in the infinitive, gerund, past participle, or imperative (**tu, voi, noi** persons).

Farò venire il Dottor Rossi. **Lo farò venire** domani.
I'll have Dr. Rossi come. I'll have him come tomorrow.

Hanno fatto restaurare il castello? — Sì, **l'hanno fatto restaurare**.
Did they have the castle restored? — Yes, they had it restored.

Non ha suonato? Avresti dovuto **farlo suonare**.
Didn't he play? You should have made him play.

Fatela ridere!
Make her laugh!

Facendoli correre, li hai stancati.
You wore them out making them run.

Fattale firmare il contratto, le offrii un bicchierino.
Having made her sign the contract, I offered her a drink.

2. If the infinitive following **fare** is reflexive, the reflexive pronoun is omitted.

Su, bambini, non fate **arrabbiare** la mamma!
Come on, children, don't make mother get mad.

Perchè non li fai **accomodare** in salotto?
Why don't you have them come into the living-room?

Se non vuole alzarsi alle cinque, lo faremo **alzare** alle sei.
If he doesn't want to get up at five, we'll make him get up at six.

3. The causative construction always has at least one object and often has two objects. If there is only one object (either a person or a thing), that object is direct.

La mamma fa mangiare **la bambina**; **la** fa mangiare.
The mother makes the child eat; she makes her eat.

Ho fatto tradurre **i verbi**; **li** ho fatti tradurre.
I had the verbs translated; I had them translated.

If there are two objects, usually a person performing the action and a thing receiving the action, the thing is the direct object and the person the indirect object.

La mamma fa mangiare la minestra **alla bambina**; **le** fa mangiare la minestra.
The mother makes the child eat the soup; she makes her eat the soup.

Ho fatto tradurre i verbi **a Mario**; **gli** ho fatto tradurre i verbi.
I had Mario translate the verbs; I had him translate the verbs.

4. Sometimes the use of the indirect object for the person may cause ambiguity: **Faccio scrivere una lettera a Stefano** could mean *I have Stefano write a letter* or *I have a letter written to Stefano*. To avoid ambiguity, **da** + *person* is used instead of **a** + *person*.

Faccio scrivere una lettera **da** Stefano.
I have Stefano write a letter.

B. **Farsi** + *infinitive* is used to express the meaning of *to have or get something done for oneself by someone else,* usually involving parts of the body or clothing. When the person made to perform the action is expressed, **da** + *person* is added.

Mi faccio tagliare i capelli **da** un parrucchiere italiano. Me li **faccio tagliare** una volta al mese.
I have my hair cut by an Italian hairdresser. I have it cut once a month.

La signora **si è fatta fare** due vestiti da sera. **Se** ne **è fatti fare** due.
The lady had two evening gowns made. She had two made.

1. **Farsi** + *infinitive* is also used for expressions such as *to get oneself understood, heard, loved, arrested, invited,* where the action performed affects the subject of the sentence.

Per **farti capire** da tutti, devi parlare più adagio.
In order to make yourself understood by everyone, you've got to speak more slowly.

Patrizia **si fa invitare** dappertutto.
Patricia gets herself invited everywhere.

C. The causative constructions **fare** + *infinitive* and **farsi** + *infinitive* are used in many common expressions which do not normally contain a form of *to make, to have,* or *to get* in English.

far costruire[1] *to build*
far entrare (uscire) *to let in (to let out)*
far esplodere (scoppiare) *to explode*
far osservare *to point out*
far pagare *to charge*
far saltare *to blow up (with explosives)*
far sapere (*also:* informare) *to inform, let someone know*

far vedere (*also:* mostrare) *to show*
far impazzire *to drive one insane*
far crescere *to grow (something)*
far aspettare *to keep waiting*
farsi imprestare *to borrow*
farsi vedere *to show one's face*

Notice the following cooking terms:

far arrostire *to roast*
far bollire *to boil*

far cuocere *to cook*
far friggere *to fry*

Perchè mi **fai** sempre **aspettare**?
Why do you always keep me waiting?

Quanto tempo ci vuole per **far cuocere** un uovo?
How much time does it take to cook an egg?

Si è fatto crescere i baffi.
He has grown a moustache.

Fammi sapere quando arrivi.
Let me know when you're coming.

• • • *Esercizi*

a. *Alcune persone non fanno mai niente... Rispondere a ciascuna domanda usando* **fare** + *infinito come nell'esempio.*

[1]*Italian distinguishes between building something yourself* costruire *and having something built by someone else* far costruire.

— *Ho fatto modificare il tavolo per te.*

Esempio: Scrive lui le lettere?   — No, fa scrivere le lettere.

1. Stira lei le camicie? — No,...
2. Lavano loro la macchina?
3. Tagliano loro l'erba?
4. Dipinge lei la casa?
5. Ripara lui il televisore?
6. Pesano loro le lettere?

b. *Formare nuove frasi aggiungendo le parole fra parentesi e facendo i cambiamenti necessari.*

Esempio: La faccio mangiare. (le lasagne)   Le faccio mangiare le lasagne.

1. La fanno studiare. (lettere)
2. Lo faremo pagare. (il debito)
3. Lo hanno fatto leggere. (la poesia)
4. La farei cantare. (una canzone folk)
5. Fatelo suonare. (*Santa Lucia*)
6. Dobbiamo farlo firmare. (il nuovo contratto)

c. *Quante cose devo far fare oggi... Formare frasi con il verbo dato tra parentesi usando un pronome invece del nome.*

Esempio: Il televisore è guasto. (riparare)   Devo farlo riparare.

1. Il passaporto è scaduto (*has expired*). (rinnovare)
2. Le scarpe sono bucate. (risuolare)
3. Il motore non funziona. (revisionare: *to overhaul*)
4. L'orologio è rotto. (aggiustare)

5. Non ci vedo con questi occhiali. (cambiare)
6. Luigino ha i capelli lunghi. (tagliare)

d. *L'ho già fatto fare...   Formare frasi usando il passato prossimo di* **fare** *+ infinito e un pronome invece del nome.*

Esempio: Dovresti far riparare la radio.   —L'ho già fatta riparare.

1. Dovresti far pitturare la casa.
2. Dovresti far allargare la gonna.
3. Dovresti far rinnovare il passaporto.
4. Dovresti far potare (*trim*) le piante.
5. Dovresti far cambiare l'olio.
6. Dovresti far mettere il telefono.

e. *Chi me l'ha fatto fare...   Le persone nominate in quest'esercizio non si considerano responsabili delle proprie azioni. Se hanno fatto qualcosa, è perchè qualcuno o qualcosa le ha obbligate a farlo. Trasformare le frasi come nell'esempio.*

Esempio: Ho perso la pazienza. (mio marito)   Mio marito mi ha fatto perdere la pazienza.

1. Ho riso. (le tue barzellette)
2. Abbiamo starnutito (*sneezed*). (il pepe)
3. Siamo dimagriti (*we lost weight*). (le preoccupazioni)
4. Ho letto l'inserzione. (il destino)
5. Siamo arrivati in ritardo. (il traffico)
6. Hai gridato. (la paura)
7. Abbiamo pianto. (il dolore)
8. La bambina è arrossita. (l'imbarazzo)

f. *Conversazione*

Quali cose o persone La fanno ridere? La fanno sognare? La fanno arrossire? La fanno applaudire? Le fanno perdere la pazienza? Le fanno amare la vita?

g. *Simpatie e antipatie personali...   A Lei quali persone piacciono? Usare* **fare** *+ infinito.*

A me piacciono le persone che...

mi fanno divertire	fanno arrostire le castagne
si fanno notare	si fanno crescere la barba
non fanno entrare i cani in casa	...

A Lei quali persone non piacciono? Usare **fare** *+ infinito.*

A me non piacciono le persone che...

mi fanno aspettare	si fanno imprestare soldi
mi fanno perder tempo	mi fanno pagare troppo
non si fanno capire	...

h. *Come farsi riconoscere...   Giorgio ha un appuntamento con una ragazza che non co-*
nosce. Lui è un ragazzo normale: nè alto nè basso, nè magro nè grasso, nè bello nè
brutto, e non ha segni caratteristici. Che cosa farà per farsi riconoscere? Quali sono le
cose più comuni che uno fa per farsi riconoscere?

i. *Tradurre.*

1. My neighbors have decided to have a swimming pool built.
2. Let me know when you're coming.
3. Do you think they'll have the old church demolished (**demolire**)?
4. You paid 100,000 liras? They charged you too much!
5. You shouldn't talk like that: you always make me blush!
6. Did you have the letters weighed before mailing them?
7. Fausto said that tonight he'll have me meet his family!
8. How long must I boil the chicken? More than an hour?
9. After blowing up the bridge, the two soldiers hid.
10. You will drive me insane if you give me another verb to learn!

II / Lasciare + *infinito* . . . .

A. Lasciare (*to let, to allow, to permit*) followed immediately by the infinitive is used just like *let + infinitive* in English; in this construction the subject of the sentence gives permission to someone to do something or allows something to happen.

Lascio uscire la mia gatta.
I let my cat go out.

La **lascio uscire** tre volte al giorno.
I let her go out three times a day.

1. Noun objects follow the infinitive, but pronoun objects normally precede the conjugated form of **lasciare.** Pronoun objects follow and are attached to **lasciare** only when **lasciare** is in the infinitive, gerund, past participle, or imperative (**tu, voi, noi** persons).

Hanno lasciato scappare il prigioniero.
  L'hanno lasciato scappare.
They let the prisoner escape. They let him escape.

Non voglio che tu **la lasci andare** a Napoli sola.
I don't want you to let her go to Naples alone.

Non **lasciar spegnere** il fuoco!
Don't let the fire go out!

Lasciateli giocare!
Let them play!

Hai fatto uno sbaglio a **lasciarli entrare**.
You made a mistake in letting them in.

2. If the infinitive following **lasciare** is reflexive, the reflexive pronoun is omitted.

Lui vuole **alzarsi**, ma il dottore non lo lascia **alzare**.
He wants to get up, but the doctor won't let him get up.

Signora, i bambini non devono assolutamente **bagnarsi**; non deve lasciarli **bagnare**.
Ma'am, the children must not get wet; you must not let them get wet.

3. As is the case with the causative construction, if the infinitive following **lasciare** takes an object, the object of **lasciare** becomes indirect.

Lascia**la** cantare!　　　　　　　　　　Lascia**le** cantare la canzone che vuole!
Let her sing!　　　　　　　　　　　　*Let her sing the song she wants!*

B. **Lasciare** + *infinitive* is the equivalent of **permettere di** + *infinitive*. **Lasciare** takes a direct object and is followed directly by the infinitive, whereas **permettere** takes an indirect object and is followed by **di** + *infinitive*.

I genitori non **l'**hanno lasciata uscire.　　　Lasciate**lo** giocare!
I genitori non **le** hanno permesso **di** uscire.　Permette**gli di** giocare!
Her parents didn't let her go out.　　　　*Let him play!*

1. **Lasciare** and **permettere** may also be followed by **che** + *subjunctive*.

Lasciatemi dire una cosa!
Permettetemi di dire una cosa!
Lasciate che io dica una cosa!
Permettete che io dica una cosa!
Let me say one thing.

• • • *Esercizi*

j.　*Sostituire a* **che** + congiuntivo *la costruzione con l'infinito.*

　　Esempio:　　Perchè non lasciate che io compri una moto?
　　　　　　　　Perchè non **mi lasciate** comprare una moto?

　　　1.　Perchè non lasciate che io dica quello che penso?
　　　2.　Non hanno lasciato che tu pagassi il pranzo.
　　　3.　Lasciamo che lui venga alla festa!

— Lascia perdere: se quella pera non si stacca, vuol dire che è ancora acerba...

4. Lascerò che voi diate la mancia.
5. Lasciava che tutte le macchine passassero.
6. Lasciate che il cane s'avvicini!

k. *Cambiare secondo l'esempio. Il soggetto delle nuove frasi è **loro**.*

Esempio.   Cani e gatti entrano in casa.   Lasciano entrare in casa cani e gatti.

1. I figli dormono fino a mezzogiorno. Lasciano...
2. I figli litigano.
3. La figlia maggiore esce tutte le sere.
4. La bambina piange.
5. La minestra si raffredda (*gets cold*).
6. Le piante crescono.

l. *Mettere **permettere** al posto di **lasciare** e fare i cambiamenti necessari.*

Esempio: Papà non mi ha lasciato uscire.   Papà non mi ha permesso di uscire.

1. Il professore non ci ha lasciato usare il dizionario.
2. Il giudice non lasciò parlare l'imputato (*defendant*).
3. Signora, perchè non mi lascia fumare?
4. Lasciatela passare!
5. Perchè non mi lasci venire con te?
6. Se io La lasciassi scegliere, che cosa sceglierebbe?
7. Non lo lasciamo giocare con te.
8. Non avrei dovuto lasciarli fermare.

III / Verbi di percezione + infinito . . . .

A. The most common verbs of perception in Italian are:

vedere *to see*   **sentire** *to hear*
guardare *to look at, to watch*   **udire** *to hear*
osservare *to observe, to watch*   **ascoltare** *to listen, listen to*

Verbs of perception may be followed directly by the infinitive of another verb.

Guardo passare il treno.   Non senti muoversi qualcosa?
I watch the train go by.   *Don't you hear something moving?*

Ho visto piangere Anna.
I saw Anna cry (crying).

1. Noun objects follow the infinitive, but pronoun objects precede the conjugated form of the verb of perception. Pronoun objects follow and are attached to the verb only

when the verb is in the infinitive, gerund, past participle, or imperative (**tu, voi, noi** persons).

Hai sentito piangere i bambini?   — Sì, li ho sentiti piangere e non mi piace sentirli piangere.
Did you hear the children cry?   *— Yes, I heard them cry and I don't like to hear them cry.*

Guardatela correre!   Vedendoci cadere, hanno gridato.
Watch her run.   *Seeing us fall, they screamed.*

2. If the infinitive following a verb of perception has an object of its own, there is a change in the word order: the noun object of the verb of perception is placed between the verb and the infinitive; the object of the infinitive follows it.

Osserviamo i contadini lavorare la terra; li osserviamo lavorare la terra.
We watch farmers till the soil; we watch them till the soil.

Ho sentito Luciano cantare una canzone; l'ho sentito cantare una canzone.
I heard Luciano sing a song; I heard him sing a song.

B. A relative clause with **che** + *indicative* or a clause with **mentre** + *indicative* may replace the infinitive after a verb of perception.

Ho sentito Luciano cantare una canzone (**che cantava** una canzone).
I heard Luciano sing a song.

Li vedo uscire di casa (**mentre escono** di casa) ogni mattina.
I see them leave the house every morning.

C. Sentire, in addition to *to hear*, can mean *to feel* or *to smell*.

Sento un dolore allo stomaco.   Entrando in cucina hanno sentito un buon
I feel a pain in my stomach.   odore.
                                             Going into the kitchen, they smelled
                                                 something good.

• • • *Esercizi*

m. *Sostituire l'infinito a* **che** + *verbo come nell'esempio.*

   Esempio: Sento il bambino che piange.   **Sento piangere il bambino.**

   1.   Ho visto Gigi che correva.
   2.   Osserviamo la nave che si allontana.
   3.   Hai sentito Patrizia che rideva?
   4.   Guardava le macchine che passavano.
   5.   Vedono i camion che si fermano e uomini mascherati che scendono.
   6.   Sento mia sorella che suona il pianoforte.
   7.   L'avete sentita che sospirava?
   8.   Lo vidi che arrivava con la sua macchina sportiva bianca.

— Non ho mai visto una coppia andare
così d'accordo!

---

n. *Testimone oculare* (eyewitness)... *Il tenente Colombo interroga un testimone sulle azioni di una persona sospetta (un uomo). Il testimone afferma di aver visto ogni azione dell'uomo coi suoi propri occhi.*

Esempio: È sceso da un tassì verso le due?   — Sì, l'ho visto scendere da un tassì verso le due.

1. Ha attraversato la strada?
2. Si è fermato a parlare con un altro uomo?
3. È entrato nella casa dei Rossi?
4. È uscito di corsa poco dopo?
5. Ha urtato un bambino?
6. L'uomo ha fermato una macchina?
7. L'uomo è salito in macchina?
8. La macchina è partita a tutta velocità?

o. *Tradurre.*

1. Every night I heard the child cry. He would cry the whole night and wouldn't let anyone sleep.   — I bet he was driving everyone insane.
2. There was so much noise that they couldn't make themselves heard.   — That's not true. We heard them say something!

IV / Numeri ordinali · · · · · · · · · · · · · · · ·

The Italian ordinal numbers correspond to English *first, second, third, fourth,* etc.

Numeri cardinali[1]	Numeri ordinali		
1 uno	I	1°	primo
2 due	II	2°	secondo
3 tre	III	3°	terzo
4 quattro	IV	4°	quarto
5 cinque	V	5°	quinto
6 sei	VI	6°	sesto
7 sette	VII	7°	settimo
8 otto	VIII	8°	ottavo
9 nove	IX	9°	nono
10 dieci	X	10°	decimo
11 undici	XI	11°	undicesimo
12 dodici	XII	12°	dodicesimo
50 cinquanta	L	50°	cinquantesimo
100 cento	C	100°	centesimo
500 cinquecento	D	500°	cinquecentesimo
1000 mille	M	1000°	millesimo

1. From **uno** to **dieci**, ordinals have forms of their own. From **undici** on, ordinal numbers are formed by adding **-esimo** to the cardinal number. The last vowel is dropped except for cardinals ending in **-trè**, in which case the final **-e** is retained but without the accent.

ventitrè   ventitreesimo   cinquantatrè   cinquantatreesimo

— E ora va in onda la trentesima puntata del teleromanzo "Breve storia d'amore".

[1]*For discussion of cardinal numbers, see p. 35.*

2. Unlike cardinal numbers, ordinal numbers agree in gender and number with the nouns they modify. They usually precede the nouns but follow the names of popes and kings.

Le piace la nona sinfonia di Beethoven o preferisce la quinta?
Do you like Beethoven's ninth symphony or do you prefer the fifth?

Chi fu il Papa prima di Paolo VI (sesto)? — Giovanni XXIII (ventitreesimo).
Who was the pope before Paul the sixth? — *John the twenty-third.*

I miei cugini arrivarono terzi.
My cousins came in third.

A che piano andate? — All'ottavo.
What floor are you going to? — *To the eighth.*

3. Ordinal numbers can be written with the Roman numerals or abbreviated by writing the Arabic numerals with a small ° for the masculine and a small ᵃ for the feminine.

Sono stato in vacanza dal 1° agosto al 30 settembre.
I was on vacation from August 1st to September 30.

Questa è la 9ᵃ settimana del semestre.
This is the ninth week of the semester.

• • • *Esercizi*

p. *Compleanni e ricorrenze.* *Completare con la forma corretta del numero ordinale.*

1. Oggi Roberto compie 20 anni; festeggia il suo _____ compleanno.
2. I miei genitori celebrano le nozze d'argento; cioè il _____ (25°) anniversario del loro matrimonio.
3. Conoscete qualcuno che abbia celebrato le nozze di diamante, cioè il _____ (60°) anniversario del matrimonio?
4. Io compirò 33 anni il 6 novembre; sarà il mio _____ compleanno.
5. La guerra è finita 9 anni fa; oggi ricorre il _____ anniversario.
6. Sono già passate quattro settimane dal rapimento (*kidnapping*) dell'ingegnere; ora siamo nella _____ settimana.
7. Sono 40 anni che il grande maestro insegna; quest'anno festeggiamo il _____ anniversario del suo insegnamento.

Frazioni

1. Cardinal and ordinal numbers are used together to indicate fractions. As in English the cardinal expresses the nominator and the ordinal expresses the denominator.

¼ un quarto   ⅜ tre ottavi   ⁷⁄₂₃ sette ventitreesimi

2. There are two special forms to express *half* as a noun: **mezzo** and **metà**. **Mezzo** is used for ½; **mezzi** is used for all other fractions where the denominator is 2.

½   un mezzo   ¹⁵⁄₂   quindici mezzi

When *half* is not expressed as a fraction, **metà** is used.

Il bambino ha mangiato solo metà della minestra.
The child ate only half of the soup.

Metà degli studenti non hanno capito.
Half of the students didn't get it.

3. **Mezzo** can also be used as an adjective and, as such, it agrees with the noun it modifies.

Porzione intera per il bambino o mezza porzione?
A full portion for the child or half a portion?

Ho lavorato due mezze giornate.
I worked two half-days.

Secoli

There are two ways of indicating centuries in Italian: the ordinal number + the word **secolo**, and, from the thirteenth century on, a cardinal number used with the article. The number is usually capitalized.

(701–800)	VIII secolo	l'ottavo secolo	—
(1101–1200)	XII secolo	il dodicesimo secolo	—
(1201–1300)	XIII secolo	il tredicesimo secolo	il Duecento
(1301–1400)	XIV secolo	il quattordicesimo secolo	il Trecento
(1401–1500)	XV secolo	il quindicesimo secolo	il Quattrocento
(1501–1600)	XVI secolo	il sedicesimo secolo	il Cinquecento
(1601–1700)	XVII secolo	il diciassettesimo secolo	il Seicento
(1701–1800)	XVIII secolo	il diciottesimo secolo	il Settecento
(1801–1900)	XIX secolo	il diciannovesimo secolo	l'Ottocento
(1901–2000)	XX secolo	il ventesimo secolo	il Novecento

Scusa, hai detto il primo secolo avanti Cristo o dopo Cristo?[1]
Excuse me, did you say the first century B.C. *or* A.D.*?*

Boccaccio visse nel quattordicesimo secolo (nel Trecento).
Boccaccio lived in the fourteenth century.

• • • Esercizi

q. *Giochetti coi numeri... Completare con la forma corretta del numero ordinale.*

  1. Tuo padre guadagna un milione di lire; mio padre guadagna 250.000 lire. Mio padre guadagna il _____ del tuo.
  2. Quattro è il _____ di dodici.

[1]B.C. and A.D. are expressed in Italian by **avanti Cristo** (abbreviated to **a.C.**) and **dopo Cristo** (abbreviated to **d.C.**).

3. Un minuto è la _____ parte di un'ora.
4. Un metro è la _____ parte di un chilometro.
5. Novembre è l' _____ mese dell'anno.
6. Un giorno è la _____ parte di un anno.
7. Il secolo _____ (15°) e _____ (16°) sono i secoli più gloriosi dell'arte italiana.
8. Giacomo Leopardi fu uno dei più grandi poeti del secolo _____ (19°).
9. L'ascensore si è fermato al diciassettesimo piano; quattro piani più in su, cioè al _____ piano, c'era un guasto.
10. Questa è la _____ lezione del libro.

V / *Preposizioni* . . . .

Prepositions present one of the greatest difficulties in mastering a foreign language because no two languages use the same prepositions all the time.

1. Italian prepositions often have exact English equivalents.

Chi ha scritto **al** presidente?
Who wrote to the president?

Tutti avevano paura **di** lui.
They were all afraid of him.

2. In some cases, however, a preposition is used in Italian where none is used in English, or vice-versa.

Vorrei telefonare **a** Carlo.
I'd like to call Carlo.

Sogno un bianco Natale.
I'm dreaming of a white Christmas.

3. In other cases, the same verb requires one preposition in Italian and another in English. Here are the most frequent cases where English and Italian differ in the use of preposition after verbs or verbal expressions:

A

appoggiarsi a
to lean on

credere a
to believe in

nascondere a
to hide from, to conceal from

pensare a
to think of, about

rubare a
to steal from

DA

dipendere da
to depend on

guardarsi da
to beware of

separarsi da
to part from

DI

chiędere di
to ask for a person

essere carico di
to be loaded with

essere contento (soddisfatto) di
to be pleased with

essere coperto di
to be covered with

fare a meno di
to do without

innamorarsi di
to fall in love with

interessarsi di (a)
to be interested in

meravigliarsi di
to be surprised at

piạngere di (per)
to cry with (for)

rịdere di
to laugh at

riempire di
to fill with

ringraziare di (per)
to thank for

saltare di (per)
to jump with (for)

soffrire di
to suffer from

trattare di
to deal with

vịvere di
to live on, to subsist on

ALTRE PREPOSIZIONI

essere gentile con
to be kind to

congratularsi con qualcuno per qualcosa
to congratulate someone on something

sperare in
to hope for

Non puoi nascondere la verità **a** tutti.
You can't hide the truth from everyone.

Hanno rubato tutto **allo** zio di Romeo.
They stole everything from Romeo's uncle.

Tutto dipende **da** te.
It all depends on you.

Chiedono **del** dottore, signora.
They are asking for the doctor, Ma'am.

Le sue parole mi hanno riempito **di** gioia.
His words filled me with joy.

Tutti si meravigliavano **della** nostra scelta.
Everybody was surprised at our choice.

Bisogna essere gentili **con** tutti.
One must be kind to everyone.

Vorrei congratularmi **con** voi **per** il vostro
    successo.
*I would like to congratulate you on your
    success.*

• • • *Esercizi*

r. *Completare con la preposizione corretta (semplice o articolata).*

1. L'uomo non vive _____ solo pane.
2. La situazione era disperata ma noi speravamo ancora _____ un miracolo.
3. _____ che cosa tratta il film che ha vinto l'Oscar quest'anno?

— Come voi tutti sapete, vostro zio non si fidava affatto delle banche...

4. Da quando si sono trasferiti in campagna, soffrono _____ solitudine.
5. Cerca di non appoggiarti _____ il muro: la pittura è ancora fresca.
6. C'è qualcuno _____ cui pensi quando senti questa musica?
7. Non so se potremo fare a meno _____ il tuo aiuto.
8. Il nostro amico ha moltissima esperienza e non si meraviglia più _____ niente.
9. Sarebbe stato molto meglio se avessimo imparato a interessarci solo _____ i fatti nostri.
10. Carmela sognava un uomo bello, alto e con gli occhi azzurri e sai _____ chi si è innamorata? _____ un uomo basso, calvo e con gli occhi gialli!

s. *Tradurre.*

1. We shouldn't laugh at people who have physical defects.
2. He parted from his friends forever.
3. I looked at her. I couldn't believe she was crying with joy!
4. They came to congratulate me on my success.
5. If it depended entirely on me, it would be much simpler.
6. Is it true that most doctors keep the truth from their patients (**malati**)?
7. You must beware of bad companions.
8. If you weren't pleased with my work, would you tell me?
9. Instead of filling the glasses with water, the waiter filled them with wine.
10. When they arrived after their long trip, they were covered with dust.

VI / Lettura ....

Vocabolario utile

colpire *to strike, hit*
fare a meno di *to do without;* **non posso fare a meno di** + infinitive *I can't help* + *-ing form of verb*

girare *to go around, to visit*
impressionare *to scare*
prevedere *to foresee, to forecast*
saltare *to jump*
servirsi di *to use*

sospirare   *to sigh*
sprecare   *to waste*
tacere (p.p. **taciuto;** p.r. **tacqui**)   *to be silent*
toccare   *to touch*
   a proposito   *by the way*
la **comprensione**   *understanding*

indignato   *indignant, disgusted*
nonostante   *in spite of*
il **pegno**   *token*
il **pugno**   *fist; punch*
siccome   *as, since*
la **stoffa**   *material;* **stoffe**   *textiles*
la **sventura**   *misfortune*

La parola mamma (II)

Pensai con gratitudine a Stefanini e risposi: « Signor avvocato, è una lettera sincera... perciò è commovente... mi è venuta dal cuore ».

« Ma perchè, fra tanti, si è indirizzato proprio a me? »

« Signor avvocato, voglio dirle la verità, so che lei ha avuto una
5 gravissima perdita », l'avvocato mi stava a sentire socchiudendo° gli   *half closing*
occhi, « e ho pensato: lui che ha sofferto tanto per la morte di sua
madre, capirà lo strazio° di un figlio che vede la sua mamma mo-   *il tormento*
rirgli, per così dire, sotto gli occhi, giorno per giorno, senza potere
aiutarla... »

10 L'avvocato, a queste parole che dissi in tono commosso perchè
cominciavo a scaldarmi, accennò di sì con la testa, più volte, come
per dire che mi capiva e quindi, levando° gli occhi, domandò: « Lei   *alzando*
è disoccupato? »

Risposi: « Disoccupato? È poco dire, signor avvocato... sono di-
15 sperato... la mia è un'odissea°... ho girato tutti gli uffici, sono due   *odyssey*

anni che giro e non trovo nulla... signor avvocato, non so più come fare ».

Avevo parlato con calore. L'avvocato si prese di nuovo la testa tra le mani e poi domandò: « E sua madre che ha°? »

« Signor avvocato, è malata qui », dissi; e, per impressionarlo, feci un viso compunto° e mi toccai il petto con un dito. Lui sospirò e disse: « E quest'oggetto... questo bronzo? »

Avevo preveduto la domanda e risposi svelto: « Signor avvocato... siamo poveri, anzi siamo indigenti°... ma non fu sempre così... Una volta eravamo agiati°, si può dire... il babbo... ».

« Il babbo? »

Rimasi sorpreso e domandai: « Sì, perchè? Non si dice così? » « Sì » disse, lui stringendosi le tempie°; « si dice proprio il babbo. Continui ».

« Il babbo aveva un negozio di stoffe... avevamo la casa montata°... signor avvocato, abbiamo venduto tutto, pezzo per pezzo... quel bronzo è l'ultimo oggetto che ci rimane... stava sulla scrivania del babbo ».

« Del babbo? »

M'impappinai° di nuovo e, questa volta, non so perchè, corressi: « Sì, di mio padre... insomma è la nostra ultima risorsa... ma, signor avvocato, io voglio che lei l'accetti in pegno della mia gratitudine per quanto potrà fare... »

« Sì, sì, sì, », ripetè tre volte l'avvocato, sempre stringendosi le tempie come per dire che capiva tutto. Poi rimase un lungo momento silenzioso, a testa bassa. Sembrava che riflettesse. Finalmente si riscosse° e mi domandò: « Con quante emme° lei la scrive la parola mamma? »

Questa volta rimasi davvero stupito. Pensai che, ricopiando la lettera di Stefanini, avessi fatto un errore e dissi, incerto: « Ma la scrivo con tre emme, una in principio e due in fondo ».

Lui gemette° e disse, quasi dolorosamente: « Vede, sono proprio tutte queste emme che mi rendono antipatica quella parola ».

Ora mi domandavo se, per caso, il dolore per la morte della madre non gli avesse stravolto° il cervello. Dissi, a caso: « Ma si dice così... i bambini dicono mamma e poi, da uomini°, continuano a dirlo per tutta la vita, finchè la madre è viva... e anche dopo ».

« Ebbene » egli gridò ad un tratto con voce fortissima, dando un pugno sulla tavola che mi fece saltare, « questa parola, appunto perchè ci sono tante emme, mi è antipatica... supremamente antipatica... capisce Lopresto?[1]... Supremamente antipatica... »

Balbettai: « Ma signor avvocato, che posso farci io? »

---

[1]Lopresto *is the surname of the protagonist of this story.*

(glosses, right margin)

what's the matter with her?

commosso

estremamente poveri
well-off

temples

equipped

mi confusi

roused himself / m's

moaned

upset
as grown men

« Lo so » egli riprese stringendosi di nuovo la testa tra le mani,
con voce normale « lo so che si dice e si scrive mamma, come si
60 dice e si scrive babbo... lo dice anche il padre Dante... ha mai letto
Dante, Lopresto? »

« Sì, signor avvocato, l'ho letto... ho letto qualche cosa ».

« Ma nonostante Dante, le due parole mi sono antipatiche » egli
proseguì « e forse mamma mi è più antipatica di babbo ».

65 Questa volta tacqui, non sapendo più che dire. Poi, dopo un
lungo silenzio, arrischiai: « Signor avvocato... capisco che la parola
mamma, per via della° sventura che l'ha colpita, non le piaccia...   *because of the*
ma dovrebbe lo stesso avere un po' di comprensione per me... tutti
abbiamo una mam... voglio dire una madre ».

70 Lui disse: « Sì, tutti... ».

Di nuovo, silenzio. Poi lui prese dal tavolo il mio leoncino e me
lo tese dicendo: « Tenga, Lopresto, si riprenda il suo bronzo ».

Presi il bronzo e mi levai° in piedi. Lui cavò di tasca il portafogli,   *alzai*
ne trasse sospirando un biglietto da mille lire, e disse, porgendo-
75 melo: « Lei mi sembra un buon giovane... perchè non prova a lavorare?... Così finirà presto in galera°, Lopresto. Eccole mille lire ».   *prigione*

Più morto che vivo, presi le mille lire e mi avviai verso la porta.
Lui mi accompagnò e sulla soglia° mi domandò: « A proposito, Lo-   *threshold*
presto, lei ha un fratello? »

80 « No, signor avvocato ».

« Eppure due giorni fa è venuto uno con una lettera identica alla
sua... la madre malata, tutto uguale... anche il bronzo, sebbene un
po' diverso: un'aquila° invece di un leone... siccome la lettera era   *eagle*
identica, pensavo che fosse suo fratello ».

85 Non potei fare a meno di domandare: « Un giovane piccolo...
nero, con gli occhi brillanti?... »

« Esatto, Lopresto ».

Con queste parole, mi spinse fuori dello studio e io mi ritrovai
nel giardino, il leoncino di finto bronzo stretto al petto, sbalordito°.   *molto sorpreso*
90 Avete capito? Stefanini si era servito della lettera secondo le mie
istruzioni, prima di me. E con la stessa persona. Dico la verità, ero
indignato. Che un poveraccio, un disgraziato come me potesse ri-
correre alla lettera, passi°. Ma che l'avesse fatto Stefanini, uno scrit-   *let it go*
tore, un poeta, un giornalista, sia pure scalcagnato°, uno che aveva   *though shabby*
95 letto tanti libri e sapeva persino il francese, questa mi pareva grossa.
E che diavolo, quando ci si chiama Stefanini, certe cose non si
fanno. Ma pensai che anche la vanità doveva averci avuto la sua
parte. Doveva aver pensato: « È una bella lettera, perchè spre-
carla? », e allora era andato dall'avvocato Zampichelli.

Alberto Moravia, *Racconti romani*

• • • *Domande sulla lettura*

1. Lopresto come ha spiegato all'avvocato perchè era andato da lui?
2. Che cosa ha risposto Lopresto quando l'avvocato gli ha chiesto se era disoccupato?
3. Quale storia ha raccontato Lopresto a proposito del bronzo?
4. Quali parole non piacevano all'avvocato e perchè?
5. Oltre ai soldi, quale consiglio ha dato a Lopresto l'avvocato?
6. Perchè l'avvocato voleva sapere se Lopresto aveva un fratello?
7. Che cosa ha capito finalmente Lopresto e come ha reagito?

• • • *Studio di parole*

sympathy

compassione (*f.*)
sympathy

Non ho nessuna compassione per i
   deboli.
I have no sympathy for the weak.

condoglianze (*f. pl.*)
sympathy, condolences

Quando è morto il nonno, ho scritto
   una lettera di condoglianze alla
   nonna.
*When Grandpa died, I wrote a letter of
   sympathy to Grandma.*

simpatia (the opposite is **antipatia**)
liking, attraction

Ho una grande simpatia per quell'attore.
I have a great liking for that actor.

sympathetic

compassionevole or **comprensivo**
sympathetic, understanding

Chi non ha bisogno di una persona
   compassionevole nei momenti di
   sconforto?
*Who doesn't need a sympathetic person
   in periods of distress?*

simpatico (the opposite is **antipatico**)
likeable, congenial, nice

Una persona bella non è sempre
   simpatica.
*A good-looking person isn't always
   congenial.*

**Essere simpatico (antipatico) a
   qualcuno** means the same as **piacere
   (non piacere) a qualcuno**.

Mario mi era molto simpatico.
I liked Mario a lot.

to make + *adjective*

When the verb *to make* is followed by an adjective (*You make me happy when skies are grey*), the verb **rendere** (p.p. **reso;** p.r. **resi**) is usually preferred to **fare**. The adjective follows the verb directly.

Rendevi felici i bambini quando giocavi
  con loro.
*You made the children happy when you
  played with them.*

Il tuo amore mi rende felice.
Your love makes me happy.

Le abbondanti nevicate degli ultimi giorni hanno reso difficile la circolazione.
The heavy snowfall of the last few days has made driving difficult.

• • • *Pratica*

A. *Scegliere la parola o le parole che completano meglio la frase.*

1. Quel ragazzo ha un così bel carattere; per questo è _____ a tutti.
2. Dobbiamo insegnare ai bambini a provare _____ per i poveri, i vecchi e i malati.
3. Ci sono persone che Lei non può sopportare, persone che Lei trova veramente _____?
4. Vi prego di accettare le mie più sentite _____ in occasione della tragica perdita.
5. Gli ho raccontato tutte le mie sventure e lui mi è stato a sentire, ma non mi è sembrato molto _____.
6. Quando vivevo a Chicago, il vento mi _____ nervosa.
7. Non possiamo ancora parlare di amore tra i due, solo di una grande _____.
8. La parola « mamma » non piaceva all'avvocato; anzi gli era supremamente _____.

B. *Tradurre.*

1. Carla wasn't pretty, but she had a nice smile that made her attractive to everyone.
2. Is it possible that that song made you sad?
3. They didn't feel like doing anything. The heat was making them lazy.
4. I've just finished writing a novel. I hope it will make me famous!
5. I can't notice your faults because I'm in love with you. Don't you know that love makes people blind?
6. If they had sent her a card, they would have made her happy.
7. Have the children stay home! The snow has made the roads dangerous.
8. That explosion could have killed many people or made them deaf. Fortunately nobody got hurt.

C. *Domande per Lei*

1. Quali sono le cose che La rendono felice?
2. Quali abitudini di altre persone La rendono furioso/a?

3. In quali circostanze Lei prova compassione per qualcuno?
4. Quali sono le qualità che Le rendono simpatica una persona?
5. Quali sono i difetti che Le rendono antipatica una persona?

• • • *Temi per componimento o discussione*

1. In generale, tutti reagiscono alle parole che leggono o sentono o in un modo o in un altro, magari senza accorgersene. Fate una lista della parole che (non) vi piacciono e spiegate che cosa ve le rende simpatiche o antipatiche. Dopo aver confrontato la lista con quella dei compagni, fate una graduatoria delle parole più (o meno) popolari.

2. Non sempre una persona bella è simpatica. In Italia dicono che è meglio essere un brutto simpatico che un bello antipatico. Discutete l'importanza rispettiva dell'aspetto fisico e delle qualità personali nella nostra società.

CAPITOLO

QUATTORDICI

I / *Forma passiva* . . . .

A. Like English verbs, Italian verbs have an active and passive voice. A verb is in the active voice when the subject of the verb performs the action of the verb. A verb is in the passive voice when the subject of the verb is acted upon. In the passive voice the person or thing that performs the action on the subject is called the *agent*.

Active	Il gatto *(subject)*	mangia *(active verb)*	il topo. *(object)*
Passive	Il topo *(subject)*	è mangiato *(passive verb)*	dal gatto. *(agent)*

1. Note that when an active sentence is changed to a passive sentence, the object becomes the subject and the subject, if expressed, becomes the agent.

2. The verb in a passive sentence is formed with the desired tense of **essere** + *past participle.* If the agent is expressed, the agent is preceded by **da**.

B. The passive can be used in all tenses and all moods. The simple tenses consist of two words (simple form of **essere** + *past participle* of the verb); the compound tenses consist of three words (compound form of **essere** [two words] + *past participle* of the verb). The following chart shows the conjugation of the verb **lodare** (*to praise*) in all moods and tenses of the passive voice.

INDICATIVO

Presente	Passato prossimo
sono lodato/a	sono stato/a lodato/a
sei lodato/a	sei stato/a lodato/a
è lodato/a	è stato/a lodato/a
siamo lodati/e	siamo stati/e lodati/e
siete lodati/e	siete stati/e lodati/e
sono lodati/e	sono stati/e lodati/e

Imperfetto	Trapassato prossimo
ero lodato/a	ero stato/a lodato/a

Passato remoto	Trapassato remoto
fui lodato/a	fui stato/a lodato/a

Futuro semplice	Futuro anteriore
sarò lodato/a	sarò stato/a lodato/a

CONGIUNTIVO

Presente	Passato
che io sia lodato/a	che io sia stato/a lodato/a

Imperfetto	Trapassato
che io fossi lodato/a	che io fossi stato/a lodato/a

CONDIZIONALE

Presente	Passato
sarei lodato/a	sarei stato/a lodato/a

IMPERATIVO

sii lodato/a

INFINITO

Presente	Passato
essere lodato/a/i/e	essere stato/a/i/e lodato/a/i/e

GERUNDIO

Presente	Passato
essendo lodato/a/i/e	essendo stato/a/i/e lodato/a/i/e

La virtù **è lodata** da tutti.
Virtue is praised by everyone.

Il campanile **è stato colpito** dal fulmine.
The bell tower was struck by lightning.

Quando **saremo ricevuti** da voi?
When will we be received by you?

Le operaie vogliono **essere pagate** subito.
The workers want to be paid right away.

I cantanti **furono applauditi** a lungo.
The singers were applauded a long time.

Non credevo che la tesi **sarebbe stata discussa** così presto.
I didn't think the thesis would be discussed so early.

Pretendevano che il lavoro **fosse finito** in un'ora.
They expected the work to be completed in an hour.

1. Note that *all* past participles agree with the subject in gender and number (which is always the case when the auxiliary verb is **essere**).

2. The most frequent problem for an English speaker using the passive is choosing between the **imperfetto** and the **passato prossimo** (or **passato remoto**). In both the passive and active voices the **imperfetto** is used with verbs of description and feelings, or is used to indicate a habitual action; the **passato prossimo** (or **remoto**) is used to express specific actions.

Gino **era amato** da tutti.
Gino was loved by everyone.

Gino **era invitato** dai nonni ogni estate.
Gino was invited by his grandparents every summer.

Gino **è stato invitato** dai miei per il week-end.
Gino was invited by my family for the weekend.

• • • *Esercizi*

a. *Rispondere alle domande usando la forma passiva. Seguire l'esempio.*

Esempio: Firma lui le lettere? —Certo! Tutte le lettere sono firmate da lui.

1. Scrive lui i discorsi?
2. Aprono loro le valige?
3. Controlla lei i passaporti?
4. Annunciano loro i voli?
5. Fa lei i dolci?
6. Prendono loro la frutta?
7. Informa lui i parenti?
8. Chiude lui le finestre?

b. *Rispondere alle domande mettendo il verbo al futuro e alla forma passiva.*

Esempio: Hanno già firmato i documenti?
   No, i documenti saranno firmati domani.

1. Hanno già intervistato il presidente?
2. Hanno già spedito gli inviti?
3. Hanno già informato i giornali?
4. Hanno già pubblicato la notizia?
5. Hanno già riaperto le scuole?
6. Hanno già inaugurato la stagione operistica?
7. Hanno già festeggiato il suo compleanno?
8. Hanno già scelto il vincitore?

c. *È vero che...   Rispondere affermativamente usando la forma passiva.*

Esempio: È vero che Cristoforo Colombo ha scoperto l'America?
Sì, l'America è stata scoperta da Cristoforo Colombo.

1. È vero che Raffaello ha dipinto questo quadro?   — Sì, questo...
2. È vero che le sorelle Fendi hanno disegnato queste pellicce?
3. È vero che Caino ha ucciso Abele?
4. È vero che Romolo e Remo hanno fondato Roma?
5. È vero che Shakespeare ha scritto l'Otello?
6. È vero che un italiano ha inventato la radio?
7. È vero che uno straniero ha vinto la corsa?
8. È vero che Marco Polo ha introdotto gli spaghetti in Italia?

d. *Cambiare dalla forma attiva alla forma passiva.*

Esempio: Il giardiniere taglia l'erba.   **L'erba è tagliata dal giardiniere.**

1. Consumano molta benzina in Italia.
2. La bellezza del paesaggio colpirà i turisti.
3. Carlo Goldoni scrisse moltissime commedie.
4. Hanno rubato una celebre Madonna con Bambino.
5. Abbiamo speso tutti i soldi in vestiti.
6. Non sapevo dove avrebbero trasferito mio padre.
7. È vero che la grandine ha distrutto i raccolti?
8. Pensi che abbiano arrestato il ladro?

e. *Cambiare dalla forma passiva alla forma attiva.*

Esempio: Carlo è ammirato da tutti.   **Tutti ammirano Carlo.**

1. Gli scaffali della biblioteca erano occupati da migliaia di libri.
2. La festa di San Guido sarà celebrata da tutto il paese.
3. L'attore è stato riconosciuto da molte persone.
4. Da chi è stata dipinta questa Madonna?
5. Come mai il tenore non fu applaudito dal pubblico?
6. Le sue parole potevano essere ascoltate da molti.
7. Credo che il ministro sia stato ricevuto dalle autorità.
8. Le ultime rose potrebbero essere bruciate dal gelo.

f. *Conversazione*

1. È mai stato/a derubato/a? bocciato/a? premiato/a? insultato/a? picchiato/a? ingannato/a? (Quando la risposta è affermativa, dare particolari.)
2. Lei sa da chi è stato diretto il film « 8½ »? da chi è stata scritta la *Divina Commedia*? da chi è stata scoperta la penicillina? da chi è stata fondata la Fiat? da chi è stato scritto il romanzo *I promessi sposi*?

g. *Ieri c'è stato un grave incidente...* Descrivere un incidente utilizzando i vocaboli elencati e usando molti verbi al passivo.

1. una macchina sportiva / un grande camion / la nebbia
2. scontrarsi / demolire
3. chiamare / un'autoambulanza / i feriti / trasportare all'ospedale
4. la polizia / interrogare / il conducente del camion
5. togliere la patente / arrestare / processare / condannare a sette mesi di reclusione
6. la compagnia d'assicurazioni / informare

Osservazioni supplementari sulla forma passiva

A. Verbs other than **essere** can be used with past participles to express the passive voice in Italian. The past participles agree with the subject in gender and number.

1. Venire frequently replaces **essere**. Note, however, that it can be used in the simple tenses only.

Le leggi **vengono** (sono) **discusse** in parlamento.
Laws are discussed in parliament.

Sono sicura che tutti **verranno** (saranno) **lodati** da lui.
I'm sure everyone will be praised by him.

Il ladro **venne** (fu) **arrestato** dalla polizia.
The thief was arrested by the police.

Io **verrei** (sarei) **licenziato** subito se dicessi questo!
I would be fired immediately if I said this!

2. Andare may replace **essere** in all tenses with verbs that indicate the loss of something (**perdere, distruggere, sprecare,** and **smarrire**).

Molto cibo **va** (è) **sprecato** nei ristoranti.
A lot of food is wasted in restaurants.

Molte lettere **sono andate** (sono state) **smarrite**.
Many letters were lost (in the mail).

Il mio dizionario **andò** (fu) **perduto** quando traslocammo.
My dictionary was lost when we moved.

Alcuni documenti importanti **erano andati** (erano stati) **distrutti** nell'incendio.
Some important documents were destroyed in the fire.

3. Andare (in simple tenses only) + *past participle* may also express an idea of necessity or obligation. In this sense, it corresponds to **dover essere** + *past participle*.

Il vino bianco **va servito** (deve essere servito) freddo.
White wine must be served cold.

Quell'esercizio **andava fatto** (doveva essere fatto) per oggi.
That exercise was supposed to be done for today.

Quella povera donna **va aiutata** (deve essere aiutata).
That poor woman must be helped.

Le usanze **andrebbero rispettate** (dovrebbero essere rispettate).
Customs should be respected.

Common expressions that illustrate this usage are:

va considerato	*it must be considered*	**va ricordato**	*it must be remembered*
va detto	*it must be said*	**va ripetuto**	*it must be repeated*
va notato	*it must be noticed*	**non va dimenticato**	*it mustn't be forgotten*

B. Only transitive verbs (those that take a direct object) can be made passive. In Italian, only the direct object of an active sentence can be made the subject of a passive sentence. The indirect object remains indirect in both the active and passive voices; it can *never* be the subject of a passive sentence. Compare:

English	*Italian*
The director gave Carlo a raise.	Il direttore ha dato un aumento a Carlo.
A raise was given to Carlo by the director.	Un aumento è stato dato a Carlo dal direttore.
Carlo was given a raise by the director.	(impossible in the passive)
The woman will serve us coffee and tea.	La signora ci servirà caffè e tè.
Coffee and tea will be served to us by the woman.	Caffè e tè ci saranno serviti dalla signora.
We will be served coffee and tea by the woman.	(impossible in the passive)

To express sentences similar to the two labeled "impossible," an active construction must be used. If the agent is not known, an impersonal **loro** is the subject of the active verb.

Hanno dato un aumento a Carlo.
Carlo was given a raise. or *They gave Carlo a raise.*

Ci **serviranno** caffè e tè.
We'll be served coffee and tea.

Mi **chiederanno** di rimanere.
I'll be asked to stay.

Non **permettono** ai bambini di venire.
Children are not allowed to come.

Le **hanno promesso** un premio.
She was promised a prize.

Mi **dicono** che lo sciopero è inevitabile.
I'm told the strike is unavoidable.

• • • *Esercizi*

h. *Completare ogni frase inserendo la forma corretta di* **andare** *o* **venire.**

1. Molte macchine straniere _____ comprate dagli italiani.
2. Mi dispiace, signorina, ma questa lettera _____ rifatta.
3. Questi prodotti _____ conservati in un luogo fresco se non vuoi che vadano a male.
4. In quante università americane _____ insegnato l'italiano?
5. Ogni volta che rispondevano bene, gli studenti _____ lodati dal professore.
6. State attenti! Queste espressioni non _____ prese alla lettera!
7. Per essere apprezzata, la musica classica _____ ascoltata in silenzio.
8. L'anno scorso, Mario _____ spesso invitato a pranzo dagli amici.

— Non per sfiducia, ma preferiremmo essere pagati in anticipo...

i. *Tradurre.*

1. I was given this beautiful watch for my birthday.
2. Was Marina allowed to go to the movies last night, or was she forbidden to go out?
3. When will the agreement be signed?
4. Amelia was considered a very beautiful woman.
5. How must this word be written?
6. Everybody was told to go home and come back the next day.
7. I wasn't believed when I informed them that the package had been lost.
8. When will we be shown the movie that was made last summer?

II / Si *passivante* . . . .

A. The passive voice is normally expressed by **essere** + *past participle*, but it can also be expressed by **si** + *active form* of the verb, particularly when the agent is not indicated. The verb is in the third person singular or plural depending on whether the subject is singular or plural. The subject usually follows the verb. In compound tenses **essere** is used (with the past participle agreeing in gender and number with the subject).

L'italiano non **è studiato** abbastanza.
Non **si studia** abbastanza l'italiano.
Italian isn't studied enough.

Le lingue straniere non **sono studiate** abbastanza.
Non **si studiano** abbastanza le lingue straniere.
Foreign languages aren't studied enough.

Si compra oro. **Si comprano** vestiti usati.
Gold is bought. Used clothes are bought.

Si è scritto molto sull'energia solare.
A lot has been written on solar energy.

Si sono scritti molti libri e molti articoli.
Many books and many articles have been written.

1. When **fare, dovere, potere,** and **volere** + *infinitive* are used in this construction, they are singular or plural, depending on the subject.

Dove **si può** comprare una poltrona?
Where can an armchair be bought?

Dove **si possono** comprare mobili antichi?
Where can antique furniture be found?

Non **si sarebbero dovute** dire queste cose.
These things shouldn't have been said.

B. In certain special uses, **si** is attached to the end of the verb. This usage is limited to the language of want ads, advertisements, telegrams, and commercial messages where brevity is essential.

Cercasi (= si cerca) autista.
Chauffeur wanted.

Cercansi (= si cercano) autisti.
Chauffeurs wanted.

Offresi segretaria conoscenza lingue.
Secretary with foreign languages available.

Offronsi strumenti di misura.
Measurement instruments for sale.

Affittasi camera ammobiliata.
Furnished room for rent.

Affittansi camere ammobiliate.
Furnished rooms for rent.

• • • *Esercizi*

j. *Cambiare le seguenti frasi usando il* **si** *passivante. Cominciare ciascuna frase con* **si.**

Esempio: Quest'articolo è venduto nei migliori negozi.
Si vende quest'articolo nei migliori negozi.

1. È richiesta la conoscenza di due lingue straniere.
2. Sono stati fatti molti errori.

— « Piccolo corvo », sei sicuro che il telefono si usi così?

3. Alcune parole potrebbero essere tolte.
4. L'autostrada verrà inaugurata domenica prossima.
5. Tutte le partite saranno trasmesse.
6. I responsabili dovrebbero essere puniti.
7. Queste condizioni non possono essere accettate.
8. Una decisione è stata presa.

k. *Tradurre.*

1. Bread is eaten without butter.
2. Italian was spoken in that store.
3. Do you think this word is written with two m's?
4. Many accidents could be avoided.
5. What must be done?
6. Rules and exceptions are easily forgotten.
7. Old people must be respected.
8. I'd like to know how many battles were won.

III / Si *impersonale* . . . .

A. Si + *third person singular* of the verb corresponds to the English impersonal construction *one (you, we, they, people)* + *verb.*

Si mangia tardi.
One eats late.

Se **si potesse** fare quello che **si vuole!**
If only people could do what they want!

Si partì senza una meta precisa.
We left without a precise destination.

1. While the verb is singular in this impersonal construction, any adjectives or nouns referring to the subject have a plural ending.[1]

Quando si è **stanchi**, non si ragiona bene.
When one is tired, one doesn't reason well.

Quando si è **giornalisti**, si lavora anche di notte.
When you're a journalist, you also work at night.

B. In the **si impersonale** construction, compound tenses are always formed with **essere**. If the verb normally requires **avere** as its auxiliary, the past participle takes the masculine singular ending **-o**.

Si è ris**o** molto alla festa. (La gente **ha** riso...)
People laughed a lot at the party.

Si è det**to** che si sarebbe lavorat**o** tutta la notte. (**Abbiamo** detto... **avremmo** lavorato...)
We said we'd work all night.

---

[1]*The same rule applies to all impersonal constructions: if there is an adjective following an impersonal verb or expression, the plural form is used:* Bisogna stare molto attenti quando si guida. *You must be very careful when you drive.* Non è bello essere gelosi. *It's not nice to be jealous.*

1. If, however, the verb normally requires **essere** as its auxiliary, the past participle takes a plural ending.

Si è nati per soffrire. (Uno **è** nato...)
We were born to suffer.

Si è rimasti più a lungo di quanto si volesse.
(**Siamo** rimasti...)
We stayed longer than we wanted to.

C. When a reflexive verb is used in the impersonal construction, **ci si** replaces **si si** (that is, the impersonal **si** and the reflexive **si**).

Ci si alza presto d'estate.
People get up early in the summer.

Ci si è divertiti tanto ieri sera.
We had such a good time last night.

D. A transitive verb accompanied by an object can be used with the impersonal **si**. If the object is in the plural, the verb is also plural. In such cases, it is difficult to distinguish the **si impersonale** from the **si passivo**.

Si prende un caffè alla fine del pasto.
People have a cup of coffee at the end of the meal. or *Coffee is drunk at the end of the meal.*

Si mangiano paste col cappuccino.
People eat pastries with cappuccino. or *Pastries are eaten with cappuccino.*

Object pronouns precede **si**. Only **ne** can follow, and then **si** becomes **se**: **se ne**...

Amelia era una bella donna; **la si** ammirava molto.
Amelia was a beautiful woman; people admired her a lot.

Come si parla al nonno? **Gli si** parla con rispetto.
How does one talk to Grandpa? One talks to him with respect.

Si può fare a meno dello zucchero?   — Sì, **se ne** può fare a meno.
Can people do without sugar?   — Yes, people can do without it.

E. Other ways of expressing the impersonal construction in Italian are to use **uno** + *third person singular* of the verb; **la gente** + *third person singular* of the verb; or the impersonal **noi, voi,** and **loro.**

Quando **uno viaggia, spende** molti soldi.
When one travels one spends a lot of money.

Che cosa **dirà la gente**?
What will people say?

Hanno appena **finito** di restaurare il castello.
They've just finished restoring the castle.

1. In modern usage the first person plural **noi** is often replaced by the impersonal **si**. (And sometimes **noi** is used along with **si** in the impersonal construction.)

Quando **si mangia** stasera?
When are we eating tonight?

Noi quattro **si è preso** un tassì.
The four of us, we took a cab.

Si andò tutti insieme.
We all went together.

Io speravo che oggi **si sarebbe stati** allegri.
I was hoping we would be happy today.

Ricapitolazione

1. We have now studied four different Italian constructions using the pronoun **si**: reflexive, reciprocal, passive, and impersonal. If you understand the meaning of the words in a sentence, common sense will usually tell you which construction with **si** is being used.

Reflexive

Luigi **si** vestì.
Louis got dressed.

Si credono molto intelligenti.
They think themselves very intelligent.

Reciprocal

Si sono incontrati al bar.
They met one another at the café.

Non **si** sono salutati.
They didn't greet one another.

Passive

Si richiede la laurea.
A university degree is required.

Si offrono ottime condizioni di lavoro.
Excellent working conditions are offered.

Impersonal

Si dice che nevicherà.
They say it will snow.

In Italia **si** mangia bene.
In Italy one eats well.

2. Note the differences between the personal and impersonal constructions in the various cases.

Anna è triste quando è sola.
Anna is sad when she is alone.

Giancarlo si è alzato presto e ha studiato.
Giancarlo got up early and studied.

Uno è triste quando è solo.
One is sad when one is alone.

Tutti si sono alzati presto e hanno studiato.
Everyone got up early and studied.

Si è tristi quando **si** è soli.
People (they) are sad when they are alone.

Ci si è alzati presto e **si** è studiato.
We got up early and studied.

Note that **si** is always expressed whereas **uno** and other pronouns can be omitted once the subject is indicated.

• • • *Esercizi*

I. *Mettere le frasi alla forma impersonale come nell'esempio.*

Esempio: Non beviamo caffè.   **Non si beve caffè.**

1. Dobbiamo aver pazienza.
2. Abbiamo speso poco e siamo stati bene.
3. Non sappiamo dov'è nascosto.
4. Quando andiamo in montagna ci divertiamo molto.
5. Se non ci sbrighiamo, arriveremo tardi.

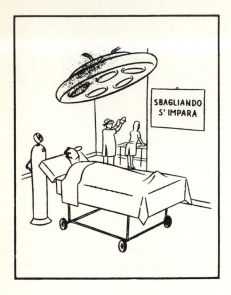

6. Avevamo camminato molto ed eravamo stanchi.
7. Quando vediamo le finestre chiuse pensiamo che la casa sia disabitata.
8. In questo paese viviamo come se fossimo in una grande città.
9. Non avevamo sentito nessun rumore.
10. Come possiamo finire il lavoro in quindici minuti?

m. *Le marachelle* (pranks) *di Pierino... Pierino fa sempre le cose sbagliate. Bisogna dirgli che certe cose non si fanno. Completare ogni frase seguendo l'esempio.*

Esempio: Pierino ha dato un calcio al tavolo. Pierino, non si danno calci ai mobili!

1. Pierino ha fumato una sigaretta.
   Pierino, non _____ sigarette alla tua età!
2. Pierino ha bevuto un whisky.
   Pierino, non _____ liquori quando si è piccoli!
3. Pierino ha dato del tu al dottore.
   Pierino, non _____ del tu al dottore!
4. Pierino ha detto che Orietta è stupida.
   Pierino, non _____ queste cose!
5. Pierino ha sbattuto (slammed) la porta.
   Pierino, non _____ le porte!
6. Pierino ha domandato l'età all'amica della mamma.
   Pierino, non _____ queste cose!

n. *Conversazione. Rispondere ad ogni domanda indicando se le cose elencate sono possibili alla Sua università.*

1. Si può bere birra alla mensa?
2. Si può fumare in classe?

3. Si possono portare gli short?
4. Si possono fare entrare i cani in aula?
5. Si può camminare scalzi?
6. Si può circolare in bicicletta?

o. *Tradurre.*

1. People usually prefer to hear a song sung, but I prefer to hear a song played.
2. Do you know which things you are not supposed to do on Fridays? Leaving and getting married.
3. Everything seems easy when one is young; but you become a pessimist when you get old!
4. If we had paid attention, we would have understood everything.
5. One cannot expect all this work to be done in two or three days.
6. People will say we're in love!

IV / *Preposizioni e congiunzioni* . . . .

Some common English words without changing form may be used as both prepositions (with a noun or pronoun) and as conjunctions (to introduce a clause with its own subject and verb). In Italian the equivalent words usually have slightly different forms; one for the preposition and one for the conjunction.

PREPOSITIONS *(followed by a noun or pronoun)*	CONJUNCTIONS *(followed by a clause)*
	after
dopo **dopo di** (+ *personal pronoun*)	**dopo che** (+ *indicative*)
Ci vedremo **dopo** il concerto. *We'll meet after the concert.*	Non l'ho più vista **dopo che** si è sposata. *I didn't see her anymore after she got married.*
Scusi, ma Lei è arrivata **dopo di** me. *Excuse me, but you came after me.*	
	before
prima di	**prima che** (+ *subjunctive*)
Preparerò la tavola **prima di** mezzogiorno. *I'll set the table before noon.*	Preparerò la tavola **prima che** arrivino gli invitati. *I'll set the table before the guests arrive.*
	because (of)
a causa di	**perchè** (+ *indicative*)
Non sono uscita **a causa della** neve. *I didn't go out because of the snow.*	Non sono uscita **perchè** nevicava. *I didn't go out because it was snowing.*

since (indicating time)

da   **da quando** (+ *indicative*)

Siamo senz'acqua **da** domenica.   Siamo senz'acqua **da quando** sei partito tu.
We've been without water since Sunday.   *We've been without water since you left.*

since (indicating cause)

dato che, poichè (+ indicative)

Non posso comprarlo **dato che** non ho soldi.
I can't buy it since I don't have any money.

until

fino a   **finchè** (+ *indicative or subjunctive*)[1]

Aspettate a uscire **fino al** mio ritorno.   Aspettate a uscire **finchè** io **non** torni.
Wait until my return before going out.   *Wait until I return before going out.*

Aspettarono **fino alle** dieci.   Aspettarono **finchè non** tornò papà.
They waited until ten o'clock.   *They waited until Daddy returned.*

without

senza
senza di (+ *personal pronoun*)   **senza che** (+ *subjunctive*)

Siamo rimasti **senza** soldi.   Partirono **senza che** io lo sapessi.
We remained without money.   *They left without my knowing it.*

Che cosa fareste **senza di** me?
What would you do without me?

• • • *Esercizi*

p. *Tradurre.*

1. Since you like Italian movies, why don't you go see « Roma »?
2. I was bored before your arrival. After you arrived, I had a very good time.
3. Roberto has been with us since September; he has been with us since his mother left for Italy.
4. We'll wait until he comes back. — You don't know what you're saying. He usually doesn't come back until two or three in the morning!
5. They started eating without their daughter; she had gone out of the house without anyone seeing her.
6. I need to talk to you. Can you come to my office after your Italian class?
7. They stayed home because it was raining. Nobody should stay home because of the rain!
8. What would you do without me – without my help, without my advice?

---

[1]**Finchè non** (*the* non *is optional*) *requires the subjunctive only if it refers to future time.*

— Signorina, dopo aver finito di lavorare cosa fa?

V / *Discorso diretto e indiretto* . . . .

With the exception of plays and dialogs in short stories and novels, speech is seldom reported word by word, as spoken (*direct discourse*). Usually speech is reported indirectly, introduced by such verbs as **dire, affermare, dichiarare, esclamare, chiedere,** and **rispondere** (*indirect discourse*), followed by **che.**

A. In converting from direct to indirect discourse, no change of tense occurs if the verb introducing the direct discourse is in the present or future.

DIRECT DISCOURSE	INDIRECT DISCOURSE
Fausto dice: « Anna è simpatica ».	Fausto dice **che** Anna è simpatica.
Fausto says, "Anna is likeable."	*Fausto says that Anna is likeable.*

B. Many tenses and moods change in indirect discourse if the verb introducing the direct discourse is in the past (**passato prossimo, passato remoto, imperfetto,** or **trapassato**).

DIRECT DISCOURSE

INDIRECT DISCOURSE

Presente

Carlo diceva sempre « Io **so** nuotare molto bene ».

Charles always said, "I know how to (can) swim very well."

Imperfetto

Carlo diceva sempre che lui **sapeva** nuotare molto bene.

Charles always said that he knew how to (could) swim very well.

Passato prossimo/remoto

Carlo ha detto: « **Ho** sempre **amato** i miei genitori ».

Charles said, "I've always loved my parents."

Trapassato prossimo

Carlo ha detto che **aveva** sempre **amato** i suoi genitori.

Charles said that he had always loved his parents.

DIRECT DISCOURSE	INDIRECT DISCOURSE

Futuro

Carlo ha detto: « **Verrò** alle otto ».
Charles said, "I'll come at eight."

Imperativo

Carlo mi ha detto: « **Fammi** un favore ».
Charles said to me, "Do me a favor."

Congiuntivo presente

Carlo disse: « Penso che lei **si sbagli** ».
Charles said, "I think she's mistaken."

Congiuntivo passato

Carlo disse: « Temo che **abbiano avuto** un incidente ».
Charles said, "I'm afraid they've had an accident."

Condizionale passato

Carlo ha detto che **sarebbe venuto**[1] alle otto.
Charles said that he would come at eight.

Congiuntivo imperfetto *or* **di** + infinito

Carlo mi ha detto che gli **facessi** (**di fargli**) un favore.
Charles told me to do him a favor.

Congiuntivo imperfetto

Carlo disse che pensava che lei **si sbagliasse**.
Charles said that he thought she was mistaken.

Congiuntivo trapassato

Carlo disse che temeva che **avessero avuto** un incident.
Charles said that he was afraid they had had an accident.

C. Many other words also change when direct discourse is converted to indirect discourse.

1. First and second person pronouns and possessives become third person pronouns and possessives.

io, tu → lui   noi, voi → loro
mio, tuo → suo   nostro, vostro → loro
a me, a te → a lui   a noi, a voi → a loro

2. **Questo** becomes **quello**.

3. Expressions of time and place change as follows:

qui (qua) → lì (là)
ora → allora
oggi → in quel giorno *that same day*
domani → il giorno dopo (l'indomani) *the following day*
ieri → il giorno prima *the day before*
la settimana scorsa → la settimana precedente *the previous week*
le settimana prossima → la settimana seguente *the following week*

Ha detto: « La lettera è arrivata **ieri** »
He said, "The letter arrived yesterday."

Ha detto che la lettera era arrivata **il giorno prima**.
He said that the letter had arrived the day before.

---

[1]*For this special use of the* **condizionale passato** *see p. 160.*

Ha confessato: « Non **mi** piace partire, ma partirò ».
He confessed, "I don't like leaving, but I'll leave."

Ha annunciato: « Partirò **la settimana prossima** con tutta la **mia** famiglia ».
He announced, "I will leave next week with my entire family."

Ha confessato che non **gli** piaceva partire ma che sarebbe partito.
He confessed that he didn't like leaving, but that he would leave.

Ha annunciato che sarebbe partito **la settimana seguente** con tutta la **sua** famiglia.
He announced that he would leave the following week with his entire family.

. . . *Esercizi*

q. *Mettere le frasi al discorso indiretto, usando prima* **di** + *infinito, poi* **che** + *congiuntivo.*

> *Esempio:*   Ha detto al tabaccaio: « Mi dia dieci francobolli da cento! »
> Ha detto al tabaccaio di dargli dieci francobolli da cento.
> Ha detto al tabaccaio che gli desse dieci francobolli da cento.

1. Ha detto al cameriere: « Tenga il resto! »
2. Ha pregato la signora: « Mi dia degli spiccioli! »
3. Ha detto alla cassiera: « Mi cambi venti dollari! »
4. Ha detto all'autista: « Mi porti in via XX Settembre! »
5. Ha detto al gioielliere: « Mi ripari anche quest'orologio! »
6. Ha ripetuto alla signorina: « Venga a trovarmi! »

r. *Mettere le frasi al discorso indiretto usando i verbi fra parentesi.*

> *Esempio:*   Non posso venire in questo momento. (disse)
> Disse che non poteva venire in quel momento.

1. Non sto bene. Ho frequenti mal di testa e ho perso l'appetito. (ha ammesso)
2. Questo quadro è mio! (dichiarò)
3. Devo essere a casa prima di mezzanotte. (diceva)
4. Stiamo guardando la televisione. (hanno risposto)
5. Mia sorella parla bene il francese. (Pierino dice)
6. Non abbiamo finito gli esercizi. (hanno confessato)
7. Trasloccheremo presto. (hanno annunciato)

s. *Le ultime parole famose...   Scrivere delle frasi cominciando con* **Ha detto che**...   *Fare tutti i cambiamenti necessari.*

1. « Andrò a dormire presto ogni sera ».
2. « Giuro, non lo farò mai più ».
3. « Avremmo dovuto incontrarci qualche anno prima ».
4. « Dobbiamo vederci qualche volta ».
5. « La colpa è solo mia. Possiamo restare buoni amici ».
6. « Questa è l'ultima sigaretta che fumo. Ho deciso di smettere di fumare ».

t. *Mettere al discorso diretto.*

1. Il professore ha annunciato agli studenti che non avrebbe fatto lezione la settimana dopo. Ha spiegato che andava a una riunione di professori di lingua e che sarebbe

stato via cinque giorni. Ha detto agli studenti di fare tutti gli esercizi e di finire il capitolo.

2. Attilio disse all'amico che era inutile correre: loro non avevano nessuna premura e dovevano considerare quel viaggio come una gita. Cinque minuti dopo disse che sentiva odore di benzina e che sarebbe stato meglio fermarsi alla prima officina.

3. Stefanini disse che conosceva un avvocato e che quell'avvocato era proprio la persona che ci voleva per il loro « colpo »: si trattava di una persona molto sensibile alla quale era morta la mamma da circa un anno. La perdita l'aveva affranto, e lui si era dato a fare del bene, aiutando ogni volta che poteva la povera gente.

u. *Ricapitolando... Mettere le frasi al discorso indiretto.*

1. Giovanni Guareschi ha scritto: « Queste sono le storie che piacciono alla gente: le storie che divertono, ma non istruiscono ».

2. Miss Parker diceva ai bambini. « Non correte! Un giorno vi farete male e la colpa sarà soltanto vostra ».

3. Giovanni ha confessato: « Di solito io non fumo e non bevo, però ieri ho fumato e ho bevuto un bicchierino ».

4. Elena disse: « L'anno scorso stavo dagli zii, ma non ci voglio più stare dagli zii perchè c'è rumore ».

5. Tosca ha detto: « Sono qui solo da otto giorni ma non ci resto. Gliel'ho già detto alla signora che non ci resto, che me ne vado via ».

6. Il signor Gino disse: « Accendete. Si è rotta la pellicola. Mi dispiace che non possiamo vedere il film. Sarà per un'altra volta ».

7. Il tamburino disse alla vecchietta: « Non so ancora che cosa me ne farò, di questa magia, ma sento che mi sarà utile ».

8. Elena confessò: « È questo che non posso sopportare. Questa sorveglianza. Anche quando sono fuori Roma, ho l'impressione che tu mi stia sempre con gli occhi addosso ».

9. Attilio disse: « Ci sono molti fili e non riesco a capire dove manca una vite; deve essere una vite poco importante perchè vedo che la macchina va lo stesso ».

10. Il dottor Verucci disse al bandito: « Si accomodi, faccia come se fosse a casa sua. Ormai ho capito che io qua non sono nessuno. È casa mia, ma non comando niente. La porta è chiusa, le finestre sono sbarrate, ma la gente va e viene e fa i suoi comodi...

11. Luca disse: « Ho scommesso e mantengo la scommessa. Se Romeo cerca di spaventarci si sbaglia. Anzi, per dimostrare che sono convinto di quanto affermo, terrò la valigia sulle ginoccia ».

12. Stefanini disse a Lopresto: « Sono pronto a scriverti la lettera. Lascia fare a me, ti servirò di tutto punto. La lettera sarà un capolavoro! »

13. Lopresto spiegò all'avvocato: « Sono disoccupato... La mia è un'odissea... ho girato tutti gli uffici, sono due anni che giro e non trovo nulla. Non so più come fare! »

14. Amelia confessò: « La sera, dalla mia stanza, guardo la città sul mare. Certe volte, ho l'impressione di essere ancora quella di una volta, e che gli anni non siano mai passati ».

V / *Lettura* . . . .

Vocabolario utile

avere a noia *not to like;* **prendere a
noia** *to take a dislike to*
avviarsi *to set out*
fantasticare (**di** + inf. or **che** +
subjunctive) *to imagine*
illudersi (p.p. **illuso;** p.r. **illusi**) (**di** + inf.
or **che** + subjunctive) *to
delude oneself*
*****impazzire** *to go crazy*
respirare *to breathe*
sognare *to dream, to dream of* or
about
sorvolare *to skip, to fly over*

affascinante *charming;* il **fascino**
charm
cosmopolita *cosmopolitan*

il **lume** *light*
macchè *not on your life*
l'**ospite** *house guest*
il **personaggio** *important person*
il **pettegolezzo** *gossip;* **fare
pettegolezzi** *to gossip*
i **quattrini** *money*
raffinato *refined*
la **razza** *kind, race*
sul serio *seriously*
la **vacanza**[1] *holiday, vacation;* **in
vacanza** *on vacation*
la **villeggiatura** *vacation;* **posto di
villeggiatura** *vacation resort*

Non è mai finita

A questo mondo non è mai finita, disse la signora Amelia Briz.
Stia un po' a sentire. Io sono siciliana, nata in un povero paesello
sospeso tra le rupi, in cima a una montagna. Di lassù si vede il
mare e il paesaggio è un paradiso, ma per il resto si è rimasti

---

[1]*Normally used in the plural:* Le nostre vacanze sono state belle. *Our vacation was great.*

5 indietro di due secoli°. Il nome?... lasci perdere! I miei compaesani°   *two centuries behind /*
     sono gente così ombrosa°... è forse meglio sorvolare. Lo chiamerò   *fellow townsmen*
     convenzionalmente Castellizzo.   *suspicious*

     Bene. Dalla stanza dove sono nata si vedeva, lontana, una città,
     stesa lungo il mare. Di notte era tutto uno sfavillare° di lumini. E i   *glittering*
10 fari°. E i piroscafi°. E i treni coi finestrini accesi. Trapani, lei dice?   *lighthouses* / navi
     Beh, facciamo pure conto° fosse Trapani. Al calar della sera°, ap-   immaginiamo / al
     poggiata al davanzale, io rimiravo° quelle luci. Laggiù era la vita, il   tramonto
     mondo, il sogno!   guardavo

     Quando ebbi compiuto i dodici anni, tanto feci che i miei si
15 persuasero a mandarmi a vivere in città, ospite di una zia. Così
     potevo continuar gli studi.

     Credetti di impazzire dalla gioia. Ma dopo un mese che ero a
     Trapani già ascoltavo rapita ciò che raccontavano i forestieri giunti
     da città molto più grandi. Mi sembravano di razza diversa. Ah, po-
20 vera Trapani, come eri piccola e squallida al confronto°. Palermo!   *in comparison*
     Messina! Quella sì era civiltà sul serio.

     Mi aiutò la fortuna. Fui chiesta in moglie° dal barone Cristolera,   *I was proposed to*
     un perfetto gentiluomo. Aveva un palazzo magnifico a Messina.
     Accettai, gli volli bene, mi illusi di non essere più la piccola provin-
25 ciale di una volta.

     Certo, a Messina conobbi della gran bella gente, autentici signori.
     Ma da Roma venivano, ogni tanto, certi tipi affascinanti; parlavano
     con l'« erre »°, raccontavano cose nuove e strane, pettegolezzi enormi,   *they rolled their "r"s*
     ci guardavano un po' dall'alto in basso°.   *they looked down on us*

30   Per farla breve, cominciai a sognare Roma. Messina ormai mi
     sembrava un buco, da non poterci respirare più. Dai e dai°, mio   *by and by*
     marito si decise; tanto, non gli mancavano i quattrini. Traslocammo
     nella capitale.

     Dovevo essere contenta, no? Roma non è mica un paesello. Grandi
35 nomi, società internazionale, caccia alla volpe, scandali, cardinali,
     ambasciatori. Eppure, cosa vuole? quei grandi personaggi che
     dall'estero venivano volentieri ad abitarci, ci venivano per far la bella
     vita, non per altro, come quando si è in vacanza, come se Roma
     non fosse che un famoso posto di villeggiatura: ma in fondo non
40 la prendevano sul serio. Il loro mondo vero era lontano, le vere
     grandi capitali della terra erano altre. Parigi, Londra, mi capisce? E
     io invidiavo.

     Roma cominciò a scottarmi° sotto i piedi. Sospirai° l'Etoile, Pic-   *bruciarmi* / *I longed for*
     cadilly.[1] Per caso in quel periodo Cristolera e io ci separammo.
45 Seguì un regolare annullamento. Ero ancora una bella donna. Co-
     nobbi Briz, il grande finanziere. Quando si nasce fortunate!

---

[1]*The Etoile and Piccadilly Circus are well-known landmarks in Paris and London
respectively.*

Sempre più cosmopolita, sempre più in alto nella scala delle residenze umane. Era una mania balorda°, però soltanto oggi lo capisco. Divenuta ufficialmente Mrs. Briz, grazie ai miliardi del ma-
50 rito, non avevo più che l'imbarazzo della scelta.

foolish

Mi stabilii a Parigi, poi Parigi mi sembrò piena di polvere. Londra, per due anni. Ma anche Londra era un poco sorpassata°. Nuova York, finalmente, ecco l'ultimo traguardo°. La piccola provinciale siciliana aveva fatto la sua strada.

somewhat passé
ultimate destination

55 Ma non era così come pensavo. Per la gente « molto su », Nuova York era una cafonata[1] insopportabile°. I veri aristocratici ci stavano solo lo strettamente necessario. Preferivano Boston, Washington, Charleston, città più vecchie, quiete, riservate. E potevo io essere da meno? Tuttavia anche di là i raffinatissimi emigravano. Chi nei
60 deserti, chi nelle isolette del Pacifico. Anch'io mi avviai per quei pazzi itinerari.

Ahimè, la società più filtrata ed esigente ebbe a noia il Pacifico e i deserti. Prese l'aereo verso est, ritornò alla vecchia stanca Europa. Non già per infognarsi° nella volgarità di Londra o di Parigi.
65 Macchè. Andava in cerca di eremi ed esilii, di conventi, di ruderi e rovine. E io dietro.

to sink

Proprio sopra il mio paesello siciliano sorgeva un castello dirocc-ato°. La moda! L'eleganza del saper vivere moderno! Un grande poeta peruviano° ha fatto restaurare la bicocca°, in breve il posto è
70 diventato celebre. Oggi al mondo non c'è niente di più *chic* che possedere una casetta a Castellizzo.

ruined
from Peru / hovel

E così: gira e gira, ho finito per ritornare al mio paesello, proprio là donde° sono partita. E la sera, dalla mia stanza di bambina, guardo i lumi della città sul mare. E certe volte ho l'impressione di
75 essere ancora quella di una volta, e che gli anni non siano mai passati. E penso: laggiù è la vera vita, laggiù il mondo, l'avventura, il sogno! E fantastico un giorno o l'altro di partire.

da dove

Lo vede dunque che non è mai finita?

Dino Buzzati, Non è mai finita

• • • *Domande sulla lettura*

1. Che cosa dice di Castellizzo la signora Amelia?
2. Che cosa vedeva Amelia dalla sua stanza di bambina?

---

[1]*The term* **cafone** *originally meant* **contadino**, *but it has acquired a derogatory connotation, meaning* **persona zotica, maleducata** *(uncouth, ill-bred, a clod):* **Antonio è un vero cafone.** *Anthony is a real clod.* **Quella cravatta non mi piace: è cafona!** *I don't like that tie, it's tacky (in poor taste). From* **cafone** *derive the terms* **cafonata, cafonaggine, cafoneria,** *which indicate things or actions considered vulgar or in poor taste.*

3. All'età di dodici anni, dove andò Amelia?
4. In che modo fu aiutata dalla fortuna Amelia?
5. Come si comportavano i signori che venivano in Sicilia da Roma?
6. Quale fu il secondo colpo di fortuna per Amelia?
7. Secondo Amelia, dove preferiscono vivere i veri aristocratici americani?
8. Di che cosa va in cerca la società più esigente oggi (una cosa molto chic!)?
9. Come mai il paese di Castellizzo è diventato celebre?
10. Dove abita oggi Amelia?

• • • *Temi per componimento o discussione*

1. *Non è mai finita* è la storia di una piccola provinciale italiana. Sarebbe molto diversa la storia di una piccola provinciale americana? Provate a raccontarla!
2. Nella vita (non) è possibile trovare quello che si cerca.

APPENDICE

I / Verbi coniugati con essere *nei tempi composti*

accadere	to happen	nascere	to be born
andare	to go	parere	to seem
arrivare	to arrive	partire (ripartire)	to leave, depart (to leave again)
arrossire	to blush		
avvenire	to happen	passare (ripassare)	to stop by (to stop by again)
bastare	to be enough		
cadere	to fall	piacere	to be pleasing
cambiare	to become different	restare	to stay
capitare	to happen	ricorrere	to recur, occur
comparire	to appear	rimanere	to remain
costare	to cost	risultare	to be known
crescere	to grow	ritornare (tornare)	to return
dimagrire	to lose weight	riuscire	to succeed
dipendere	to depend	salire (risalire)	to go up (to go up again)
dispiacere (spiacere)	to be sorry, to mind		
divenire (diventare)	to become	saltare (in aria)	to explode
durare	to last	scappare	to run away
entrare	to go in, enter	scattare	to click
esplodere	to explode	scendere	to descend
essere	to be	scivolare	to slide
evadere	to escape	scomparire	to disappear
fuggire	to flee	scoppiare	to explode
giungere	to arrive	sembrare	to seem
guarire	to get well	servire	to be of use
impazzire	to go mad	sparire	to disappear
importare	to matter	sprizzare	to spray
ingrassare	to get fat, put on weight	stare	to stay
		succedere	to happen
mancare	to lack, be lacking	uscire	to go out
morire	to die	venire	to come

+ all verbs used reflexively

II / Verbi ed espressioni seguiti dalla preposizione a . . . .

A. davanti a un nome o a un pronome

abituarsi a	to get used to	giocare a	to play (a game or a sport)
assistere a	to attend	interessarsi a	to be interested in
assomigliare (somigliare) a	to resemble	mescolarsi a	to get mixed with
badare a	to pay attention to	partecipare a	to participate in
contravvenire a	to go against	pensare a	to think about
credere a	to believe in	raccomandarsi a	to ask favors of
dare a noia a	to bother	ricordare a	to remind
da mangiare a	to feed	rinunciare a	to give up
fastidio a	to bother	servire a	to be good for
retta a	to listen to	stare bene a	to look good on
torto a	to blame	stringere la mano a	to shake hands with
la caccia a	to chase	tenere a	to value, to care about
un calcio a	to kick		
un pugno a	to punch		
fare attenzione (caso) a	to pay attention to		
bene (male) a	to be good (bad) for		
piacere a	to please		
vedere a	to show		
visita a	to visit		
un regalo a	to give a present to		

B. davanti a un infinito

		mettersi a	to start
		obbligare a	to oblige
abituarsi a	to get used to	pensare a	to think about
affrettarsi a	to hurry	persuadere a	to convince
aiutare a	to help	preparare a	to prepare
cominciare (incominciare) a	to begin	provare a	to try
condannare a	to condemn	rinunciare a	to give up
continuare a	to continue	riprendere a	to start again, to resume
convincere a	to convince		
costringere a	to compel	riuscire a	to succeed
decidersi a	to make up one's mind	sbrigarsi a	to hurry
		servire a	to be good for
divertirsi a	to have a good time	volerci a (per)	to take, require
fare meglio a	to be better off		
fare presto a	to do (something) quickly	+ verbs of movement:	
		andare a	to go
imparare a	to learn	correre a	to run
incoraggiare a	to encourage	fermarsi a	to stop
insegnare a	to teach	passare a	to stop by
invitare a	to invite	stare a	to stay
mandare a	to send	tornare a	to return
		venire a	to come

III / Verbi ed espressioni seguiti dalla preposizione di . . . .

A. davanti a un nome o a un pronome

accorgersi di	*to notice*
avere bisogno di	*to need*
avere paura di	*to be afraid*
beffarsi di	*to make fun*
coprire di	*to cover with*
dimenticarsi di	*to forget*
fare a meno di	*to do without*
fidarsi di	*to trust*
innamorarsi di	*to fall in love with*
infischiarsi di	*not to care about*
intendersi di	*to be knowledgeable about*
interessarsi di	*to be interested in*
lamentarsi di	*to complain about*
meravigliarsi di (per)	*to be suprised about*
nutrirsi di	*to feed on, nourish oneself with*
occuparsi di	*to take care of, attend to*
pensare di	*to have an opinion about*
pentirsi di	*to be sorry about*
non poterne più di	*not to be able to take*
preoccuparsi di (per)	*to worry about*
rendersi conto di	*to realize*
ricordarsi di	*to remember*
ridere di	*to laugh at*
riempire di	*to fill with*
ringraziare di (per)	*to thank for*
soffrire di	*to suffer from*
stupirsi di	*to be astonished at*
trattare di	*to deal with*
vergognarsi di	*to be ashamed about*
vivere di	*to live on*

B. davanti a un infinito

accettare di	*to accept*
accorgersi di	*to notice*
ammettere di	*to admit*
aspettare di	*to wait for*
aspettarsi di	*to expect*
augurare di	*to wish*
augurarsi di	*to hope*
avere bisogno di	*to need*
avere il diritto di	*to have the right*
avere fretta di	*to be in a hurry*
avere l'impressione di	*to have the feeling*
avere intenzione di	*to intend*
avere paura di	*to be afraid*
avere ragione di	*to be right*
avere torto di	*to be wrong*
avere vergogna di	*to be ashamed*
avere voglia di	*to feel like*
cercare di	*to try*
cessare di	*to stop*
chiedere di	*to ask*
comandare di	*to order*
confessare di	*to confess*
consigliare di	*to advise*
contare di	*to plan*
credere di	*to believe*
decidere di	*to decide*
dimenticare (dimenticarsi) di	*to forget*
dire di	*to say, tell*
dispiacere di	*to be sorry*
domandare di	*to ask*
dubitare di	*to doubt*
essere in grado di	*to be in a position to*
fantasticare di	*to imagine*
fare a meno di	*to do without*
fare segno di	*to motion*
fingere di	*to pretend*
finire di	*to finish*
illudersi di	*to delude oneself*
impedire di	*to prevent*
infischiarsi di	*not to care about*
lamentarsi di	*to complain about*
meravigliarsi di	*to be surprised*
minacciare di	*to threaten*
offrire di	*to offer*
ordinare di	*to order*
pensare di	*to plan*
pentirsi di	*to repent*

permettere di	to permit	sentirsela di	to feel up to
pregare di	to beg	sforzarsi di	to make an effort
preoccuparsi di	to fret	smettere di	to stop
proibire di	to prohibit	sognare (sognarsi)	to dream, to
promettere di	to promise	di	imagine
proporre di	to propose	sperare di	to hope
rendersi conto di	to realize	stancarsi di	to get tired
ricordare		suggerire di	to suggest
(ricordarsi) di	to remember	temere di	to fear
rifiutare (rifiutarsi)		tentare di	to attempt
di	to refuse	non vedere l'ora di	to look forward to
ringraziare di	to thank	vergognarsi di	to be ashamed
sapere di	to know		about
		vietare di	to forbid

IV / Verbi seguiti dalla preposizione su . . . .

| contare su | to count on | riflettere su | to ponder on |
| giurare su | to swear on | scommettere su | to bet on |

V / Verbi ed espressioni seguiti direttamente dall'infinito . . . .

dovere	to have to	desiderare	to wish
potere	to be able	fare	to make
sapere	to know how	gradire	to appreciate
solere (essere	to be accustomed	lasciare	to let, allow
solito)	to	osare	to dare
volere	to want	piacere	to like
amare	to love	preferire	to prefer

verbi impersonali:

| basta | it is enough | pare (sembra) | it seems |
| bisogna (occorre) | it is necessary | | |

verbi di percezione:

ascoltare	to listen	sentire	to hear
guardare	to look at	udire	to hear
osservare	to observe	vedere	to see

VI / *Aggettivi seguiti da preposizioni + infinito*

A. aggettivi seguiti da **a** + infinito

abituato	*accustomed*	solo	*only*
attento	*attentive, careful*	ultimo	*last*
disposto	*willing*	unico	*only*
pronto	*ready*		

B. aggettivi seguiti da **di** + infinito

capace (incapace)	*capable (incapable)*	sicuro	*sure*
contento	*contented*	soddisfatto	*satisfied*
(scontento)	*(discontented)*	spiacente	*sorry*
curioso	*curious*	stanco	*tired*
desideroso	*wishing*	triste	*sad*
felice	*happy*		

VII / *Verbi ed espressioni che reggono il congiuntivo* . . . .

A. Verbi che esprimono

SENTIMENTI

augurarsi (sperare)	*to hope*	piacere	*to like*
non vedere l'ora	*to look forward*	dispiacere	*to be sorry*
avere bisogno	*to need*	preferire	*to prefer*
avere paura	*to be afraid*	temere	*to fear*
essere contento	*to be glad*	tenerci	*to value*
essere felice	*to be happy*		

DESIDERIO, VOLONTÀ, ORDINE

comandare	*to order*	pregare	*to beg*
desiderare	*to wish*	pretendere	*to demand*
esigere	*to demand*	proibire	*to prohibit*
impedire	*to prevent*	proporre	*to propose*
insistere	*to insist*	suggerire	*to suggest*
lasciare	*to let, allow*	vietare	*to forbid*
ordinare	*to order*	volere	*to want*
permettere	*to permit*		

OPINIONE

avere l'impressione	*to have the feeling*	negare	*to deny*
credere	*to believe*	pensare	*to think*
immaginare (immaginarsi)	*to wonder*	supporre	*to suppose*

DUBBIO O INCERTEZZA

non capire	*not to understand*	dubitare	*to doubt*
chiedersi (domandarsi)	*to wonder*	non sapere	*not to know*

ASPETTATIVA

aspettare	*to wait*	aspettarsi	*to expect*

B. Espressioni impersonali

è bene (male)	*it is good (bad)*	è possibile (impossibile)	*it is possible (impossible)*
è essenziale	*it is essential*	è probabile (improbabile)	*it is probable (improbable)*
è facile (= è probabile)	*it is probable*	è raro	*it is rare*
è difficile (= è improbabile)	*it is improbable*	è strano	*it is strange*
è giusto	*it is right*	è utile (inutile)	*it is useful (useless)*
è importante	*it is important*	è una vergogna	*it is a shame*
è incredibile	*it is incredible*	basta	*it suffices*
è indispensabile	*it is indispensable*	bisogna	*it is necessary*
è meglio	*it is better*	importa	*it matters*
è naturale	*it is natural*	occorre	*it is necessary*
è necessario	*it is necessary*	pare	*it seems*
è normale	*it is normal*	può darsi	*it is possible*
è ora	*it is time*	sembra	*it seems*
[è un] peccato	*it is a pity*		

VIII / *Esclamazioni, riempitivi, parole onomatopeiche* . . . .

A. Exclamations expressing

PRAYER

Deh!   Per carità!   Per amor del cielo!   Per amor di Dio!

JOY

Ah!   Oh!

PAIN, SORROW (English: *ouch! alas!* etc.)

Ah!   Ahi!   Ohi!   Ahimè! Ohimè!   Povero me!

SURPRISE (English: *wow! holy smoke!* etc.)

Ah! Eh! Oh! Uh! Toh (to')!   Perbacco! (Per Bacco!) } *(they replace* per Dio!
Capperi!   Perdiana! (Per Diana!) } *which is considered*
Caspita!   Perdinci!   } *vulgar)*

IMPATIENCE

Auff! Uff! Uffa!

CONTEMPT/DISGUST

Poh! Puh! Puah!

HESITATION/DOUBT/UNCERTAINTY

Ma (mah, moh)!   Beh (be')!   Bah! Boh!

TO CALL ATTENTION

Ehi!   Olà!   Pss! Pst!

DISAPPOINTMENT/SURPRISE/ANGER

Santo cielo!   Santi numi!   Accidenti!
Accipicchia! (*considered better than* accidenti)   Mannaggia! (*regional*)

TO EXPRESS AGREEMENT/CONFIRMATION

Già!

Many exclamations do not fit into any specific category. Here are some of the most common:

Aiuto!	*Help!*	Ecco!	*Here you are!*
Alto le mani!	*Stick them up!*	Fuoco!	*Fire!*
Alto là!	*Halt!*	Fuori!	*Out!*
Attenzione!	*Watch out!*	Guai!	*Woe!*
Attenti! Riposo! (*military*)	*Attention! At ease!*	Magari!	*If only!*
All'erta!	*Look out!*	Oplà!	*Whoops!*
Al diavolo!	*To hell with it!*	Pazienza!	*Never mind!*
Al ladro!	*Stop thief!*	Peccato!	*Too bad! What a pity!*
Bis!	*Encore!* (at the theater)	Presto!	*Quick!*
		Salute!	*God bless you!* (to someone who sneezes)
Cin cin (cincin)! (*also:* salute!)	*Cheers!*		
Chi va là!	*Who goes there!*	Sciocchezze!	*Nonsense! Rubbish!*
Chissà (*also written* Chi sa!)	*Who knows!*	Silenzio (Sst!)!	*Silence!*
		Vergogna!	*Shame on you!*
Da capo!	*Take it from the top!*	Via!	*Go away! Shoo, get!* (to animals)
Dio mio! Mamma mia!	*Good Lord! Good Heavens!*		

B. Riempitivi

These are words that people use and over-use, sometimes without even realizing it: words that do not add any specific meaning to the sentence; words like:

allora, insomma, in sostanza, praticamente, be', non so se mi spiego, non so

cioè, così, comunque, va bene, vedi, dunque, effettivamente, infatti, veramente, ad ogni modo

In English, people often use *well, like, you know* and make sounds like *uhm, ehm, mmm* in similar situations.

C. Parole onomatopeiche

These are words that imitate sounds:

ah ah ah	*laughter*	coccodè	*hens after laying eggs*
brrr	*to express cold*	din don (dindon)	*church bells*
bau bau	*dogs*	drin drin (drindrin)	*door bell*
bè (bee)	*sheep*	eccì (etcì)	*sneezing*
bum	*shooting*	miao	*cats*
chicchirichì	*roosters*	patatrac	*something heavy falling*
cip cip	*birds*	tic tac	*watches or clocks*

In the new language of comic strips today, the words reproducing sounds are most often English: Clap! Crash! Grr! Gulp! Pfuiii! Slam! Snif Snif! Sob! Splash! Yap! Yeeeow!

LA CONIUGAZIONE DEI VERBI

Avere ed *Essere*

• • • *Coniugazione del verbo* avere

INDICATIVO

Presente		Passato prossimo	Imperfetto	Trapassato prossimo
io	ho	ho avuto	avevo	avevo avuto
tu	hai	hai avuto	avevi	avevi avuto
lui	ha	ha avuto	aveva	aveva avuto
noi	abbiamo	abbiamo avuto	avevamo	avevamo avuto
voi	avete	avete avuto	avevate	avevate avuto
loro	hanno	hanno avuto	avevano	avevano avuto

Passato remoto		Trapassato remoto	Futuro	Futuro anteriore
io	ebbi	ebbi avuto	avrò	avrò avuto
tu	avesti	avesti avuto	avrai	avrai avuto
lui	ebbe	ebbe avuto	avrà	avrà avuto
noi	avemmo	avemmo avuto	avremo	avremo avuto
voi	aveste	aveste avuto	avrete	avrete avuto
loro	ebbero	ebbero avuto	avranno	avranno avuto

CONGIUNTIVO

Presente		Passato	Imperfetto	Trapassato
io	abbia	abbia avuto	avessi	avessi avuto
tu	abbia	abbia avuto	avessi	avessi avuto
lui	abbia	abbia avuto	avesse	avesse avuto
noi	abbiamo	abbiamo avuto	avessimo	avessimo avuto
voi	abbiate	abbiate avuto	aveste	aveste avuto
loro	abbiano	abbiano avuto	avessero	avessero avuto

CONDIZIONALE

Presente		Passato
io	avrei	avrei avuto
tu	avresti	avresti avuto
lui	avrebbe	avrebbe avuto
noi	avremmo	avremmo avuto
voi	avreste	avreste avuto
loro	avrebbero	avrebbero avuto

IMPERATIVO

(tu)	abbi! (*neg.* non avere!)
(Lei)	abbia!
(noi)	abbiamo!
(voi)	abbiate!
(Loro)	abbiano!

INFINITO

Presente	Passato
avere	aver avuto

PARTICIPIO

Presente	Passato
avente (*raro*)	avuto

GERUNDIO

Presente	Passato
avendo	avendo avuto

• • • *Coniugazione del verbo* essere

INDICATIVO

Presente		Passato prossimo	Imperfetto	Trapassato prossimo
io	sono	sono stato, a	ero	ero stato, a
tu	sei	sei stato, a	eri	eri stato, a
lui	è	è stato, a	era	era stato, a
noi	siamo	siamo stati, e	eravamo	eravamo stati, e
voi	siete	siete stati, e	eravate	eravate stati, e
loro	sono	sono stati, e	erano	erano stati, e

Passato remoto		Trapassato remoto	Futuro	Futuro anteriore
io	fui	fui stato, a	sarò	sarò stato, a
tu	fosti	fosti stato, a	sarai	sarai stato, a
lui	fu	fu stato, a	sarà	sarà stato, a
noi	fummo	fummo stati, e	saremo	saremo stati, e
voi	foste	foste stati, e	sarete	sarete stati, e
loro	furono	furono stati, e	saranno	saranno stati, e

CONGIUNTIVO

Presente		Passato	Imperfetto	Trapassato
io	sia	sia stato, a	fossi	fossi stato, a
tu	sia	sia stato, a	fossi	fossi stato, a
lui	sia	sia stato, a	fosse	fosse stato, a
noi	siamo	siamo stati, e	fossimo	fossimo stati, e
voi	siate	siate stati, e	foste	foste stati, e
loro	siano	siano stati, e	fossero	fossero stati, e

<table>
<tr><th>CONDIZIONALE</th><th></th><th>IMPERATIVO</th></tr>
</table>

CONDIZIONALE

Presente	Passato		IMPERATIVO
io sarei	sarei stato, a	(tu)	sii! (*neg.* non essere!)
tu saresti	saresti stato, a	(Lei)	sia!
lui sarebbe	sarebbe stato, a	(noi)	siamo!
noi saremmo	saremmo stati, e	(voi)	siate!
voi sareste	sareste stati, e	(Loro)	siano!
loro sarebbero	sarebbero stati, e		

INFINITO		PARTICIPIO		GERUNDIO	
Presente	Passato	Presente	Passato	Presente	Passato
essere	essere stato, a, i, e	—	stato, a, i, e	essendo	essendo stato, a, i, e

Verbi Regolari

• • • *Prima coniugazione:* amare

INDICATIVO

Presente	Passato prossimo	Imperfetto	Trapassato prossimo
amo	ho amato	amavo	avevo amato
ami	hai amato	amavi	avevi amato
ama	ha amato	amava	aveva amato
amiamo	abbiamo amato	amavamo	avevamo amato
amate	avete amato	amavate	avevate amato
amano	hanno amato	amavano	avevano amato

Passato remoto	Trapassato remoto	Futuro semplice	Futuro anteriore
amai	ebbi amato	amerò	avrò amato
amasti	avesti amato	amerai	avrai amato
amò	ebbe amato	amerà	avrà amato
amammo	avemmo amato	ameremo	avremo amato
amaste	aveste amato	amerete	avrete amato
amarono	ebbero amato	ameranno	avranno amato

CONGIUNTIVO

Presente	Passato	Imperfetto	Trapassato
ami	abbia amato	amassi	avessi amato
ami	abbia amato	amassi	avessi amato
ami	abbia amato	amasse	avesse amato
amiamo	abbiamo amato	amassimo	avessimo amato
amiate	abbiate amato	amaste	aveste amato
amino	abbiano amato	amassero	avessero amato

CONDIZIONALE

Presente	Passato
amerei	avrei amato
ameresti	avresti amato
amerebbe	avrebbe amato
ameremmo	avremmo amato
amereste	avreste amato
amerebbero	avrebbero amato

IMPERATIVO

ama! (*neg.* non amare!)
ami!
amiamo!
amate!
amino!

INFINITO		PARTICIPIO		GERUNDIO	
Presente	Passato	Presente	Passato	Presente	Passato
amare	aver amato	amante	amato	amando	avendo amato

. . . *Seconda coniugazione:* credere

INDICATIVO

Presente	Passato prossimo	Imperfetto	Trapassato prossimo
credo	ho creduto	credevo	avevo creduto
credi	hai creduto	credevi	avevi creduto
crede	ha creduto	credeva	aveva creduto
crediamo	abbiamo creduto	credevamo	avevamo creduto
credete	avete creduto	credevate	avevate creduto
credono	hanno creduto	credevano	avevano creduto

Passato remoto	Trapassato remoto	Futuro semplice	Futuro anteriore
credei (credetti)	ebbi creduto	crederò	avrò creduto
credesti	avesti creduto	crederai	avrai creduto
credè (credette)	ebbe creduto	crederà	avrà creduto
credemmo	avemmo creduto	crederemo	avremo creduto
credeste	aveste creduto	crederete	avrete creduto
crederono (credettero)	ebbero creduto	crederanno	avranno creduto

CONGIUNTIVO

Presente	Passato	Imperfetto	Trapassato
creda	abbia creduto	credessi	avessi creduto
creda	abbia creduto	credessi	avessi creduto
creda	abbia creduto	credesse	avesse creduto
crediamo	abbiamo creduto	credessimo	avessimo creduto
crediate	abbiate creduto	credeste	aveste creduto
credano	abbiano creduto	credessero	avessero creduto

CONDIZIONALE

Presente	Passato
crederei	avrei creduto
crederesti	avresti creduto
crederebbe	avrebbe creduto
crederemmo	avremmo creduto
credereste	avreste creduto
crederẹbbero	avrẹbbero creduto

IMPERATIVO

credi! (*neg.* non crẹdere!)
creda!
crediamo!
credete!
crẹdano!

INFINITO

Presente	Passato
crẹdere	aver creduto

PARTICIPIO

Presente	Passato
credente	creduto

GERUNDIO

Presente	Passato
credendo	avendo creduto

• • • *Terza coniugazione:* finire (-isc)

INDICATIVO

Presente	Passato prossimo	Imperfetto	Trapassato prossimo
fin**isc**o	ho finito	finivo	avevo finito
fin**isc**i	hai finito	finivi	avevi finito
fin**isc**e	ha finito	finiva	aveva finito
finiamo	abbiamo finito	finivamo	avevamo finito
finite	avete finito	finivate	avevate finito
fin**isc**ono	hanno finito	finivano	avẹvano finito

Passato remoto	Trapassato remoto	Futuro semplice	Futuro anteriore
finii	ebbi finito	finirò	avrò finito
finisti	avesti finito	finirai	avrai finito
finì	ebbe finito	finirà	avrà finito
finimmo	avemmo finito	finiremo	avremo finito
finiste	aveste finito	finirete	avrete finito
finịrono	ẹbbero finito	finiranno	avranno finito

CONGIUNTIVO

Presente	Passato	Imperfetto	Trapassato
fin**isc**a	abbia finito	finissi	avessi finito
fin**isc**a	abbia finito	finissi	avessi finito
fin**isc**a	abbia finito	finisse	avesse finito
finiamo	abbiamo finito	finịssimo	avẹssimo finito
finiate	abbiate finito	finiste	aveste finito
fin**isc**ano	ạbbiano finito	finịssero	avẹssero finito

CONDIZIONALE		IMPERATIVO
Presente	Passato	
finirei	avrei finito	
finiresti	avresti finito	fin**isci**! (neg. non finire!)
finirebbe	avrebbe finito	fin**isca**!
finiremmo	avremmo finito	finiamo!
finireste	avreste finito	finite!
finir**ẹ**bbero	avrẹbbero finito	fin**isc**ano!

INFINITO		PARTICIPIO		GERUNDIO	
Presente	Passato	Presente	Passato	Presente	Passato
finire	aver finito	finente	finito	finendo	avendo finito

• • • *Terza coniugazione:* partire[1]

The conjugations of verbs like **partire** differ from the conjugation of **finire** only in the following cases:

Indicativo presente	Congiuntivo presente	Imperativo
parto	parta	
parti	parta	parti! (*neg.* non partire!)
parte	parta	parta!
partiamo	partiamo	partiamo!
partite	partiate	partite!
p**ạ**rtono	p**ạ**rtano	p**ạ**rtano!

Verbi Irregolari

• • • *Gruppo A*

Verbs that are irregular in different tenses and persons. Only the irregular forms are given.

accadere   *to happen*   (see **cadere**)

---

accọgliere   *to welcome*   (see **cọgliere**)

---

andare   *to go*
Indicativo presente: vado, vai, va, andiamo, andate, vanno
Futuro: andrò, andrai, andrà, andremo, andrete, andranno
Condizionale: andrei, andresti, andrebbe, andremmo, andreste, andrẹbbero
Imperativo: va' (vai), vada, andiamo, andate, vạdano
Congiuntivo presente: vada, vada, vada, andiamo, andiate, vạdano

---

[1]*To this group belong only a few verbs ending in -ire (see p. 2).*

avvenire   *to happen*   (see **venire**)

bere   *to drink*
Passato remoto: bevvi, bevesti, bevve, bevemmo, beveste, bevvero
Futuro: berrò, berrai, berrà, berremo, berrete, berranno
Condizionale: berrei, berresti, berrebbe, berremmo, berreste, berrebbero
The Latin stem **bev-** *is used in all other forms with regular endings.*

cadere   *to fall*
Passato remoto: caddi, cadesti, cadde, cademmo, cadeste, caddero
Futuro: cadrò, cadrai, cadrà, cadremo, cadrete, cadranno
Condizionale: cadrei, cadresti, cadrebbe, cadremmo, cadreste, cadrebbero

cogliere   *to pick*
Indicativo presente: colgo, cogli, coglie, cogliamo, cogliete, colgono
Passato remoto: colsi, cogliesti, colse, cogliemmo, coglieste, colsero
Congiuntivo presente: colga, colga, colga, cogliamo, cogliate, colgano
Imperativo: cogli, colga, cogliamo, cogliete, colgano
Participio passato: colto

comparire   *to appear*
Indicativo presente: compaio, compari, compare, compariamo, comparite, compaiono
Passato remoto: comparvi, comparisti, comparve, comparimmo, compariste, comparvero
Congiuntivo presente: compaia, compaia, compaia, compariamo, compariate, compaiano
Imperativo: compari, compaia, compariamo, comparite, compaiano
Participio passato: comparso

compire (compiere)   *to complete*
Indicativo presente: compio, compi, compie, compiamo, compite, compiono
Congiuntivo presente: compia, compia, compia, compiamo, compiate, compiano
Imperativo: compi, compia, compiamo, compite, compiano
Participio passato: compiuto
Gerundio: compiendo

comprendere   *to understand*   (see **prendere**)

contenere   *to contain*   (see **tenere**)

dare   *to give*
Indicativo presente: do, dai, dà, diamo, date, danno
Passato remoto: diedi (detti), desti, diede (dette), demmo, deste, diedero (dettero)
Futuro: darò, darai, darà, daremo, darete, daranno
Condizionale: darei, daresti, darebbe, daremmo, dareste, darebbero
Congiuntivo presente: dia, dia, dia, diamo, diate, diano
Congiuntivo imperfetto: dessi, dessi, desse, dessimo, deste, dessero
Imperativo: da' (dai), dia, diamo, date, diano

dire   *to say*
Indicativo presente: dico, dici, dice, diciamo, dite, dicono
Imperfetto: dicevo, dicevi, diceva, dicevamo, dicevate, dicevano
Passato remoto: dissi, dicesti, disse, dicemmo, diceste, dissero
Congiuntivo presente: dica, dica, dica, diciamo, diciate, dicano
Congiuntivo imperfetto: dicessi, dicessi, dicesse, dicessimo, diceste, dicessero
Imperativo: di', dica, diciamo, dite, dicano
Participio passato: detto
Gerundio: dicendo

---

dispiacere   *to be sorry, to mind*   (see **piacere**)

---

distrarre   *to distract*   (see **trarre**)

---

divenire   *to become*   (see **venire**)

---

dovere   *to have to, must*
Indicativo presente: devo (debbo), devi, deve, dobbiamo, dovete, devono (debbono)
Futuro: dovrò, dovrai, dovrà, dovremo, dovrete, dovranno
Condizionale: dovrei, dovresti, dovrebbe, dovremmo, dovreste, dovrebbero
Congiuntivo presente: debba, debba, debba, dobbiamo, dobbiate, debbano

---

fare   *to do, to make*
Indicativo presente: faccio, fai, fa, facciamo, fate, fanno
Imperfetto: facevo, facevi, faceva, facevamo, facevate, facevano
Passato remoto: feci, facesti, fece, facemmo, faceste, fecero
Futuro: farò, farai, farà, faremo, farete, faranno
Condizionale: farei, faresti, farebbe, faremmo, fareste, farebbero
Congiuntivo presente: faccia, faccia, faccia, facciamo, facciate, facciano
Congiuntivo imperfetto: facessi, facessi, facesse, facessimo, faceste, facessero
Imperativo: fa' (fai), faccia, facciamo, fate, facciano
Participio passato: fatto
Gerundio: facendo

---

godere   *to enjoy*
Futuro: godrò, godrai, godrà, godremo, godrete, godranno
Condizionale: godrei, godresti, godrebbe, godremmo, godreste, godrebbero

---

imporre   *to impose*   (see **porre**)

---

intervenire   *to intervene*   (see **venire**)

---

introdurre   *to introduce*   (see **tradurre**)

---

mantenere   *to maintain*   (see **tenere**)

morire   *to die*
Indicativo presente: muoio, muori, muore, moriamo, morite, muoiono
Congiuntivo presente: muoia, muoia, muoia, moriamo, moriate, muoiano
Imperativo: muori, muoia, moriamo, morite, muoiano
Participio passato: morto

---

opporre   *to oppose*   (see **porre**)

---

parere   *to appear*
Indicativo presente: paio, pari, pare, paiamo, parete, paiono
Passato remoto: parvi, paresti, parve, paremmo, pareste, parvero
Futuro: parrò, parrai, parrà, parremo, parrete, parranno
Condizionale: parrei, parresti, parrebbe, parremmo, parreste, parrebbero
Congiuntivo presente: paia, paia, paia, paiamo (pariamo), paiate, paiano
Imperativo: pari, paia, paiamo, parete, paiano
Participio passato: parso

---

piacere   *to please*
Indicativo presente: piaccio, piaci, piace, piacciamo, piacete, piacciono
Passato remoto: piacqui, piacesti, piacque, piacemmo, piaceste, piacquero
Congiuntivo presente: piaccia, piaccia, piaccia, piacciamo, piacciate, piacciano
Imperativo: piaci, piaccia, piacciamo, piacete, piacciano
Participio passato: piaciuto

---

porre   *to put*
Indicativo presente: pongo, poni, pone, poniamo, ponete, pongono
Passato remoto: posi, ponesti, pose, ponemmo, poneste, posero
Congiuntivo presente: ponga, ponga, ponga, poniamo, poniate, pongano
Imperativo: poni, ponga, poniamo, ponete, pongano
Participio passato: posto
Gerundio: ponendo

---

possedere   *to own, to possess*   (see **sedere**)

---

potere   *to be able to, can*
Indicativo presente: posso, puoi, può, possiamo, potete, possono
Futuro: potrò, potrai, potrà, potremo, potrete, potranno
Condizionale: potrei, potresti, potrebbe, potremmo, potreste, potrebbero
Congiuntivo presente: possa, possa, possa, possiamo, possiate, possano

---

prevedere   *to foresee*   (see **vedere**)

---

ridurre   *to change*   (see **tradurre**)

---

riempire   *to fill*
Indicativo presente: riempio, riempi, riempie, riempiamo, riempite, riempiono
Congiuntivo presente: riempia, riempia, riempia, riempiamo, riempiate, riempiano
Imperativo: riempi, riempia, riempiamo, riempite, riempiano

---

rifare   *to redo*   (see **fare**)

---

rimanere   *to remain*
Indicativo presente: rimango, rimani, rimane, rimaniamo, rimanete, rimangono
Passato remoto: rimasi, rimanesti, rimase, rimanemmo, rimaneste, rimasero
Futuro: rimarrò, rimarrai, rimarrà, rimarremo, rimarrete, rimarranno
Condizionale: rimarrei, rimarresti, rimarrebbe, rimarremmo, rimarreste, rimarrebbero
Congiuntivo presente: rimanga, rimanga, rimanga, rimaniamo, rimaniate, rimangano
Imperativo: rimani, rimanga, rimaniamo, rimanete, rimangano
Participio passato: rimasto

---

riuscire   *to succeed*   (see **uscire**)

---

rivedere   *to see again*   (see **vedere**)

---

salire   *to go up*
Indicativo presente: salgo, sali, sale, saliamo, salite, salgono
Congiuntivo presente: salga, salga, salga, saliamo, saliate, salgano
Imperativo: sali, salga, saliamo, salite, salgano

---

sapere   *to know*
Indicativo presente: so, sai, sa, sappiamo, sapete, sanno
Passato remoto: seppi, sapesti, seppe, sapemmo, sapeste, seppero
Futuro: saprò, saprai, saprà, sapremo, saprete, sapranno
Condizionale: saprei, sapresti, saprebbe, sapremmo, sapreste, saprebbero
Congiuntivo presente: sappia, sappia, sappia, sappiamo, sappiate, sappiano
Imperativo: sappi, sappia, sappiamo, sappiate, sappiano

---

scegliere   *to choose*
Indicativo presente: scelgo, scegli, sceglie, scegliamo, scegliete, scelgono
Passato remoto: scelsi, scegliesti, scelse, scegliemmo, sceglieste, scelsero
Congiuntivo presente: scelga, scelga, scelga, scegliamo, scegliate, scelgano
Imperativo: scegli, scelga, scegliamo, scegliete, scelgano
Participio passato: scelto

---

sciogliere   *to dissolve*
Indicativo presente: sciolgo, sciogli, scioglie, sciogliamo, sciogliete, sciolgono
Passato remoto: sciolsi, sciogliesti, sciolse, sciogliemmo, scioglieste, sciolsero
Congiuntivo presente: sciolga, sciolga, sciolga, sciogliamo, sciogliate, sciolgano
Imperativo: sciogli, sciolga, sciogliamo, sciogliete, sciolgano
Participio passato: sciolto

---

scomparire   *to disappear*
Indicativo presente: scompaio, scompari, scompare, scompariamo, scomparite, scompaiono
Passato remoto: scomparvi, scomparisti, scomparve, scomparimmo, scompariste, scomparvero
Congiuntivo presente: scompaia, scompaia, scompaia, scompariamo, scompariate, scompaiano
Imperativo: scompari, scompaia, scompariamo, scomparite, scompaiano
Participio passato: scomparso

---

scomporsi   *to lose one's calm*   (see **porre**)

---

sedere   *to sit*
Indicativo presente: siedo (seggo), siedi, siede, sediamo, sedete, siędono (sęggono)
Congiuntivo presente: sieda, sieda, sieda (sęgga), sediamo, sediate, siędano (sęggano)
Imperativo: siedi, sieda (sęgga), sediamo, sedete, siędano (sęggano)

---

sostenere   *to support, to maintain*   (see **tenere**)

---

stare   *to stay*
Indicativo presente: sto, stai, sta, stiamo, state, stanno
Passato remoto: stetti, stesti, stette, stemmo, steste, stęttero
Futuro: starò, starai, stará, staremo, starete, staranno
Condizionale: starei, staresti, starebbe, staremmo, stareste, starębbero
Congiuntivo presente: stia, stia, stia, stiamo, stiate, stįano
Congiuntivo imperfetto: stessi, stessi, stesse, stęssimo, steste, stęssero
Imperativo: sta' (stai), stia, stiamo, state, stįano

---

supporre   *to suppose*   (see **porre**)

---

tacere   *to be silent*
Indicativo presente: taccio, taci, tace, taciamo, tacete, tącciono
Passato remoto: tacqui, tacesti, tacque, tacemmo, taceste, tącquero
Congiuntivo presente: taccia, taccia, taccia, tacciamo, tacciate, tącciano
Imperativo: taci, taccia, taciamo, tacete, tącciano
Participio passato: taciuto

---

tenere   *to keep*
Indicativo presente: tengo, tieni, tiene, teniamo, tenete, tęngono
Passato remoto: tenni, tenesti, tenne, tenemmo, teneste, tęnnero
Futuro: terrò, terrai, terrà, terremo, terrete, terranno
Condizionale: terrei, terresti, terrebbe, terremmo, terreste, terrębbero
Congiuntivo presente: tenga, tenga, tenga, teniamo, teniate, tęngano
Imperativo: tieni, tenga, teniamo, tenete, tęngano

---

togliere   *to remove*   (see **cogliere**)

---

tradurre   *to translate*
Indicativo presente: traduco, traduci, traduce, traduciamo, traducete, tradųcono
Imperfetto: traducevo, traducevi, traduceva, traducevamo, traducevate, traducęvano
Passato remoto: tradussi, traducesti, tradusse, traducemmo, traduceste, tradųssero
Congiuntivo presente: traduca, traduca, traduca, traduciamo, traduciate, tradųcano
Congiuntivo imperfetto: traducessi, traducessi, traducesse, traducęssimo, traduceste, traducęssero
Imperativo: traduci, traduca, traduciamo, traducete, tradųcano
Participio passato: tradotto
Gerundio: traducendo

trarre   *to take out*
Indicativo presente: traggo, trai, trae, traiamo, traete, traggono
Imperfetto: traevo, traevi, traeva, traevamo, traevate, traevano
Passato remoto: trassi, traesti, trasse, traemmo, traeste, trassero
Futuro: trarrò, trarrai, trarrà, trarremo, trarrete, trarranno
Condizionale: trarrei, trarresti, trarrebbe, trarremmo, trarreste, trarrebbero
Congiuntivo presente: tragga, tragga, tragga, traiamo, traiate, traggano
Congiuntivo imperfetto: traessi, traessi, traesse, traessimo, traeste, traessero
Imperativo: trai, tragga, traiamo, traete, traggano
Participio passato: tratto
Gerundio: traendo

---

trattenere   *to hold back*   (see **tenere**)

---

udire   *to hear*
Indicativo presente: odo, odi, ode, udiamo, udite, odono
Congiuntivo presente: oda, oda, oda, udiamo, udiate, odano
Imperativo: odi, oda, udiamo, udite, odano

---

uscire   *to go out*
Indicativo presente: esco, esci, esce, usciamo, uscite, escono
Congiuntivo presente: esca, esca, esca, usciamo, usciate, escano
Imperativo: esci, esca, usciamo, uscite, escano

---

vedere   *to see*
Passato remoto: vidi, vedesti, vide, vedemmo, vedeste, videro
Futuro: vedrò, vedrai, vedrà, vedremo, vedrete, vedranno
Condizionale: vedrei, vedresti, vedrebbe, vedremmo, vedreste, vedrebbero
Participio passato: visto (veduto)

---

venire   *to come*
Indicativo presente: vengo, vieni, viene, veniamo, venite, vengono
Passato remoto: venni, venisti, venne, venimmo, veniste, vennero
Futuro: verrò, verrai, verrà, verremo, verrete, verranno
Condizionale: verrei, verresti, verrebbe, verremmo, verreste, verrebbero
Congiuntivo presente: venga, venga, venga, veniamo, veniate, vengano
Imperativo: vieni, venga, veniamo, venite, vengano
Participio passato: venuto

---

vivere   *to live*
Passato remoto: vissi, vivesti, visse, vivemmo, viveste, vissero
Futuro: vivrò, vivrai, vivrà, vivremo, vivrete, vivranno
Condizionale: vivrei, vivresti, vivrebbe, vivremmo, vivreste, vivrebbero
Participio passato: vissuto

---

volere   *to want*
Indicativo presente: voglio, vuoi, vuole, vogliamo, volete, vogliono
Passato remoto: volli, volesti, volle, volemmo, voleste, vollero
Futuro: vorrò, vorrai, vorrà, vorremo, vorrete, vorranno
Condizionale: vorrei, vorresti, vorrebbe, vorremmo, vorreste, vorrebbero
Congiuntivo presente: voglia, voglia, voglia, vogliamo, vogliate, vogliano
Imperativo: vogli, voglia, vogliamo, vogliate, vogliano

• • • *Gruppo B*

These verbs are irregular only in the *passato remoto* and/or the *participio passato*. Regular forms are given in parentheses.

		Passato remoto	Participio passato
accendere	*to light*	accesi	acceso
accorgersi	*to notice*	accorsi	accorto
appendere	*to hang*	appesi	appeso
aprire	*to open*	(aprii)	aperto
assistere	*to help*	(assistei)	assistito
attendere	*to wait*	attesi	atteso
chiedere	*to ask*	chiesi	chiesto
chiudere	*to close*	chiusi	chiuso
concludere	*to conclude*	conclusi	concluso
confondere	*to confuse*	confusi	confuso
conoscere	*to know*	conobbi	(conosciuto)
coprire	*to cover*	(coprii)	coperto
correggere	*to correct*	corressi	corretto
correre	*to run*	corsi	corso
crescere	*to grow*	crebbi	(cresciuto)
decidere	*to decide*	decisi	deciso
difendere	*to defend*	difesi	difeso
dipendere	*to depend*	dipesi	dipeso
dipingere	*to paint*	dipinsi	dipinto
discutere	*to discuss*	discussi	discusso
distruggere	*to destroy*	distrussi	distrutto
dividere	*to divide*	divisi	diviso
esplodere	*to explode*	esplosi	esploso
esprimere	*to express*	espressi	espresso
evadere	*to escape*	evasi	evaso
fingere	*to pretend*	finsi	finto
giungere	*to arrive*	giunsi	giunto
illudersi	*to delude oneself*	illusi	illuso
insistere	*to insist*	(insistei)	insistito
leggere	*to read*	lessi	letto
mettere	*to put*	misi	messo
muovere	*to move*	mossi	mosso
nascere	*to be born*	nacqui	nato
nascondere	*to hide*	nascosi	nascosto
offendere	*to offend*	offesi	offeso
offrire	*to offer*	(offrii)	offerto
perdere	*to lose*	persi (perdei) (perdetti)	perso (perduto)
persuadere	*to persuade*	persuasi	persuaso
piangere	*to cry*	piansi	pianto
piovere	*to rain*	piovve	(piovuto)
porgere	*to hand*	porsi	porto
prendere	*to take*	presi	preso
reggere	*to govern*	ressi	retto
rendere	*to give back*	resi	reso
resistere	*to resist*	(resistei)	resistito
ridere	*to laugh*	risi	riso
risolvere	*to solve*	risolsi (risolvei) (risolvetti)	risolto

		Passato remoto	Participio passato
rispondere	*to answer*	risposi	risposto
rompere	*to break*	ruppi	rotto
scendere	*to descend*	scesi	sceso
scoprire	*to discover*	(scoprii)	scoperto
scrivere	*to write*	scrissi	scritto
scuotere	*to shake*	scossi	scosso
soffrire	*to suffer*	(soffrii)	sofferto
sorgere	*to rise*	sorsi	sorto
sospendere	*to suspend*	sospesi	sospeso
spegnere	*to turn off*	spensi	spento
spendere	*to spend (money)*	spesi	speso
spingere	*to push*	spinsi	spinto
stendere	*to stretch out*	stesi	steso
succedere	*to happen*	successi	successo
tendere	*to hold out*	tesi	teso
trascorrere	*to spend (time)*	trascorsi	trascorso
uccidere	*to kill*	uccisi	ucciso
vincere	*to win*	vinsi	vinto

VOCABOLARIO

This vocabulary contains all the Italian words and expressions that appear in the text with the exception of the most obvious cognates and the expressions that are glossed in the text itself. Only those meanings that correspond to the text use have been given.

An asterisk* before a verb indicates that the verb requires **essere** in compound tenses. (**isc**) after an **-ire** verb indicates that the verb is conjugated with **-isc-** in the present indicative, present subjunctive and imperative.

A dash (—) in a phrase indicates that the Italian word appears therein in its basic form, with no article. Articles and changes in form are indicated.

ABBREVIATIONS

adj.	adjective	*m.*	masculine
adv.	adverb	*p.r.*	passato remoto
conj.	conjunction	*pl.*	plural
def. art.	definite article	*p.p.*	past participle
f.	feminine	*prep.*	preposition
inf.	infinitive	*subj.*	subjunctive
inv.	invariable		

A

abbandonare to abandon

abbasso down with

abbastanza enough

abbracciare to embrace

l'**abbraccio** embrace

abile able

l'**abilità** ability

abitare to live, reside

abituarsi (a) to get used (to); **abituato a** used to, in the habit of

*accadere (*p.r.* **accaddi**) to happen

accanto nearby; — **a** (*prep.*) near

accelerare to accelerate

accendere (*p.p.* **acceso;** *p.r.* **accesi**) to light; to turn on

l'**accendino** (l'**accendisigari**) lighter

accennare to nod

acceso turned on

l'**accessorio** accessory

accettare (**di** + *inf.*) to accept

accidenti! darn it!

accogliere (*p.p.* **accolto;** *p.r.* **accolsi**) to receive

accomodarsi to make oneself comfortable

accompagnare to accompany

l'**accordo** agreement; **d'** — **!** agreed!

essere d' — to be
in agreement;
andare d' — to get
along; **mettersi d'**
— to come to an
agreement
accorgersi (di) (*p.p.*
accorto; *p.r.*
accorsi) to notice
accusare to accuse
acerbo green (of
fruit)
adagio slowly
adatto appropriate
addio farewell
addirittura simply
addormentarsi to
fall asleep
adesso now
adoperare to use
adulare to flatter
l'**aeroplano** (l'**aereo**)
airplane, plane
l'**afa** mugginess
l'**affamato** hungry
person
l'**affare** (*m.*) business,
bargain
affascinante
fascinating
affermare to state
l'**affermazione** (*f.*)
statement
affittare to rent
l'**affitto** rent;
prendere in — to
rent (as renter)
affollarsi to gather
affrettarsi to
hasten
l'**agenzia** agency
aggiungere (*p.p.*
aggiunto; *p.r.*
aggiunsi) to add
aggiustare to fix,
repair
ahimè alas
aiutare (**a** + *inf.*) to
help
l'**aiuto** help

l'**albergo** hotel
l'**albero** tree
l'**alcolico** alcoholic
drink
alfine finally
l'**alibi** (*m.*) alibi
allarmato alarmed
allarmarsi to
become alarmed
allegro cheerful
l'**allenamento**
training
allontanarsi to go
away, walk away
allora then
allungare to extend
almeno at least
alto tall, high; **in** —
high up
l'**alto** high point
altrimenti otherwise
alzare to raise;
alzarsi to get up,
stand up; **essere
alzato** to be up;
stare alzato to stay
up
l'**amante** (*m. or f.*)
lover
l'**ambasciatore** (*m.*)
ambassador
l'**amica** (*f.*) friend
l'**amicizia** friendship;
fare — to make
friends
l'**amico** (*m.*) (*pl.* gli
amici) friend
ammazzare to kill
ammettere (*p.p.*
ammesso; *p.r.*
ammisi) to admit
ammirare to admire
ammobiliare to
furnish
l'**amore** (*m.*) love;
per l' — **del cielo!**
for heaven's sake!;
— **proprio** pride
anche also, too;
even; — **se** even if

ancora still, yet,
again
*andare to go;
andarsene to
leave, go away
l'**andata** going; — **e
ritorno** round
trip
l'**anello** ring
l'**angolo** corner
l'**anima** (l'**animo**)
soul
l'**anno** year
annoiarsi to get
bored
annunciare to
announce
l'**annunciatore** (*m.*),
l'**annunciatrice** (*f.*)
announcer, speaker
l'**annuncio**
announcement;
want ad
annusare to sniff
ansimante panting
l'**anticipo** advance; **in**
— in advance
antico ancient,
antique
l'**antipatia** dislike
antipatico
disagreeable,
unpleasant, not
likeable; **essere** —
a not to please
anzi rather; on the
contrary
aperto open
l'**apice** peak
l'**apparecchio** device
l'**appartamento**
apartment
appena just, just
barely; as soon as
appendere (*p.p.*
appeso; *p.r.*
appesi) to hang
l'**appetito** appetite
applaudire (isc) to
applaud

applicare to fit
apprezzare to appreciate
approfittare to take advantage
l'**appuntamento** appointment, date
appunto precisely; **per l'appunto** precisely
l'**appunto** note
aprire (*p.p.* **aperto**) to open
l'**arancia** orange
l'**argento** silver
l'**argomento** subject, topic; proof, reasoning
l'**aria** air
l'**arma** (*pl.* le **armi**) arm, weapon
l'**armadio** wardrobe
armato armed
arrabbiarsi to get angry
arrestare to arrest
arricciare to curl; **— il naso** to turn up one's nose
arrischiare to risk
*****arrivare** to arrive
l'**arrivo** arrival
*****arrossire** (**isc**) to blush
l'**arte** (*f.*) art
l'**articolo** article; item
artificiale artificial
artistico artistic
l'**ascensore** (*m.*) elevator
asciutto dry
ascoltare to listen, listen to
aspettare to wait (for), expect; **aspettarsi** to expect; l'**aspettativa** expectation
l'**aspetto** aspect, appearance

l'**aspirina** aspirin
assassinare to assassinate
l'**assegno** check
assicurare to assure; **assicurarsi che** (+ *subj.*) to make sure
le **assicurazioni** insurance
assistere (**a**) (*p.p.* **assistito**) to attend
assoluto absolute
l'**assoluzione** (*f.*) absolution
assomigliare (**a**) to resemble
assurdo absurd
l'**atleta** (*m. or f.*) athlete
attaccare to attack; **— discorso** to strike up a conversation
attendere (*p.p.* **atteso**; *p.r.* **attesi**) to wait (for)
attento attentive; **stare —** to pay attention
l'**attenzione** (*f.*) attention; **fare —** to pay attention; **— !** watch it!
l'**attesa** wait
l'**atto** act, action
l'**attore** actor
attorno around; **—a** (*prep.*) around
attraversare to cross
attraverso across
l'**attrice** (*f.*) actress
attuale contemporary, present
augurare to wish; **augurarsi** to hope

l'**augurio** good wish
l'**aula** classroom
aumentare to raise, increase
l'**aumento** raise
autentico authentic
l'**autista** (*m. or f.*) driver
l'**autobus** (il **bus**) bus
l'**automobile** (*f.*) (l'**auto** *f.*) car
l'**automobilista** (*m. or f.*) motorist
l'**autopubblica** taxi
l'**autore** author
l'**autostrada** highway
avanti forward; come on; **—!** come in!; **andare —** to go on, go ahead
avere (*p.r.* **ebbi**) to have; **— a noia** not to like; **avercela con** to be angry at, bear a grudge against
*****avvenire** (*p.p.* **avvenuto**; *p.r.* **avvenni**) to happen
l'**avvenire** (*m.*) future
l'**avventura** adventure
avvertire to inform, warn
avviarsi to start out, set out
avvicinarsi (**a**) to approach, go near
l'**avvocato** lawyer

B

il **babbo** father, dad
baciare to kiss
il **bacio** kiss
il **baffo** moustache
bagnarsi to get wet, soaked

bagnato wet

il **bagno** bath; bathroom; **fare il —** to take a bath

balbettare to stammer, stutter

ballare to dance

il **ballo** dance

il **bambino,** la **bambina** child

la **banca** bank

il **bandito** bandit

il **bar** café

la **barba** beard

la **barca** boat

barocco Baroque

la **barzelletta** joke

basso low, short

il **basso** low point

basta enough

*****bastare** to suffice, last, be enough

il **bastimento** ship

bastonare to beat with a stick

il **bastone** stick

battere to beat

beffarsi di to make fun of

la **bellezza** beauty; **che — !** how nice!

bello beautiful, fine; **fa —** the weather is nice

bene well

il **bene** good

il **benefattore** benefactor

la **benzina** gasoline

bere (*p.p.* **bevuto;** *p.r.* **bevvi**) to drink

il **berretto** beret

la **biancheria** laundry

bianco white

la **biblioteca** library

il **bicchiere** glass

la **bicicletta** bicycle

il **biglietto** ticket

il **bimbo,** la **bimba** child

biondo blond

la **birra** beer

il **bisogno** need; **avere — di** to need

la **bistecca** beefsteak

bloccare to stop

bloccarsi to get stuck

blu (*inv.*) blue

la **bocca** mouth

bocciare to flunk

la **bomba** bomb

il **bombardamento** bombing

la **borsa** purse; **o la — o la vita!** either your money or your life!

il **bosco** woods, forest

il **braccio** (*pl.* le **braccia**) arm

il **brano** passage, selection

bravo good, clever, skillful; **fare il — (la brava)** to be a good boy (good girl)

breve short, brief; **in — in** a short time

il **brigante** bandit

brillante shiny

britannico British

il **bronzo** bronze

bruciare to burn

bruno dark-haired; dark

brusco abrupt; brusque

brutto ugly; **fa —** the weather is bad

bucato with holes

il **buco** hole

buffo funny

la **bugia** lie

bugiardo insincere

il **bugiardo** liar

buio dark

il **buio** dark, darkness; **al —** in the dark

il **burro** butter

bussare to knock

la **busta** envelope

buttare to throw; **— giù** to jot down

C

il **cacao** cocoa

la **caccia** hunting, hunt; chase; **andare a —** to go hunting; **dare la — a** to chase

cacciare to throw out

il **cacciatore** hunter

*****cadere** (*p.r.* **caddi**) to fall

il **caffè** coffee; café

la **caffeina** caffeine

il **calcio** kick; soccer; **dare un — a** to kick

caldo hot, warm

il **caldo** heat; **avere —** to be hot; **fa —** it is hot (weather)

la **calligrafia** handwriting

la **calma** calm

il **calore** warmth

calvo bald

la **calza** sock, stocking

i **calzoni** pants, trousers

cambiare to change, alter something; to exchange; to become different; **— casa** to move; **cambiarsi** to change one's clothes

il **cambiamento** change, alteration

il **cambio** change, financial

transaction; **in —** in return

la **camera** room; **— da bagno** bathroom; **— da gioco;** playroom; **— da letto** bedroom

la **cameriera** waitress, maid

il **cameriere** waiter

la **camicetta** blouse

la **camicia** shirt

il **camion** truck

camminare to walk

la **campagna** country; **in —** in(to) the country

il **campanello** doorbell

il **campionato** championship

il **campione** champion

il **campo** field

il **cane** dog

il (la) **cantante** singer

il **canto** singing

la **canzone** song

capace (di + *inf.***)** capable

i **capelli** hair

capire (isc) to understand

la **capitale** capital (city)

il **capitano** captain

*****capitare** to happen

il **capo** head; chief, boss; **da —** go back to the beginning; **dolore di —** headache

il **capolavoro** masterpiece

il **cappello** hat

il **cappotto** winter coat

il **carabiniere** policeman

la **caramella** candy

il **carattere** disposition

il **carcere** prison

il **cardinale** cardinal

carico (*pl.* **carichi)** loaded

la **carità** charity; **per — !** by all means!

la **carne** meat; flesh; **di — e ossa** real

caro dear; expensive

la **carriera** career

la **carrozzeria** body (of a car)

la **carta** paper; card; **— di credito** credit card; **giocare a carte** to play cards

il **cartello** sign (written or printed)

il **cartellone** billboard

la **cartolina** card

il (la) **cartomante** fortune teller

la **casa** house, home; **a (in) —** at home; **a — di** at, to the house of

il **caso** case; chance; event; **a —** at random; **fare — a** to pay attention to; **per —** by chance

la **cassa** case

la **cassaforte** safe

la **cassiera** woman cashier

il **castello** castle

il **catalogo** catalogue

la **categoria** category

la **catena** chain

la **causa** cause, reason; **a — di** because of

il **cavallo** horse; **andare a —** to ride a horse

cavare to take out; **cavarsela** to get by, to manage

il **cavolo** cabbage

celebrare to celebrate

celebre famous

la **cena** supper

cenare to have supper

la **cenere** ash; **ridurre in —** to destroy

il **centesimo** cent

il **centro** center; **in —** downtown

la **cerca** search; **in — di** looking for

cercare to look for; **— di +** *inf.* to try

cerebrale cerebral, mental

il **cerino** waxed match

certo certain; certainly

cessare (di + *inf.***)** to stop, cease

chiamare to call; **chiamarsi** to be named

chiaro light, clear

chiassoso noisy

la **chiave** key; **chiudere a —** to lock

chiedere (*p.p.* **chiesto;** *p.r.* **chiesi)** to ask, ask for; **chiedersi** to wonder

la **chiesa** church

chinarsi to bend down

chissà (chi sa)? who knows?

chiudere (*p.p.* **chiuso;** *p.r.* **chiusi)** to close; to turn off; **— a chiave** to lock

chiuso closed

il **cibo** food

il **cielo** sky, heaven; **per l'amor del —!** for heaven's sake!

il **ciglio** (*pl.* le **ciglia**) eyelash

la **ciliegia** cherry

la **cima** top, summit; **in — a** at the top of

il **cinema** (**cinematografo**) movie theater

il **cioccolato** chocolate; il **cioccolatino** chocolate candy

cioè that is

circa about, approximately

la **citazione** quotation

la **città** city, town

la **civetta** owl

la **civiltà** civilization

il (la) **cliente** client

la **coda** tail

il **cofano** hood (of a car)

cogliere (*p.p.* **colto;** *p.r.* **colsi**) to pick

il **cognato** brother-in-law

la **colazione** breakfast, lunch; **fare —** to have breakfast/lunch

collaborare to collaborate

la **collana** necklace

il (la) **collega** colleague

il **colletto** collar

la **collina** hill

il **collo** neck

la **colonia** camp

la **colonna** column

colorato colored

il **colore** color

il **colorito** coloring

il **colpo** banging; blow; **di —** suddenly

colpire (**isc**) to strike, hit

il **coltello** knife

il **comandante** chief

comandare to order, command

combattere to fight

come like, how; as; **— se** as if; **— mai** how come

cominciare to begin

commentare to comment (on)

commerciare to deal, trade

commettere (*p.p.* **commesso;** *p.r.* **commisi**) to commit

il **commissario** inspector

commosso moved

commovente moving

commuovere (*p.p.* **commosso;** *p.r.* **commossi**) to move, touch; **commuoversi** to be moved, touched

comodo comfortable

il **comodo** convenience, comfort; **fare i propri comodi** to do as one pleases

la **compagnia** company, companionship; **fare —** to keep company

il **compagno** companion, friend

*comparire** (*p.p.* **comparso;** *p.r.* **comparvi**) to appear

la **compassione** sympathy

compassionevole sympathetic, understanding

comperare (**comprare**) to buy

compiere (**compire**) to complete

il **compito** homework

il **compleanno** birthday

la **complicazione** complication

il **complimento** compliment; **fare un —** to pay a compliment

il **componimento** composition

comportarsi to behave

comprendere (*p.p.* **compreso;** *p.r.* **compresi**) to understand

la **comprensione** understanding

comprensivo understanding, sympathetic

comune common

comunicare to communicate

comunista communist

concentrare to concentrate; **concentrarsi** to concentrate one's thoughts

concludere (*p.p.* **concluso;** *p.r.*

conclusi) to
conclude
condannare to
condemn
la **condizione**
condition; **a — che**
on condition that
le **condoglianze**
condolences
il **condotto** pipe
il (la) **conducente** driver
confessare to
confess; to admit;
confessarsi to
confess to oneself
la **confidenza**
confidence, secret
confondere (*p.p.*
confuso; *p.r.*
confusi) to confuse;
confondersi to get
confused
il **confronto**
comparison
la **confusione**
confusion
conoscere (*p.p.*
conosciuto; *p.r.*
conobbi) to know;
to meet
consegnare to
hand over
la **conseguenza**
consequence
conservare to keep
considerare to
consider, examine
la **considerazione**
consideration,
comment
consigliare (**di** + *inf.*)
to advise
il **consiglio** advice
la **consolazione**
consolation
consumare to use;
to consume
il **contadino** farmer,
peasant

contare to count; —
(**di** + *inf.*) to plan
contemporaneamente
at the same time
contenere to
contain
contento glad,
content
il **contenuto** content
continuare (**a** + *inf.*)
to continue
il **conto** account;
check, bill; **per —
suo** on his/her own
account
contrario opposite
contravvenire a to
go against
contro against
controllare to
check
la **contropartita**
compensation
conversare to
converse, chat
convincente
convincing
convincere (*p.p.*
convinto; *p.r.*
convinsi) to
convince
convinto
convinced
coperto cloudy
la **coppia** couple
coprire (**di**) (*p.p.*
coperto) to cover
(with)
il **coraggio** courage
il **corpo** body
correggere (*p.p.*
corretto; *p.r.*
corressi) to
correct
correre (*p.p.* **corso;**
p.r. **corsi**) to run
il **corridoio** corridor
la **corsa** race; **di —**
running

il **corsivo** italics
il **corso** course
cortese kind,
courteous
corto short
il **corvo** raven
la **coscienza**
conscience; **avere
la — tranquilla** to
have a clear
conscience
così so, thus; like
this
cosmopolita
cosmopolitan
*****costare** to cost
costretto
compelled
costringere (**a** + *inf.*)
(*p.p.* **costretto;** *p.r.*
costrinsi) to
compel
costruire (**isc**) to
build
la **cravatta** tie
credere to think,
believe
la **crema** custard
*****crescere** (*p.p.*
cresciuto; *p.r.*
crebbi) to grow,
grow up
il **cristallo** crystal
criticare
to criticize
il **cruscotto**
dashboard
il **cucchiaio** spoon
la **cucina** kitchen
cucinare to cook
il **cugino,** la **cugina**
cousin
il **cuoio** leather
il **cuore** heart
curare to take care
of, treat
la **curiosità** curiosity
curioso curious

D

da from, by; at (to) the place of; with; since

dannato darned

dappertutto everywhere

dare (*p.p.* **dato;** *p.r.* **diedi**) to give; — **retta (a)** to listen to, heed, mark someone's words

dato che since

davanti in front; — **a** (*prep.*) in front of

davvero really, indeed

il **debito** debt

decidere (di + *inf.*) (*p.p.* **deciso;** *p.r.* **decisi**) to decide; **decidersi (a** + *inf.*) to make up one's mind

decisamente decidedly

la **decisione** decision; **prendere una —** to make a decision

deciso firm, decided

la **deduzione** deduction

il **delitto** crime

demolire (isc) to demolish

il **dente** tooth

il (la) **dentista** dentist

dentro inside; — **a** (*prep.*) inside

la **denuncia (denunzia)** turning in, indictment

denunciare (denunziare) to turn in, report

derubare to rob (a person)

descrivere (*p.p.*

descritto; *p.r.* **descrissi**) to describe

il **deserto** desert

desiderare to wish

il **desiderio** wish, desire

desideroso (di + *inf.*) desirous, eager

il **destino** destiny

destro right; **a destra** to the right

di of; — **là (lì)** from there

il **dialogo** dialogue

il **diamante** diamond

il **diario** diary

il **diavolo** devil; **al —** to hell with

dichiarare to state, declare

la **dichiarazione** statement, declaration

dietro behind; — **a** (*prep.*) behind

difendere (*p.p.* **difeso;** *p.r.* **difesi**) to defend

la **differenza** difference

difficile difficult; improbable

digerire (isc) to digest

la **dignità** dignity

dignitoso dignified

*dimagrire (isc) to lose weight

dimenticare (dimenticarsi) (di + *inf.*) to forget

dimostrare to show

i **dintorni** surroundings

dio (*pl.* gli **dei**) god

*dipendere (da) (*p.p.* **dipeso;** *p.r.* **dipesi**) to depend (on)

dipingere (*p.p.* **dipinto;** *p.r.* **dipinsi**) to paint

dire (*p.p.* **detto;** *p.r.* **dissi**) to say, tell

diretto bound

diritto, dritto straight

la **direzione** direction

il **diritto** right; **avere — a** to be entitled to

disabitato uninhabited

il **disastro** disaster

il **disco** record

discorrere (*p.p.* **discorso;** *p.r.* **discorsi**) to talk; — **del più e del meno** to talk of this and that

il **discorso** speech, talk

la **discoteca** discotheque

discreto discreet

la **discussione** argument; discussion; **avere (fare) una —** to have an argument

discutere (*p.p.* **discusso;** *p.r.* **discussi**) to discuss, argue

disegnare to design, draw

disgraziatamente unfortunately

disgraziato wretched

disgustoso disgusting

disoccupato unemployed

la **disoccupazione** unemployment

disordinato messy

il **disọrdine**   disorder,
  mess
disperato   desperate
***dispiacere**   to be
  sorry, to mind
disposto   willing,
  disposed; placed
il **disprezzo**
  contempt
distante (*adv.*)   far
  away
distintamente
  distinctly
distrarre (*p.p.*
  distratto; *p.r.*
  distrassi) to
  distract; **distrarsi**
  to let one's mind
  wander
distruggere (*p.p.*
  distrutto; *p.r.*
  distrussi) to
  destroy
disturbare   to
  bother
disubbidire (isc)   to
  disobey
il **dito** (*pl.* le **dita**)
  finger
il **divano**   sofa,
  davenport
***divenire** (*p.p.*
  divenuto; *p.r.*
  divenni) to
  become
***diventare**   to
  become
diverso   different; *pl.*
  different, several
divertente   amusing
divertire   to amuse;
  divertirsi   to have
  a good time
dividere (*p.p.* **diviso;**
  p.r. **divisi**) to
  share; to divide
divorziare   to
  divorce
la **doccia**   shower; **fare**

la — to take a
  shower
il **documento**
  document
dolce   sweet
il **dolce**   dessert;
  i **dolci**   sweets
il **dollaro**   dollar
il **dolore**   pain, sorrow;
  — **di capo**
  headache
doloroso   painful
la **domanda**   question;
  fare una — to ask
  a question
domandare   to ask;
  domandarsi to
  wonder
domani   tomorrow
la **domẹnica**   Sunday
la **domẹstica**   maid
il **domicilio**   residence;
  consegnare a —
  to deliver to a
  customer's house
dominare   to
  control
la **donna**   woman
dopo   after,
  afterwards
dorato   gilt, gold-
  plated
dormire   to sleep
il **dormitorio**
  dormitory
la **dozzina**   dozen
il **dubbio**   doubt
dubitare   to doubt;
  to fear
dunque   well then,
  therefore
durante   during
***durare**   to last
la **durata**   duration

E

eccellente   excellent
eccellere   to excel

eccẹtera (ecc.)
  etcetera (etc.)
l'**eccezione** (*f.*)
  exception
ecco   here is, here
  are; here you are;
  — **tutto** that's all
l'**edificio**   building
educato   well-
  mannered, polite
l'**educazione** (*f.*)
  upbringing
effettivamente
  actually
egoista   selfish
elạstico   elastic
l'**eleganza**   elegance
elencare   to list
emigrare   to emigrate
enẹrgico   energetic
enorme   enormous
entrambe(i)   both
***entrare**   to go in,
  come in
l'**entrata**   entrance
eppure   and yet
l'**erba**   grass
ereditare   to inherit
l'**ẹremo**   hermitage
l'**eroina**   heroine
l'**errore** (*m.*)   mistake
esagerare   to
  exaggerate
l'**esame** (*m.*)   exam;
  dare (fare) un —
  to take an exam
esasperante
  exasperating
esatto   correct
esclamare   to
  exclaim
l'**esclamazione** (*f.*)
  exclamation
l'**esempio**   example
l'**esẹrcito**   army
esibirsi (isc)   to
  perform
esigere   to demand,
  insist

esigente demanding
l'**esilio** exile
esitare to hesitate
l'**espediente** *(m.)*
   expedient, resource,
   device; **vivere di
   espedienti** to live
   on one's wits
l'**esperimento** experiment
*****esplodere** *(p.p.* **esploso;**
   p.r. **esplosi)** to
   explode
l'**esplosione** *(f.)*
   explosion
esprimere *(p.p.*
   espresso; *p.r.*
   espressi) to express
essenziale essential
*****essere** *(p.p.* **stato;** *p.r.*
   fui) to be
l'**est** *(m.)* east
l'**estate** *(f.)* summer
estero foreign; **all'—**
   abroad; **dall'—** from
   abroad
l'**età** age
eterno eternal
*****evadere** *(p.p.* **evaso;**
   p.r. **evasi)** to
   escape
evidente evident
l'**evidenza** evidence
evitare to avoid

F

fa ago
la **fabbrica** factory
la **faccenda** matter; le
   faccende di casa
   household chores
la **faccia** face
facile easy; likely
fallire (isc) to fail,
   be unsuccessful, go
   bankrupt
il **fallo: senza —**
   without fail
falso false

la **fame** hunger; **avere
   —** to be hungry
famoso famous
il **fango** mud
la **fantascienza**
   science fiction
la **fantasia**
   imagination, fantasy
fantasticare (di +
   inf.) to imagine
fare *(p.p.* **fatto;** *p.r.*
   feci) to do, make;
   farcela to make it,
   to manage; **non
   farcela** not to cope,
   to be unable to go
   on; **— a +** *inf.* to
   manage to do
   something; **— bene
   (male) a** to be good
   (bad) for; **farsi
   male** to get hurt; **—
   sì che +** *subj.* to
   cause; **— tardi** to
   be late; **— +** *def.
   art. + noun* to be
   a *(+ profession)*
la **farina** flour
il **fascino** charm
il **fascismo** fascism
il **fastidio** nuisance,
   bother; **dare — (a)**
   to bother
il **fatto** fact, matter
la **favola** fable, fairy tale
favoloso fabulous
la **febbre** fever; **avere
   la —** to have a fever
felice happy
femminile feminine
le **ferie** holidays
il **ferito,** la **ferita**
   wounded, injured
   person
fermare to stop;
   fermarsi to stop,
   come to a halt
la **fermata** stop (bus,
   streetcar, train)

fermo stopped;
   fermi tutti! no one
   move!
ferreo of iron
il **ferro** iron
la **festa** party, holiday
festeggiare to
   celebrate
la **fiamma** flame
il **fiammifero** match
il **fidanzato,** la
   fidanzata fiancé,
   fiancée
fidarsi (di) to trust
la **fiducia** confidence,
   trust; **avere — in**
   to trust
la **fiera** fair
la **figura** figure
la **fila** row
il **film** movie, film
filtrato filtered
il **finale** ending
finalmente finally
il **finanziere**
   financier
finchè (non) *(conj.)*
   till, until
la **fine** end
la **finestra** window; il
   finestrino train
   window
fingere (di + *inf.)*
   (p.p. **finto;** *p.r.*
   finsi) to pretend
finire (isc) to finish,
   end
fino a *(prep.)* till,
   until; as far as
finora until now
la **finta** pretense; **fare
   — di (+** *inf.)* to
   pretend
finto fake, false
il **fiocco** tassel; **con i
   fiocchi** excellent
il **fiore** flower; **in —**
   in bloom

fiorentino
Florentine
firmare to sign
fischiare to whistle
(= to boo, in U.S.A.)
fissare to establish;
— un
appuntamento to
make an
appointment
fitto thick
la **flanella** flannel
la **foglia** leaf
il **foglio** sheet (of
paper)
la **folla** crowd
fondare to found
il **fondatore** founder
il **fondo** background;
bottom; end; **in —**
in the background;
in reality; **in — a** at
the bottom of, at
the end of
la **forchetta** fork
la **foresta** forest
il **forestiero**
stranger
la **forma** shape;
essere in — to be
in good shape
il **formaggio** cheese
la **formica** ant
forse perhaps,
maybe
forte strong; fast;
adv. loudly, fast
la **fortuna** luck,
fortune; **per —**
luckily, fortunately
fortunato lucky,
fortunate
la **forza** strength; **— !**
come on!
la **foschia** haze
la **fotografia** (la **foto**)
photograph; **fare**
una — to take a
picture

il **fotoromanzo**
romance magazine
that uses photos
fra between; in
il **fragore** roar
il **francobollo** stamp
la **frase** sentence;
phrase
il **fratello** brother
freddo cold
il **freddo** cold; **avere**
— to be cold; **fa —**
it is cold (weather)
frenare to brake
frequentare to
attend (school)
frequente frequent
fresco fresh, cool
la **fretta** haste, hurry;
in — in a hurry;
avere — to be in a
hurry
il **frigorifero** (il **frigo**)
refrigerator
il **fucile** gun
*fuggire** to flee, run
away
fumare to smoke
il **fumetto** comic strip
il **fumo** smoke,
smoking
funzionare to work,
function
fuori out, outside;
— di *(prep.)* outside

G

la **gamba** leg
garantire (isc) to
guarantee
il **gatto** cat
gelato frozen
il **gelato** ice cream
il **gelo** frost
geloso jealous
il **generale** general
la **generazione**
generation

il **genere** kind
generoso generous
il **genitore** parent
la **gente** people
gentile kind
il **gentiluomo**
gentleman
il **gesto** gesture
gettare to throw
già already, yet;
sure, of course;
non — certainly
not
la **giacca** jacket, short
coat
giallo yellow
il **giallo** thriller (movie
or book), detective
story
il **giardiniere**
gardener
il **giardino** garden
il **ginocchio** (*pl.* le
ginocchia) knee
giocare to play; **—**
a to play (a game,
sport)
il **giocattolo** toy
il **gioco** game
la **gioia** joy
il **gioielliere** jeweler
il **gioiello** jewel
il **giornale**
newspaper
il (la) **giornalista**
journalist
la **giornata** day; **—**
feriale weekday; **—**
festiva holiday
il **giorno** day; **al —**
d'oggi nowadays; **di**
— during the day
il (la) **giovane** young
person
il **giovanotto** young
man
la **giovinezza** youth
girare to turn; to go
around; to visit;

girarsi to turn around

il **giro** tour; **fare un —** to take a tour

la **gita** short trip; **fare una —** to take a short trip

giù down

il **giudice** judge

il **giudizio** judgment

*****giungere** (*p.p.* **giunto;** *p.r.* **giunsi**) to arrive

giurare to swear, promise

giusto right, correct

godere to enjoy

il **golf** sweater

il **golfo** gulf

gonfio swollen

la **governante** governess

gradire (isc) to enjoy, appreciate, welcome

il **grado** state, condition; rank; **essere in — (di +** *inf.*) to be in a position to

grande big, great

grandinare to hail

la **grandine** hail

il **granturco** corn

grasso fat

la **gratitudine** gratitude

grave serious

grazie thanks, thank you

greco (*pl.* **greci**) Greek

gridare to shout, scream

grigio grey

grosso big

guadagnare to earn

il **guaio** trouble, predicament

il **guanto** glove

guardare to look (at)

*****guarire (isc)** to get well

il **guasto** trouble, breakdown

la **guerra** war

guidare to drive

gustare to enjoy, savor, appreciate

il **gusto** taste

gustoso tasty

I

l'**idea** idea

identico identical

idiota idiotic, stupid

ieri yesterday

illudersi (*p.p.* **illuso;** *p.r.* **illusi**) to delude oneself

illuminare to light something up; **illuminarsi** to light up

l'**illusione** (*f.*) illusion, delusion

illustrare to illustrate

imbarazzato embarrassed

l'**imbarazzo** embarrassment

imbattibile unbeatable

imbucare to mail

immaginare, immaginarsi to imagine

imparare (a + *inf.*) to learn

*****impazzire (isc)** to go crazy

impedire (isc) (di + *inf.*) to prevent

impersonale impersonal

l'**impiegato** clerk

imporre (*p.p.* **imposto;** *p.r.* **imposi**) to command

importante important

*****importare** to matter

impossibile impossible

impostare to mail

imprecisato undetermined, undefined

impressionare to scare

l'**impressione** (*f.*) impression

imprestare to lend; **farsi —** to borrow

improvviso sudden; **all'—** suddenly

inaugurare to open

l'**incantesimo** spell

incapace incapable

l'**incendio** fire

incerto uncertain

l'**inchiesta** inquiry

l'**incidente** (*m.*) accident

incominciare to begin

incontrare to meet

l'**incontro** meeting

incoraggiare (a + *inf.*) to encourage

l'**incubo** nightmare

incuriosire (isc) to make curious

l'**indiano** Indian

indiavolato infernal

indicare to point at, indicate

indietro back

indirizzarsi to address oneself

l'**indirizzo** address

indistinto unclear

indisturbato undisturbed

indovinare to guess
l'industriale (*m. or f.*) industrialist
l'infanzia childhood
infastidito annoyed
infelice unhappy
l'inferno hell
l'infezione (*f.*) infection
infischiarsi di not to care about
l'inflazione (*f.*) inflation
informarsi to inquire
ingannare to swindle, deceive
l'ingegnere (*m.*) engineer
l'ingiustizia injustice
ingiusto unjust
*ingrassare** to get fat, put on weight
l'inizio beginning
innamorarsi (**di**) to fall in love (with)
innamorato in love; **essere —** (**di**) to be in love (with)
innestare to engage; **— la marcia** to engage the clutch
inoltre also, moreover
l'insegna sign (over stores or public places)
l'insegnamento teaching
l'insegnante (*m. or f.*) teacher
insegnare to teach
inserire (**isc**) to insert
l'inserzione (*f.*) want ad
insicuro insecure
insieme together; **—**

a (*or* **con**) together with
insistere (*p.p.* **insistito**) to insist
insolito unusual
insomma in short, anyway
insopportabile unbearable
l'insuccesso failure
insultare to insult
l'insulto insult
intendere to mean; **intendersi di** to be knowledgeable about
l'intenzione (*f.*) intention; **avere — di** + *inf.* to intend
interessante interesting
interessare to interest; **interessarsi** (**a** *or* **di**) to be interested (in)
interno internal
intero entire
l'interprete (*m. or f.*) interpreter
interrogare to interrogate, question
interrompere (*p.p.* **interrotto;** *p.r.* **interruppi**) to interrupt
*intervenire** (*p.p.* **intervenuto;** *p.r.* **intervenni**) to intervene
l'intervista interview
intervistare to interview
intimo intimate
intorno around; **— a** (*prep.*) around
introdurre (*p.p.* **introdotto;** *p.r.*

introdussi) to introduce, insert, bring in
l'intuito intuition
inutile useless
invano in vain
invariabile invariable
invece instead, on the contrary; **— di** instead of
l'inventore (*m.*) inventor
l'inverno winter; **d'—** in winter
inviare to send
invidiare to envy
invitare to invite
l'invitato guest
l'invito invitation
irritato irritated
l'iscrizione (*f.*) inscription
l'isola island
isolare to isolate
l'ispirazione (*f.*) inspiration
l'istante (*m.*) instant, moment
istruire (**isc**) to instruct, educate
istruito educated
l'istruzione (*f.*) education
l'itinerario itinerary

L

là there
il labbro (*pl.* **le labbra**) lip
il ladro thief
laggiù down there
il lago lake
lamentarsi (**di**) to complain (about)
la lampadina light bulb
il lampo lightning
lanciare to throw

largo wide, broad

lasciare to leave; to let; **— cadere** to drop; **— in pace** to leave alone; **— stare (perdere)** to leave alone

lassù up there; **di —** from up there

il **lato** side; **ai lati** on the sides

laurearsi to graduate (from a university)

la **lavagna** blackboard

lavare to wash; **lavarsi** to wash up

la **lavastoviglie** dishwasher

la **lavatrice** washing machine

lavorare to work

il **lavoro** work, job

leale loyal; fair

legare to tie

la **legge** law

leggere (*p.p.* **letto;** *p.r.* **lessi**) to read

leggero light

il **legno** wood

il **leone** lion

la **lepre** hare

la **lettera** letter; **alla —** literally; **le lettere** humanities; **fare lettere** to study humanities

il **letterato** man of letters

il **letto** bed; **a —** in bed

la **lettura** reading

lì there

la **libbra** pound

libero free

lieto glad

la **lingua** language

il **liquore** liqueur

liscio straight (hair)

litigare to argue, quarrel

il **litigio** quarrel

il **locale** place

lodare to praise

la **lode** praise

logico logical

lontano far

la **luce** light

lucido clear

il **lume** light

la **luna** moon; **— di miele** honeymoon; **avere la — (le lune) per traverso** to be in a bad mood

lungo long; along; **a — ** a long time

il **luogo** place; **avere — ** to take place

M

ma but

macchè nonsense; not on your life

la **macchia** blur; spot, stain

macchiato spotted, stained

la **macchina** car; machine

la **maestà** majesty

magari if only

maggiore bigger, greater; older

maggiorenne of age

la **magia** magic spell

magico magic

magro thin, skinny

mai ever; **non... —** never

malato sick, ill; **— di** sick with

la **malattia** sickness, illness

il **male** pain; disease; **— di testa**

headache; **farsi —** to get hurt; **andare a —** to spoil, go bad

il **maltempo** bad weather

la **mancanza** lack, absence

*****mancare** to lack; **— di** + *inf.* to fail, neglect

la **mancia** tip

mandare to send

mangiare to eat; **dare da —** to feed

la **mania** mania, craze

la **maniera** way, manner

la **mano** (*pl.* le **mani**) hand; **mani in alto!** stick 'em up!; **sotto —** handy; **stringere la — a** to shake hands with

la **manovra** maneuver

mantenere (*p.r.* **mantenni**) to support; to keep; **— una promessa** to keep a promise; **— una scommessa** to stick to a bet

il **mappamondo** globe

la **marachella** prank

la **marcia** march, running; **in —** marching

il **mare** sea

la **margarina** margarine

la **marinara** sailor suit

il **marito** husband

marittimo maritime

la **marmellata** jam, preserve, marmalade

il **marmo** marble

marrone (*inv.*) brown

il **marzapane**
marzipan candy
il **marziano**   Martian
mascherato
masked
maschile   masculine
massimo   greatest
masticare   to chew
la **materia**   subject
materno   maternal
il **matrimonio**
wedding,
matrimony
il **mattino** (la **mattina**)
morning
il **meccanico**
mechanic
la **medicina**   medicine
il **medico**   doctor
meditare   to
meditate
meglio   (*adv.*) better
fare — a + *inf.* to
be better off doing
something
il **melone**   melon
meno   less; **essere**
da — to be inferior;
fare a — di to do
without; **non**
posso fare a — di
+ *inf.* I cannot help
doing (something)
la **mensilità**   monthly
payment
la **menta**   peppermint,
mint
mentalmente
mentally
la **mente**   mind; **venire**
in — to come to
mind
mentre   while
la **meraviglia**   marvel,
wonder, surprise
meraviglioso
marvelous
la **merce**
merchandise, goods

meritare   to deserve
il **merito**   merit
mescolarsi (**a**)   to
get mixed (with)
il **mese**   month
il **messaggero**
messenger
il **mestiere**   job,
profession
la **metà**   half
il **metallo**   metal
mettere (*p.p.* **messo**;
p.r. **misi**)   to put;
mettersi to put on;
— a + *inf.* to start
la **mezzanotte**
midnight
mezzo   half; **in — a**
between, amidst, in
the middle of
il **mezzogiorno**   noon
mica   at all
il **miele**   honey
il **miglio** (*pl.* le **miglia**)
mile
il **miliardo**   billion, a
thousand million
la **minaccia**   threat
minore   smaller,
lesser; younger
minorenne   minor,
under age
il **minuto**   minute
miope   nearsighted
il **miracolo**   miracle
la **misericordia**   mercy
la **missione**   mission
la **misura**
measurement;
amount; size
il **mobile**   piece of
furniture; i **mobili**
furniture
la **moda**   fashion
modificare   to
modify, change
il **modo**   way, manner;
ad ogni — at any
rate

la **moglie**   wife;
chiedere in — to
ask in marriage
il **momento**   moment
il **mondo**   world
la **moneta**   coin
la **montagna**
mountain; **in —**
in(to) the
mountains
montare   to mount;
to load
*****morire** (*p.p.* **morto**)
to die
la **morte**   death
morto   dead
il **morto,** la **morta**
dead person; **un —**
di fame a good for
nothing
mostrare   to show
il **motivo**   reason
la **motocicletta** (la
moto)   motorcycle
la **motonave**
motorboat
il **motore**   motor
il **mucchio**   pile; **un —**
di a lot of
il **mulino**   mill
muovere (*p.p.*
mosso; *p.r.* **mossi**)
to move; **muoversi**
to move, change
place
il **muro**   wall
la **musica**   music
il (la) **musicista**   musician
mutare   to change
muto   silent, dumb

N

*****nascere** (*p.p.* **nato**;
p.r. **nacqui**)   to be
born
la **nascita**   birth
nascondere (*p.p.*
nascosto; *p.r.*

nascosi) to hide;
nascondersi to
hide oneself

il **nascondiglio** hiding
place

nascosto hidden; **di**
— secretly

il **naso** nose

il **nastro** ribbon

natale native

il **Natale** Christmas

naturale natural

la **nave** ship

la **nebbia** fog

necessario
necessary

negare to deny

il **negozio** store, shop

il **nemico** (*pl.* i **nemici**)
enemy

neppure not even

nero black

il **nervo** nerve

il **nervosismo**
nervousness

la **neve** snow

nevicare to snow

il **nido** nest

niente nothing

il (la) **nipote** nephew;
niece; grandchild

nobile noble

la **noia** annoyance;
avere a — not to
like; **dare a** — **a** to
bother; **prendere a**
— to take a dislike
to; **venire a** — to
become a bother

noioso boring

noleggiare to rent
(movable things)

il **noleggio** rent

il **nolo** fee for rental;
prendere a — to
rent

il **nome** name

nominare to
appoint; to
mention

non not; —
...affatto not at all;
— **...che** only

il **nonno,** la **nonna**
grandfather,
grandmother

nonostante in spite
of

normale normal

notare to notice;
farsi — to attract
attention

la **notizia** piece of
news; **le notizie**
news; **avere notizie
di (ricevere notizie
da)** to hear from

noto well-known

la **notorietà** notoriety

la **notte** night; **di** — at
night; **la** — at night

la **novella** short story

le **nozze** wedding,
nuptials; **viaggio di**
— honeymoon

il (la) **nudista** nudist

nulla nothing

numeroso
numerous

nuovo new; **di** —
again

nutrirsi di
to feed on

la **nuvola** cloud

O

obbedire (isc) to obey

obbligare (a + *inf.*)
to oblige

l'**occasione** (*f.*)
opportunity,
bargain

gli **occhiali** glasses

l'**occhiata** glance

l'**occhio** eye

***occorrere** (*p.p.*
occorso; *p.r.*
occorsi) to need

occulto hidden

occupare to
occupy; **occuparsi
di** to take care of,
attend to

occupato busy

odiare to hate

l'**odore** (*m.*) smell

offendere (*p.p.*
offeso; *p.r.* **offesi**)
to offend;
offendersi to take
offense

l'**offensiva** offensive

l'**offerta** offer

offrire (*p.p.* **offerto**)
to offer

l'**oggetto** object

oggi today; **al
giorno d'**—
nowadays

ogni every; — **tanto**
now and then

oltre beyond; — **a**
besides, in addition
to; — **tutto** after all

l'**ombrello** umbrella

l'**onda** wave; **andare
in** — to go on the
air

onorare to honor

l'**opera** work; opera

l'**operaio** worker,
workman

operistico operatic

l'**opinione** (*f.*)
opinion

opporre (*p.p.*
opposto; *p.r.*
opposi) to oppose

opportuno
appropriate

opposto opposite

l'**opposto** opposite

oppure or

ora now

l'**ora** hour, time

l'**orario** schedule; **in**
— on schedule

ordinare to order

l'**ordine** order;

mẹttere in — to
straighten
l'**orecchio** ear
ormai by now
l'**oro** gold
l'**orologeria**
mechanism
l'**orologio** watch;
clock
orrịbile horrible
l'**orto** vegetable
garden
osare to dare
l'**ospedale** *(m.)*
hospital
l'**ọspite** *(m. or f.)*
house guest
osservare to
observe, watch,
point out
l'**osso** *(pl.* le **ossa)**
bone
ostinato obstinate,
stubborn

P

il **pacco** package
la **pace** peace, calm;
lasciare in — to
leave alone
il **paesaggio**
landscape
il **paese** village;
country; il **paesello**
little village
pagare to pay; **farsi**
— to charge
la **pagina** page; **a — ...**
on page . . .
il **paio** *(pl.* le **paia)**
pair, couple
il **palazzo** palace;
apartment house
la **palla** ball; il **pallone**
big ball
pạllido pale
il **pạllino** polka dot; **a**
pallini polka-dotted

il **palmo** palm
il **paltò** winter coat
la **panchina** bench
il **panorama**
panorama, view
i **pantaloni** pants,
trousers
la **pantọfola** slipper
il **papa** pope
il **papà** daddy
il **paradiso** paradise
il **paradosso** paradox
il **parco** park
parecchio a lot of;
pl. several
il (la) **parente** relative
***parere** *(p.p.* **parso;**
p.r. **parvi)** to
seem
il **parere** opinion
parlare to speak,
talk; **— di** to talk
about
il **parmigiano**
Parmesan cheese
la **parola** word
la **parte** part, side;
d'altra — on the
other hand; **dalla**
— di in the
direction of; **da una**
— on one side;
fare — to be a part;
la maggior — di
most
partecipare (a) to
participate (in)
la **partenza** departure
particolare
particular; **in —**
particularly
il **particolare** detail
***partire** to leave, go
on a trip, depart
la **partita** game
il **partito** political
party
il **passaggio** passing;
lift; **di —** passing
through; **chiẹdere**

un — to hitchhike,
ask for a lift
il **passaporto**
passport
passare to spend
(time); to stop by,
pass by, go by
il **passatempo**
pastime
la **passeggiata** walk;
fare una — to take
a walk
il **passo** step;
commẹttere un —
falso to do the
wrong thing; **fare**
due passi to take a
short walk
la **pasticceria** pastry
shop
la **pasta** pastry
il **pasto** meal
il **pastore** shepherd
la **patata** potato
la **patente** driver's
license
paterno paternal,
on one's father's
side
la **paura** fear; **avere —**
(di) to be afraid (of)
il **pavimento** floor
la **pazienza** patience;
avere — to be
patient
pazzo mad, crazy
peccato too bad
il **peccato** pity
il **pegno** token
la **pelle** skin; leather
la **pelliccia** fur coat
la **pellịcola** movie, film
la **penna** pen; **una**
buona — a good
writer
pensare (a) to think
(about); **— di** to
have an opinion on;
— di + *inf.* to plan
il **pensiero** thought;

**essere (stare) in —
per** to worry about

la **pensione**
inexpensive hotel;
andare in — to
retire

il **pentimento** regret

pentirsi (di) to
repent, regret

il **pepe** pepper

per for

la **pera** pear

perchè why,
because; so that

perciò therefore

perdere (*p.p.* **perso;**
p.r. **persi**) to lose;
— il treno to miss
the train; **— di
vista** to lose touch
with

la **perdita** loss

perfetto perfect

perfezionarsi to
improve oneself

il **pericolo** danger

pericoloso
dangerous

il **periodo** period

la **perla** pearl

permettere (*p.p.*
permesso; *p.r.*
permisi) to allow

però however

perplesso
perplexed

persino even

la **persona** person; *pl.*
people

il **personaggio**
important person;
character

persuadere (**a** + *inf.*)
(*p.p.* **persuaso;** *p.r.*
persuasi) to
convince

pesare to weigh

la **pesca** peach

il **pesce** fish

il **peso** weight

il **pettegolezzo** gossip;
fare pettegolezzi
to gossip

pettinare to comb

il **petto** chest

il **pezzo** piece

*****piacere** (*p.p.* **piaciuto;**
p.r. **piacqui**) to like

il **piacere** pleasure;
fare — a to give
pleasure to, to
please

piacevole pleasant

piangere (*p.p.* **pianto;**
p.r. **piansi**) to cry

piano (*adv.*) slowly

il **piano** floor, story;
plan; surface; piano

piantarla to stop it;
piantala! stop it!

la **pianura** plain

il **piatto** dish, plate

la **piazza** square

picchiare to beat

piccino tiny

piccolo small, little;
da — as a young boy

il **piede** foot; **andare
(venire) a piedi** to
walk, go on foot;
essere in piedi to
be up; **stare in
piedi** to stand

pieno full

la **pietà** pity

la **pioggia** rain

piovere (*p.r.* **piovve**)
to rain

la **pipa** pipe

il **pittore** painter

la **pittura** painting

pitturare to paint

più more; plus; **non
—** no more, no
longer; **sempre —**
more and more

il **più** the greater part;
parlare del — e

del meno to talk
about this and that

la **piuma** feather

piuttosto rather

la **plastica** plastic

poco not much; **fra
—** shortly; **un —
(un po')** a little

il **poema** poem

la **poesia** poem; poetry

il **poeta** poet

poggiato placed

poi then, afterwards

polacco Polish

la **politica** politics

politico political;
uomo — politician

la **polizia** police

il **poliziotto**
policeman

il **polso** pulse, wrist

la **poltrona** armchair

la **polvere** powder;
dust

il **pompiere** fireman

il **ponte** bridge

popolare popular

il **popolo** people (of a
country)

porgere (*p.p.* **porto;**
p.r. **porsi**) to
hand, give, extend

porre (*p.p.* **posto;** *p.r.*
posi) to put; **— a
termine** to finish

la **porta** door

il **portafogli** wallet

portare to bring,
take, carry,
accompany;
to wear

il **portico** arcade

la **portiera** door (of a
car)

posare to put down

possedere to own,
possess

la **posta** mail; **le poste**
postal services

il **posteggio** parking
place

il **postino** mailman

il **posto** place; **a —** in
order, in place

potente powerful

potere to be able;
**non poterne più
(di)** not to be able
to take

il **potere** power

povero poor

pranzare to dine,
have dinner

il **pranzo** dinner

la **pratica** practice;
fare — to practice

la **precauzione**
precaution; **per —**
as a precaution

preciso precise

predire (*p.p.*
predetto; *p.r.*
predissi) to
foretell

la **preferenza**
preference

preferire (isc) to prefer

pregare (di + *inf.*)
to pray, beg

premiare to reward

il **premio** prize

la **premura** haste,
hurry; concern

prendere (*p.p.* **preso;**
p.r. **presi)** to take,
pick up; to have
(food); **prendersela**
to take offense

preoccupare to
worry, trouble;
preoccuparsi (di)
to be concerned, to
worry (about)

preoccupato worried

la **preoccupazione**
worry

preparare to
prepare

la **prepotenza**
arrogant action,
bullying

presentare to
present, introduce,
get people
acquainted

il **presente** person
present

la **presenza** presence;
alla — di in the
presence of

presso near, at

presto (*adv.*) early,
soon, quickly; **al
più —** as soon as
possible; **fare — a**
+ *inf.* to do
something quickly

il **prete** priest

pretendere (*p.p.*
preteso; *p.r.*
pretesi) to
demand, expect

prevedere (*p.p.*
previsto; *p.r.*
previdi) to
foresee, forecast

prezioso precious

il **prezzo** price

la **prigione** prison, jail

il **prigioniero**
prisoner

prima before; **— di**
(*prep.*) before; **— o
poi** sooner or later

il **primato** record

la **primavera** spring

il **principe** prince

la **principessa**
princess

il **principio** beginning;
in — at the
beginning

probabile probable

il **problema** problem

processare to try
(in a court of law)

il **prodotto** product

la **professione**
profession

profondo deep

il **profumo** perfume

il **programma**
program

proibire (isc) (di +
inf.) to prohibit

la **proiezione**
projection

la **promessa** promise

promettere (di +
inf.) (*p.p.*
promesso; *p.r.*
promisi) to
promise

pronto ready

pronunciare to
pronounce

il **proposito** subject; **a
proposito** by the
way; **a proposito di**
with regard to,
apropos of

la **proposta** proposal

il **proprietario** owner

proprio own; (*adv.*)
truly, really, exactly

il **prosciutto** cured
ham

proseguire to
continue

prossimo next

il (la) **protagonista**
protagonist

protestare to
protest

la **prova** test, trial;
rehearsal

provare to try, try
on, try out; to feel;
— a + *inf.* to try

la **prudenza** prudence

la (lo) **psichiatra**
psychiatrist

pubblicare to
publish

pubblico public

il **pugno** fist; punch;

dare un — a to punch

pulire (isc) to clean

punire (isc) to punish

la **punta** tip

la **puntata** installment

il **punto** point; **— di vista** point of view

puntuale punctual, on time

pure also; *(with imperative)* by all means, go ahead

purtroppo unfortunately

Q

qua, qui here

il **quadro** painting

qualsiasi any

quando when; **da — since**

quanto how much; as; **per —** although; as far as

quasi almost, nearly; **— (che)** as if

i **quattrini** money

la **quiete** calm

quieto quiet

quindi then; therefore

R

la **rabbia** anger

il **raccolto** harvest

raccomandare to recommend; **raccomandarsi (a)** to depend on; to ask favors of

raccontare to tell, narrate, recount, relate

il **racconto** tale, short story

il **radio** radium

la **radio** radio

radunare to gather

il **raffinato** refined man

il **raffreddore** cold; **avere il —** to have a cold; **prendere un (il) —** to catch a cold

raggiante radiant, beaming

il **raggio** ray

raggiungere (*p.p.* **raggiunto;** *p.r.* **raggiunsi**) to reach

la **ragione** reason; **avere —** to be right; **dare — a qualcuno** to concede that someone is right

rallentare to slow down

rammendare to mend

il **ramo** branch

il **ranocchio** frog

la **rapa** turnip

il **rapimento** kidnapping

rapinare to rob (a person)

rapire (isc) to kidnap

rapito enraptured, entranced

il **rapporto** relationship

rappresentare to represent

raro rare

rassegnarsi to resign oneself

la **razza** kind, race

il **razzo** rocket

il **re** (*pl.* i **re**) king

reagire (isc) to react

reale real

realizzare to realize, achieve

la **realtà** reality; **in — actually**

recarsi to go

recitare to play, act

la **reclusione** imprisonment

referenziato with references

regalare to give (as a gift)

il **regalo** gift; **fare un — a** give a gift to

reggere (*p.p.* **retto;** *p.r.* **ressi**) to govern

il (la) **regista** movie director

il **registro** register

la **regola** rule

il **regolamento** rule

regolarmente regularly

rendere (*p.p.* **reso;** *p.r.* **resi**) to return, give back; **— + adj.** to make; **rendersi conto (di)** to realize, understand

la **repubblica** republic

la **residenza** residence

respirare to breathe

il **respiro** breath

responsabile (di) responsible (for)

il (la) **responsabile** responsible party

*restare** to remain, stay

restaurare to restore

restituire (isc) to return, give back

il **resto**   change,
money given back;
rest, remainder
il **retrovisore**   rear-
view mirror
retta; dare — a   to
listen to, heed
rialzarsi   to get up
again
riaprire (*p.p.*
riaperto)   to reopen
ribattere   to retort
ribelle   rebellious
il **ribrezzo**   disgust
riccio   curly
ricco   rich
ricevere   to receive
il **richiamo**   call
la **richiesta**   request
riconoscere (*p.p.*
riconosciuto; *p.r.*
riconobbi)   to
recognize
ricopiare   to copy
ricordare   to
remember; —
**qualcosa a
qualcuno** to
remind someone of
something;
ricordarsi (**di**) to
remember
il **ricordo**   memory
*****ricorrere** (*p.p.*
ricorso; *p.r.*
ricorsi)   to recur,
occur
ridere (**di**) (*p.p.* **riso**;
p.r. **risi**)   to laugh
(at)
ridicolo   ridiculous
ridurre (*p.p.* **ridotto**;
p.r. **ridussi**)   to
change; — **in
cenere** to turn to
ashes, to destroy
rievocare   to recall
riempire (**di**)   to fill
(with); **riempirsi**

(**di**) to get filled
(with)
rifare (*p.p.* **rifatto**;
p.r. **rifeci**)   to do
again
rifiutare (**rifiutarsi**)
(**di** + *inf.*)   to
refuse
riflettere   to think
la **riga**   stripe; **a righe**
striped
riguardare   to
concern
riguardo a   on the
subject of
la **rima**   rhyme
*****rimanere** (*p.p.*
rimasto; *p.r.*
rimasi)
to remain; —
contento to be
satisfied
rimproverare   to
reprimand, scold
ringraziare (**di**)   to
thank (for)
rinnovare
to renew
rinunciare (**a**)   to
give up
*****ripartire**   to leave
again
*****ripassare**   to stop by
again
ripetere   to repeat
riposarsi   to rest
riprendere (**a** + *inf.*)
(*p.p.* **ripreso**; *p.r.*
ripresi)   to
resume, start again;
to take back
*****risalire**   to go up
again
il **rischio**   risk
riservato   reserved
il **riso**   laughter
risolvere (*p.p.*
risolto)   to solve
la **risorsa**   resource

rispettabile
respectable
rispettare   to
respect
rispondere (*p.p.*
risposto; *p.r.*
risposi)   to
answer, reply
la **risposta**   answer
il **ristorante**
restaurant
*****risultare**   to be
known
il **risultato**   result
risuolare   to resole
il **ritardo**   delay;
essere in — to be
late
ritirare   to
withdraw; to pick
up; **ritirarsi** to
retire
*****ritornare**   to return,
go back
il **ritorno**   return;
andata e —
round trip
ritrovarsi   to find
oneself again
la **riunione**   reunion
riunire (**isc**)   to
reunite
*****riuscire**   to be
successful, turn
out, come out; **— a**
or **di** + *inf.* to
succeed in
la **riuscita**   issue,
result; **la buona —**
success; **la cattiva
—** failure
rivedere (*p.p.* **rivisto**;
p.r. **rividi**)   to see
again
rivelare   to reveal
la **rivista**   magazine
romantico
romantic
il **romanzo**   novel

rompere (*p.p.* **rotto;** *p.r.* **ruppi**) to break; **rompersi** to get broken

rosa (*inv.*) pink

la **rosa** rose

roseo rosy

rosso red

rotto broken

rovesciato upside down

la **rovina** ruin

rovinare to ruin

rubare to steal

il **rudere** ruin

rullare to roll (of drums)

il **rumore** noise

la **rupe** cliff

S

il **sacco** sack; **un — di** a lot of

il **sacrificio** sacrifice

la **sala** room, hall; — **d'ingresso** entry hall; — **da pranzo** dining room

il **sale** salt

salire to climb, go up; — **in macchina** to get in a car

la **salita** climb; **in —** on the climb

il **salotto** living room

saltare to jump; — **in aria** to explode

il **salto** jump

salutare to greet, say goodbye to

la **salute** health

il **saluto** greeting

salvare to save

il **sanitario** doctor

santificare to observe, sanctify

santo saint, holy, saintly; — **cielo!** for heaven's sake!

sapere (*p.r.* **seppi**) to know, have knowledge of; to find out; **il saper vivere** rules of etiquette

il **sarto** tailor

sbagliare (**sbagliarsi**) to make a mistake, to be mistaken; — **strada** to take the wrong road

sbagliato wrong

lo **sbaglio** mistake

sbattere to slam

sbottonato unbuttoned

sbrigarsi to hurry up

lo **scaffale** bookshelf

la **scala** staircase; sequence; lo **scalone** big staircase

scaldare to warm up; **scaldarsi** to get warm, become excited

scalzo barefoot

scambiare to exchange; **scambiarsi** to give (to) one another

lo **scambio** exchange

scandalizzarsi to be shocked

lo **scandalo** scandal

lo **scapolo** bachelor

*scappare to run along, run away

la **scarpa** shoe

la **scatola** box

*scattare to click

lo **scatto** sudden movement; **di —** suddenly

scegliere (*p.p.* **scelto;** *p.r.* **scelsi**) to choose

la **scelta** choice

la **scena** scene

scendere (*p.p.* **sceso;** *p.r.* **scesi**) to descend, get off; — **dalla macchina** to get out of a car

lo **schermo** screen

scherzare to joke

lo **scherzo** joke, practical joke, trick; **fare uno —** to play a trick; **per —** jokingly

la **schiava,** lo **schiavo** slave

schifoso lousy; disgusting, filthy

sciare to ski

gli **sci** skis

la **scienza** science

la **scienziata,** lo **scienziato** scientist

la **sciocchezza** foolishness; trifle

sciocco foolish; **sciocchino** little fool

sciogliersi (*p.p.* **sciolto;** *p.r.* **sciolsi**) to come untied; to dissolve

lo **sciopero** strike; **fare —** (**scioperare**) to strike; **essere in —** to be on strike

*scivolare to slide

lo **scoiattolo** squirrel

la **scommessa** bet; **mantenere una —** to stick to a bet

scommettere (*p.p.* **scommesso;** *p.r.* **scommessi**) to bet

scomparire (*p.p.*
   scomparso; *p.r.*
   scomparvi) to
   disappear
scomporsi (*p.p.*
   scomposto; *p.r.*
   scomposi) to lose
   one's calm
sconcertato
   disconcerted
scontento
   discontented
lo **sconto** discount
scontrarsi to
   collide
*scoppiare** to
   explode; **— a
   ridere** (**piangere**)
   to burst out
   laughing (crying)
lo **scoppio** explosion
scoprire (*p.p.*
   scoperto) to
   discover
scorso last, past;
   l'anno — last year
la **scrivania** writing
   desk
scrivere (*p.p.* **scritto;**
   p.r. **scrissi**) to
   write
lo **scrittore,** la
   scrittrice writer
lo **scultore** sculptor
scuro dark
la **scusa** apology;
   excuse; **chiedere
   —** to apologize
scusarsi to
   apologize
se if, whether
sebbene though,
   although
secco dry
il **secolo** century
secondo according
   to
sedere, sedersi to
   sit, sit down

la **sedia** (**seggiola**)
   chair
il **sedile** seat
seduto seated
il **segnale** sign, signal,
   message
segnare to mark
il **segno** mark, sign; **in
   — di** as a sign of;
   fare — di + *inf.* to
   motion
il **segreto** secret
seguente following
seguire to follow; to
   take (a course)
il **seguito** succession;
   al suo — following
   him/her; **di —**
   consecutively
sempre always, all
   the time; **— più**
   more and more
sensibile sensitive
il **senso** sense
il **sentiero** trail
sentimentale
   sentimental
il **sentimento** feeling
sentire to feel; to
   sense; to hear; to
   smell; **sentirci** to
   be able to hear; **—
   dire che** to hear a
   rumor that; **—
   parlare di** to hear
   of; **sentirsi** to feel
senza without;
   senz'altro of
   course
separarsi to
   separate, part
separato
   separated
il **sequestro**
   kidnapping
la **sera** evening, night;
   la — at night
la **serata** evening
sereno clear

serio serious; **sul —**
   seriously
la **serva** maid, servant
servire to serve; to
   help; **— a** to be of
   use, to be good for;
   servirsi di to use
la **servitù** servants
il **servizio** service;
   essere di — to be
   on duty
la **seta** silk
la **sete** thirst; **avere —**
   to be thirsty
la **settimana** week
severo severe
sfasciarsi to fall
   apart
la **sfiducia** mistrust
la **sfortuna** bad luck
sfortunatamente
   unfortunately
sfortunato unlucky
sforzarsi (**di** + *inf.*)
   to make an effort
lo **sforzo** effort
sgradito unpleasant
lo **sguardo** look
siccome as, since
la **sicurezza** safety
sicuro sure; safe
la **sigaretta** cigarette
significare to mean
il **significato** meaning
il **signore** gentleman
il **silenzio** silence
la **silenziosità**
   quietness
silenzioso silent
simile similar
la **simpatia** liking,
   attraction
simpatico likeable,
   congenial, nice;
   essere — a to
   please
sincero sincere
il **singolare** singular
singolo single

la **sinistra**   left side; **a — ** to the left
  tenere la — to keep to the left
sinistro   left, sinister
il **sistema**   system
la **situazione**   situation
smettere (**di** + *inf.*) (*p.p.* **smesso;** *p.r.* **smisi**) to stop, cease
snello   slender
la **società**   society
socievole   sociable
soddisfatto   satisfied
la **soddisfazione**   satisfaction
sodo   firm; hard-boiled (egg); **lavorare —** to work hard
soffiare   to blow
il **soffitto**   ceiling
soffrire (*p.p.* **sofferto**)   to suffer, stand, tolerate
la **soggezione**   awe
sognare   to dream, dream of or about; **sognarsi** (**di** + *inf.*) to imagine
il **sogno**   dream; **fare un —** to have a dream
il **soldato**   soldier
il **soldo**   penny; **i soldi** money
il **sole**   sun
solito   usual; **di —** usually
solo   alone, lonely; (*adv.*) only
soltanto   only
somigliare (**a**)   to resemble
la **somma**   sum
il **sonetto**   sonnet
il **sonno**   sleep; **avere — ** to be sleepy

sopportare   to tolerate
sopra   on, upon, over
il **sopracciglio** (*pl.* le **sopracciglia**)   eyebrow
soprattutto   above all
sordo   deaf
la **sorella**   sister
sorgere (*p.p.* **sorto;** *p.r.* **sorsi**)   to rise
sorpreso   surprised
sorridente   smiling
sorridere (*p.p.* **sorriso;** *p.r.* **sorrisi**)   to smile
il **sorriso**   smile
la **sorveglianza**   watching over, surveillance
sorvegliare   to watch over
sorvolare   to skip, fly
sospeso (*p.p. of* **sospendere**)   suspended
sospetto   suspect
sospirare   to sigh, sigh for
il **sospiro**   sigh
sostenere (*p.p.* **sostenni**)   to maintain
sotto   under
il **sovrano**   sovereign
spagnolo   Spanish
spalancare   to open wide
la **spalla**   shoulder; **in — ** on one's shoulders
sparare (**a**)   to shoot
sparire (**isc**)   to disappear

spaventare   to scare, frighten
spaventarsi   to get scared
spaventato   scared
lo **spavento**   scare
spaventoso   frightful
lo **spazio**   space
spazzolare   to brush
la **specialità**   specialty
la **specie**   kind
spedire (**isc**)   to mail
spegnere (*p.p.* **spento;** *p.r.* **spensi**)   to turn off
spendere (*p.p.* **speso;** *p.r.* **spesi**)   to spend (money)
la **speranza**   hope
sperare (**di** + *inf.*)   to hope
sperduto   lost
la **spesa**   shopping; **fare la —** to buy groceries
spesso   thick; (*adv.*) often
lo **spettacolo**   show
spettegolare   to gossip
la **spia**   spy
spiacente   sorry
spiacere   to mind
spiacevole   unpleasant
spiare   to spy on
gli **spiccioli**   small change, small bills
spiegare   to explain; **spiegarsi** to make oneself clear
la **spiegazione**   explanation
gli **spinaci**   spinach
spingere (*p.p.* **spinto;** *p.r.* **spinsi**)   to push
sporco   dirty
lo **sportello**   door (of a piece of furniture)

sportivo *(adj.)* sports
lo **sportivo** sportsman
la **sposa,** lo **sposo**
 bride, bridegroom
sposare to marry;
 sposarsi to get
 married; **sposarsi**
 con to marry
sposato married
sprecare to waste
*****sprizzare** to spray
spronare to spur,
 incite
lo **spruzzo** splashing
squallido squalid,
 dreary
lo **squillo** ringing
stabilirsi (isc) to
 settle
staccare to detach,
 separate; **staccarsi**
 to fall out; to come
 loose
la **stagione** season
la **stampa** press
stancare to tire out;
 stancarsi (di +
 inf.) to get tired
stanco tired
la **stanza** room (in a
 building)
*****stare** *(p.r.* **stetti)** to
 stay; — **bene** to be
 well; — **bene a** to
 look good on; —
 per + *inf.* to be
 about to
starnutire (isc) to
 sneeze
la **statua** statue
la **stazione** station
la **stella** star
la **stenografia**
 shorthand
steso *(p.p. of*
 stendere)
 stretched out

stesso same; **lo —**
 just the same
la **stima** esteem
lo **stipendio** salary
stirare to iron
lo **stivale** boot
la **stoffa** material; **le**
 stoffe textiles
la **storia** story; history
la **strada** street, road;
 farsi — to grow
straniero foreign
strano strange
strettamente strictly
stretto tight
stringere *(p.p.*
 stretto; *p.r.* **strinsi)**
 to tighten, to grasp;
 — **la mano (a)** to
 shake hands with
la **striscia** stripe
lo **studio** study
studioso studious
stupido stupid
stupirsi (isc) di to
 be astonished at
stupito astonished,
 astounded
su on; come on;
 about
subito immediately
*****succedere** *(p.p.*
 successo; *p.r.*
 successi) to
 happen; to
 succeed[1]
il **successo** success
il **sud** south
sudato perspiring
il **suggerimento**
 suggestion
suggerire (isc) to
 suggest
suonare to play,
 ring
la **suonata** sonata
il **suono** sound

superare to
 overcome; to pass
supporre (*p.p.*
 supposto; *p.r.*
 supposi) to suppose
la **supposizione**
 conjecture,
 supposition
supremo supreme
sussurrare to
 whisper
la **sveglia** alarm clock
svegliare to awaken;
 svegliarsi to wake
 up
svelto quick
la **sventura** misfortune

T

il **tabaccaio**
 tobacconist
tacere (*pp.* **taciuto;**
 p.r. **tacqui**) to be
 quiet; to keep quiet
tagliare to cut
tale such
il **tamburino**
 drummer boy
il **tamburo** drum
tanto so, so much;
 — **...quanto** as
 much as; — **più** all
 the more
tardare to be late
tardi late; **fare —** to
 be late
la **tasca** pocket
il **tassì (il taxi)** taxi
il **tatto** tact
la **tavola (il tavolo)**
 table
il **tè** tea
tedesco German
telefonare (a) to
 call, phone
il **telefono** telephone;
 al — on the phone

---

[1]When succedere *has this meaning it has regular forms.*

il **telegiornale** TV news

il **teleromanzo** TV serial

la **televisione** television

il **televisore** TV set

il **tema** topic, theme

temere to fear

temibile to be feared

il **tempo** time; weather; **a —
perso** in one's spare time

il **temporale** thunderstorm

tendere (*p.p.* **teso;**
p.r. **tesi**) to hold out

tenere (*p.r.* **tenni**) to keep, hold; to consider; **— a** to value, care about

la **tensione** tension

tentare (**di** + *inf.*) to try, attempt

terminare to finish

il **termine** end; **porre
— a** to end

la **terra** earth; land; **a
—** on the ground

il **territorio** territory

il (la) **terrorista** terrorist

la **testa** head; **a —
bassa** with one's head down

il (la) **testimone** witness

testimoniare to bear witness, give evidence

il **tetto** roof

il **tipo** character, type (of person or thing)

tirare to pull

toccare to touch

togliere (*p.p.* **tolto;**
p.r. **tolsi**) to remove

tollerare to tolerate

tondo round; **in —**
around

il **tono** tone

il **topo** mouse; il **topolino** little mouse

il **tormento** torment

*****tornare** to return;
— indietro to go (come) back

la **torta** cake

il **torto** wrong; **avere
—** to be wrong;
dare — a to blame

il **Totocalcio** Italian soccer betting pool

tra between, among; in

il **tradimento** treason

tradurre (*p.p.*
tradotto; *p.r.*
tradussi) to translate

il **traffico** traffic

la **trama** plot

il **tramonto** sunset

tranquillizzato reassured

tranquillo calm

trarre (*p.p.* **tratto;**
p.r. **trassi**) to take out

trascorrere (*p.p.*
trascorso; *p.r.*
trascorsi) to spend (time)

trasferirsi (isc) to move, change residence

trasformare to transform; **— in** to turn into

traslocare to move, change residence

trasportare to transport

trattare to treat; **—
di** to be about, deal with; **trattarsi di** to be a question of

trattenere (*p.r.*
trattenni) to hold back

il **tratto** stretch, period of time; **a(d)
un —** suddenly

la **trattoria** restaurant

tremare to tremble

la **tribuna** platform

triste sad

trottare to trot

trovare to find; to visit; **trovarsi** to happen to be;
trovarsi (bene) to like it (in a place), to feel comfortable

il **trucco** trick

la **truppa** troup

tuonare to thunder

il **tuono** thunder

il **turco** Turkish language

il **turismo** tourism

il **turno** turn, shift; **a
— in turn**

tuttavia however

tutti all, everybody;
**tutti e due (tutt'e
due)** both

tutto all, whole; **del
—** completely

U

ubbidiente obedient

l'**uccello** bird

uccidere (*p.p.* **ucciso;**
p.r. **uccisi**) to kill

udire to hear

l'**ufficiale** officer

ufficialmente officially

l'**ufficio** office

uguale equal

ultimo   last, latest
umano   human
umido   humid
l'umore *(m.)*   mood;
 essere di buon
 (cattivo) — to be in
 a good (bad) mood
l'umorismo   humor
unico   only
l'università
 university
universitario   of the
 university
l'uomo *(pl.* gli uomini)
 man
l'uovo *(pl.* le uova)
 egg
urbano   of the city
urgente   urgent
urlare   to scream
urtare   to bump
 against
usare   to use
*uscire   to go out,
 leave; — di casa to
 leave the house
l'uso   use; fare — di
 to use
utile   useful
utilizzare   to use

V

la vacanza   vacation; in
 — on vacation
la valigia   suitcase
la vanità   vanity
il vaso   vase
vecchio   old
vedere *(p.p. visto* or
 veduto; p.r. vidi)
 to see, watch, meet;
 fare — a to show,
 non — l'ora di +
 inf. to look forward
 to
la veduta   view; di
 larghe vedute

 broad-minded
il velo   veil
veloce   fast, rapid
la velocità   speed
vendere   to sell
la vendita   sale; in —
 for sale
*venire   to come
il vento   wind
veramente   truly,
 really
vergognarsi (di)   to
 be ashamed
 (about)
verificarsi   to
 happen
la verità   truth
vero   true, real
verso   toward,
 towards; about,
 around
il verso   verse
vestire   to dress;
 vestirsi to get
 dressed
vestito   dressed
il vestito   dress, suit
la vetrina   shop
 window
il vetro   glass
via   away; — —
 gradually
viaggiare   to travel
il viaggio   trip, travel;
 fare un — to take a
 trip
la vibrazione   vibration
la vicenda   event;
 succession; a —
 mutually
vicino   near
il vicino   neighbor
vietare   to forbid;
 vietato forbidden
il vigile   policeman
la villeggiatura
 vacation; posto di
 — vacation place

vincere *(p.p.* vinto;
 p.r. vinsi) to win
la visione   vision; film
 di prima — first-
 run movie
la visita   visit; fare — a
 to visit, pay a visit to
visitare   to visit: to
 examine
il viso   face
la vista   view; punto di
 — point of view
la vita   life; fare la
 bella — to enjoy life
la vite   screw
vittorioso
 victorious
vivere (di) *(p.p.*
 vissuto; *p.r.* vissi)
 to live (on)
vivo   alive
il vizio   vice, weakness
la voce   voice; a bassa
 — in a low voice,
 softly
la voglia   desire; avere
 — di to feel like
volentieri   with
 pleasure, gladly
volere *(p.r.* volli) to
 want; — dire to
 mean; *volerci to
 take
la volgarità   vulgarity
il volo   flight
la volontà   will
la volpe   fox
la volta   time; turn
 qualche —
 sometimes; alle
 volte at times; a
 sua volta in turn
voltare   to turn;
 voltarsi to turn
 around
il volto   face
il voto   grade
vuoto   empty

Z

la **zampa**   paw
la **zia**   aunt
lo **zio**   uncle
 zitto   silent; **stare —**
  to keep quiet
lo **zoo**   zoo

INDICE ANALITICO*

*References are to pages. Words and expressions from **Studio di parole** are normally indexed only under their English meaning.

PERMISSIONS